财务报告透明度研究

周晓苏　著

南开大学出版社
天　津

图书在版编目(CIP)数据

财务报告透明度研究 / 周晓苏著. —天津：南开大学出版社，2011. 7

ISBN 978-7-310-03728-5

Ⅰ. ①财… Ⅱ. ①周… Ⅲ. ①会计报表—会计检查—研究 Ⅳ. ①F231.5

中国版本图书馆 CIP 数据核字(2011)第 123242 号

南开大学出版社出版发行

出版人:肖占鹏

地址:天津市南开区卫津路 94 号　邮政编码:300071

营销部电话:(022)23508339　23500755

营销部传真:(022)23508542　邮购部电话:(022)23502200

*

河北昌黎太阳红彩色印刷有限责任公司印刷

全国各地新华书店经销

*

2011 年 7 月第 1 版　2011 年 7 月第 1 次印刷

880×1230 毫米　32 开本　11.375 印张　1 插页　324 千字

定价:30.00 元

如遇图书印装质量问题,请与本社营销部联系调换,电话:(022)23507125

序　言

改革开放以来，中国的资本市场快速发展，为上市公司筹集了数以万亿计的资金，在优化资源配置、改善公司治理结构、促进经济结构合理调整等方面发挥着重要作用，进而有效地促进了社会生产力的进步。然而，与美国等西方较成熟的市场相比，我国资本市场还存在较大差距。上市公司的信息披露无论是制度建设方面还是执行效果方面均不尽完善。公司信息透明度并没有随着筹资范围的扩大而同步规范和改进，投资人与筹资人之间的信息不对称现象比较突出，由此导致逆向选择和道德风险问题，包括内幕交易、市场操纵、投资炒作在内的行为得以滋生和蔓延。

这些现象的存在和发展，引起了包括政府监管机构、投资机构、学术界在内的各界人士的普遍关注。美国联邦大法官路易斯·布兰戴司在其所著的《他人的金钱》中提出了“阳光是最好的消毒剂，灯光是最好的警察，阳光交易最有效的手段就是信息的公开透明”，此言得到了有关各界的认可和重视。越来越多的国家把公司透明度作为衡量公司治理效率的标志，并为提高企业透明度作出了种种努力。近几年来，我国大量的研究文献对提高公司信息透明度的必要性已经达成如下的共识：通过信息披露提高公司透明度，能够向资本市场中各类信息使用者传递公司真实情况，弥补投资者的信息弱势地位，这是防止内幕交易和证券欺诈行为、保护投资者利益的重要方面，同时也是资本市场实现效率与公平的要求。

在这种背景下，财务报告作为公司对外信息披露的主要形式，其透明度高低的分析和评价及其对抑制信息不对称所发挥的作用和程度，自然成为评价公司信息透明度的重要组成部分，也因此成为提高公司治理效率、改进投资者保护、优化社会资源配置的重要途径。

南开大学商学院的周晓苏教授和她的研究团队针对这个问题进行了系统和深入的研究。他们的研究工作以委托代理理论、契约理论、信息不对称理论、LLSV 的法和金融理论为理论支撑，立足中国制度背景，进行缜密的理论分析和实证检验，探讨上市公司信息透明度的决定机制，测度中国上市公司信息透明度对投资者行为以及市场信息不对称状况的影响，为中国上市公司信息披露制度的建设以及资本市场的规范和完善提供理论支持和实证依据。

周晓苏教授的研究结论说明，由于所有权与经营权分离而带来的委托—代理问题是投资者保护问题产生的根源，而信息不对称的普遍存在则加重了这一问题的解决难度和可能的危害，从而引发了投资者保护所面临的两个主要问题：信息问题和代理问题。财务会计信息依托于其所具有的特点，能够通过定价功能与治理功能分别对解决信息问题与代理问题起到重要作用，从而发挥着投资者保护的功能。但财务会计信息这种投资者保护作用的发挥程度是以投资者能够掌握的财务会计信息为条件的，受到其质量和数量的制约。从现实情况来看，受到种种因素的制约，投资者所能掌握的财务信息仍处于较低水平；而提升财务报告透明度，则能够显著改善投资者所掌握的财务会计信息的数量和质量，从而有助于投资者保护。

周晓苏教授的研究结论发人深省，不仅有利于读者深刻理解中国特殊制度背景下财务报告透明度的功能和作用途径，而且对完善有关公司信息披露制度以及促进资本市场的健康发展具有重要的理论意义和现实意义。

周晓苏教授多年来潜心于会计理论和方法的研究，特别是在会计信息质量研究方面有独到的见解和贡献。她多次主持和参与国家自然科学基金项目和其他重要项目的研究工作，获得了可观的成果。此书就是在她主持的国家自然科学基金面上项目“财务报告透明度对投资者保护作用机制研究——以盈余管理为起点”研究报告的基础上整理提炼而付梓的。这说明她的研究工作又获得了长足的进展。

衷心希望周晓苏教授今后不断取得更加优秀的成果。

是以为序。

李维安 教授

东北财经大学 校长

南开大学商学院 院长

前　言

财务报告是企业向外部利益相关者传递信息的重要途径和工具，它以财务报表为核心内容，但又不仅仅局限于财务报表。一般认为，财务报告不仅包括财务报表及其附注，还包括其他传输信息的手段，但其内容直接或间接地与会计系统所提供的信息有关。

财务报告是缓解企业委托人和代理人之间信息不对称的重要媒介，其质量高低必然直接影响其发挥作用的程度。因此财务报告质量始终是人们热议的一个话题。

1. 财务报告质量

在西方尤其是美国，不少团体和机构都提出了相应的观点，这些观点可以分为“用户需求观”与“投资者保护观”两类。

用户需求观认为，财务报告质量是由财务信息对信息使用者的有用性所决定的。美国财务会计准则委员会（FASB）1980 年 5 月首先对财务报告的目标进行了明确的界定：财务报告应该提供对现在的、潜在的投资者和债权人以及其他使用者作出合理的投资、信贷及类似决策有用的信息。在此目标下，FASB 进一步提出了一系列会计信息的质量特征，在这个质量特征体系中，相关性和可靠性是最基本的要求。为了评价会计信息的相关性和可靠性，FASB 进一步提出了二者更具体的质量特征。FASB 强调从用户的需求角度来评价财务报告的质量，被称之为财务报告质量评价的“用户需求观”。随后又有 JENKINS 委员会对用户的需求做了更深入的分析，提出了更为具体的财务报告评价标准。

投资者保护观认为，财务报告质量主要取决于财务报告是否向投资者进行了充分而公允的披露。SEC（美国证券交易委员会）前主席 Levit 站在证券市场监管者的立场，提出以保护投资人的利益为财务报告的目标，并以此来评价财务报告质量高低。在SEC的倡议和支持下，受纽约证券交易所和美国全国证券交易商协会资助的“蓝带委员会”提出了更具体的财务报告质量评价标准；美国审计准则委员会也对此类观点作出了相应的反应，修改了第61号审计准则公告，强调了审计师应对可能影响投资者判断的会计原则做进一步讨论，以减少可能对投资者利益造成的损害。在这种观点下，财务报告质量被定义为：应向投资者提供“充分而公允的披露”，并特别关注盈余是否被扭曲。按照这一目标，高质量的财务报告具有充分而透明的财务信息，这些信息不会使投资者困惑或误导他们。①

2. 财务报告透明度

透明度在财务会计领域内最早出现于1996年，美国SEC在当年4月11日发布了关于国际会计准则委员会（IASC）“核心准则”的声明，提出“透明度”应作为“高质量”的属性之一。1997年东南亚金融危机爆发后，联合国贸发局的调查报告将东南亚国家不透明的会计信息作为诱发金融危机的直接原因之一。②

1998年9月巴塞尔银行监管委员会发布了《增强银行透明度》的研究报告，将透明度定义为：公开披露可靠与及时的信息，有助于信息使用者准确评价一家银行的财务状况和业绩、经营活动、风险分布及风险管理实务；该报告还认为，披露本身不必然导致透明，为实现透明，必须提供及时、准确、相关和充分的定性与定量信息披露，且这些披露必须建立在完善的计量原则之上。在这个定义下，高透明度意味着能够“透过现象看本质”。③

2001年1月，普华永道发布了一份国家间“不透明指数”的调查报告，比较了不同国家间的透明度，其在文中间接提出了透明度所应具有的特征。值得注意的是，在这份报告的结论中，我国被列为透明度最低的国家，而在“会计准则与实务”方面，即“会计不透明指数”，我国与其他国家相比，也有着显著的差距。虽然这篇调查报告的结论

① 王跃堂，张祖国．财务报告质量评价观及信息披露监管．会计研究，2001（10）

② 张程睿．中国上市公司信息透明度研究．暨南大学博士学位论文，2006年

③ 魏明海，刘峰，施鲲翔．论会计透明度．会计研究，2001（9）

很多人并不认同，但报告的主题——“透明度”问题却再次引起了广泛的关注和讨论。

2002 年，麦肯锡（Mckinsey）公司的一项全球投资者调查也指出，强化会计信息披露的质量已经成为投资者关心的首要问题，如果没有透明度和信息披露，股东和利益相关者将不能评估公司以何种方式进行管理。

随着大量关于透明度研究文献的出现，透明度引起了投资者、监管当局等各方人士的普遍关注。通过信息披露提高公司透明度，以便向资本市场中各类信息使用者传递公司真实情况，能让投资者了解到一个真实、全面的公司成为各方共识。在这种背景下，财务报告作为公司对外信息披露的主要形式，透明度高低成为评价其优劣的重要方面。

近年来，高透明度已经成为人们对财务报告的一致要求。从对财务报告质量的讨论到今天对财务报告透明度的重视，是哪些因素推动了这个转变？财务报告透明度的理论基础是什么？影响财务报告透明度的驱动因素有哪些？可以采用什么方法和手段计量和评价财务报告透明度的高低？财务报告透明度是否会产生实际的经济后果？针对中国资本市场，我们又该如何来适应这种变化？这些就是本书要研究的问题。

作者针对上述问题进行的研究，得到了国家自然科学基金的课题立项资助（项目号 70872053）。本书是对该课题各阶段性研究成果的整理和提炼。

本书的内容综合了全体课题组成员的辛勤劳动成果；其中，在财务报告透明度的理论研究和计量测度内容中，有较大篇幅取材于杨忠海、李进营的博士学位论文和汤小娟的硕士论文，边泓、徐昊、周琦、吴锡皓的阶段性研究成果对财务报告透明度的经济后果和相关问题的研究作出了重要贡献。周晓苏负责全书的选题、结构设计、篇章协调和总纂定稿。由于观念、能力、时间、数据、工具的局限，书中可能存在疏漏或错误；所有疏漏或错误当然由总纂定稿人承担。

真诚欢迎各位读者的批评指正。

目 录

第三篇 经济后果

第四篇 相关专题

第一篇　理论基础与研究文献

我国的证券市场是一个新兴的市场，各项法规制度的建设、实施都有待完善，在这种情况下，中国证券市场的信息不对称问题相对于经济发达国家更为突出；从我国证券市场的现实情况来看，上市公司往往和大股东联手，通过披露虚假信息、财务报告造假等行为隐瞒公司真实情况，误导投资者，严重侵害了中小投资者的权益，打击了投资者信心，由此造成了投资者对上市公司失去信任，成为阻碍我国证券市场健康发展的一个重大隐患。《经济观察报》推出的调查研究成果表明，2005 年投资者对上市公司的信任度指数仅为 37.7，投资者对近 80%的上市公司的会计报表存在信任度问题。[①]

投资者对财务报告缺乏足够的信任是与我国证券市场频频发生的上市公司财务报告违规行为有着密切联系的。根据深交所发布的《2007 年证券市场主体违法违规情况报告》，在 2007 年上市公司违规中，出现频率最高的是上市公司及其高管在信息披露方面的违规，占整个违规现象 80%以上的比例。上市公司信息披露违规主要表现为如下情形：（1）对股权转让不作及时披露；（2）对重大事项不作披露或者不及时披露；（3）对关联交易不披露、不完整以及不及时披露；（4）不按期披露年报；（5）在上市公司收购中不按照规定披露或者不及时披露；（6）对涉及对外担保，特别是对母公司的担保问题，不及时、完整披露信息；（7）对母公司的资金占有情况，不完整、及时披露信息。

① 经济观察研究院. 2005 年近八成会计报表存在信任度问题. 新京报，2005 年 5 月 20 日

这些调查表明，当前我国证券市场上信息披露的违法违规现象比较严重,尤其是作为信息披露主要组成部分的财务报告披露不容乐观。投资者如果缺乏上市公司的真实信息,那么其权益的保护就无从谈起,在这方面，财务报告透明度有着不可替代的作用。所以，加强财务报告透明度既是当前我国证券市场发展的迫切要求，也是促进投资者保护的现实选择。

财务报告作为上市公司信息披露的主要组成部分，是各类投资者了解上市公司经营情况，进而评判企业价值的一个重要渠道，而透明度这一概念则是以投资者的视角，综合地考察了财务报告所能实现的信息传递效果。正因如此，这方面的相关研究在近几年引起了人们的广泛关注。

什么是财务报告透明度？财务报告透明度与会计信息质量、财务报告质量之间是什么关系？透明度受到哪些因素的影响？这些问题是开展透明度研究的基础。因此，有众多学者在这一方面进行了多视角的分析，取得了大量的研究成果。

我们在学习和借鉴前人研究成果基础上，本篇第一章首先对财务报告透明度的概念进行了界定，并说明了财务报告透明度与财务报告质量之间的联系和区别。第二章把信息不对称理论、代理理论、有效市场理论和信号理论作为研究财务报告透明度的理论基础，系统阐述了本研究的理论价值和研究框架。综合已有研究来看，透明度的形成要受到众多方面因素的影响，其中既包括文化、国家法律等宏观层面因素的影响，也包括企业资本市场动机、股权结构、管理层激励等微观层面因素的影响。本篇第三章和第四章分别研究影响上市公司财务报告透明度的国家制度因素和企业特征因素。其中第三章借鉴 LLSV 的法和金融理论，分析我国法律环境和执法力度对上市公司所有者的保护程度及其对财务报告透明度所产生的影响。第四章在综述相关研究文献的基础上，重点分析上市公司股权结构对财务报告透明度所产生的影响。

第一章　财务报告透明度的基本概念

如何定义财务报告透明度，在会计界是一个受到高度关注，但是至今尚未达成统一结论的重要问题，对透明度的范围和含义也有着不同的看法。

一、财务报告透明度概念的产生与发展

财务报告透明度是由会计信息质量、会计信息透明度演化而来的。

（一）会计信息质量到会计信息透明度

人们对会计信息透明度的研究始于对会计信息质量的研究。20世纪70年代以前，人们对会计理论的研究较少（1959年APB取代CAP之后，才开始加强会计理论的研究），而且并没有形成首尾一贯的会计理论，对会计信息质量的研究则更为鲜见，仅在少数文献当中不同程度地提到了会计信息质量。如，Paton和Littleton（1940）阐述了可验证的客观证据概念，并指出可验证的客观证据成为会计中的一项重要要素，成为恰当履行提供可信赖信息这一会计职能的必要辅助。Littleton（1953）认为，“正因为财务报表能够以通俗易懂的方式反映企业大量的经济活动，所以人们通过财务报表就有可能了解企业经营活动的基本情况……充分披露所有重要和重大的会计信息是财务报表的重要规则”。美国会计学会（AAA）（1966）提出了“相关性”（Relevance）、“可验证性”（Verifiability）、“超然性”（Free from bias）和“可定量性”（Quantifility）四个评价会计信息的标准。应当说明的是，在这些较少的文献当中，研究人员虽然提到了会计信息质量的某

些特征，但并不是将会计信息质量作为一个专门内容加以讨论的，而且也没有提及“会计信息质量”这一概念。第一次专门提及会计信息质量的应当是APB于1970年发布的第4号公报“企业财务报表的基本概念和会计原则”（Basic Concept and Accounting Principles Underlying Financial Statements of Business Enterprises）。自此，人们开始了对会计信息质量特征的讨论。在经历了将近30年的关于会计信息质量特征的讨论，尤其是相关性（Relevance）和可靠性（Reliability）的争论之后，90年代中期开始，会计透明度（Transparency）问题开始得到研究人员的关注。可以看出，会计信息质量的讨论经历了从无到有、从相关性和可靠性到透明度的发展过程，这一过程体现了对会计信息本身的质量特征到会计信息的影响和作用机制的理解不断深入。

“会计信息透明度”这一概念最早由美国SEC前主席Levitt在1994年提出。1996年4月SEC发布了关于“核心准则”的声明，[①]同时提出了三项关键要素来评价“核心准则”，其中第二项是“高质量”，对此，SEC又以充分披露、透明度和可比性这三个指标来做具体诠释。此后，高质量会计准则问题受到了极大重视，SEC及Levitt不仅多次重申这一问题，还将透明度上升为一个核心概念加以使用。

自从人们开始将研究会计信息质量特征的目光投向透明度之后，会计信息透明度的研究得到了普遍关注，其发展脉络可以从两个视角进行阐释：其一是从局部信息质量特征到全面信息质量特征，其二是从决策有用观到投资者利益保护观。

（二）局部信息质量特征到全面信息质量特征

最初，人们定义透明度的含义时，将透明度看作会计信息某一方面的质量特征，而非会计信息质量特征的总和。如，1996年4月，美国证券交易委员会（SEC）在其发布的评价国际会计准则委员会

① SEC statement regarding international accounting standards. April 11,1996. Downloaded from www. iasc. org. uk

（IASC）“核心准则”（Core standard）的声明中，首次提及“透明度”（Transparency）的概念，但仅仅将“透明度”作为评价高质量会计准则三个标准中的一个标准。[①]由于这一时期美国上市公司存在严重的盈余管理行为，SEC 开始关注上市公司的会计信息质量，主席 Arthur Levitt 也多次发表讲话，阐述关于高质量会计准则的观点。在 1997 年的一次关于“高质量会计准则的重要性”（The Importance of High Quality Accounting Standards）的演讲中，[②] 将透明度作为评价“高质量会计准则”的一个重要标准。

Levitt 认为，公司的信息披露绝不是公司单方面的信息生产、输出过程，其最终立足点应放在信息使用者的理解和反应上。[③]

1998 年 9 月，巴塞尔银行监管委员会发布了《加强银行透明度》的研究报告，其中赋予了透明度如下定义：“公开披露可靠及时的信息，有助于信息使用者准确评价银行的财务状况和业绩、风险活动以及风险管理活动。”该委员会经过讨论进一步还提出，“透明并不是披露本身所产生的必然结果，但是为实现透明，则必须在完善的计量原则之下提供相关、准确、及时和充分的定性与定量信息披露。透明信息的质量特征应该涵盖全面、相关、及时、可靠、可比和重大这六个方面”。[④]由此可见，针对“透明度”的定义，巴塞尔银行监管委员会重点关注了两个层面的内容：一是会计信息披露制度本身的规范与健全；二是会计信息自身披露质量的加强与提高。虽然巴塞尔银行监管委员会提出的透明度概念是针对银行来说的，但是它对界定财务报告透明度的内涵也具有重要借鉴意义；而且自此以后，人们对透明度概念的界定由原来的局部信息质量特征概念扩展为全面信息质量特征概念。

许多国际组织则倾向于以公众获取信息的难易程度来诠释透明

① 其他两个标准是可比性（Comparability）和充分披露（Full disclosure）。

② 该演讲后来发表在美国会计学会（AAA）主办的期刊 Accounting Horizons1998 年第三期。该演讲提出国际会计准则应当满足三项目标（Objectives）：（1）准则应当包含已发布的会计公告中提及的综合的普遍接受的会计基础概念；（2）准则必须是高质量的，即必须导致可比、透明和提供充分信息；（3）准则必须被严格地（Rigorously）解释和应用。

③ 张程睿. 中国上市公司信息透明度研究. 暨南大学博士学位论文，2006 年

④ 魏明海，刘峰，施鲲翔. 论会计透明度. 会计研究，2001（9）：16～21

度的含义。例如，世界贸易组织归纳了透明度至少应涵盖的三方面内容：“（1）通过颁布相关的法律、法规或制定相关政策以确保公众享有知情权；（2）通过一定的渠道告知利益相关者这些法律、法规、政策的内容以及最近的更新情况；（3）确保法律、法规的执行者能够做到公平公正、不偏不倚。”①

世界银行的 Vishwanath 和 Kaufmann（1999）给透明度下了这样的定义：具备可获得性、可理解性、相关性以及可靠性等质量特征的，包括经济和政治信息在内的各类信息均能够可靠、及时地流动，以便于各方利益相关者的信息获取。②

Bushman 等（2004）指出，公司透明度是上市公司的特定信息相对于公司外部人的广泛可获取性，它是信息系统中各信息元素相互作用的共同产出，即在这个系统中，各信息元素共同地生产、集合、验证相关信息，并将最终信息传播给公司外的市场参与者。

在国内，著名会计学家葛家澍（2001）认为：透明度是一个含义广泛、要求很高的质量概念，具体应当指：如实地、可比地反映一个企业与投资人相关的信息；要把这些信息综合成一个描绘企业经营真相与诚实财务状况的图像；在这个图像的描绘中，不为某个利益集团的利益而弄虚作假，不粉饰盈利；不遗漏准则和制度必须确认披露的一切有利和不利事项；充分地暴露企业已经存在或可能存在的风险；当然也不能掩盖企业业已形成或极有可能获得的收入、利益和机遇，而且表述要清楚、确切，绝不含糊，要能反映交易和事项的经济实质。③因此，葛家澍进一步指出，“会计透明度有广义和狭义两种解释，狭义的解释是指充分披露会计信息；广义的解释是指高质量的会计信息，包括可比性、完整性、清晰性、中立性、充分披露以及实质重于

① 转引自陆颖丰．我国上市公司信息透明度经济后果性的实证研究．中国博士学位论文全文数据库，2006 年 10 月

② Vishwanath T.，Kaufmann D. Towards transparency in finance and governance. World Bank，1999

③ 葛家澍，陈守德．财务报告质量评估的探讨．会计研究，2001（11）

形式六个会计信息质量特征”。[①]透明度的“透过现象看本质”的内涵，也就是企业的各利益相关主体即会计信息的主要使用者从公司披露信息获知并分析企业真实经营状况的程度。

魏明海（2001）认为会计透明度体现在会计准则的制定和执行、会计信息质量标准、信息披露与监管等诸多方面，具体包含三个层次：第一，存在一套清晰、准确、正式、易理解、普遍认可的会计准则和有关会计信息披露的各种监管制度体系；第二，各部门和机构对会计准则的高度遵循；第三，对外提供高频率的准确信息，使投资者、债权人、监管机构等能够便利地获得有关财务状况、经营成果、现金流量和经营风险水平的信息。[②]

综上所述，财务报告透明度的内涵经历了从简单到复杂、从局部质量特征到全面质量特征的过程，这一过程说明了人们对这一概念的重视和深刻理解，从另外一种角度证明了人们对高质量会计信息的渴求与盼望。

（三）决策有用观到投资者利益保护观

虽然透明度概念是在20世纪90年代美国上市公司存在严重的盈余管理的背景下提出的，但纵观美国会计的发展历史，不难发现上市公司的会计信息披露是个逐渐透明的过程，从最初的保密到后来的不定期的和随意的对外披露，从不定期的和随意的披露到1929年～1933年经济大萧条后的SEC要求的定期和强制性披露，从美国准则制定机构CAP发展到APB，直至后来的FASB，从会计信息的决策有用观到90年代的投资者利益保护观，都见证了会计信息逐渐走向透明的过程。

决策有用观始于1970年APB发布的第4号公报“企业财务报表的基本概念和会计原则”（Basic Concept and Accounting Principles Underlying Financial Statements of Business Enterprises），该报告提出

① 葛家澍，陈守德．财务报告质量评估的探讨．会计研究，2001（11）：9～18

② 魏明海，刘峰，施鲲翔．论会计透明度．会计研究，2001（9）

"财务会计和财务报表的基本目的，是向财务报表的使用者（特别是所有者和债权人）提供有助于他们进行经济决策的数量化的财务信息"。[①]随后，1971 年，AICPA 成立 Tureblood 委员会，该委员会于 1973 年提出了"财务报表的目标"（Objectives of Financial Statements）的报告，明确提出了财务报表的目标就是"提供据以进行经济决策的信息"。FASB 借鉴 Tureblood 委员会的研究成果，于 1978 年发布了第 1 号财务会计概念公报（SFAC No.1）"企业财务报告的目标"（Objectives of Financial Reporting by Business Enterprises），将财务报告的目标集中于为投资人提供在经济决策中有助于他们了解企业财务状况、经营成果和财务状况变动的信息，以满足他们的决策需要。该报告为决策有用观奠定了坚实的理论基础，对以后的会计理论发展产生了积极影响。

1980 年，FASB 在第 1 号公报中提到的财务报告决策有用目标的基础上发布了 SFAC No.2"会计信息的质量特征"（Qualitative Characteristics of Accounting Information），该报告明确指出，会计信息是否有用主要取决于"相关性"和"可靠性"这两个标准。相关性强调企业提供的会计信息要能够与投资人的决策相关，可靠性则要求企业提供的会计信息应当能够如实表达企业的经济活动和现实状况。分析这两个标准不难发现，如果企业提供给投资人的信息是模糊不清的，则不能为投资人所理解，自然无法对投资人的决策提供帮助。因此，相关的和可靠的信息质量首先就要求企业将会计信息以透明的方式传递给投资人，以利于投资人据以作出合理的决策。从这点来看，决策有用观也要求企业提供清晰透明的会计信息，从而帮助投资人了解企业的真实状况，只不过是没有明确提出透明度这个概念而已。

但决策有用观也有缺点，这种观点重视决策相关甚于可靠性，它的目标是为投资者决策提供有用的信息，使投资者因合理的决策而获益。正是因为这种目标才导致会计准则赋予上市公司相当大的会计选择空间，以便让管理者根据企业的具体情况选择会计政策和会计估计，这势必给管理人员管理盈余提供合法的空间，引发 20 世纪 90 年代上

① APB, Statement No.4, par. 73

市公司盈余管理行为的盛行。正是由于盈余管理的存在，使得投资者对被投资公司的经营风险、前景、管理层的经营能力和努力程度作出错误的判断，从而无法根据上市公司提供的财务报告形成正确的资产定价和作出正确的投资决策，使投资者遭遇损失甚至市场失败。因此为了遏制公司的盈余管理行为，减少公司与投资者之间的信息不对称，保护投资者利益，人们开始将目光投向投资者利益保护观。

2001 年 1 月，国际知名会计师事务所普华永道调查研究了全球 35 个国家或地区后，发布了一份关于"不透明指数"（Opacity Index）的调查报告。该报告认为"在政府监督、财政金融、商业经济等领域缺乏准确、清晰、正式、易理解、普遍认可的惯例"，即可视为缺乏透明度。它所提出的"不透明指数"主要从会计准则的一致性程度、与会计准则有关的不确定程度等 12 个方面进行考察，虽然该份报告并未直接对会计透明度规定一个严格的定义，但不难发现，普华永道对会计透明度的理解侧重于强调是否存在一个高质量的会计准则（包括准则的一致性程度、确定性程度和根据披露获取公司现金流量、资本结构、经营风险水平等信息的难易程度）以及这一准则是否为政府、企业以及银行各个市场主体所普遍遵守。该报告提出，某个国家或地区的不透明指数高，意味着该国家或地区的投资者面临更多的投资风险，需要得到更多的风险补偿。这种观点建立了透明度与投资者保护之间的理论逻辑。

相对于决策有用观，投资者利益保护观强调会计信息的可靠性，其目的是为了让投资者能够充分获取与企业有关的信息，使得投资者能够"透过现象看出本质"，保证投资者不会因为信息不充分而遭受损失。因此，为了保护弱势的投资者，必须遏制管理人员的盈余管理行为，缩小管理人员会计政策选择空间，强调信息披露的充分性和完整性，注重会计政策选择和会计估计的稳健性。SEC 和 Arthur Levitt 基于保护投资者利益的目的最初提出透明度概念时，将透明度作为评价会计信息质量的三个标准中的一个，后来才升华至全面的会计信息质量标准，即包含了高质量的全部含义。

综上所述，透明度理念并非投资者利益保护观独有。事实上，决策有用观同样要求上市公司提供公开透明的、不隐瞒信息的和有助于投资者作出合理决策的信息，只不过投资者利益保护观明确提出了透明度概念并将其升华到更高层次而已。

透明度概念从隐含在决策有用观的背后到投资者利益保护观的明确提出，从局部的信息质量特征发展到全面信息质量特征。可以预见，随着证券市场的发展和会计理论的演进，透明度概念也日渐深入人心，成为评价财务报告的最重要标准。

（四）财务报告透明度的内涵

综合上述专家学者的观点，可以形成以下共识：财务报告透明度是一个动态的概念，即它不局限于财务报告质量概念下财务报告所应具有的某些静态特征，而是把公司对外披露信息与以投资者为主体的外部信息使用者接收、理解信息联系起来，是公司真实、完整地对外部信息使用者的“透明”程度，也就是外部信息使用者通过财务报告能够了解公司当前财务状况、经营成果及风险等真实、全面情况的程度。高度透明的财务报告，意味着投资者可以通过财务报告了解公司真实、完整的情况，并在此基础上作出决策；财务报告透明度低则意味着投资者通过财务报告了解公司情况的能力是有限的，在决策中将处于不利地位。

财务报告透明度水平，一方面取决于公司财务报告披露的内容、形式、频率等，另一方面取决于上述因素与外部信息使用者群体获取、处理信息的能力与特征等因素之间的匹配程度。在财务报告透明度概念下，评价财务报告的标准是清晰的，那就是财务报告是否有效实现了公司与外部信息使用者之间的信息传递。

分析财务报告透明度的形成与发展，我们可以总结出财务报告透明度所包含的核心思想。换句话说，它可以表述为：财务报告信息应该在保证合理的信息质量条件下，被准确、及时地传递到利益相关者的手中，即上市公司的现有投资者、潜在投资者、债权人、供应商和客户等利益相关主体能够及时获得和掌握真实、准确、充分和清晰的上市公司财务报告信息，使得利益相关主体能够透过财务报告信息的表象了解公司真实的经营状况和财务状况的程度。

二、财务报告透明度概念的界定和含义

回顾众多的关于透明度研究的文献，我们见到的名称主要有“公司透明度”、“信息透明度”、“会计透明度”、“财务透明度”和“信息披露透明度”等。那么这些名称的指向含义是否相同？如果不同，又有什么差异？

（一）公司透明度与信息透明度

“公司透明度”与“信息透明度”的含义相同，都是指与公司有关的信息机制作用下信息系统的综合输出结果，如 Bushman et al (2004)将公司透明度定义为一国内的上市公司外部投资者对公司特定信息的广泛的可获得程度，它是一个多构面系统（A multifaceted system）的共同产出（The joint output），在这个系统中，系统的各信息元件共同地生产、收集、验证和传播信息给公司外的市场参与者。作者认为公司透明度应当包括公司报告（Corporate reporting）、私有信息采集（Private information acquisition）以及信息传播（Information dissemination）三个部分。公司报告涉及以强制披露和自愿披露为基础的公司特定信息的定期披露，它又包括财务披露强度（Financial disclosure intensity）、治理披露强度（Governance disclosure intensity）、用于计量财务披露的会计原则（Accounting principles）、财务披露的及时性（Timeliness of financial disclosures）和财务披露的审计质量（Audit quality of financial disclosures）。私有信息采集包括具有加工和解释公司财务信息专业能力的财务分析师、内部人和机构投资者的交易活动。信息传播主要是指一国内的媒体渠道的渗透程度。

（二）会计透明度和财务透明度

“会计透明度”与“财务透明度”应当具有相同的含义，主要是指会计信息应该具有的质量特征，而不包含非会计信息的质量特征。

由于财务报告是公司对外公布的会计信息的载体，因此也可将会计透明度称为“财务报告透明度”。葛家澍（2001，2004）将财务报告信息质量特征区分为财务报表内容质量和财务报表表述以及其他财务报告中披露的质量两大类。陈琨（2003）将财务透明度定义为与上市公司有关的财务和可能引起财务变动的一切信息（广义财务信息）的公开或可知程度，它包含财务信息生成透明度、财务信息披露透明度和财务信息透明度三个层次。财务报告透明度也因此可以区分为财务报表透明度和信息披露透明度。林俊波（2005）从信息传递的流程角度将财务报告透明度区分为会计信息生成阶段的透明度和会计信息披露阶段的透明度。

（三）信息披露透明度

信息披露透明度有广义和狭义之分，广义的信息披露透明度与公司透明度或信息透明度的概念类似，即除了考虑公司的信息披露行为，考虑信息流通渠道、中介机构和信息的接收环节外，还要考虑信息的生成阶段。同时披露的信息不仅仅是会计信息，还应包括公司治理等非会计信息。而狭义的信息披露透明度仅指会计信息披露阶段的透明度，左志民等（2003）认为，会计信息披露透明度是指通过披露的信息，信息使用者能够及时、准确、清楚地了解企业一切经营活动以及这些经营活动的经济后果，从而得到清晰、完整、可比和不失真的映像。

综上，我们不难发现透明度相关概念的差异，这一差异体现在相关概念所涵盖的范围方面。公司透明度、信息透明度和广义的信息披露透明度的概念范围涵盖最广，几乎包含了与公司有关的所有信息，而会计透明度和财务透明度仅仅是公司透明度的一个组成部分，狭义的信息披露透明度则是会计透明度的子项。区分透明度的概念有助于我们更深刻地理解透明度概念和有针对性地进行相关研究，这样可以得到更有意义的研究结论。

在会计研究过程中，人们都更多地关注会计信息的质量，关注会计信息对人们进行各种决策所起到的作用，众多的关于会计信息含量或会计价值相关性的研究文献足以证明这一点，这也是我们进行透明度研究过程中倾向于使用会计透明度或财务透明度或财务报告透明度概念的原因。

（四）本书使用财务报告透明度定义

前文已经述及，葛家澍教授（2001）基于相关文献的分析，综合了财务报告信息质量的决策有用观和投资者利益保护观，提出了财务报告质量评价的综合观。[①]该观点认为财务报告信息的主要质量特征是投资者利益保护观下的财务报告透明度，它不仅包含依据 SEC 模式提出的财务报表表述的质量，还包含了 FASB 提出的决策有用观下的财务报告信息内容的质量。它可以有狭义和广义两种解释：狭义的解释把透明度同充分披露视为同义语。但透明度应当作广义的理解，视同为高质量的全部含义。

按照 SFAC No. 2 和投资者利益保护观强调的财务报告可靠性及后续的文献研究，财务报告信息质量应当包含相关性（Relevance）和可靠性（Reliability）两个方面，相关性强调财务报告信息应当具有预测价值（Predict value）、反馈价值（Feedback value）和及时性（Timeliness），可靠性强调财务报告信息应当忠实表达（Faithful representation）真实世界的经济现象（Real-world economic phenomena），并且具有可验证性（Verifiability）和中立性（Neutrality）。预测价值要求财务报告提供的信息能够帮助报告使用人对未来进行很好的预测；反馈价值强调财务报告提供的信息能够帮助报告使用人证实或修正以前作出的预测；及时性是指财务报告应当更及时地确认已发生的交易和事项并及时传递给报告使用人；忠实表达侧重财务报告提供的信息能够很好地反映客观经济现实；可验证性可解释为不同的人对相同事项的处理结果应当是一致的；中立性意味着财务报告信息不存在故意的或系统的偏见。由于预测价值和反馈价值可能存在着冲

① “财务报告质量评价的综合观”这一提法并没有被葛家澍和陈守德（2001）明确提出，而是本书为了表述清晰和简洁而对葛家澍和陈守德（2001）提出的基于决策有用观和投资者利益保护观对财务报告质量进行综合评价这一理论所下的定义。

突，而可验证性又是忠实表达的必要条件，因此本书在依据财务报告质量评价的综合观对财务报告透明度进行重新界定时，主要考虑财务报告及时性、中立性、忠实表达和反馈价值四个质量特征。

我们认为，如果公司管理层在编制和披露财务报告过程中，能够持有中立态度，不刻意地迎合某一方的特殊利益（中立性），能够客观地而不带有主观色彩地忠实表达公司的真实状况（忠实表达），更不刻意隐瞒或延迟公布坏消息以及盈余波动等情况（坏消息的及时性），财务报告提供的信息就会对投资者确认或修正以前的预测和决策提供有用的信息（反馈价值），这就说明公司提供的财务报告是高度透明的，它客观再现了公司的真实状况。

参照上述国内外组织及学者们关于会计透明度的定义，作者综合决策有用观和投资者利益保护观，以 SFAC No. 2（FASB, 1980）提出的财务报告信息的质量特征和 SEC 的投资者利益保护理念所强调的财务报告可靠性为基础，对财务报告透明度概念进行重新界定如下：

财务报告透明度是指上市公司依据完善的会计准则所披露的会计信息在具备可靠性和相关性两个核心品质的前提下，向信息使用者所作出的真实且充分披露的程度。这应该是一个综合性的衡量指标，包括信息披露的质量和数量两个维度。

在实际工作中，财务报告透明度是指财务报告能够客观无偏见地将公司的真实状况，尤其是坏消息及时传递给财务报告使用者的程度，包括传递信息的客观性和传递速度的及时性，使公司的利益相关者能够透过财务报告的表象了解公司的真实状况，并能够依据财务报告的信息确认或修正以前的预测和决策，从而作出正确的经济决策。

三、财务报告透明度与财务报告质量的联系与区别

著名的会计史学家迈克尔·查特菲尔德曾说过：“会计的发展是反应性的……会计主要是应一定时期的商业需要而发展的，并与经济的发展密切相关。”从着力提供高质量的财务报告到近几年来对高透明度财务报告的强调，反映了经济发展对财务报告的新要求。

财务报告透明度是在一系列关于财务报告质量的讨论中逐渐发展起来的，最初透明度只是作为财务报告质量特征的次级指标，但随着讨论的深入，人们对透明度的作用和重要性的认识不断加深，透明度逐渐成为人们评价财务报告的首要特征，甚至将透明度视为财务报告质量特征的全部含义。

尽管财务报告质量与财务报告透明度有着共同的理论起源，但高透明度财务报告的要求又与高质量的财务报告有着明显的区别，二者至少在以下几个方面有显著的不同：

（一）评价财务报告的角度不同

不管是 FASB 的财务报告质量体系，还是其他组织和学者发布的财务报告质量特征体系，虽然具体特征各有差异，但所强调的都是最终财务报告成果所应具有的特征，如相关性、可靠性、清晰性等。这些特征一经确定下来，就成为企业对外提供财务报告所应具备的质量属性。对作为信息生产者的企业来说，只要尽力实现了这些评价体系中的相应属性，就应该是一份高质量的财务报告。在整个过程中，仅仅从信息生产者的角度来看待财务报告质量，是静态的。

而高度透明的财务报告，其目标是向投资者传递一个真实的公司图像，而不局限于公司财务报告采用什么样的传递方式、途径和具体内容，它包括了从公司到外部信息使用者这样一个完整的信息传递过程。在这个过程中，企业不但要编制出符合相应质量特征要求的财务报告，而且要综合考虑到可能影响外部信息使用者获取、理解和使用这些信息的所有相关因素。尽管过程复杂，但最终的评价标准却是清晰的，就是外部信息使用者是否能够通过财务报告真实、全面、及时地了解公司，这完全是从信息使用者的角度来评价财务报告的，而且是一个动态的过程。

（二）对披露公平性的重视程度不同

资本市场上各类信息使用者由于知识背景、资金实力等因素的差异，造成了在信息的获取、分析能力上存在较大差别。从 20 世纪 90

年代中后期开始，美国证券市场上出现了越来越多的上市公司在将公众媒体和普通投资者排除在外的情况下，通过电话会议和私下会面的方式向某些证券分析师或机构投资者披露信息，或者故意使用大量专业词汇，增加投资者正确理解财务报告的难度，从而试图隐瞒公司真实业绩与风险水平。这些行为客观上造成了信息披露的不公平，尤其是对中小投资者的合法权益造成了侵害。财务报告的披露虽然不可能完全消除这种客观上的不平等，但必须对这种现象予以重视，并最大限度地缓解其影响。在早期的财务报告质量概念中，相应的评价体系都是围绕着财务报告的内容特征来展开的，如最初的相关性和可靠性；后来虽然出现了强调披露质量的相关评价指标，如及时性、清晰性等，但也仅限于对财务报告具体特征的重视，没有考虑到信息使用者群体之间在信息获取、分析能力等方面存在的差异。

高度透明的财务报告是相对于整个信息使用者群体而言的，而不是只针对其中的某一部分。要实现财务报告的高度透明，在披露财务报告时，应对其中可能误导投资者的关键信息予以强调；应照顾中小投资者的理解能力，语言要简单准确；在信息技术高速发展的条件下，及时地通过多种途径向各类投资者传递信息；而且，不应根据投资者类型而进行有选择的披露。在透明度概念引起关注后，1998 年美国 SEC 通过了《新简明英语原则》，规定证券信息披露时须采用简明语言，以方便投资者更容易理解所披露的信息；2000 年 8 月美国 SEC 出台了《公平披露规则》，禁止选择性信息披露，可以看作是对此作出的积极反应。

（三）对投资者知情权的保护程度不同

美国前 SEC 主席 Levitt 在 1998 年的演讲中曾一再强调“市场因投资者的恩典而存在”，保护投资者的权益不受损害是资本市场能够得以持续发展的前提，是现代金融的基石。对投资者的保护，并不是向投资者提供“父母式的保障”，而是要首先保护投资者的知情权，保证投资者最大可能地获取全面、完整的信息并且区分可以获得不同种类的投资选择，而并不负责对投资者投资成败提供保障。①财务报告作为投资者获取公司信息的主要渠道，在保护投资者知情权，进而保护投资者权益方面发挥着不可替代的作用。

但盈余管理的蔓延和金融工具的大量使用使得财务报告在向投资者传递信息方面显得力不从心。Levitt 在 1998 年 9 月 28 日的演讲中详细揭露了当时美国的上市公司管理者和审计师及证券分析师一起采取的大量利润操纵行为。在这种操纵下，财务报告质量显著下降，“管理让位给操纵，完整性已经失去，剩下的只有错觉”。Levitt 的演讲反映了当时美国公司盈余管理的程度之甚，而他所提出的应对措施中就包括强调财务报告的透明度特征。与此同时，大量公司在经济业务活动中开始使用金融工具，而会计准则下的计量方法则难以完全反映金融工具给企业所带来的风险与收益变化。事实上，投资者的风险总量随着企业的风险总量增加而一同加大了。在这种情况下，充分地向投资者披露相关信息，增强财务报告透明度成了保护投资者知情权的现实途径。

仅仅以若干质量特征属性为内容的财务报告质量概念很难解决上述问题，拥有信息优势的上市公司管理者总是能找到各种办法，通过盈余管理和令人眼花缭乱的金融工具，避免让投资者了解到公司的真实情况。而通过财务报告向投资者展示一个真实的公司图像，正是高度透明财务报告的应有之义。从这个意义上讲，强调提供高透明度的财务报告，让投资者最大程度地观察到公司的本来面目，就是对投资者知情权的基本保护，是恢复投资者信心的前提条件。这也是在美国安然事件、世通公司破产等一系列资本市场丑闻发生以后，各国监管当局大力倡导财务报告透明度的重要原因。

（四）涵盖因素的范围不同

如上文所述，较早的财务报告质量体系中仅关注财务报告的内容特征；后来出现的投资者保护观，开始将披露的质量特征列入其中。

---

① 陈琨，雷娟. 上市公司财务透明度要求及其实现. 财会月刊，2006（3）

但事实上，除了这两类因素外，在公司向以投资者为主体的信息使用者传递信息的过程中，还有其他因素影响着最终的信息传递效果，如信息中介的发展程度、信息披露的途径等，按照透明度的含义，这些因素都应被列入对财务报告的评价中来，因为它们共同影响了投资者对公司的了解程度。

魏明海等（2001）认为会计透明度由准则制定、对准则的遵循和对外披露三个层次构成；Bushman（2004）在研究中，将一国的传媒发达程度、分析师数量、法律制度等列入透明度的研究范畴之内。这些研究的结论表明，财务报告透明度是一个涵盖范围广泛、影响因素众多的概念，这是由信息在传递过程中需要经历众多环节这一事实所决定的。

以直接从事信息生产的公司管理者为例。公司管理层与外部投资者相比，有着天然的信息优势，通过花样繁多的"技术处理"，管理层能在很大程度上操纵向投资者披露的财务报告，隐瞒公司真实情况。如果不对此作出防范，则投资者通过财务报告了解公司真实情况的可能性将大打折扣。在2002年美国国会通过的《萨—奥法案》中，要求公司管理层对财务报告承担相应的责任，承诺已尽力向投资者传递相关和可靠的信息，这对于当时投资者信心的恢复起到了很大作用。通过对管理层责任的强化，使得管理层有可能自愿地向市场传递更多信息，以利于投资者了解公司。这在财务报告质量概念中是没有得到重视的，类似的还有网络财务报告的使用、信息中介的发展程度等。

尽管财务报告质量与财务报告透明度存在以上不同，但二者有着共同的理论起源。只不过随着对投资者保护的日益重视，以及为了应对资本市场发展过程中出现的盈余管理、准则滞后等新问题，透明度逐渐成为财务报告所应具有的首要特征。从高质量（不同的观点对此有不同的理解）到高透明度，体现了资本市场和社会各界对财务报告的新要求。

第二章　理论基础和研究框架

现代企业组织形式的最主要特征是所有权与经营权的分离，由此导致所有者与经营者之间的信息不对称。为了降低信息不对称程度，所有者与经营者之间常常通过契约的签订来约定双方的权利和义务，但由于契约是不完备的，契约的签订并不能完全解决两者之间代理关系产生的所有问题。集理性经济人和信息的优势方双重身份于一身的经营者，必然以自身利益的最大化为目的来采取行动。他们可能通过高质量的财务报告向所有者传递公司经营状况良好的信息，也可能通过对财务报告的操控隐瞒公司的真实情况，财务报告也因此成为影响所有者与经营者之间信息不对称程度高低的关键，对财务报告透明度的评价也自然成为学术界和实务界关注的焦点。因此，应当基于信息不对称理论、契约理论和委托代理理论、信号传递理论与财务报告质量的评价来研究财务报告透明度。

一、信息不对称理论

信息不对称是指交易中的各方对信息的掌握程度存在差异，掌握信息比较充分的一方具有优势，而掌握信息不充分的其他方处于劣势。信息不对称现象最早由 Arrow（1963）提出。Arrow（1963）分析和考察了信息不对称产生的问题，将“道德风险”（Moral hazard）概念引入经济学，拉开了信息不对称理论研究的序幕。Arrow（1963）指出，医疗服务市场就是存在信息不对称的典型市场。当医生面对患者时，由于掌握了复杂的医学知识，医生拥有比患者更多的信息，医生可能通过延长治疗时间等多种方式最大化自身的利益。虽然患者能够意识到会产生这种情况，但由于医学知识的匮乏和掌握较少的信息，只能采取购买医疗保险的方式降低自己的损失。此时，相对于患者而言，保险公司成为拥有较少信息的一方，因而可能导致医疗资源的过度使用。信息不对称可能导致道德风险和逆向选择（Adverse selection），并最终导致市场失灵。

自 Arrow（1963）之后，Akerlof（1970）对信息不对称问题（尤其是逆向选择问题）做了进一步阐释。Akerlof（1970）从二手车市场入手，发现了二手车市场上由于卖方和买方掌握的车况信息不同而产生的"劣车驱逐好车"（Bad cars drive out the good）的现象，并最终导致二手车市场的逐渐衰落。在二手车市场上，卖方掌握的信息必然比买方多，即俗语所说的"买的不如卖的精"。为了便于分析，Akerlof 将二手车区分为好车和坏车（在美国，坏车被称为"柠檬"（Lemons））两大类。卖方掌握每一辆二手车的真实质量，处于信息优势地位，而买方无法区分好车与坏车，处于信息劣势地位。因此，卖方对坏车与好车制定相同的价格，以次充好，而买方虽然不了解二手车的真实质量，但却了解二手车的平均质量，仅愿意为平均质量出中等价格，这导致那些高于中等价格的上等二手车退出了市场，买方于是继续压价，中上等二手车也开始退出市场，这种现象持续下去的最终结果，就是二手车市场的最终消亡。

在分析二手车模型的基础上，三位美国经济学家（George A. Akerlof，A. Michael Spence，Joseph E. Stiglitz）提出了信息不对称理论。该理论认为："市场中卖方比买方更了解有关商品的各种信息；掌握更多信息的一方可以通过向信息贫乏的一方传递可靠信息而在市场中获益；买卖双方中拥有信息较少的一方会努力从另一方获取信息；市场信号显示在一定程度上可以弥补信息不对称的问题。"

由于信息不对称是在现实生活当中普遍存在的最基本事实，因而 Arrow（1963）和 Akerlof（1970）提出的信息不对称现象也同样存在于资本市场。在资本市场上，交易双方之间存在的关系变成了委托代理关系，拥有信息优势的一方被称为代理方，处于信息劣势的一方则被称之为委托方。在股份有限公司制度下，全体股东拥有公司的所有权，但不从事公司日常的经营管理活动，而将其委托给公司管理层，成为委托方。作为代理方，公司管理层接受委托后，从事公司日常的经营管理，自然也对公司的生产经营状况有更充分的了解，掌握的信息也自然多于股东，甚至拥有永远不被外人知晓的关于公司经营状况、现金流量和发展前景的私人信息（Private information）或内部信息（Insider information），信息不对称问题也随之产生。在这种情况下，信息不对称阻碍了信息的交流和沟通，使得管理层不能向股东等投资者传递全部私人信息，或者管理层向信息需求者传递了不正确的信息，即所谓的沟通阻滞（Blocked communication）。正是由于沟通阻滞，公司管理层才会通过扭曲或操控提供给投资者的信息等方式来掩盖他们的"偷懒"行为和其他不想为外人知晓的信息，谋取他们的信息优势利益。这也导致了投资者不能了解公司的真实状况，不能了解公司管理层的努力程度，无法区分优质公司与劣质公司之间的差异，因而不能对公司进行正确的评价，只愿意以优质公司和劣质公司的平均价值购买公司的股票，导致优质公司的股票价值低估，劣质公司的股票价值高估，进而不能作出正确的投资决策，促使优质公司退出资本市场，从而发生"劣股驱逐好股"的逆向选择，并最终导致市场资源配置的低效率。然而，投资者也能意识到公司管理层并未将全部信息传递给他们，还保留着不想为外人知晓的内部信息，而他们想获取这些信息要么成本高昂要么根本无法获取，因而更为担心信息的可靠性，于是在购买公司股票时变得更为谨慎，所愿意支付的股票价格会更低，从而使得资本市场无法正常运作。

信息不对称主要表现为"逆向选择"和"道德风险"两种类型，而增强会计透明度能够有效遏制这两种行为。一方面，透明的信息披露通过将可靠的内部信息传递给外部投资者，为投资者提供平等的交易环境，大量公开信息的存在使得想要拥有私有信息的交易者必须付出昂贵的代价，有效地降低了管理层逆向选择的概率。另一方面，透明的会计信息披露能使经营不善、业绩不佳的经理人遭受声誉下降和人力资本市场价值贬值的损失，并面临股东"用脚投票"下被接管撤换的威胁，从而有效地抑制了经理人触犯道德风险的行为。

翟林瑜（2004）指出，"上市公司经营者与投资者之间的信息不对称降低了市场效率，加大了股票价格的波动性”。[①] 另外，为避免因不同投资者对上市公司的实际经营状况的了解程度不同而造成对企业价值的判断不同的情况，上市公司需要尽可能地向外界传递其掌握的内部信息，努力消除信息不对称，将积极的信号传递给股东和潜在投资者，增加股票市场的流动性。

信息不对称现象的存在使得交易中总有一方会因为获取信息的不完整而对交易缺乏信心，因此为了培养信息弱势一方将交易进行下去的信心，应当寻求降低信息不对称的方法。于是，契约的签订就成为交易各方降低信息不对称程度的自然选择。

二、契约理论与委托代理理论

按照《牛津法律大辞典》的定义，契约（Contract）是指两人或多人在相互间设定法律义务并具有法律强制力的协议。[②]这一概念是契约的法学概念，不是经济学上的契约概念。与契约的法学概念相比，契约在经济学上的概念更为广泛，它不仅包含法律上的概念，还包含所有的市场交易、企业组织内部所形成的契约关系（Contractual relationship）。Jensen 和 Meckling（1976）就将公司看作一系列契约关系的联接（The nexus of a set of contracting relationships）。这些契约关系不仅存在于公司与实物资本的提供者（股东和债权人等）和人力资本的提供者（公司管理层与一般员工）之间，也存在于公司与供应商和客户之间，还存在于公司与政府之间和公司与社会之间。他们所订立的契约可能是显性契约（Explicit contract），但更多的是隐性契约（Implicit contract）。

在这些契约关系中，最为典型的是公司股东与公司管理层之间的委托代理关系（Principal-agent relationship）。Jensen 和 Meckling（1976）将股东与公司管理层之间的“代理关系定义为一种契约，在这种契约

① 引自翟林瑜．信息、投资者行为与资本市场效率．经济研究，2004（3）：47～54

② 参见 David M. Walker、李双元等译．牛津法律大辞典（The Oxford Companion to Law）．法律出版社，2003 年，第 257 页

下，一个或更多的人（委托方）雇佣另一个人（代理方）以他们的名义从事某种活动，这种活动包含将某种决策权授予代理方。”如果委托方与代理方都是效用最大化者，就有充分的理由相信代理方并不总是以委托方的利益最大化为行动准则，他们还追求更多的闲暇时间、高薪和在职消费，从而发生道德风险问题。产生道德风险问题的原因就在于委托方无法观察到代理方的行为和努力程度，委托方与代理方之间存在着严重的信息不对称。道德风险问题的产生能够导致两种类型的代理问题：其一是公司管理层与股东之间存在的代理问题，其二是公司控股股东与中小股东之间存在的代理问题。

第一类代理问题，是公司管理层与股东之间存在的代理问题。这种代理问题存在于股权分散的状况下。Berle 和 Means（1932）发现公司的股权是分散的，这使得个人与其财富的关系、财富的价值以及财产本身的性质发生了根本变化。分散持有公司的股东将其财产委托给公司经理经营，却由于无法对其控制而导致强势的公司管理层，致使公司管理层有能力也有动机追求个人利益的最大化而损害股东的利益，产生股东与公司管理层之间的代理问题。自 Berle 和 Means（1932）以后，多数研究均以股权分散引致的股东与公司管理层之间的冲突为相关研究的核心。在 Berle 和 Means（1932）的影响下，大量管理学文献着重解释公司管理层如何利用手中的有效控制权经营对自己而不是对股东有利的项目，如 Baumol（1959）、Williamson（1964）和 Galbraith（1967）等。Jensen 和 Meckling（1976）更是在 Berle 和 Means（1932）和代理理论的基础上，系统阐述了股东与公司管理层之间的代理问题。

第二类代理问题，是指公司控股股东与中小股东之间的代理问题。对这一问题的研究起始于 20 世纪七八十年代。Eisenberg（1976）和 Demsetz（1983）发现美国公司的股权并不是完全分散的，家族控制和富有的投资者控制的股权集中要比通常认为的更为普遍。在其他国家，尤其是亚洲的新兴国家，控股股东更是普遍存在。在存在控股股东的情况下，公司的中心代理问题不是 Berle 和 Means（1932）提到的公司管理层与股东之间以及公司管理层与债权人之间的代理问题，而是控股股东与中小股东之间的代理问题以及控股股东与债权人之间的代理问题。

在股权分散的情况下，全部股东是委托方，公司管理层是代理方，公司存在的中心代理问题是公司管理层与全体股东之间的委托代理问题，即第一类代理问题。从债务契约角度看，委托方是债权人，代理方仍然是公司管理层。在此种情况下，公司管理层的道德风险问题能够使全体股东和债权人受损，因此，股东与债权人均有动机监督公司管理层，从而发生监督成本等代理成本。而在股权集中的情况下，大股东取得控制权之后，成为公司的控股股东。由于公司管理层由控股股东任命，或者由控股股东直接出任，导致公司的中心代理问题不再存在于公司管理层与全体股东之间，而转为存在于中小股东与控股股东之间或中小股东与控股股东和管理层组成的联盟之间。从债务契约角度看，虽然表面上公司管理层仍然是代理方，但实际上公司的控股股东或控股股东与公司管理层组成的联盟已经成为事实上的代理方，而且，由于控股股东有极强的动机掏空上市公司，很可能导致控股股东利用契约的不完全性通过上市公司取得借款，却又不承担债务偿还责任的状况。

可见，无论是在股权分散情况下，还是在股权集中情况下，都存在着因代理方拥有信息优势、委托方处于信息劣势而产生的代理问题，只不过表现形式不同而已。在股权分散情况下，代理问题来自公司管理层的“偷懒”、追求高薪和在职消费等道德风险。在股权集中情况下，则来自控股股东的掏空等自利化行为。而代理方的这些行为，委托方都无法观察得到，但委托方能够意识到这种行为的存在，因而委托方会采取措施抑制代理方的自利行为。具体而言，委托方可以通过为代理方设计恰当的激励契约和支出监督成本来约束代理方的越轨行为（Aberrant activities of the agent），以保护自己的利益不受损。此外，在特定情况下，也可能存在代理方向委托方支付保证成本的情况，通过支付保证成本，向委托方保证不会采取损害委托方利益的行动，如果采取了这种行动，委托方也会因此得到补偿。可见，降低代理方的非委托方利益最大化行为能够产生代理成本（Agent cost），[①]而且代理成本不仅能够降低委托方的收益，也能够降低代理方的收益。因而代理方就会有降低代理成本以提高自身收益的动机。而为了降低代理成本，代理方就会主动对外披露有关公司的财务状况、经营情况和现金流量的真实信息，向资本市场传递其业绩优良的“信号”。

三、资本市场有效理论

Fama（1970）指出，在市场上的任何时候，当所有为公众所知的与证券有关的消息都能正确地反映在该证券的交易价格中，而且该证券的市场价格能够伴随新的、正确的信息为公众所知而立即作出相应的调整时，这一市场就是有效资本市场。[②]根据市场价格的信息含量和反应速度的区别，前人将有效市场分为三种类型：强式有效市场、半强式有效市场和弱式有效市场。现实中，各国的资本市场大多处于强式有效和弱式有效两种极限状态之间。这种类型的市场对信息披露具有很强的依赖性：信息披露越充分、透明度越高，市场会越有效。

在有效的市场中，投资便成了一种“公平的游戏”。为了更加准确地预测证券价格，投资者会竭尽所能地挖掘所有可获得的相关信息，这就引发了其对信息高度透明的需求；另一方面，公司为了营造平等的交易环境，也倾向于充分披露相关、可靠、及时的财务信息，进而提高信息透明度，便于投资者理性预期，反过来这又使市场的有效性得以增进。

在资本市场有效理论分析框架中，资本市场其实就是一个专门制造信息，然后将其传递与运用，最终获得反馈，既而产生新的信息的市场，在这一过程中它会尽量提高信息有效性并期望最终通过证券价

---

① Jensen and Meckling（1976）将代理成本定义为委托方的监督支出（The monitoring expenditures by the principal）、代理方的保证支出（The bonding expenditures by the agent）和剩余损失（The residual loss）之和。

② Fama E. F. Efficient Capital Markets：A Review of Theory and Empirical Work. Journal of Finance，1970：383～417

格实现资源的高效配置。要研究会计透明度与权益资本成本之间的关系，我们首先要理解诸如投资者对风险资产的信念是如何受到信息的影响、个人的最优需求决策过程以及整个市场的均衡价格是如何形成的等一系列问题。

在资本市场中，通过分析公司的历史收益及其他相关信息，理性投资者会形成对风险资产不确定收益的主观概率信念，以此来预测公司未来收益。在其他条件不变时，投资者所要求的投资回报率与预测的风险水平是正相关的，也就是说，未来收益的不确定程度越高，所要求的投资回报率就越高。当概率既定不变时，每位投资者将根据自身的风险偏好形成自己的期望效用函数，并对风险资产进行最优需求决策。在证券市场层面，这一市场宏观供求关系则是由众多微观个体的需求汇总而成，进而最终决定股票的市场均衡价格，从资本需求方角度来说，这便是其筹资的资本成本（即投资者的期望回报率）。

在上述过程中，上市公司的信息披露可以影响交易者对股票的最优需求决策，即随着信息披露水平的提高，非信息交易者将掌握更多信息，可以提高股票价值预测的准确度，进而提高均衡价格、降低股权融资成本。“当上市公司充分披露、会计透明度越高时，交易者的需求决策会随着信息差异的消失而趋于一致，此时的均衡价格升至最高、资本成本降至最低，它仅体现股票自身价值波动导致的风险贴水”。①

四、信号传递理论

Michael Spence（1973）以劳动力市场为例，提出信号传递机制这一解决因信息不对称而产生的逆向选择问题的办法。②Michael Spence

① 引自惠晓峰，李明毅．信息披露、IPO 折价与资本成本．系统工程理论方法应用，2006（2）：39～43

② Michael Spence（1973）是建立在 Michael Spence 的博士论文“Market Signaling: The Informational Structure of Job Markets and Related Phenomena”（Ph.D. thesis, Harvard University Press, 1972）基础上的。这一开创性研究使其与 George Akerlof 和 Joseph Stiglitz 同时获得了 2001 年诺贝尔经济学奖。

（1973）研究发现，在劳动力市场上，雇主不能区分每一个应聘者的能力，雇主与应聘者之间存在着信息不对称。由于雇主是风险中立的（Risk-neutral），因而他仅愿支付平均工资。但对于高生产率的应聘者来说，为了将自己与低生产率的应聘者区分开，以赚取与其生产率相称的薪酬，他会主动向雇主发出信号，以证明自己是高生产率的应聘者。而能够证明自己是高生产率的应聘者的最佳信号就是应聘者所受的教育。究其原因，接受教育是有成本的，[①]它不仅要耗费时间，还要耗费金钱。对于低生产率的应聘者来说，他不愿或没有能力承担这种成本，只好放弃接受教育，这相当于向雇主传递了他是低生产率的应聘者的信号。而对于高生产率的应聘者来说，他愿意也有能力接受教育，以向雇主传递自己是高生产率的应聘者这一信息，从而将自己所获得的薪酬与信号成本之间的差异最大化。为了保证信号是有效率的，Michael Spence 还设定了生产率与信号成本负相关这一关键性假设（Critical assumption），即低生产率的应聘者接受与高生产率的应聘者同等的教育会耗费更高的信号成本，以防止低生产率的应聘者对高生产率的应聘者的刻意模仿。

该理论最早出现在 Spence（1973）[②]有关劳动力市场的研究中，它主要分析了教育作为信号的各种情形以及产生的均衡，即雇佣者可将应聘者的教育水平作为其潜在生产力的可靠信号加以区分不同水平的应聘者。

之后，Grossman 和 Milgrom（1981）将其引入到一般商品市场的讨论中：在一般商品市场中，卖方掌握着商品质量、价格等方面的充分信息，买方由于缺乏该方面的信息而不能确切了解商品的质量优劣，因而最终低质量产品得以伴随优质产品一起以市场的平均质量和平均成本为基础成交，从而导致高质量、高成本的商品就有可能被“排挤”出市场，最终形成“柠檬”市场。因此，质量优而成本高的商品卖方就会倾向于主动向市场传递关于商品价格和成本方面的信息。

---

① Spence 将这一成本称为信号成本（Signaling costs）

② Spence M．Job Market Signalling，1973

Michael Spence 的信号传递理论具有普遍的经济学意义，Ross（1977）就率先将信号传递理论应用于财务领域。Ross（1977）认为，在投资水平给定的情况下，资本结构中的债务比率可作为信号传递的手段。在 Ross 的资本结构信号传递模型中，公司管理层拥有关于公司真实收益分布的内部信息，但投资者没有这类内部信息，因而投资者无法对公司价值作出正确评价。投资者如果对公司股票价值评价较高，公司管理层会受益，而如果公司破产，公司管理层则会受到相应的惩罚。为了促使投资者正确评价公司价值，公司管理层会主动将较高的债务比率作为高质量的信号，向投资者传递其所掌握的内部信息。而对于低质量的公司来说，较高的债务水平会引发公司的破产，因而公司管理层不愿模仿高质量的公司，以防公司破产招致的惩罚。这样，高质量的公司就能够通过较高的债务比率将自己和低质量的公司区分开来。

信号传递理论认为在交易过程中，不可避免地会出现买卖双方之间信息不对称的现象，进而引发逆向选择和道德风险问题，所造成的额外信息风险以及不公平交易的风险最终将由投资人来买单。因此，信号传递成为解决问题的一个路径：为了实现交易的帕累托最优，拥有大量私人信息的优势方（卖方）有将其私人信息传递给信息匮乏的劣势方（买方）的动机，另一方面，处于信息劣势的买方也有动力诱使信息优势方（卖方）向其披露他们持有的私人信息。

Bhattacharya（1979）借鉴 Michael Spence 的信号传递模型，创建了第一个股利政策信号传递模型，认为股利政策也可作为信号传递手段向投资者传递公司的内部信息。如果公司管理层预期公司未来有良好的发展前景，未来业绩会有大幅增长，未来现金流量也因而会大幅增加时，就可能通过支付较高的股利向市场传递这些内部信息，而对于那些预期未来现金流量较少的公司则没有能力采用高股利政策，这等于向投资者传递了利淡的信号，使得投资者能够依据公司股利的高低对公司进行有效的划分，并据以作出正确的决策。Aharony 和 Swary（1980）、Asquith 和 Mullins（1983）和 Healey 和 Palepu（1988）等的研究都支持了股利政策信号传递模型。

信号传递理论虽然具有普遍的经济学意义，可以在很多领域应用，但这并不表明信号传递理论在所有领域都能够适用，即使相同的领域也可能存在相反的情况。比如低现金股利的公司并不表明该公司就是低质量的公司，对于那些处于成长阶段的公司来说，它们也愿意采用低股利政策，其目的在于为未来的成长积累必要的资金，资本市场对这类公司的评价也并未因其低股利政策而给予较低的评价。就我国目前的情况而言，由于公司控股股东大部分为国有性质，银行也大多是国有银行，上市公司的债务具有预算软约束特征，因而资本结构也未必能够成为向资本市场传递内部信息的有效的信号传递工具。同样由于缺乏有效的惩罚机制和破产退出机制，Michael Spence 设定的关键假设不复存在，导致公司管理层不会因为采用了错误的股利政策引致公司的业绩下滑而受到惩罚，低质量的公司因而能够模仿高质量的公司的股利政策，使得信号传递机制失效。同时，信号传递理论始终以高质量的公司能够采取成本高昂的信号传递手段向市场传递内部信息，以使投资者能够有效区分公司质量的高低，但却没有考虑低质量的公司可能采用成本低廉的其他信号传递手段向市场传递虚假信息的情况。此时，投资者就无法根据公司传递的信号作出正确的判断和决策。因而，我们应当更多地关注信息披露的质量，尤其是财务报告的质量。只有提高财务报告信息的质量，并结合有效的信号传递工具，才能使高质量的公司将自己与低质量的公司区分开来，才能有效降低委托方与代理方之间的信息不对称程度，使得投资者能够对公司作出正确的评价，减少因信息不对称而发生的逆向选择。

五、财务报告质量的评价理论

对财务报告质量的评价主要依赖于财务报告的信息质量特征，而财务报告信息的质量特征是联系财务报告目标和实现目标手段之间的桥梁，因此，对财务报告质量的评价与财务报告的目标有着密切的联系。关于财务报告目标的理论，迄今为止主要有决策有用观、投资者利益保护观和综合观三种观点。

（一）财务报告质量评价的决策有用观

FASB（1978）明确指出财务报告的目标是：财务报告应该为现有的和潜在的投资者（Present and potential investors）、债权人（Creditors）以及其他使用者提供有助于他们作出合理的投资决策、信贷决策以及其他相似决策的信息；对于那些对公司的交易和经济事项有所了解并愿意做进一步研究的人来说，财务报告提供的信息应当是可理解的（Comprehensible）。[①]基于这一目标，1980 年 5 月，FASB 公布了第 2 号财务会计概念公报《会计信息的质量特征》（Qualitative Characteristics of Accounting Information），在该公报中全面列示了会计信息为满足用户需要的质量特征的框架，即决策有用观下的财务报告信息质量特征，如图 2.1 所示。

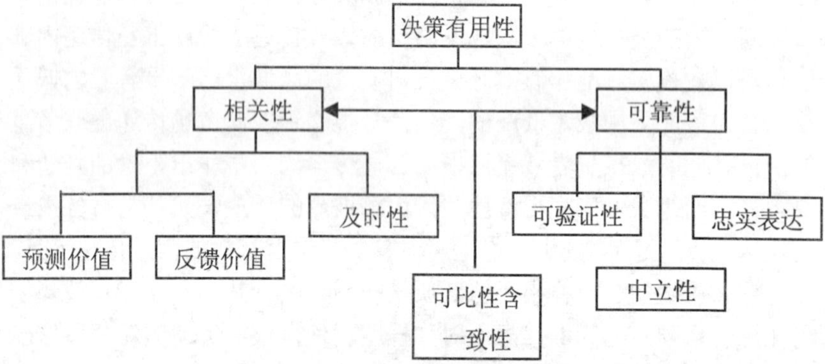

图 2.1　财务报告信息质量特征层次结构

从图 2.1 可以看出，在决策有用观下，财务报告主要的信息质量特征包括相关性和可靠性。相关性是指“能够帮助使用者形成关于过去、现在和将来事项的结果的预期、或证实或更正以前的预期，从而具备在决策中导致差异的能力。信息能够导致差异主要是通过提高决

① FASB, SFAC No. 1:Objectives of Financial Reporting by Business Enterprises (original pronouncement as amended), 2008

策者的预测能力或者通过对以前预期的反馈来实现的”。①因此，相关性包括预测价值和反馈价值或者两者兼有。相关性还要求信息应当具有及时性。及时性是指“信息在损失其影响决策的能力之前提供给决策者，是相关性的补充”。及时性不能独自使信息相关，但缺少及时性的信息却一定是不相关的。

可靠性强调财务报告信息应当忠实表达（Faithful representation）真实世界的经济现象（Real-world economic phenomena），并且具有可验证性（Verifiability）和中立性（Neutrality）。忠实表达是指财务报告中的数字与数字意欲表达的事项或资源之间的符合程度，它侧重于财务报告提供的信息能够很好地反映客观经济现实。可验证性可解释为不同的无偏见的计量人员对相同事项采用相同的计量方法得到的结果应当具有高度的一致性。中立性意味着财务报告信息不存在故意的或系统的偏见，会计方法选择的中立性不受预设结果的影响，不为了满足某一方的利益而有倾向性地改变会计数字。

可比性（Comparability）包含一致性（Consistency），是财务报告信息质量的次要质量特征（Secondary quality），与相关性和可靠性相互影响，共同作用于信息的有用性。可比性包含两种含义：其一是横向可比，其二是纵向可比。横向可比强调不同公司之间对相同业务的处理是可比较的，纵向可比则侧重同一公司内部不同时间的信息是可比的。财务报告信息的横向可比与纵向可比能够提高财务报告信息的决策有用性。

（二）财务报告信息质量评价的投资者利益保护观

针对 20 世纪 90 年代美国上市公司存在的严重的盈余管理行为，美国证券交易委员会（SEC）前主席 Levitt 多次发表讲话，阐述关于高质量会计准则的观点。在 1997 年的一次关于“高质量会计准则的重要性（The Importance of High Quality Accounting Standards）”的演讲中

① FASB, SFAC No. 2: Qualitative Characteristics of Accounting Information (original pronouncement as amended), 2008

提出了以可比性（Comparability）、透明度（Transparency）和充分披露（Full disclosure）等为主要特征的质量要求，其目的在于加强对投资者利益的保护，即投资者利益保护观。①相对于决策有用观，投资者利益保护观强调会计信息的可靠性，其目的是为了让投资者能够充分获取与企业有关的信息，使得投资者能够“透过现象看出本质”，保证投资者不会因为信息不充分而遭受损失。因此，为了保护弱势的投资者，必须遏制管理人员的盈余管理行为，要求缩小管理人员会计政策选择空间，强调信息披露的充分、完整和透明，注重会计政策选择和会计估计的稳健性，如表 2.1。表 2.1 列示了一些机构和组织基于投资者利益保护观提出的财务报告信息的质量特征。

表 2.1 投资者利益保护观下的财务报告质量特征

SEC 第 8 号意见书	审计准则第 61 号	Kirk 委员会	SEC 对 IAS 质量的评价模式
披露透明性	会计信息及其披露明晰性、一致性和完整性	财务披露活动明晰性	透明性
会计原则和基本估计的保守或冒险程度		会计原则选择的保守、适度还是极端	
	应用会计政策的一致性	普遍还是个别实务	可比性
	对会计信息的真实性、可验证性、中立性、一致性有重要影响的项目		
			充分披露

资料来源：王跃堂，张祖国. 财务报告质量评价观及信息披露监管.会计研究，2001（10）：13

① Arthur Levitt 于 1997 年 9 月 29 日，在美洲发展银行发表了题为“高质量会计准则的重要性（The Importance of High Quality Standards）”的演讲，该研究后来于 1998 年 3 月在 Accounting Horizons 发表。

（三）财务报告信息质量评价的综合观

葛家澍、陈守德（2001）在分析相关文献的基础上，综合了决策有用观和投资者利益保护观，认为财务报告的质量首先取决于财务报表的质量，同时也受表外披露和其他财务报告质量的影响。因此，评价财务报告质量的标准应当包括财务报告信息内容的质量和财务报表表述的质量两个部分，本书称之为综合观。其中，财务信息内容的质量主要依据 FASB 提出的财务报告信息的质量特征，财务报表表述的质量则依据 SEC 的模式，如图 2.2（来源于葛家澍和陈守德，2001）。

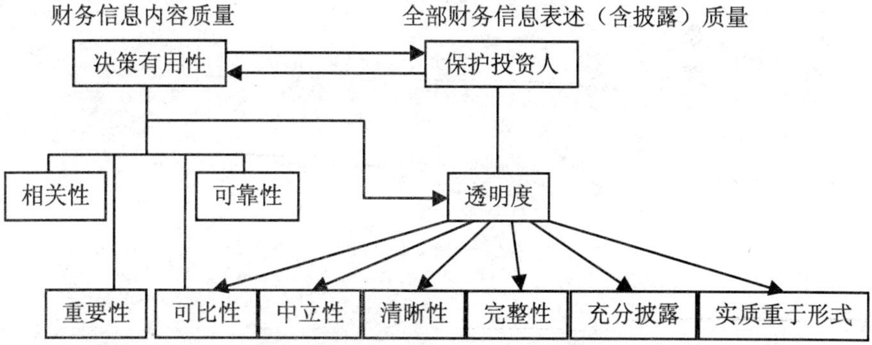

图 2.2　综合观下的财务报告质量特征

从图 2.2 可以看出综合观下财务报告的信息质量特征。葛家澍和陈守德（2001）认为，决策有用观与投资者利益保护观在本质上是一致的，只不过各有侧重而已。决策有用观强调财务报告信息内容的质量，而投资者利益保护观侧重于财务报告表述的质量。保护投资者利益的财务报告信息的主要质量特征是透明度，它不仅建立在财务报表表述的六个质量特征的基础上，更是建立在财务报告信息内容的各项质量特征的基础上，应当将其视同为高质量的全部含义。只有在财务报告信息内容能够不偏不倚地与其所要表达的企业的客观真实高度一致且具有预测价值和反馈价值的基础上，还能够同时符合财务报表表述的六个质量特征，才能认为财务报告达到了高质量财务报告的要求，是高度或完全透明的。这样的财务报告才能有效降低委托方和代理方之间的信息不对称，最终有效提高投资者利益的保护程度。魏明海等（2001）也认为会计透明度是会计信息质量的综合概念。①

① 魏明海、刘峰和施鲲翔（2001）在界定会计透明度概念时，认为会计透明度是一个关于会计信息质量的全面概念，但与其他学者的透明度概念不同的是，他们定义的会计透明度概念所包含的内容更为广泛和更为综合，不仅同时顾及了会计信息自身的质量标准以及实现会计信息质量标准的方式，而且还丰富了会计信息质量标准和实现会计信息质量标准的方式，包括会计准则的制定和执行、会计信息质量标准、信息披露与监管等，是一套全面的会计信息质量标准和一个进行会计信息全面质量管理的“工具箱”。

第三章 影响财务报告透明度的制度背景分析

公司所处的宏观制度环境对其信息披露行为和披露质量起着基础性作用。从全球范围来看，各个国家的法律环境、政治经济和文化背景存在较大差异。对宏观环境的影响通常采用基于国家层面的研究，即将一国公司信息披露活动作为整体进行多国之间的比较分析。

我们认为，法律对投资者的保护对财务报告质量产生基础性支撑作用。而传统文化因素则发挥着广泛的潜移默化的影响。

一、法律对投资者的保护程度

一般而言，国家法律体系重视对投资者的保护，必然要求企业向投资者提供更加可靠的会计信息，从而导致财务报告透明度的提高；而政府实施会计信息管制的主要宗旨之一也是保护投资者利益。因此从广义角度分析，政府对会计信息的管制也属于投资者保护的范畴，且管制手段和措施的很大部分也属于法律手段。

（一）我国法律体系对财务报告的规范

从世界各国目前财务报告披露模式来看，为了促进向投资者和其他相关的利益团体提供及时、有用的财务信息，世界各国采用不同的手段对财务报告的核心内容进行适度管制，即政府成立了相应的准则制定机构、管理机构或行业协会，通过制定一系列会计制度、准则等规范会计信息的生产以及服务。自美国首先成立证券监管委员会和会计准则制定机构以来，英、法等国也相继成立了类似的组织，通过准则制定机构规范会计信息的方式成为一种普遍的做法。由于会计信息的特殊性和重要性，我国也借鉴和采用了英美国家的做法，建立了以政府为主导的会计信息管制体系。

中国基本上属于成文法国家。中华人民共和国建国以来的不同阶段，人大常委会颁布了大量的法规。尤其是改革开放以来，随着经济体制改革的不断深化，颁布并实施了大量与市场经济体制运行相匹配的法律、法规。由国家立法机关和各级行政权力机关制定颁布、用于调整经济活动中会计关系的会计规范可以分为国家层次的会计规范和地方层次的会计规范，其中国家会计规范分别包括规范会计工作和会计行为的法律、行政法规和部门行政规章。

用于规范会计工作的法律是指由人大常委会制定和颁布的有关调整会计关系、约束会计行为的法律规范或规范性文件。包括由第六届全国人大常委会于 1985 年制定、1993 年修订、1999 年再次修订的《会计法》，第八届全国人大常委会于 1993 年通过的《注册会计师法》。又如由第八届全国人大常委会于 1993 年通过的《公司法》第六章关于公司财务、会计方面的法律规定，第九届全国人大常委会第六次会议 1998 年 12 月 29 日通过的《证券法》第三章第三节关于会计信息披露的法律规定等。这些最基本的会计法律，对其他会计法规的制定与实施具有普遍的指导意义。

国家层次的会计类行政法规是指由国务院为执行有关会计法律的规定需要而制定颁布的规范性文件，如 2000 年 6 月 21 日国务院发布的《企业财务会计报告条例》等。

国家层次的会计类部门行政规章是指由财政部或国务院其他部委制定颁发的规章制度，是国家授权有关管理机构对某一专项会计工作或某一部门会计工作的具体规定。例如，财政部已经发布的行业会计制度，已经并将继续发布的具体会计准则、独立审计准则，关于会计人员教育、考核、职称评定的有关规定等。

所有这些法律、法规和部门行政规章的颁布和执行，无不为规范会计信息披露、提高财务报告透明度建立了重要的制度基础。

在改革开放不断深化、市场经济发展繁荣的进程中，基于上述法规体系中对会计信息的强制性要求与规范，我国的会计信息管制体系也逐步建立和不断完善。主要包括对会计信息生成的管制和会计信息服务的管制。这些管制行为又具体化为一系列的管制规则，前者是生产及时、有用的会计信息的前提和基础，主要是由一系列会计政策、法规、准则、指南、公告等（其中会计准则是核心）组成；后者对企业披露的会计信息提供质量和时效方面的保障（见图 3.1）。

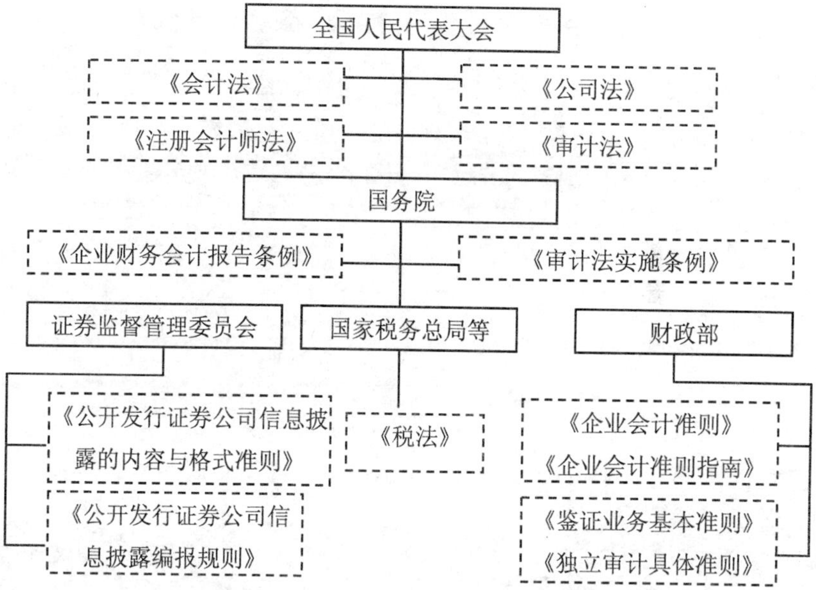

图 3.1　中国会计信息管制体系图[①]

对于上市公司公司而言，由于企业资本来源于证券市场的投资人，因此需要根据有关规定向投资人披露更多更充分的信息。例如，2001 年，证监会在对一系列规范上市公司信息披露格式与内容的文件中就已规定："本准则是对……信息披露的最低要求。凡对投资者投资决策有重大影响的信息，不论本准则是否有明确规定，公司均应披露。" 2003 年 10 月，深交所发布的《上市公司投资者关系管理指引》中规定："上市公司可以通过投资者关系管理的各种活动和方式自愿地披露

① 杜莉，刘昌进. 会计信息政府管制：对制度范示的思考. 上海立信会计学院学报，21 卷，1 期，16~21 页，2007 年 1 月 25 日

现行法律法规和规则规定应披露信息以外的信息。"这样的规定对上市公司财务报告透明度提出了更高的要求，因为它已不再仅仅满足监管要求，而是要以投资者的信息需求为依据，披露对其投资决策有"重大影响"的信息。

（二）关于法律制度对投资者保护程度的评价

Jaggi 和 Low（2000）发现，不同法系国家的 CIFAR 透明度指数具有显著差异，表明法律体系对透明度所具有的影响。Bushman 等（2004）考察了不同国家间的透明度状况，并通过因子分析将透明度分为财务透明度和公司治理透明度两个方面，结果发现，各国财务透明度与其政治经济环境相关，而公司治理透明度则更多取决于该国的法律制度。①

LaPorta 等（2000）的研究发现，不同法系下的投资者保护及公司治理存在显著差异，其中就包括财务信息披露的差异。Eleswarapu 等（2004）的研究发现，在美国通过《公平披露法案》后，美国公司加强了信息披露，尤其是自愿性披露，从而认为，信息披露管制的加强会提高公司透明度。

LLSV（1997，1998）根据法律起源的不同将 49 个国家和地区区分为源起于英国的普通法系（Common-law）和源起于罗马法典的民法法系（Civil-law），其中民法法系继续细分为法国的民法传统（French civil tradition）、德国的民法传统（Germany civil tradition）和斯堪的纳维亚的民法传统（Scandinavian civil tradition）。LLSV 提供的经验证据表明，投资者法律保护的法律规则（Rule of law）和法律的实施力度（Law enforcement）在不同的法律传统之间存在着系统的差异。普通法系国家的法律规则对投资者的保护要好于民法法系国家，尤其要好于具有法国民法传统的国家。而具有德国民法传统和斯堪的纳维亚民法传统的国家的法律对投资者的保护程度介于普通法系国家与具有法

① Bushman R. M.，Piotorski J.D.，Smith A. J. What Determines Corporate Transparency? Journal of Accounting Research，2004（5）：207~252

国民法传统的国家之间。具有德国民法传统和斯堪的纳维亚民法传统的国家的法律实施力度最强，普通法系国家的法律实施力度次之，具有法国民法传统的国家的法律实施力度最差。法律对投资者保护程度的不同，会通过影响企业在资本市场上以股票或债券融资的能力而影响到资本市场的发展。一家企业发行股票或承担债务的意愿很大程度上依赖于获得外部融资的条件。好的法律保护机制保证了市场的透明度和公正性，在某种程度上使投资者愿意以优惠的条件投资于企业。如果条件适合，企业会发行更多的股票与债券。LLSV 证实，不论是股票市场还是债券市场，普通法系国家都要比法国法系国家发达。

按照 LLSV（2008）的说法，中国的法律最初模仿了苏联的社会主义法律传统。但在“文革”期间，这一源起于苏联的法律体系被彻底摧毁了，因此，在 20 世纪 70 年代末期改革开放之后，中国开始重新构筑新的法律体系。受德国民法法律的影响，现代化时期的中国法律体系具有德国民法传统的特征，但与德国民法传统也有区别。

Allen et al.（2005）采用 LLSV 的投资者法律保护指数对中国的投资者权利保护与法律实施力度打分，研究发现，中国的投资者权益法律保护体系要优于具有德国民法传统的国家和具有法国民法传统的国家。在采用德国民法法系的国家内仅有 45%的国家超过了中国，而这一比例在具有法国民法传统的国家内更低，仅为 33%（见表 3.1）。但在法律实施力度方面的评分结果却并不乐观（见表 3.2）。在仅有的两项指标当中，法律规则低于具有法国民法传统的国家，远低于具有德国民法传统的国家。腐败方面的评分表现更差。与具有斯堪的纳维亚传统的国家相比，股东权利法律保护的分值虽然一致，但在具有斯堪的纳维亚传统的国家内有 75%的国家的分值超过了中国。法律实施力度方面更是远低于这些国家。与普通法系国家相比，中国的股东权利法律保护体系与法律实施力度两个方面的评分都远低于这些国家，有 94%的普通法国家的股东权利法律保护体系好于中国，这些国家的法律实施力度也强于中国。

表 3.1 和表 3.2 还列示了中国与 LLSV 选择的样本国家在股东权利法律保护体系和法律实施力度两个方面的比较结果。结果显示，在

LLSV 选择的样本国家内，有 65%的国家的股东权利法律保护体系好于中国，而且这些国家的法律实施力度也远强于中国。

表 3.1 股东权利法律保护体系比较表

	普通法系（均值）	法国传统（均值）	德国传统（均值）	斯堪的纳维亚传统（均值）	LLSV 样本（均值）	中国
一股一权	0.17	0.29	0.33	0	0.22	1
允许邮寄代理	0.39	0.05	0	0.25	0.18	0
无障碍出售权	1	0.57	0.17	1	0.71	0
累积投票/比例投票	0.28	0.29	0.3	0	0.27	0
受压小股东保护机制	0.94	0.29	0.5	0	0.53	1
新股购买优先权	0.44	0.62	0.33	0.75	0.53	1
召集临时股东会的权利	0.09	0.15	0.05	0.1	0.11	0.1
抗董事权*	4（94%）#	2.33（45%）#	2.33（33%）#	3（75%）#	3（65%）#	3
强制股利	0	0.11	0	0	0.05	0

注：*表示第（2）、（3）、（4）、（5）和（7）行的总和；#表示括号内的数字为子样本中分值大于等于 3（中国的分值）的国家占该子样本国家总数的百分比。

资料来源：中国数据来自中国 2000 年的公司法和商法；LLSV 国家的数据来自 JPE 文章。转引自 Allen，Qian and Qian（2005）。

表 3.2 法律实施力度比较表

	普通法系（均值）	法国传统（均值）	德国传统（均值）	斯堪的纳维亚传统（均值）	LLSV 样本（均值）	中国
司法系统效率	8.15	6.56	8.54	10	7.67	N/a
法律规则	6.46	6.05	8.68	10	6.85	5
腐败程度	7.06	5.84	8.03	10	6.9	2
被侵占的风险	7.91	7.46	9.45	9.66	8.05	N/a
合约拒绝风险	7.41	6.84	9.47	9.44	7.58	N/a
会计准则评级	69.62	51.17	62.67	74	60.93	N/a

资料来源：中国数据来自 International country risk（rating agency）；LLSV 国家的数据来自 JPE 文章。转引自 Allen，Qian and Qian（2005）。

（三）世界银行对我国法律保护投资者利益程度的评价

世界银行（World Bank）自 1996 年开始通过构建全球治理指标（Worldwide Governance Indicators，WGI）的方式对全球 212 个国家和地区的治理状况进行了评估，至 2009 年累计已经评估了 10 次。全球治理指标包括话语权与责任（Voice and Accountability）、政治稳定与无暴力（Political Stability and Absence of Violence）、政府效能（Government Effectiveness）、监管质量（Regulatory Quality）、法律规则（Rule of Law）和控制腐败（Control of Corruption）共 6 个子指标。其中涉及法制环境的为监管质量、法律规则和控制腐败。中国在这三个方面的治理分数和分位数排序均不高，治理分数除 1996 年外其他年度均小于 0，分位数排序也都在第 25～50 分位数之间（1996 年除外），见表 3.3。图 3.2 更清楚地显示了 1996～2008 年期间中国大陆的监管质量、法律法规和控制腐败的发展趋势。监管质量自 1996 年的最高点降至 2002 年的最低点，然后从 2002 年开始缓慢上升。法律法规自 1996 年的最高点缓慢降至 2006 年的最低点后，也开始呈上升趋势。控制腐败也是由 1996 年的高点降至 2005 年的低点后开始恢复上升趋势。

表 3.3 世界银行 1996～2008 年期间对中国治理状况的评估分值

治理指数	来源	年度	分位数排序（0-100）	治理分数（-2.5to+2.5）	标准差
监管质量	12	2008	46.4	-0.22	0.16
	12	2007	46.1	-0.24	0.17
	12	2006	42	-0.33	0.17
	11	2005	46.3	-0.26	0.17
	11	2004	45.4	-0.29	0.17
	10	2003	38.5	-0.39	0.17
	10	2002	33.2	-0.52	0.19
	8	2000	39	-0.28	0.2
	8	1998	40	-0.26	0.23
	7	1996	50.7	0.15	0.23
法律规则	17	2008	45	-0.33	0.13
	17	2007	42.9	-0.45	0.13
	16	2006	43.3	-0.48	0.13

续表

治理指数	来源	年度	分位数排序（0-100）	治理分数（-2.5to+2.5）	标准差
法律规则	15	2005	42.4	-0.41	0.14
	15	2004	43.8	-0.36	0.14
	13	2003	41	-0.44	0.14
	13	2002	44.3	-0.36	0.14
	11	2000	39	-0.43	0.14
	10	1998	41.4	-0.36	0.17
	8	1996	48.6	-0.22	0.21
控制腐败	15	2008	41.1	-0.44	0.13
	15	2007	33.8	-0.61	0.12
	14	2006	36.9	-0.53	0.12
	13	2005	32.5	-0.67	0.13
	13	2004	34.5	-0.58	0.13
	10	2003	44.2	-0.37	0.14
	10	2002	42.7	-0.41	0.15
	9	2000	47.6	-0.22	0.15
	9	1998	45.1	-0.31	0.17
	7	1996	54.4	-0.08	0.18

注：第 25～50 分位数▇，第 50～75 分位数▇。

资料来源：Daniel Kaufmann，Aart Kraay and Massimo Mastruzzi. Governance Matters VIII: Governance Indicators for 1996-2008. World Bank Policy Research，June 2009

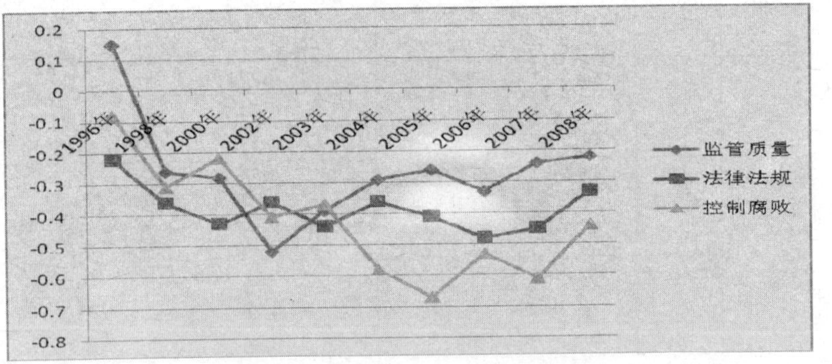

图 3.2 中国监管质量、法律法规和控制腐败趋势图（1996～2008）

资料来源：Daniel Kaufmann，Aart Kraay and Massimo Mastruzzi. Governance Matters VIII: Governance Indicators for 1996-2008. World Bank Policy Research，June 2009

表 3.4 显示的是在世界银行发布的全球治理指标中，中国与其他新兴国家和地区的治理分值。通过对表 3.4 的分析，我们发现，中国大陆的监管质量分值为-0.217，仅好于委内瑞拉、阿根廷、俄罗斯和印度尼西亚，远小于新兴国家和地区的均值 0.497，见图 3.3。中国大陆的法律法规的分值为-0.333，分值高于委内瑞拉、俄罗斯、印度尼西亚、墨西哥、阿根廷、哥伦比亚和菲律宾，与新兴国家和地区的法律法规平均分值 0.227 之间的差距也很大，见图 3.4。中国大陆的控制腐败分值为-0.438，分值高于委内瑞拉、俄罗斯、菲律宾、印度尼西亚和阿根廷，与均值之间也有较大差异，见图 3.5。从分位数排序来看，中国大陆的监管质量、法律法规和控制腐败分别为 46、45 和 41，均未达到 212 个国家和地区的平均水平。

表 3.4 中国与其他新兴国家和地区治理分值的比较（2008 年）

国家和地区	监管质量			法律规则			控制腐败		
	分位数排序	治理分值	标准差	分位数排序	治理分值	标准差	分位数排序	治理分值	标准差
阿根廷	28	-0.645	0.172	32	-0.612	0.133	40	-0.442	0.140
巴西	58	0.192	0.166	46	-0.303	0.132	58	-0.033	0.139
波兰	74	0.772	0.162	65	0.494	0.124	68	0.376	0.119
俄罗斯	31	-0.556	0.162	20	-0.914	0.124	15	-0.981	0.119
菲律宾	52	-0.053	0.166	40	-0.489	0.133	26	-0.746	0.132
哥伦比亚	59	0.243	0.166	38	-0.501	0.131	50	-0.249	0.137
韩国	73	0.730	0.172	74	0.791	0.137	70	0.448	0.135
捷克	82	1.089	0.162	77	0.845	0.125	67	0.365	0.120
马来西亚	60	0.268	0.172	65	0.490	0.136	63	0.144	0.135
墨西哥	65	0.449	0.166	30	-0.642	0.132	50	-0.259	0.138
南非	71	0.635	0.155	56	0.118	0.129	65	0.302	0.135
葡萄牙	84	1.123	0.206	84	1.021	0.148	83	1.080	0.156
泰国	60	0.261	0.172	54	-0.031	0.135	43	-0.384	0.134
土耳其	59	0.216	0.166	56	0.092	0.133	60	0.095	0.138
委内瑞拉	5	-1.441	0.166	3	-1.588	0.132	9	-1.135	0.138

续表

国家和地区	监管质量			法律规则			控制腐败		
	分位数排序	治理分值	标准差	分位数排序	治理分值	标准差	分位数排序	治理分值	标准差
希腊	75	0.807	0.206	73	0.755	0.148	61	0.102	0.156
新加坡	100	1.918	0.189	94	1.729	0.146	100	2.345	0.140
匈牙利	88	1.257	0.162	76	0.824	0.124	72	0.549	0.120
以色列	86	1.197	0.206	78	0.882	0.146	79	0.874	0.155
印度	47	-0.210	0.166	56	0.122	0.134	44	-0.373	0.132
印度尼西亚	45	-0.270	0.166	29	-0.656	0.133	31	-0.642	0.132
智利	93	1.579	0.172	88	1.249	0.133	87	1.307	0.140
中国	46	-0.217	0.166	45	-0.333	0.133	41	-0.438	0.134
中国台湾	82	1.072	0.202	74	0.766	0.147	73	0.550	0.143
中国香港	100	1.998	0.223	91	1.557	0.150	94	1.875	0.150
均值	67	0.497	n/a	58	0.227	n/a	63	0.189	n/a

注：分位数排序指的是该国或地区的治理分值在 212 个国家和地区中的分位数排序分值。

资料来源：根据 Daniel Kaufmann，Aart Kraay and Massimo Mastruzzi. Governance Matters VIII: Governance Indicators for 1996-2008. World Bank Policy Research，June 2009 的数据整理。具体情况见世界银行网站公布的全球治理指标数据库，www.worldbank.org/wbi/governance。

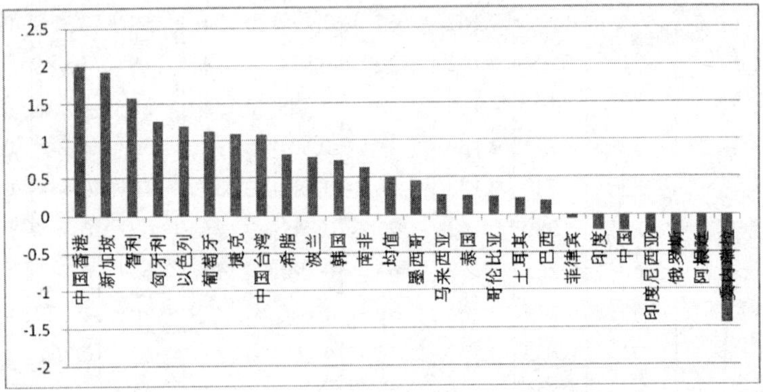

图 3.3　2008 年新兴国家和地区的监管质量

资料来源：根据 Daniel Kaufmann，Aart Kraay and Massimo Mastruzzi. Governance Matters VIII: Governance Indicators for 1996-2008. World Bank Policy Research，June 2009 的数据整理。具体情况见世界银行网站公布的全球治理指标数据库，www.worldbank.org/wbi/governance。

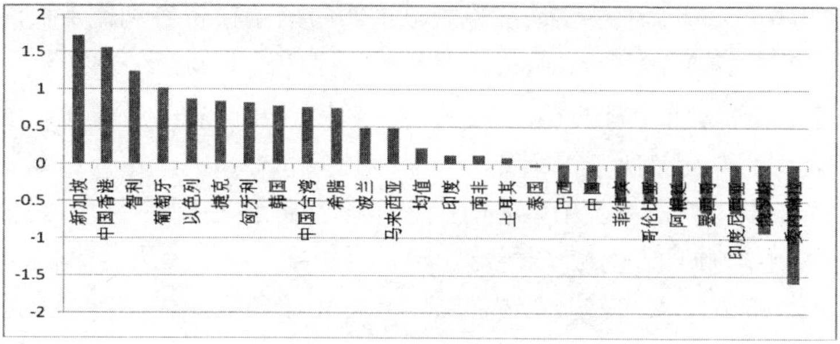

图 3.4　2008 年新兴国家和地区的法律法规

资料来源：根据 Daniel Kaufmann，Aart Kraay and Massimo Mastruzzi. Governance Matters VIII: Governance Indicators for 1996-2008. World Bank Policy Research，June 2009 的数据整理。具体情况见世界银行网站公布的全球治理指标数据库，www.worldbank.org/wbi/governance。

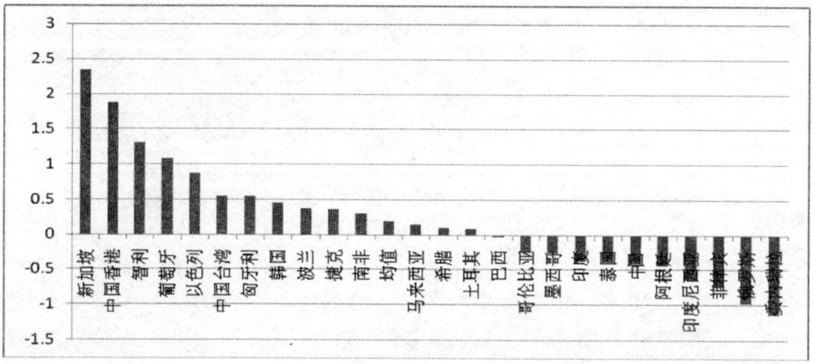

图 3.5　2008 年新兴国家和地区的控制腐败

资料来源：根据 Daniel Kaufmann，Aart Kraay and Massimo Mastruzzi. Governance Matters VIII: Governance Indicators for 1996-2008. World Bank Policy Research，June 2009 的数据整理。具体情况见世界银行网站公布的全球治理指标数据库，www.worldbank.org/wbi/governance。

（四）我国对投资者保护的执法有效性分析

国外的学者和研究机构的研究目的是希望依据一套普遍适用的评价标准对世界各国的治理状况进行评估。尽管研究人员在对各国进行评估时，可能受到其持有的价值观念的影响，他们可能很自然地按照“西方标准”对各国的治理状况进行评估，所以其结果的公正性一直受到严重质疑。但现实情况也难以证明中国的投资者利益保护的法律水平和法律实施力度具有较高水平。

表 3.5 列示了自 1994 年至 2007 年共计 14 年间各年度被中国证监会、上海证券交易所或深圳证券交易所处分和处罚的上市公司数量及其在当年上市公司总数中所占的比例。该表显示，中国上市公司受处分的公司比例较低，受处罚的比例更低。处分比例均值为 0.034，处罚比例均值为 0.007，说明平均而言，每 30 家上市公司中只有一家公司受到处分，每 142 家上市公司仅有一家公司受到处罚。对于受到处分而没有受到处罚的公司来说，其获得的处分也仅仅是公开谴责、公开批评、立案侦查和内部通报批评而已。对于受到处罚的公司而言，罚金数额也非常低。很难想象，这种隔靴搔痒式的监管能够形成对上市公司的有效威慑。因此，我们可以说，中国的投资者利益保护的法律体系和法律实施力度无法有效保护投资者的利益，尤其是中小股东的利益。

表 3.5 中国上市公司违法违规数量及比例（1994～2007 年）

年度	受处分公司数量	受处罚公司数量	当年上市公司数	处分比例	处罚比例
1994	4	1	291	0.014	0.003
1995	0	0	323	0.000	0.000
1996	5	1	530	0.009	0.002
1997	10	1	745	0.013	0.001
1998	5	1	851	0.006	0.001
1999	13	6	949	0.014	0.006
2000	17	8	1088	0.016	0.007
2001	73	5	1160	0.063	0.004
2002	60	7	1224	0.049	0.006
2003	56	10	1287	0.044	0.008
2004	70	20	1377	0.051	0.015
2005	100	13	1381	0.072	0.009
2006	97	17	1434	0.068	0.012
2007	79	28	1550	0.051	0.018
合计	589	118	n/a	0.034	0.007

注：处分与处罚主体为中国证券交易委员会、上海证券交易所或深圳证券交易所。

资料来源：CCER 数据库。

计小青和曹啸以1993年至2003年4月底被证券管制机构处罚的272次会计信息披露违规事件作为研究样本，初步考察和评价了我国上市公司会计信息披露管制制度的整体有效性。他们的研究发现，从总体上看，我国上市公司虚假会计信息披露行为较为严重，造假金额巨大并涉及会计报表的各个主要项目，在真实性、完整性和及时性三个维度上，上市公司会计信息披露质量都比较差。他们进一步以因为违规受到证监会、上交所、深交所处罚的公司为样本，统计这些公司重复违规的比例。从三个管制机构的整体威慑力来看，受处罚上市公司重复违规的比例达到16.91%，重复违规行为之间的时间间隔均值为10.56个月。较高的重复违规处罚比例，伴随着如此之短的重复违规时间间隔，表明我国证券市场管制机构的威慑力非常有限，同时也说明我国对投资者保护的执法有效性和上市公司会计信息披露管制制度的整体有效性不容乐观。

对国外经典文献的综述和对中国法律环境的数据统计说明，相对于普通法国家而言，中国目前的法律环境对护投资人保护作用处于比较低下的水平，降低了公司治理的有效性，从而不利于激励公司提高财务报告透明度。

二、文化传统

Hope（2003）的研究发现，在控制法律因素对透明度的影响之后，文化因素对公司透明度具有增量影响。

文化是一个民族或者一个社会长期积淀的结果，它使同一群体的人们形成近似的世界观、价值观。文化在无形中影响着人们社会生活的方方面面，指导着人们的行为。会计也是社会长期发展的产物，在其发展过程中必然受到各民族文化的影响，带有很强的民族特色，一个国家的文化总会在一定程度上体现在该国的会计制度、会计行为之中，进而反映在该国企业财务报告披露内容和披露范围上。

Gray和Vint（1995）、Zarzeski（1996）分别证明了风险厌恶、个人主义、权力等级观念等文化因素对公司信息披露水平的影响。Hope

（2003）发现在对公司披露水平的影响上，法律并不能替代文化，并且随着信息环境的丰富，法律制度因素对公司披露水平的影响存在减弱趋势。Ball 等（2003）研究了亚洲四国的信息透明度问题，发现高质量的会计准则并不能保证信息的高透明度，信息生产者与监督者所面对的激励起着至关重要的作用，而这些激励因素却受到一国法律、文化等的影响。Bushman（2004）将公司透明度归结为两个综合指标，即财务透明度和治理透明度；研究发现，各国的财务透明度与其政治经济环境相关，而治理透明度更多地决定于该国的法律制度。

荷兰教授 Geert Hofsted 在研究国家间文化差异时，将文化的表现分为五个测量维度，分别是个人主义对集体主义、权力距离大小、不确定性规避愿望的强弱、阳刚取向对阴柔取向、长期取向对短期取向。他通过对 53 个国家的企业管理人员的调查，总结提炼出国家间文化维度记分表。其中，美国被测试人员的不确定性规避愿望强弱得分为 46 分，在 53 个被调查国家中属于后 1/3 的范围，而中国的被测试人员的不确定性规避愿望强弱得分为 60 分，显著高于美国被测试人员的得分，在 53 个被调查国家中属于中等水平。[①]

根据 Hofsted 的研究结论，美国文化被公认为是一个透明、开放的典范。与美国人相比，中国人不追求刺激，不崇尚冒险，讲究循规蹈矩，为减轻压力，人们会构建各种规则和制度，使社会呈现出相对稳定的结构，增加可预期性。

这种文化差异性直接体现在会计信息披露方面，美国 GAAP 要求披露的事项多且十分详细，而我国会计准则中要披露的事项较少；我国大多数公司偏向于不情愿或推迟向外界公布企业有关的重大决策信息，在年度报告中也较少有对报表有关数据进行充分、公允的揭示。管理人员和会计人员倾向于业务资料保密，而只倾向与公司管理活动和资本融通活动密切相关的人士披露会计信息，不愿信息透明、公开。出于这种谨慎和规避风险的动机，信奉“家丑不可外扬”的观念，中

① Hofsted G. Cutural Constraints in Management Theories. Academy of Management Executive, 1993(7): 91

国企业财务报告的透明度较低，通常以达到会计准则对信息披露最低要求为目标。许多公司报喜不报忧，从而在一定程度上影响了投资者对企业财务报告的信任，影响了财务报告的信息含量。[①]

以普华永道（PwC）2001 年 1 月发布的国家或地区间“不透明指数”（The Opacity Index）调查报告为例，在其“不透明指数”的分项调查中包括了对会计与报告准则的“不透明”研究。根据该报告，在纳入其研究范围的 35 个国家和地区中，中国大陆的“会计不透明”得分高达 86，位居第二，仅次于得分最高的韩国（90），与其他国家或地区相比有明显的差距（详见本章附录）。

作者认为，导致中国大陆的“不透明指数”偏高的因素固然是多方面的，但是传承于中国传统文化的保守、谨慎的价值观对会计制度、会计信息、财务报告透明度所产生的潜移默化的影响应该是其重要影响因素之一。

① 参考畅秀平. 中美会计文化比较与启示. 财会通讯·综合（上），2009（12）：131～132

附录：普华永道（PwC）2001 年发布的不透明指数评分和分项计分结果，其中“C”为腐败（perceived Corruption），“L”为法律（Legal system），“E”为经济政策（Economic policy at the government level），“A”为会计和报告准则（Accounting and reporting standards），“R”为监管制度（Regulatory regime），“O-factor”为不透明指数（Opacity factor）。

Scores for O-Factor and CLEAR Components

Country/Region	*C*	*L*	*E*	*A*	*R*	*O-Factor*
Argentina	56	63	68	49	67	61
Brazil	53	59	68	63	62	61
Chile	30	32	52	28	36	36
China	62	100	87	86	100	87
Colombia	48	66	77	55	55	60
Czech	57	97	62	77	62	71
Ecuador	60	72	78	68	62	68
Egypt	33	52	73	68	64	58
Greece	49	51	76	49	62	57
Guatemala	59	49	80	71	66	65
Hong Kong	25	55	49	53	42	45
Hungary	37	48	53	65	47	50
India	55	68	59	79	58	64
Indonesia	70	86	82	68	69	75
Israel	18	61	70	62	51	53
Italy	28	57	73	26	56	48
Japan	22	72	72	81	53	60
Kenya	60	72	78	72	63	69
Lithuania	46	50	71	59	66	58
Mexico	42	58	57	29	52	48
Pakistan	48	66	81	62	54	62
Peru	46	58	65	61	57	58
Poland	56	61	77	55	72	64
Romania	61	68	77	78	73	71
Russia	78	84	90	81	84	84
Singapore	13	32	42	38	23	29
South Africa	45	53	68	82	50	60
South Korea	48	79	76	90	73	73
Taiwan	45	70	71	56	61	61
Thailand	55	65	70	78	66	67
Turkey	51	72	87	80	81	74
UK	15	40	53	45	38	38
Uruguay	44	56	61	56	49	53
USA	25	37	42	25	48	36
Venezuela	53	68	80	50	67	63

These data are based on average survey responses for the five types of opacity. Using the simple averages derived from aggregating the survey responses, the O-Factor is derived by adjusting the scores so that larger scores reflect more opacity, while smaller scores reflect more transparency. The CLEAR factors are weighted equally for purposes of global comparison, although in individual countries some factors are arguably more important than others.

第四章 影响财务报告透明度的企业因素分析

关于微观层面因素对透明度的影响主要表现在公司动机、公司治理结构以及公司自身特征等几个方面。

一、相关研究文献综述

Lung 和 Lundholm（1993）实证研究发现，披露当期或后期有证券发行行为的上市公司，代表其公司透明度水平的 AIMR Score 得分较高；另外，Lung 和 Lundholm（1997）还专门针对发行股票公司的披露行为进行了分析，发现在股票发行前的 6 个月，公司的自主性披露开始明显增加，从而表明公司的信息披露具有资本市场交易的动机。① OWusu-ansah（1998）的研究发现，公司内部人持股比例与公司的信息披露水平存在显著的正相关关系，这说明管理层的股权报酬激励是影响公司信息披露水平的因素之一。

Chen 和 Jaggi（2000）通过对香港上市公司信息披露水平的实证检验发现，董事会的独立性越强，上市公司的信息披露水平越高，但他们同时发现，家族控制将会使独立董事的这种作用受到限制。②而 Gul 和 Leung（2004）的研究则发现，如果 CEO 和董事长两职合一，则企业的自愿性信息披露将处于较低水平。

Chow 与 Wong-Boren（1987）发现，信息披露情况与公司的规模、

---

① M. Lang，R. Lundholm. Voluntary disclosure during equity offerings: reducing information Asymmetry Or hyping the stock? Working Paper. University of Michigan，1997

② C.J. P.Chen，B.Jaggi. Association between independent non-executive director，family control and financial disclosures in Hong Kong. Journal of Accounting and Public Policy，2000，Vol.19（4-5）：285~310

负债比率、净资产占总资产的比率有关；Meek、Robert 和 Gray（1995）的研究表明，公司的披露水平与公司规模、海外上市情况、行业及所在国家等有关。Cheung 等（2006）针对中国香港和泰国的公司研究发现，公司规模、长期债务率、市场业绩表现、固定资产比例等财务因素以及股权集中度、董事会规模、董事会独立性等公司治理因素对公司透明度具有显著影响。这些研究表明，公司透明度水平受到众多公司特征的共同影响。

国内与此相关的研究大多数都集中在公司治理对自愿性信息披露水平的影响上。何佳、孔翔（2002）研究发现，国有企业的信息披露水平要高于非国有企业，意味着股权性质对公司透明度有一定影响。崔学刚（2004）分析了公司治理机制对自愿性信息披露水平的影响，发现两职合一对公司自愿披露水平产生负面影响，而独立董事、前十大股东持股比例、A 股流通股比例、前十大股东中具有机构投资者、B 股比例等公司治理变量能够提高公司自愿披露的水平，而且在存在两职合一的情况下，独立董事对提高自愿披露水平的作用会受到限制。[①]张宗新、郭来生等（2004）对 1998～2002 年上市公司自愿性信息披露的影响因素的实证分析表明，从时间动态序列上来看，中国上市公司的自愿性信息披露指数（VDI）逐年提高；规模大、效益高的上市公司，更倾向于实施自愿性信息披露；流通股比重、股权集中度、独立董事比例以及两职合一等治理结构指标对公司自愿性信息披露指数（VDI）的解释效果并不显著，意味着目前在我国证券市场，自愿性信息披露的公司治理效应并没有显现。[②]

公司特征因素对透明度的影响也是这一研究领域的热点问题，相关研究文献较多。范德玲等（2004）以 2002 年 170 家制造业上市公司为研究样本，研究结果发现，影响其自愿披露水平的主要因素为公司规模、会计盈余与公司所在地，而财务杠杆比率、第一大股东性质的影响并不显著。张程睿（2006）以深圳证券交易所 2001 年至 2004 年

① 崔学刚.公司治理机制对公司透明度的影响.会计研究，2004（8）：72~81

② 张宗新，郭来生.上市公司自愿性信息披露的有效性研究.第六届深圳证券交易所会员研究成果.深圳:深圳证券交易所，2004

对上市公司信息披露考评中的不及格和优秀等级的公司作为研究样本，以信息披露考评结果作为公司信息透明度的衡量基础，在单因素显著性检验的基础上，建立 Probit 多元回归模型，考察了影响我国上市公司信息透明度的主要因素。研究结果表明，总体而言，财务特征类因素对上市公司信息透明度的解释力度最大，管理者动机次之，环境与特质再次，而公司治理因素最小，表明目前中国上市公司的治理状况对公司信息透明度的改善程度还很有限。[①]毛丽娟（2007）研究发现，公司规模、债务比率与公司的会计透明度存在显著的正相关关系，但独立董事对透明度的影响是有限的。

二、中国上市公司股权结构特征

自 1978 年经济体制改革以来，我国国有企业经历了放权让利、两权分离、承包经营、租赁经营、经济责任制以及“利改税”等多个阶段的改革，但始终未能有效解决国有企业的经营低效和资金匮乏的状况。1983 年，北京天桥百货商场率先进行股份制改造工作，并于 1984 年 7 月 26 日召开北京天桥股份有限公司成立大会，成为新中国第一家由国营企业转制为股份制的企业。1986 年 12 月，国务院颁布了《关于深化企业改革增强企业活力的若干规定》，决定对部分国有企业进行股份制改造。1990 年 11 月，国务院和中国人民银行总行批准设立上海证券交易所，并于同年 12 月 19 日正式营业。1991 年 4 月又批准设立深圳证券交易所，也于同年 7 月 3 日开始营业。沪、深证券交易所的成立标志着中国证券市场的形成。1992 年 5 月 15 日，国家体改委、国家计委、财政部、中国人民银行和国务院生产办联合发布了《股份制企业试点办法》，明确了股份制企业试点的目的、原则、组织形式、股份制企业内部职工持股、股份制企业试点的范围、股份制企业的组建和审批程序，并将股份制企业的股权根据投资主体设置为

① 张程睿. 中国上市公司信息透明度研究——基于信息不对称的理论与实证研究. 博士学位论文. 广州：暨南大学，2006

国家股、法人股、个人股和外资股四种形式，并要求在试点过程中坚持以公有制为主体，切实维护公有资产不受侵害。1992 年 7 月 27 日，国家国有资产管理局和国家体改委印发了《股份制试点企业国有资产管理暂行规定》，将用国有资产入股形成的股份视股权管理不同的情况划分为国家股和国有法人股，并要求贯彻发展以公有制为主体的股份制企业的方针，对应由国家控股的股份制试点企业必须保证国有资产股份在企业中的主导地位。同时还规定，“改变国有股权在应由国家控股的股份制试点企业中的比例，国有股权代表应报经国有资产管理部门或其授权机构会同有关部门按国家规定审核批准，经批准后方可执行。改变国有股权在其他股份制试点企业中的比例应报经国有股权代表委派单位审批”。1992 年 9 月 22 日，国家国有资产管理局印发了《〈股份制试点企业国有资产管理暂行规定〉的几点说明》，进一步解释了“国家控股”的含义，明确指出“国家控股”是指国有股权在该股份制试点企业中占总股本的比例在 51%以上。1993 年 4 月 22 日，国务院发布《股票发行与交易管理暂行条例》，明确规定，申请上市的公司在聘请专业性中介机构“对其资信、资产、财务状况进行审定、评估和就有关事项出具法律意见书后，按照隶属关系，分别向省、自治区、直辖市、计划单列市人民政府或者中央企业主管部门提出公开发行股票的申请；在国家下达的发行规模内，地方政府对地方企业的发行申请进行审批，中央企业主管部门在与申请人所在地地方政府协商后对中央企业的发行申请进行审批（即股票发行的额度制）”。同时还规定，“国家拥有的股份的转让必须经国家有关部门批准，具体办法另行规定。国家拥有的股份的转让，不得损害国家拥有的股份的权益”。1996 年 12 月 26 日，中国证监会颁发了《关于股票发行工作若干规定的通知》，明确提出，“1996 年新股发行采取‘总量控制、限报家数’的管理办法。各地、各部门在执行 1996 年度新股发行计划中，要优先考虑国家确定的 1000 家特别是其中的 300 家重点企业，以及 100 家全国现代企业制度试点企业和 56 家试点企业集团。在产业政策方面，要重点支持农业、能源、交通、通讯、重要原材料等基础产业和高新技术产业，从严控制一般加工工业及商业流通性企业，金融、房地产等行业暂不考虑”。

上述分析表明，中国多数的上市公司起源于对国有企业的改制，而且由于在国有企业改制过程中，坚持以公有制为主体，导致中国上市公司国家持有的股份占较高比例，截止到2005年股权分置改革前的2004年年末，国家股所占比重为46.78%(3344.20/7149.43)(见表4.1)。

表4.1 中国上市公司总体股份的历年年末数量（1992～2007）

年份	尚未流通股份（亿股）						已流通股份（亿股）			合计
	国家股	发起法人股	外资法人股	定向募集法人股	内部职工股	其他	A股	B股	H股	
1992	29	9.05	2.8	6.49	0.85	0	10.93	10.25	0	68.87
1993	190.22	34.97	4.09	41.06	9.32	0.19	61.34	24.7	21.84	387.73
1994	296.47	73.87	7.52	72.82	6.72	1.1	143.76	41.46	40.82	684.54
1995	328.67	135.18	11.84	61.93	3.07	6.27	179.94	56.52	65	848.42
1996	432.01	224.63	14.99	91.82	14.64	11.6	267.32	78.65	83.88	1219.54
1997	612.28	439.91	26.07	130.48	39.62	22.87	442.68	117.31	111.45	1942.67
1998	865.51	528.06	35.77	152.34	51.7	31.47	608.03	133.96	119.95	2526.79
1999	1116.07	590.51	40.51	190.10	36.71	33.20	813.18	141.92	124.54	3088.95
2000	1475.13	642.54	46.20	214.20	24.29	35.07	1078.16	151.56	124.54	3791.71
2001	2410.61	663.17	45.80	245.25	23.75	16.28	1318.13	163.10	331.94	5218.01
2002	2773.43	664.51	53.26	299.70	15.62	32.02	1509.22	167.61	360.07	5875.45
2003	3046.53	699.95	59.23	309.71	10.97	34.36	1714.73	175.35	377.62	6428.46
2004	3344.20	757.32	70.30	345.02	8.94	46.45	1992.53	197.01	387.64	7149.43
2005	3433.34	552.22	226.30	242.83	3.97	286.59	2281.16	218.08	415.53	7629.51
2006	4588.21	565.88	69.47	115.83	2.46	3967.57	3300.85	228.99	2107.94	14926.35
2007	6033.88	723.17	88.43	49.18	0.66	5242.99	4838.49	250.91	5242.09	22469.8

资料来源：中国证券监督管理委员会. 中国证券期货统计年鉴. 学林出版社，2008

前面的分析还表明，由于最初的上市公司股份发行制度采用额度制①和国有股份的转让需要经过审批，使得国有股份的转让不像公众股那样自由和方便，导致国有企业股份制改造过程中产生的国有股事实上处于暂不上市流通的状态，而且其他公开发行前的社会法人股、自然人等非国有股股份也被作出暂不流通的安排，这在事实上形成了股权分置的格局，表 4.1 显示了截至 2004 年年末，全部尚未流通的股份（Non-negotiate stock）占总股份的 63.95%（(3344.2+757.32+70.3+345.02+8.94+46.45）/7149.43)。因此，2005 年 4 月 29 日，中国证监会发布了《关于上市公司股权分置改革试点有关问题的通知》，从而拉开了上市公司股权分置改革的序幕。2005 年 9 月 4 日，中国证监会又发布了《上市公司股权分置改革管理办法》，详细说明了股权分置改革的操作程序、股权分置改革方案以及改革后公司原非流通股股份的出售、信息披露、中介机构、监管措施和法律责任等。2005 年 9 月 12 日，股权分置改革开始全面进行。

在经历了一系列改革之后，中国的证券市场得到了长足发展，上市公司数量由 1992 年的 53 家上升至 2007 年的 1550 家，资产规模由 1992 年的 481 亿元升至 2007 年的 414151.60 亿元，市价总值由 1992 年的 1048 亿元升至 2007 年的 327141 亿元（见表 4.2）。

表 4.2　1992～2007 年中国上市公司数量、资产规模与市场规模

年份	全国	资产总额（亿元）	发行股数（百万股）	市价总值（百万元）	流通总值（百万元）
1992	53	481.00	7322.20	104814.90	
1993	183	1821.00	32867.50	354152.07	86162.97
1994	291	3309.00	63947.08	369061.68	96890.11

① 在采用额度制的情况下，国家证券监管部门控制发行总量，将发行额度分配给中央政府部门和地方政府，再由政府分配其掌握的分配指标。由于拟上市的企业较多，导致分配给每个企业的指标较小，每个企业都不能实现整体上市。同时，由于指标少，也导致了寻租行为的发生，而政府在决定谁更应该上市时，由于其以往的亲密关系和政府的多元化目标，因而更倾向于将上市指标分配给国有企业，从而造成上市公司中国家控股的公司占较大比例以及国有股“一股独大”和股权分置的现状（刘英明，2004）。

续表

年份	全国	资产总额（亿元）	发行股数（百万股）	市价总值（百万元）	流通总值（百万元）
1995	323	4295.00	76563.11	347427.64	93821.91
1996	530	6352.00	111036.04	984238.66	286704.01
1997	745	9660.58	177123.19	1752923.70	520442.39
1998	851	12407.52	234535.36	1952181.21	574537.94
1999	949	16107.36	290885.19	2647117.52	821396.38
2000	1088	21673.88	361339.05	4809094.43	1608751.96
2001	1160	29257.03	483835.69	4352220.39	1446317.01
2002	1224	41526.17	546299.21	3832912.86	1248455.65
2003	1287	53246.30	599794.35	4245771.60	1317851.70
2004	1377	63472.40	671473.31	3705556.82	1168863.95
2005	1381	72712.99	716354.05	3243028.14	1063051.43
2006	1434	218489.62	1268399.47	8940389.44	2500363.88
2007	1550	414151.60	1700045.32	32714088.89	9306434.57

资料来源：中国证券监督管理委员会. 中国证券期货统计年鉴. 学林出版社，2008

但是，即使经历了股权分置改革，非流通股股份在总股份中所占的比例也有所下降，但下降幅度不高，仅由2004年的63.95%降至2007年的54%。国家股在总股份中所占比例下降幅度较大，由2004年的46.78%降至2007年的26.85%（由表4.1所得）。究其原因是，国家控制的上市公司占全部上市公司的比重下降，而非国家控制的上市公司所占比重上升造成的，如表4.3所示，最终控股股东为国家性质的上市公司所占比重由1999年的83.1%下降至2007年的58.3%。

但即便如此，上市公司“一股独大”的现象并没有得到根本改善。表4.4显示，上市公司第一大股东持股比例仅由1999年的45.4%下降至2008年的36.1%，下降幅度不大。虽然平均而言，第2至第5大股东持股比例之和由1999年的14.4%上升至2008年的15.9%，但上升幅度也不高（见表4.5），而且还未及第一大股东持股比例的一半，根本无法对第一大股东产生制衡作用。

表 4.3 上市公司最终控股股东性质

年度	公司数	平均	中位数	标准差	最小值	最大值
1999	909	0.831	1	0.375	0	1
2000	1049	0.819	1	0.385	0	1
2001	1124	0.814	1	0.389	0	1
2002	1188	0.774	1	0.418	0	1
2003	1250	0.733	1	0.443	0	1
2004	1340	0.690	1	0.463	0	1
2005	1343	0.691	1	0.462	0	1
2006	1417	0.646	1	0.478	0	1
2007	1364	0.583	1	0.493	0	1
2008	1597	0.599	1	0.490	0	1

注：表中的公司数已剔除 CCER 数据库中第一大股东持股比例和第 2～5 大股东持股比例数据不全的公司；对数据库中第一大股东持股比例超过前 5 大股东持股比例之和的公司以及前 5 大股东持股比例超过 100%的公司也予以剔除。

资料来源：CCER 数据库。

表 4.4 上市公司第一大股东持股比例（%）

年度	公司数	平均	中位数	标准差	最小值	最大值
1999	909	0.454	0.446	0.179	0.023	0.886
2000	1049	0.445	0.437	0.178	0.021	0.886
2001	1124	0.440	0.433	0.176	0.019	0.850
2002	1188	0.434	0.430	0.174	0.004	0.850
2003	1250	0.425	0.413	0.171	0.011	0.850
2004	1340	0.416	0.397	0.168	0.006	0.850
2005	1343	0.403	0.376	0.162	0.042	0.850
2006	1417	0.360	0.333	0.150	0.045	0.838
2007	1364	0.356	0.337	0.154	0.008	0.863
2008	1597	0.361	0.344	0.156	0.000	0.864

注：表中的公司数已剔除 CCER 数据库中第一大股东持股比例和第 2～5 大股东持股比例数据不全的公司；对数据库中第一大股东持股比例超过前 5 大股东持股比例之和的公司以及前 5 大股东持股比例超过 100%的公司也予以剔除

资料来源：CCER 数据库。

表 4.5　上市公司第 2～5 大股东持股比例之和（%）

年度	公司数	平均	中位数	标准差	最小值	最大值
1999	909	0.144	0.107	0.123	0.002	0.563
2000	1049	0.144	0.106	0.126	0.001	0.563
2001	1124	0.145	0.109	0.125	0.002	0.582
2002	1188	0.152	0.119	0.127	0.002	0.588
2003	1250	0.161	0.139	0.130	0.002	0.616
2004	1340	0.171	0.148	0.132	0.002	0.588
2005	1343	0.172	0.150	0.130	0.002	0.588
2006	1417	0.164	0.139	0.118	0.004	0.593
2007	1364	0.167	0.141	0.118	0.005	0.610
2008	1597	0.159	0.133	0.118	0.003	0.647

注：表中的公司数已剔除 CCER 数据库中第一大股东持股比例和第 2～5 大股东持股比例数据不全的公司；对数据库中第一大股东持股比例超过前 5 大股东持股比例之和的公司以及前 5 大股东持股比例超过 100%的公司也予以剔除。

资料来源：CCER 数据库。

综上所述，中国上市公司的股权结构仍然存在着以下几个特点：（1）国家控制的上市公司仍占较大比重；（2）上市公司股权分置改革还没有最后完成；（3）由于控股股东并不愿意放弃对上市公司的控制权，因此即使实施了股权分置改革，使控股股东持有的非流通股股票可以上市流通，但控股股东并没有选择卖出股票而放弃对上市公司的控制，因此控股股东"一股独大"的现象依然存在；（4）其他股东对控股股东的制衡能力有限。

三、股权结构特征影响财务报告透明度的理论分析

现有文献发现，中国上市公司的股权结构多数倾向于股权集中，而非股权分散。在这种情况下，上市公司内部存在的中心代理问题不是 Berle 和 Means（1932）提到的公司股东与管理层之间的代理问题，

而是控股股东与中小股东之间的代理问题。在存在控股股东的情况下，控股股东因其拥有较强的控制能力而拥有攫取控制权私人收益的根本动机，而现实的较弱的投资者法律保护、外部市场对资源分配的匮乏以及内部产权关系的复杂性，使得法律很难追究控股股东的责任，这又为控股股东攫取私人收益提供了机会，从而导致控股股东对上市公司的“掏空”更可能“名正言顺”地发生。

近年来，国内外许多学者、专家非常关注由我国制度原因引发的大股东通过关联交易侵占中小股东利益的现象。研究发现，大股东往往延迟或不披露利益侵占型关联交易，以隐秘地转移利益，掏空上市公司，因此被形象地称为“隧道挖掘”。这些借助关联交易侵占中小股东利益、掏空上市公司的大股东为了掩盖其“隧道挖掘”的本质，更可能存在不披露、披露不及时或虚假披露等行为。

理论与实证研究表明所有权结构能够对信息披露水平产生重要影响，这从侧面说明控股股东的存在能够影响公司的信息披露水平，尤其是在投资者保护较弱和控股股东通过金字塔式等复杂的控制权结构实现对公司控制的国家，这种状况更为明显。虽然有研究认为控股股东为了降低融资成本和诉讼成本或者为了树立声誉而提高披露水平，但也可能采取减少信息披露水平的方式或以更模糊的方式对外披露信息，其原因可能是：（1）由于控股股东总是追求着自身利益的最大化，控股股东与上市公司之间就必然要发生关联交易，而控股股东又具有绝对的信息优势，因此其可以通过关联交易对上市公司的利润进行操控，隐藏事实上的违规行为和上市公司存在的各种问题，让信息披露看起来较为可靠和及时，增加信息的不对称性，这一方面便于利用信息披露的信号显示作用赢得良好的市场声誉，迷惑市场和广大中小投资者，攫取私人利益；另一方面可以满足配股、增发等融资的监管要求和避免被 ST，实现其“圈钱”和保留上市资格的目的。因此，当控股股东侵害中小股东利益时，减少信息透明度，“少说多做”是自然的选择。（2）公司能够更加秘密地从事政治游说活动，防止公司特有的信息泄漏给竞争者，避免不必要的政治或者社会调查。（3）为了隐藏更多的政治寻租行为。（4）控股股东通过构造与上市公司之间的金字塔式或交叉持股式等复杂控制结构或延长控制链长度实现控制权与现金流权的分离，为自己赋予更强的控制能力，引发控股股东与中小股东之间的代理问题，并产生防御效应（The entrenchment effect）和信息效应（The information effect），最终影响会计信息质量，减少向公众传递有质量的信息，使公司透明度下降。

我们认为，大股东为了掩藏其攫取控制权私人收益的行为以及其他隐秘信息，必然有动机激励上市公司隐瞒私有信息，使得投资者无法透过上市公司的财务报告看穿上市公司的财务与经营本质，从而导致上市公司的财务报告可能具有较低的透明度。因此，在一股独大、控股股东与中小股东之间的代理问题凸显的情况下，控股股东可能是影响上市公司财务报告透明度最为关键的因素。

可以用 W. Steve Albrecht 提出了公司舞弊的三角理论①分析控股股东对财务报告透明度的影响作用。

（一）动机因素或压力因素

控股股东在取得上市公司控制权之后，获取控制权私人收益、最大化自己的利益就成为其根本动机。在这一动机的激励下，控股股东一方面有强烈的动机实施对上市公司的掏空行为，另一方面为了实现对上市公司的长期的利益侵占，控股股东还要尽可能地避免上市公司亏损和连续亏损现象的发生，因而控股股东还具有扭亏动机、避亏动机、再融资动机和高管变更动机。扭亏动机和避亏动机是为了防止上市公司退市，失去上市资格和将来进行长期的、持续不断的利益侵占的机会。再融资动机是为了吸引更多的中小投资者，为控股股东获取控制权私人收益提供新的资金来源。高管变更动机则是为了通过变更

① 美国注册舞弊审核师协会创始人、美国会计学会会长 W. Steve Albrecht 提出了公司舞弊的三角理论，该理论认为公司的舞弊是在压力（Pressure）、机会（Opportunity）和自我合理化（Rationalization）三种因素共同作用的结果。压力是公司舞弊的行为人的行为动机，它可能是公司处于财务困境而产生的对资本的需求，也可能是其他特殊目的如政治目的或社会目的对资本产生的需求。机会是指公司舞弊不被发现并能逃避惩罚的时机，机会的产生可能是信息不对称，可能是不完善的内部控制制度，还可能是较弱的外部监管。自我合理化则是公司舞弊行为人为其实施的舞弊行为寻找的“合理的借口”。舞弊三角理论的三个因素两两相互作用，而且缺一不可。

公司高管以更好地实现其获取控制权私人收益的目的。

（二）机会因素

第三章的制度背景分析已经表明，我国的投资者利益保护的法律体系还很不完善，许多法律都是为国有企业转制而量身订做的，对投资者利益的保护并没有较为细致的规定，法律实施力度也很弱，资本市场监管机构的监管也是隔靴搔痒，起不到很好的监管作用。因而，控股股东的行为不能得到有效的监管，再加上控股股东可能通过构造复杂的控制结构（如金字塔控制结构、交叉控股结构等）掩盖其获取控制权私人收益的行为和其他私人信息，而且在控股股东“一股独大”的情况下，上市公司的董事会成员和公司高管也大多由控股股东任命或直接出任，其他非控股大股东的制衡能力也较弱，导致控股股东在上市公司的治理结构中“一言堂”，控股股东所提倡的改善公司治理结构仅仅是他们对中小股东和其他利益相关者许诺的“美丽谎言”，上市公司的内部控制机制存在与否和完善与否都不会对控股股东的控制能力产生影响，都不会改变他们攫取控制权私人收益的“坚定信心”，因而公司治理结构很可能形同虚设，不会发挥应有的作用。所有这些都为控股股东实施获取控制权私人收益的行为提供了良好的机会。

（三）自我合理化

具备了获取控制权私人收益的动机和机会之后，上市公司的控股股东开始为其实施的行为寻找“合理的借口”。他们的借口可能是“为了集团公司整体的利益，实现集团公司内部的优势互补”，可能是“这仅仅是通过关联的内部资本市场进行融资的行为，其目的是为了资源的优化配置、交易成本的降低和集团公司整体经营效率的提高”，还可能是“为了实现地区的充分就业”等。因而他们可以堂而皇之地侵占中小股东的利益，并通过对财务报告的操控掩盖和合理化自己的行为，最终导致上市公司财务报告透明度的降低。

根据现有文献对财务报告透明度的影响因素的分析，结合我国的制度背景，我们认为，控股股东有获取控制权私人收益的强烈动机，现实的不完善的投资者保护法律体系和较弱的法律实施力度与监管力度为控股股东获取控制权私人收益提供了机会，控股股东也能找到“合理”的借口自我合理化自身的行为，于是控股股东获取控制权收益的行为以及对财务报告的操控行为自然而然地发生了，最终导致财务报告透明度的下降（如图4.1所示）。

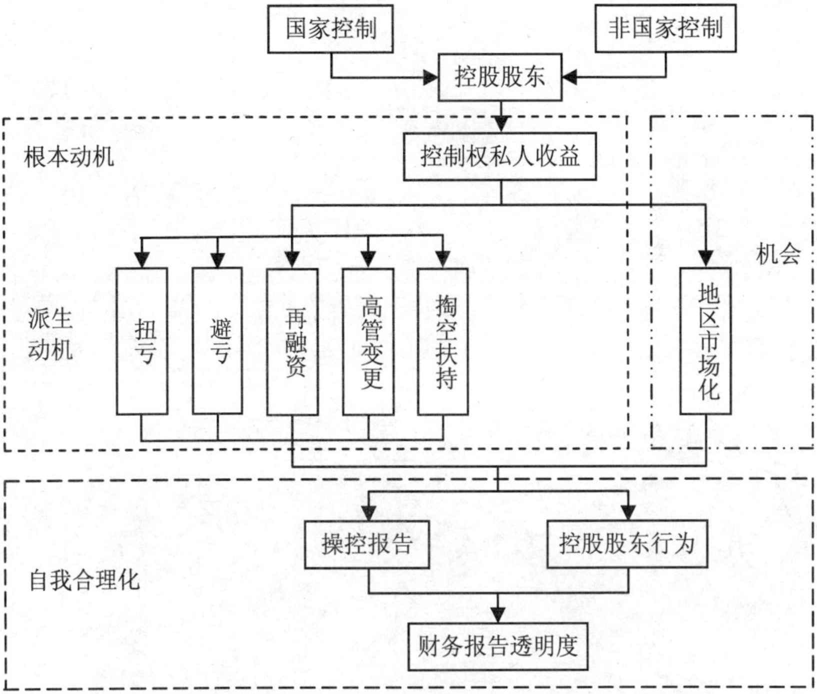

图4.1 控股股东行为影响财务报告透明度总体框架分析

当然，大股东不披露或披露虚假信息可能存在一定的监管风险，但由于不披露被发现的概率较低，如果占用的收益足够大，选择不披露仍是符合大股东的成本收益原则的。[①]根据前一章的分析，我们不

① 谭劲松，宋顺林，吴立扬. 公司透明度的决定因素——基于代理理论和信号理论的经验研究. 会计研究，2010（4）：26~33

难发现，我国的投资者利益保护的法律体系还很不完善，法律实施力度也较弱，市场监管也未发挥应有的作用，尚不能对上市公司的虚假披露行为产生有效的震慑，因此也无力消除由于控股股东的行为对财务报告透明度产生重要的不利影响。

第二篇　计量与评价

迄今为止，国内外对会计信息透明度的表述尚无统一的说法。从现有实证来看，学术界和一些相关的研究机构都认同以对上市公司信息披露数量和质量的综合评价来诠释信息透明度。总的来看，对信息透明度的衡量大致可以分为以下三种：一是直接使用知名评级机构的披露评价；二是研究者自行构建透明度指数；三是选择其他一些诸如分析师意见是否一致、是否到海外市场挂牌上市、系统风险等特殊变量作为公司信息透明度的替代变量。

1．知名评级机构开发的透明度评价体系和指标

这类评价体系和指标拥有完整的评价流程和相应规范，加之依托于组织已有的信誉积累，其评价结果比较容易得到各界的认可，有大量研究文献就是在此基础上完成的。这一类透明度评价体系主要有以下几种：

（1）普华永道（PwC）的"不透明指数"。普华永道（PwC）于2001 年发布了"不透明指数"，该指数是用来衡量国家层面上的透明度水平的指标。作为其评价体系的一个组成部分，会计不透明指数的12 项调查问题均是基于各个国家整体的会计情况进行的调查，而并非公司水平上的调查，因而其评价结果只能体现国家整体层面上会计透明度的差异情况，不能反映同一国家内不同公司之间的信息透明度差异情况。

（2）标准普尔（S&P）的透明度和披露评价体系（简称 T&D 评级）、美国财务分析和研究中心（CIFAR）的信息披露评价体系（简称 CIFAR 指标）。这两个评价体系都是通过在各研究国家中抽取若干公司，分别利用统一的一套衡量指标进行评价，得出各个国家公司信息透明度的评级结果，进而进行国际间比较。因此，和普华永道的“不透明指数”一样，其主要用于国家之间公司信息透明度差异的比较，而且上述两个信息披露评价体系在衡量公司透明度水平时，只关注披露信息的数量，并不能反映和评价信息披露的质量，即只要公司信息披露数量越多，则就被认为越透明。

（3）美国投资管理和研究协会的披露指数（AIMR Score）。这一指数是通过组织美国财务分析师开展对美国上市公司信息披露的综合评价而得出的，在评价过程中，由专业的分析师同时对信息披露数量和质量加以考察。但这一评价体系主要是针对公司自愿性披露而言的，而且其评价结果可能隐含了分析师个体的判断误差。Healy & Palepu（2001）从三个方面对 AIMR 评级量表进行了批评，并指出了该数据库评级的数据固有的局限性：①无法获知分析师处理数据的具体过程，因而不清楚这期间分析师是否会认真对待数据；②无法获知分析师在选取公司纳入评级时所采用的标准是什么；③分析师进行评级时可能存在一定的偏见。另外，AIMR 在开展对 1995 年的财务报告评级后，以后年度停止了其对公司的信息披露评级。

（4）深交所信息披露考评公告。深圳证券交易所自 2001 年开始对深交所上市公司的信息披露进行评级，评级是根据《深圳证券交易所信息披露考评办法》进行的。该办法将上市公司当年度每一次的信息披露行为都纳入考察范围，以自然年度为一个考核期间，分别对上市公司信息披露的及时性、准确性、完整性和合法性进行考评，其中既包括强制性信息披露，也包括自愿性信息披露，考核结果分为优秀、良好、及格和不合格四个等级。同时，为引导投资者在投资决策中更为关注上市公司信息披露状况，深交所还定期将考核等级结果对社会公开发布。由于这一信息披露评价结果是由我国证券监管当局作出的，因此，其评价结果的权威性得到了大多数研究的认可，已经成为国内相关研究文献中广泛采用的透明度评价指标。上海证券交易所虽然也于 2001 年制定了上市公司信息披露工作考核办法，但除 2001 年外，该项考评工作在以后年度并没有继续进行。

（5）台湾证基会信息披露评价系统。在我国台湾地区，台湾证券暨期货市场发展基金会（证基会）参考相关信息披露评价体系，设计出“信息披露评价系统”，每年针对台湾上市公司的年度信息披露状况进行考评。该系统的评价指标分为五大类，共计 103 项指标，包括：（1）信息披露相关法规遵循情形（12 项）；（2）信息披露时效性（21 项）；（3）预测性财务信息披露（5 项）；（4）年报信息披露（49 项）；（5）网站信息披露（16 项）。除此以外，南开大学公司治理研究中心课题组（2004）在其建立的公司治理评价体系中建立了信息披露评价子系统，分别从完整性、真实性、及时性三个方面对上市公司的信息披露状况进行评价。[①]

2．研究者自行构建透明度指数

由于上述相关组织的透明度评价过程不能完全公开，也未必能满足研究者的有关需要，因而相继有研究者开始自行设计透明度评价指标，并以此为依据开展对样本公司的透明度评价。一般而言，研究者自行构建指标的大致思路是：先从理论分析出发构建出一个指标框架，然后根据他们的研究目的一一筛选所需考察的项目，最后形成适用且可操作的指标体系。

在国外现有的研究中，由 Botosan、Bushman et al.和 Bhattacharya et al.学者研究构建的三类衡量体系影响范围比较大。

（1）Botosan（1997）立足于投资者和财务分析师的视角，将对投资决策过程有用的年报信息分为五个大类：背景信息、历史信息、关键非财务信息、预测性信息和管理层讨论与分析；然后分别对每个大类中的若干分项信息的披露情况打分。比如，背景信息类的评分规则是披露某项信息就给 1 分，如果包括基本财务报表并不强制要求的定量信息时则再加 1 分；历史信息类的特殊规定是：如果该公司信息披露持续了 10 年以上，则其得分会比披露年限短的公司高一倍。最后加

---

① 南开大学公司治理研究中心公司治理评价课题组. 中国上市公司治理指数与治理绩效的实证分析. 管理世界，2004（2）：63~73

权平均得到公司总体的信息披露评价指数。[①]但是这种方法仅考虑了公司年报，而忽略了通过其他途径披露的信息，因此以该指标体系评价公司的信息披露质量时，其全面性备受质疑；而且作者在文中并未公开五大类别的所有下属项目，使得后续学者难以深入研究和改进，这也阻碍了这一衡量方法的进一步发展。

（2）Bushman 和 Smith（2003）认为公司透明度是指“关于上市公司的相关且可靠的信息的可获得程度，这些信息要能够反映某一时期公司的财务状况、经营成果、投资机会、公司治理情况、价值和风险等情况”。在此基础上，其指出构建一个完善、有效的信息透明度指数应当考虑三个主要方面：（1）公司财务报告的质量，包括自愿披露和强制披露的详细程度、特殊披露类型的普及率、信息披露的及时性和可靠性（即审计质量）；（2）公司私有信息的生成和传递状况，主要指的是机构投资者、财务分析师以及内部人所持有的私有信息；（3）信息传递的质量，从网络等媒体的信息渗透度以及国有渠道、私有渠道的覆盖率对比这两个方面予以考虑。

（3）Bhattacharya，Daouk 和 Welker（2003）三位学者直接从会计盈余报告的结果入手，研究构建了衡量会计盈余不透明程度（Earnings opacity）的三维指标体系，具体包括盈余激进程度、盈余平滑程度和损失规避程度三个指标，并将其加总予以衡量。由于根据会计报表数据加以统计分析可以计算得出所有指标的值，这为该指标的应用和推广提供了便利。

这类由研究者自行设计的透明度评价指标，在评价方法、项目构成上能够反映研究人员所想要研究的主要问题，因而这一研究模式很快为多数研究者所采用。但这类研究所得到的透明度评价结果，不可避免地要受到研究者个人主观判断的影响，很难为其他研究者所复制，同时，受制于研究者个人的精力、物力的限制，难以开展大样本的研究，从而对研究结论的可靠性造成了不利影响。

---

① Botosan Christine A. Disclosure level and the cost of equity capital. The Accounting Review, 1997，Vol.72：323~349

（4）张宗新等（2003）提出了自愿性披露指数，他们主要以公司对外公布的年报、半年报、季报、临时公告等信息资料为基础，将自愿性披露信息区分为财务信息、非财务信息和战略性信息三大类，然后再按事先确定的统一标准对每家上市公司一一评分，并汇总出每家上市公司的自愿性信息披露指数。

（5）崔学刚（2004）提出公司自愿性信息披露水平的计量即是对公司透明度的计量，设计的信息披露指数包括了41个自愿披露条目，然后分别对其打分：若样本公司在研究年度内披露了，则该年该公司的该条目取值为1；如果未披露，属于公司本身就没有该项业务的情形时，则为缺省值，属于有相关业务而未披露的情形时则取值0。最后汇总每家样本公司的所有条目的分值即为披露指数。

学者根据自身的研究需要自己建立的评价指标，有利于其对会计信息透明度的研究，但是得出的数据具有主观性，而且可能是不可复制的，因而不容易被人们所接受。

3．选择其他特殊变量作为公司信息透明度的替代变量

我们认为，现有针对财务报告透明度计量的研究至少存在以下两方面的不足：（1）过于关注信息披露的数量，而忽视了对所披露信息质量的考察。这一做法意味着“多即是好”，但很明显这样做是有失偏颇的，因为不但行业特征会导致不同行业上市公司合理的披露数量存在差异，而且已披露信息的“信息含量”在不同公司间可能存在着巨大的差异。（2）缺乏对投资者需求的关注。在现代资本市场中，财务报告的基本职能就是向以投资者为主体的外部信息使用者传递公司信息，只有明确保护投资者权益这一立场，才能做到合理地评价财务报告透明度的水平。

本篇在总结上述研究成果的基础上，分别介绍计量和评价财务报告透明度的指标体系、评价模型和评价指数，并使用这三种评价方法对中国上市公司财务报告透明进行计量和评价，进而比较三种方法各自的优缺点和适用范围。

第五章 财务报告透明度评价指标体系——基于形成过程的评价

研究财务报告透明度的形成机制并构建评价体系，有着较强的理论意义和现实意义。从理论意义来看，当前学术界对于透明度影响因素的研究是从不同的角度分散进行的，没有系统分析财务报告透明度的形成机制，从而难以全面把握透明度的影响因素，这必然限制财务报告透明度计量的准确程度，导致研究结论的可靠性不足；从现实意义来讲，当前我国上市公司财务报告透明度还处于较低水平，投资者的知情权难以得到有效保障，通过研究财务报告透明度的形成机制，能够更细致地评价透明度形成过程中的具体影响因素，从而把握影响其高低的症结所在，有助于提高我国上市公司的财务报告透明度。

一、财务报告透明度的形成和评价体系的构建

（一）评价思路的选择

如何对财务报告透明度开展有效的评价，是这一研究领域内的首要问题，通常也被认为是研究的难点所在。从总的思路上来看，对财务报告透明度的评价大致可以分为两类：第一类是结果的视角。这是指通过寻找相应的替代变量，如财务分析师的盈余预测分歧度、会计盈余透明度等来反映财务报告透明度的水平，并进而开展相关研究。但是这种评价思路在实际应用中，由于很难找到替代财务报告透明度的合适变量，因而实际上无法做到对透明度的直接衡量，同时，这种做法也可能导致研究偏离既定的主题，对研究结论形成干扰。另一方

面，对于财务报告透明度这样一个影响因素众多的研究对象来说，少量的几个替代指标难以满足全面性的要求，这可能也是相关研究文献得出的研究结论不尽一致的重要原因。第二类是过程的视角。这是指通过考察财务报告透明度的形成过程，进而对其作出相应的评价。从逻辑上讲，财务报告透明度的最终状态是由其形成过程中的各影响因素共同决定的，因而，采用这种做法能够对透明度加以直接的衡量。但这类做法的缺点是比较烦琐，工作量大，因而在已有文献中较少采用。

从财务报告透明度概念的演进过程可以看出，财务报告透明度这一概念的内涵是不断得以丰富的：由最初作为财务报告质量的一个静态属性，逐渐发展为一个动态的过程；由局限于财务报告本身，外延到财务报告的使用者特征；由关注于财务报告的若干特征，发展为强调财务报告所能实现的信息传递效果。综合来看，财务报告透明度可以理解为上市公司通过财务报告这一工具向外部信息使用者传递公司真实经济状况的能力高低。因此，财务报告透明度应是在上市公司面向外部信息使用者的信息传递过程中形成的；相应地，评价财务报告透明度，应以其所能实现的信息传递效果来评价，而不是其他，这也是和财务报告的基本职能相一致的。因此，本章认为，基于过程的视角，能够更为直接地对财务报告透明度加以衡量，更有效地反映出其实际状态，本章将按照这种思路对财务报告透明度展开评价。

（二）财务报告透明度的形成机制

一般来说，信息在不同主体之间的传递，要经历信息的生成（编码）、信道的选择（发送）、信息的解码和反馈 4 个阶段，每一个阶段都会影响最终接受者对发送者所要传递信息的真正理解，即信息传递效果。

具体到财务报告透明度来讲，由于财务报告是按照特定的专业技术规范（会计准则等）编制的，具有较高的专业难度，与一般的信息传递过程相比，必然要经历更为复杂的编码、解码过程，这就使得影响信息传递效果的因素更加复杂、多样。正如 Bushman（2004）所说，透明度最终是由信息的生产、传递、传播等一系列复杂因素所共同决定的，是这一系统过程中各个元素共同作用的结果。基于对财务报告向投资者传递信息所要经历的整个过程的分析，本章把财务报告透明度的形成划分为5个环节，如图5.1所示。

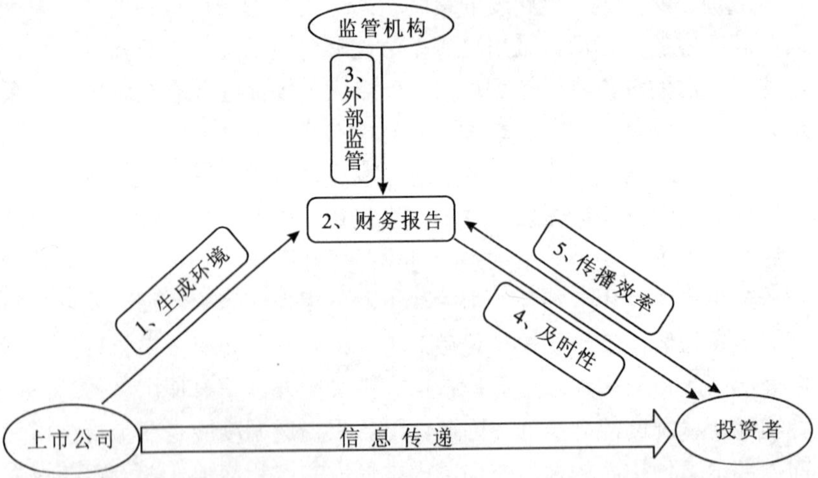

图5.1　财务报告透明度形成的5个环节

在图5.1中，粗体箭头代表上市公司与投资者之间的信息传递，椭圆代表这一过程中的各相关主体。本章认为，通过财务报告这一工具进行上市公司和投资者之间的信息传递，需要经历图5.1中由各方块所代表的5个环节：（1）上市公司作为财务报告的生产者和发布主体，对相关财务报告特征的选择具有基础性的影响，其相关的公司特征构成了财务报告的生成环境；（2）财务报告本身是信息传递的载体，其内容构成如何对财务报告透明度形成起着决定性的作用；（3）为维护市场正常运转，公司外部的各类监管机构会对财务报告进行监督制约，这些监管结论和意见形成了财务报告透明度的重要特征；（4）披露的及时性是财务报告透明度的关键属性，也是财务报告能够真正发挥作用的前提条件，对于投资者使用信息及决策有着重要影响；（5）财务报告的传播效率是影响信息传递效果的直接因素，这包括财务报告的传播途径是否通畅、其组织形式等是否充分考虑了投资者的理解能力以及投资者反馈的便利程度等。

上市公司通过财务报告向以投资者为主体的外部信息使用者传递信息，需要经历上述过程，从而其信息传递效果要受到这一过程中各因素的共同影响，也就是说，这些因素共同影响了财务报告透明度的最终水平。财务报告透明度的形成，要经历一个系统的过程，而较高的财务报告透明度水平应体现为上述 5 个环节的相互配合、共同促进；任何一个环节上的不足，必将限制其他环节作用的发挥，进而制约最终的财务报告透明度水平。

（三）财务报告透明度的评价体系

基于上述 5 环节模型，本章构建了财务报告透明度的评价体系。在这个评价体系中，自上而下分为形成环节、考察内容和具体项目 3 个层次：形成环节是指图 5.1 中财务报告透明度形成的 5 个环节，每一环节将通过若干项考察内容来评价其当前状态；考察内容是能够共同反映上市公司某一方面状态的项目集；项目则是指具体的评价指标。该评价体系详见表 5.1。

表 5.1 财务报告透明度评价指标体系

<table>
<tr><th>形成环节</th><th>考察内容</th><th>项目组成</th><th>计分标准</th></tr>
<tr><td rowspan="4">生成环境</td><td rowspan="4">公司治理特征</td><td>董事会中独董比例是否较高</td><td rowspan="4">是得 1 分，否得 0 分</td></tr>
<tr><td>前 10 大股东中是否有专业机构投资者</td></tr>
<tr><td>董事长与总经理是否不为两职合一</td></tr>
<tr><td>是否明确说明治理结构与有关规范不存在差异或明确差异情况</td></tr>
<tr><td rowspan="2">财务报告内容</td><td rowspan="2">关键财务信息</td><td>是否对大额投资收益、营业外收入（支出）金额作出合理解释</td><td rowspan="2">是得 1 分，否得 0 分</td></tr>
<tr><td>是否披露未到期担保合同承担连带清偿责任的可能性</td></tr>
</table>

续表

形成环节	考察内容	项目组成	计分标准
财务报告内容	关键财务信息	是否披露所制造的产品或提供服务的详细情况	无披露 0 分，定性 1 分,定量 2 分
		是否披露投资项目的名称、进度和效益情况	
	管理层讨论与分析	是否披露高层管理人员对公司运营的检讨	
		是否披露前瞻性信息或下期经营计划	
		是否披露对公司现金流的描述与分析	
		是否披露下期资金需求及使用计划	
		是否披露总体经济环境及公司所属行业的发展趋势	是得 1 分，否得 0 分
		是否披露对公司风险的分析	
外部监督	监管记录与审计意见	近二年内是否未曾被行政处罚或因年报事后审核而出具更正或补充公告	是得 1 分，否得 0 分
		是否为标准审计意见	
		中期报告是否自愿接受外部审计	
及时性	报告时滞与业绩预告	公司年度报告是否于年度结束后 3 个月内完成申报	是得 1 分，否得 0 分
		公司半年度报告是否于 8 月中旬（11 日之后）之前完成申报	
		年内定期报告是否未曾延迟披露	
		是否定期披露主要业务运营数据	
		业绩预告是否未曾发生更正	
		是否发布业绩快报	
传播效率	网络传播能力	公司是否建有企业网站	是得 1 分，否得 0 分
		是否将公开信息公布于网站	
		数据是否及时更新	
		是否提供在线分析功能	

续表

形成环节	考察内容	项目组成	计分标准
	易读性与反馈	是否广泛采用释义、图表等形式对重要术语、重要信息予以强调	是得 1 分，否得 0 分
		网站上是否有投资者提问专栏	

（四）对评价项目的说明

项目是决定整个评价体系是否有效的基础，在上述财务报告透明度评价体系中，项目的选择是在结合大量相关研究文献的基础上，充分考虑了投资者的信息需求，并结合我国上市公司实际作出的。入选的项目除了能对形成财务报告透明度具有重要影响外，还应对上市公司具有较强的区分能力，能够有效捕捉当前我国上市公司行为特征上的差异。以下是对财务报告透明度形成过程中各环节评价项目选择的具体说明。

1．财务报告的生成环境

财务报告的生成环境是指上市公司作为财务报告的生产者和发布主体，在财务报告的内容组成、结构安排、渠道选择等方面有着天然的决定权，因此，其自身的相关特征必然对财务报告透明度产生基础性的影响。现有文献表明，公司治理状况对公司透明度有着显著影响，良好的公司治理可以促使上市公司更有可能向投资者提供真实、完整的财务信息。

崔学刚（2004）发现，董事长与总经理两职合一对公司透明度产生负面影响，而独立董事、前 10 大股东持股比例、A 股流通股比例、前 10 大股东中具有机构投资者、同时在外发行 B 股等公司治理变量能够提高公司透明度。[①]独立董事制度自引入我国证券市场以来，对改善上市公司治理结构、保障投资者权益发挥了积极作用，现已成为我国证券监管部门的一项强制性要求；本章认为，较高的独立董事比

① 崔学刚.公司治理机制对公司透明度的影响.会计研究，2004（8）：72~81

例将有助于提升财务报告透明度。机构投资者已成为当前我国资本市场上的重要参与者，但诸多研究文献表明，并不是所有类型的机构投资者都能对上市公司治理发挥积极作用；本章认为，只有机构投资者持股比例足够大时，才可能“用手投票”，即有动力去改善公司治理水平，因此，本章将考察在上市公司前10大股东中是否有专业机构投资者的存在。考虑到我国监管部门对公司治理相关规范的变动较为频繁，是否与现有规范存在差异能够综合反映样本企业公司治理的优劣，因此，在评估公司治理效应时，有必要对此加以考察。

基于以上分析，在“财务报告的生成环境”环节，本章通过考察上市公司的公司治理特征来反映公司特征因素对财务报告透明程度的可能影响。具体项目组成详见表5.1。

2．财务报告的内容构成

财务报告的内容构成是企业财务信息传递的载体，是投资者获取上市公司经营状况的基本依据，对财务报告透明度的形成影响重大。当前，虽然我国已经初步建立起比较完善的针对上市公司财务报告的规范体系，但大多数上市公司在实际披露财务报告时，往往只是局限于满足法规的基本要求，导致各上市公司的财务报告差异难以体现。这样做虽然合乎相关规定，但能为投资者传递的有效信息却比较有限，造成投资者真正关心的信息往往在财务报告中得不到足够反映，尤其是在以下两方面表现突出：

第一，关键财务信息。在我国资本市场上，利用投资收益、营业外收支等进行利润操纵的行为比较普遍。同时，大量存在的关联方担保给上市公司的正常运营埋下了较大隐患，而投资项目的进展对于合理判断公司未来的价值变动有着至关重要的作用，这些关键的财务信息对投资者来讲有着很大的价值。

第二，管理层讨论与分析。目前，在世界范围内，“管理层讨论与分析”都被认为是提高财务报告信息质量的重要方面。“管理层讨论与分析（MD & A）”体现了管理层对公司现状及其发展前景的基本判断，是公司管理当局向投资者传递公司信息的有效渠道，有助于投资者更好地理解公司经营成果、财务状况和现金流量，了解公司经营管理水平，把握公司未来的发展方向。[①]根据刘昱照（2007）的研究，我国上市公司在遵循准则要求，进行“管理层讨论与分析”披露上仍做得不够，其中在前瞻性信息披露、自愿性信息披露、原因分析披露等方面都存在很大的提高空间，这一研究结论与赵亚明（2006）的研究结论非常接近，反映了我国上市公司在“管理层讨论与分析（MD & A）”披露上的基本状态。

基于以上分析，在“财务报告的内容构成”环节，本章将考察上市公司财务报告中关于“关键财务信息”和“管理层讨论与分析”两方面的披露状况，具体评价项目组成见表 5.1。

3．财务报告的外部监管

鉴于财务报告造假行为的层出不穷，为了维护投资者利益，在财务报告编制完成后，需要实施严格的监督制约，以此来增加财务报告的可信性，提高财务报告在信息传递方面的作用。从目前来看，基本的监督制约方式有独立审计师的外部审计和监管部门的行政监管两类。

当前，我国对上市公司的行政监管主要由中国证监会及其派出机构和交易所来执行，处罚手段主要包括警告、罚款、行业内通报批评、公开谴责等。根据 Wind 数据库的统计，仅在 2007 年，深沪两市就有 64 家上市公司受到中国证监会和沪深交易所的 81 次处罚，其中大多数和信息披露违规有关。除此以外，由证券交易所进行的年报事后审核工作，更是直接督促了上市公司向投资者传递真实的会计信息。据 2008 年 6 月 2 日的《中国证券报》报道，在 2007 年度年报事后审核工作中，仅上证所就发出 340 份事后审核意见函，要求上市公司就年报中的有关问题作出解释和说明，在这一监督机制的作用下，当年共有 165 家上市公司就此类问题刊登了补充或更正公告。

独立的第三方审计已经成为世界各国资本市场的通行准则，这一机制安排对保证财务报告质量有着重要作用。显而易见，一份经过独立审计师审核并出具标准审计意见的财务报告与一份未经独立审计师

① 赵亚明.2005 年深市“管理层讨论与分析”的执行情况.证券市场导报，2006（7）：59~61

审核或虽经审核但出具非标审计意见的财务报告对投资者理解企业经营状况的作用是不一样的。当前，我国上市公司的年度报告审计是强制性规定，而中期报告则是自愿性审计，监管部门对此未作出强制性要求。杜兴强（2007）的研究发现，在2002～2005年度，我国自愿接受中期报告外部审计的上市公司比例呈现逐年递减的趋势,各年的比例均不很高,其中2005年仅为4.73%,四年平均约为10.60%。[①]

基于以上分析，在“财务报告的外部监管”这一环节，本章通过上市公司所受到的行政监管记录和外部审计师的审计意见两个方面来考察，具体的项目组成及评价标准详见表5.1。

4．财务报告的及时性

及时性是会计信息质量的重要要求，会计信息如果不具备良好的及时性，则其价值对于投资者来讲将大打折扣。蒋义宏、陈辉发（2007）通过向境内A股市场投资者发放调查问卷的方式对上市公司年报披露的及时性问题进行了研究。调查发现，我国投资者对上市公司年报的及时性有着强烈的需求，但从目前上市公司年报披露的实际情况来看，财务报告的及时性较差，尚不能满足投资者的需求,这在一定程度上降低了年报信息的决策有用性。[②]刘建勇、朱学义（2008）的研究发现，在2005～2007年度，我国上市公司年度报告的平均时滞为90.23天；半年度报告方面，根据姚靠华、曾楚英（2007）的研究，在2003～2006年度，我国上市公司选择在8月中下旬披露半年度报告的比例达到了67.13%，呈现明显的“前松后紧”的趋势,“赶末班车”行为严重，且各年间差异不大，反映了上市公司披露时间选择偏好的相对稳定。

从我国上市公司实际情况来看，为了及时将上市公司的业务运营情况传递给投资者，帮助投资者把握公司信息，已有部分上市公司主动定期披露主要业务运营数据，及时向投资者传递相关信息。因此，本章也将上市公司是否主动定期发布业务运营数据作为及时性的一个

① 杜兴强,于竹丽,周泽将.中期财务报告自愿审计的初步经验证据.当代财经，2007（7）：108~112

② 蒋义宏,陈辉发.上市公司年报披露及时性问卷调查报告与分析.上海立信会计学院学报，2007（1）：32~40

考察项目。

按照我国相关法规的规定，在定期报告发布之前，上市公司可以发布业绩预告和业绩快报，以相对简要的格式向投资者公布业绩状况。从实际效果来看，业绩预告和业绩快报除了具有提前释放业绩风险的作用外，同时还能弥补定期报告时效性较弱的缺点，更好地实现财务信息的决策有用性。我国从 1998 年起，逐步建立起了较为完善的业绩预告和业绩快报制度。王惠芳（2008）以深圳主板 468 家上市公司为研究对象，对 2007 年年报的业绩预告情况进行了分析，发现绝大多数上市公司都能按照要求提前披露其业绩变动情况；但大多数公司在对“变动原因分析”的披露上不够深入，缺乏信息含量，同时，部分预亏扭亏类公司未在其业绩预告中披露具体盈利数据，只进行了定性说明。王宏昌、干胜道（2008）以深市 2007 年的 78 份中期业绩快报作为样本进行了实证研究，认为我国中期业绩快报具有很高的及时性和可靠性，有助于实现关键财务信息预告的充分披露，提高了会计信息质量。

基于以上分析，在“财务报告的及时性”这一环节，本章主要从定期报告的时滞长短和业绩预告及快报两个方面加以考察，具体项目构成和评价标准详见表 5.1。

5．财务报告的传播效率

财务报告编制完成后，还有一个向不特定的使用者有效传播的问题，这些使用者不仅包括上市公司的已有股东、债权人等投资者，也包括可能的潜在投资者及其他利益相关者。要实现财务报告的有效传播，就需要上市公司在传播渠道以及传播方式的选择上充分考虑到信息接受者的能力和行为特征，并在相应方面作出妥善安排。

互联网的迅速发展为公司提供了一个和众多会计信息使用者交流互动的有效平台。国际会计准则委员会（IASC）1999 年发布的一份研究报告认为，在不久的将来，向利益相关者提供的企业报告将可能从纸质报告为主转向以网络财务报告为主。Ashbaugh（1999）以美国投资管理与研究协会（AIMR）1995 年度和 1996 年度的《公司报告评论》中列示的 290 家企业为样本，经研究发现，网络财务报告的使用明显改进了财务报告质量，特别是与及时性、有用性相关的质量要素。[①]但根据国内的相关研究，我国上市公司在这方面还存在着很大的提升空间。朱庆须（2007）以河北省上市公司为例，对上市公司网络财务报告的现状进行了调查，结果发现，上市公司网上财务信息披露的形式比较单一、披露的财务信息质量参差不齐、数据过于陈旧，并且有部分上市公司尚未建设网站。[②]与此同时，根据有关报道，截止到2008年11月底，我国网民人数已达到2.9亿，网络成为人们获得信息的一个主要渠道和来源，大多数投资者已经习惯于通过互联网来获取上市公司的各种信息。上市公司应该适应这种环境的变化，积极创造条件，充分发挥网络技术在提高财务报告传播效率方面的独特作用，在这方面，公司自建网站是一个主要平台。为此，本章通过考察公司是否建有网站、内容是否及时更新以及是否建有投资者常用功能等几个方面来对上市公司财务报告的网络传播能力作出评估。

如前文所述，财务报告透明度的高低，不但取决于上市公司披露了什么、如何披露等，也取决于这些披露行为与投资者群体相关特征之间的匹配程度。财务报告是借助于会计这一商业语言，向投资者传递企业经营情况的工具。由于财务报告是基于一定的专业规范而生成的，不可避免地有着较强的专业色彩，对资本市场上不同类型的投资者来讲，在理解和应用财务报告的能力上存在着较大差异，对于基金、券商等机构投资者，其拥有专业的分析研究队伍，资金量巨大，在财务报告的理解和应用方面有着较大优势；而与这些机构投资者相比，在数量上占绝大多数的中小投资者不但缺少足够的时间和精力来阅读财务报告，而且也缺少相应的信息收集和处理能力，但广大中小投资者的参与是证券市场得以持续发展和繁荣的关键。因此，上市公司应对这一群体的需求给予足够的重视。

所以，要实现较高的财务报告透明度，必须尽可能地对财务报告的使用者群体，尤其是中小投资者予以关注，充分照顾其要求，在语言风格、重要信息的强调、表述方式的可理解性等方面作出相应安排。

---

① Ashbaugh H.，Johnstone,K.M.，Warfield,T.D. Corporate reporting on the Internet，Accounting Horizons.1999，Vol.13:241~258

② 朱庆须，宋绍清.企业网络财务信息披露调查与分析.财会通讯，2007（5）：98~100

1998 年美国 SEC 通过了《新简明英语原则》，规定证券信息披露须采用简明语言，以方便投资者更容易理解所披露的信息，就是专门针对这一问题作出的相应的规范。从我国财务报告披露的现实情况来看，仅有少部分上市公司注意到了这个问题，在有关事项上作出了相应的安排，如在财务报告中对重要术语予以专门解释、对关键信息通过调整字体大小和颜色等方面予以强调、使用大量图表等增加财务报告的易读性。除此以外，从信息沟通的角度来看，一个完整的信息传递过程应该是互动的，也就是说，上市公司应通过多种形式来听取投资者的反馈，并及时解答各种疑问，这对于投资者理解财务报告有着不可替代的积极作用。在当前技术环境下，网络是上市公司与投资者之间实现互动交流的最有效工具，因此，本章将通过考察公司自建网站上是否建有“投资者提问”专栏或类似安排来对这一方面作出评价。

基于以上分析，在“财务报告的传播效率”环节，本章从两个方面对此予以考察：（1）网络传播能力；（2）报告易读性与反馈，其具体项目构成和评价标准详见表 5.1。

二、评价体系的效度和信度

深圳证券交易所从 2002 年开始，根据《深交所信息披露考评办法》对其所内的主板上市公司上一年度的信息披露状况进行考核，最终形成优秀、良好、及格和不及格四个等级，并将考评结果向社会公开。这一信息披露考评机制及其结果，被国内相关研究文献广泛引用，是当前国内较为权威的针对上市公司透明度的衡量体系。

一般认为，在信息披露考评中获得优秀等级的上市公司，有着较高的透明度；而不及格等级的上市公司的透明度水平则是最差的。财务报告作为上市公司信息披露的主要组成部分，公司信息披露等级的好坏应当能够在相当程度上代表财务报告的透明度水平。因此，接下来，本章将结合深交所这一信息披露考评机制及其结果，对上文所构建的财务报告透明度形成 5 环节模型的合理性及相应评价体系的效度和信度作出一个初步的描述性验证。

如果上文所述财务报告透明度形成环节及相应的评价体系是有效的，那么在深交所信息披露考评中分别获得“优秀”与“不及格”等级的上市公司在各项透明度考察内容上就会存在显著差异，并且优秀公司在各项透明度考察内容上的得分要显著高于不及格公司。因此，本章提出如下假设：

H1：信息披露“优秀”公司各项财务报告透明度考察内容的得分显著高于“不及格”公司各项财务报告透明度考察内容得分。

（一）样本构成和研究步骤

本章以 2007 年度信息披露考评结果作为样本选择的基础。根据深交所 2008 年 4 月 7 日公布的考评结果，2007 年度信息披露考评共有优秀公司 42 家，不及格公司 22 家。其中，优秀公司中包含 1 家 B 股公司，考虑到针对 B 股公司的信息披露规范与 A 股公司有所差别，为了保持样本的一致性，将其予以剔除；同时剔除 1 家数据缺失的不及格公司。最终样本包括优秀公司 41 家，不及格公司 21 家。

第一，根据表 5.1 所列评价项目及计分标准，通过手工查阅上市公司信息披露文件和相关数据库，取得各项目分值。根据项目类型的不同，数据分别来源于深交所网站、WIND 数据库及 CSMAR 数据库。

第二，在分别取得各项目分值后，按照隶属关系进行加总，取得各项考察内容的最终得分。

第三，针对各项考察内容的最终得分，分别进行均值差异的 T 检验和中值的 WILCOXNX 秩检验，以判断两类公司之间是否存在显著差异。

（二）实证结果与分析

各项考察内容最终得分的描述性统计和检验结果如表 5.2 所示。

表 5.2 考察内容最终得分的描述性统计及检验结果

项目	组别	Minimum	Maximum	Mean	St.d	Median	均值差异T检验-p值	中值差异Wilcoxon检验-p值
公司治理特征	优秀组	1	4	2.29	0.81	2	0.000***	0.000***
	不及格组	0	2	1.14	0.66	1		
关键财务信息	优秀组	1	7	3.22	1.46	3	0.000***	0.000***
	不及格组	0	5	1.62	1.24	2		
管理层讨论与分析	优秀组	2	10	6.76	1.93	7	0.000***	0.000***
	不及格组	2	6	4.05	1.28	4		
监管记录与审计意见	优秀组	1	3	2.07	0.47	2	0.000***	0.000***
	不及格组	0	2	1.00	0.837	1		
报告时滞与业绩预告	优秀组	1	5	2.56	1.10	2	0.000***	0.000***
	不及格组	0	3	1.43	0.81	1		
网络传播能力	优秀组	0	4	2.46	1.47	3	0.000***	0.000***
	不及格组	0	3	0.86	1.15	0		
报告易读性与反馈	优秀组	0	2	1.10	0.70	1	0.094*	0.096*
	不及格组	0	2	0.86	0.66	1		

注：***、**、*分别表示在1%、5%、10%的水平上显著（单尾检验）。

从表 5.2 可以看出，在“公司治理特征”、“关键财务信息”、“监管记录与审计意见”、“网络传播能力”四项考察内容上，优秀组公司的得分均值至少是不及格组的 2 倍，且这种差异在 1%的显著性水平上显著。这表明优秀组公司和不及格组在以上方面相差甚远，不及格公司明显落后。

在“管理层讨论与分析”、“报告时滞与业绩预告”两项考察内容上，优秀组公司的得分均值要比不及格公司高出50%以上，且这种差异在1%的显著性水平上显著，说明在这些方面优秀公司同样要明显优于不及格公司。

在“报告易读性与反馈”这项考察内容上，优秀公司的得分均值要高于不及格公司，且这种差异在10%的显著性水平上显著，表明两类公司在这一考察内容上存在差异，优秀公司优于不及格公司。

由此可以看出，在财务报告透明度评价体系的各项考察内容上，优秀公司均显著优于不及格公司，H1得到验证。这一实证结果表明，上述财务报告透明度的形成模型及评价体系是有效的，较为系统地说明了财务报告透明度的形成机制，能够反映出不同上市公司之间财务报告透明度水平的差异，其合理性和效度得到了初步验证。同时，这也表明财务报告透明度的形成经历了一个系统的过程，要受到这一过程中诸多因素的共同影响。

（三）对评价体系信度的检验

Botosan（1997）在论证其自建信息披露指数的有效性和可靠性时指出，信息披露评价体系各组成部分的内部一致性可以为该体系的可靠性提供证据。①如果评价体系内部各组成部分之间存在正相关关系，并在统计意义上是显著的，则可以说明该评价体系具有内部一致性，是可靠的。

表5.3为财务报告透明度评价体系中各项考察内容之间的相关系数矩阵，其中上半角为Pearson相关系数，下半角为Spearman相关系数。

从表5.3可以看出，在财务报告透明度评价体系中各项考察内容之间均是正相关的，并且大多数相关性在1%的显著性水平上显著，

① Botosan. Disclosure level and the cost of equity capital. The Accounting Review，1997，Vol.72:323~349

这在一定程度上说明该评价体系是可靠的。

另外，Cronbach’s alpha 系数是现有研究中广为使用的可靠性检验指标，一般来讲，该系数至少应大于 0.60，本章利用 SPSS13.0 统计软件，经计算，求得该评价指标体系的 Cronbach’s alpha 系数为 0.743，大于可接受的最小临界值，表明上述财务报告透明度评价指标体系具有较好的信度。

表 5.3 各项考察内容的相关系数

	公司治理特征	关键财务信息	管理层讨论与分析	监管记录与审计意见	报告时滞与业绩预告	网络传播能力	报告易读性与反馈
公司治理特征		0.534***	0.406***	0.445***	0.263**	0.264**	0.155
关键财务信息	0.550***		0.461***	0.420***	0.261**	0.442***	0.307**
管理层讨论与分析	0.431***	0.486***		0.468***	0.312**	0.346***	0.211*
监管记录与审计意见	0.483***	0.447***	0.452***		0.419***	0.310**	0.098
报告时滞与业绩预告	0.316**	0.291**	0.292**	0.409***		0.110	0.06
网络传播能力	0.281**	0.498***	0.361***	0.303**	0.115		0.535***
报告易读性与反馈	0.159	0.313**	0.203	0.072	0.058	0.525***	

注：***、**、*分别表示在 1%、5%、10%的水平上显著（双尾检验）。

综上所述，结合深交所信息披露考评机制及结果，财务报告透明度形成的 5 环节模型的合理性得到了证实；同时，也表明基于这一模型所构建的财务报告透明度评价体系具有良好的效度和信度，可以作为开展后续研究的基础。

第六章 财务报告透明度的计量模型——基于会计信息质量特征的评价

前文对现有文献中关于透明度的概念进行了系统梳理和评论。在此基础上，本章借鉴相关学者的研究成果，根据第二章理论基础中的财务报告质量评价理论，综合财务报告信息质量的决策有用观和投资者利益保护观，运用统计手段度量上市公司的财务报告透明度，以期能够为科学评价财务报告质量提供统计经验证据。相对于第四章建立的基于财务报告形成环节的评价体系，关注重点是过程，本章将建立基于会计信息质量的评价模型，关注的重点是结果。二者可以相互补充，但不能相互替代。

一、财务报告质量评价的综合观

本章基于葛家澍和陈守德（2001）提出的财务报告质量评价综合观下的财务报告透明度概念[①]设计透明度的计量指标。该观点认为财务报告信息的主要质量特征是投资者利益保护观下的财务报告透明度，它不仅包含依据 SEC 模式提出的财务报表表述的质量，还包含了 FASB 提出的决策有用观下的财务报告信息内容的质量。它可以有狭义和广义两种解释：狭义的解释把透明度同充分披露视为同义语。但透明度应当作广义的理解，视同为高质量的全部含义。因此，在对上市公司的财务报告透明度进行重新界定时，我们综合决策有用观和投

① “财务报告质量评价的综合观”这一提法并没有被葛家澍和陈守德（2001）明确提出，而是本书为了表述清晰和简洁而对葛家澍和陈守德（2001）提出的基于决策有用观和投资者利益保护观对财务报告质量进行综合评价这一理论所下的定义。

资者利益保护观，以 SFAC No. 2（FASB, 1980）提出的财务报告信息的质量特征和 SEC 的投资者利益保护理念所强调的财务报告可靠性为基础设计财务报告透明度的计量模型。

按照 SFAC No. 2 和投资者利益保护观强调的财务报告可靠性及后续的文献研究，财务报告信息质量应当包含相关性（Relevance）和可靠性（Reliability）两个方面，相关性强调财务报告信息应当具有预测价值（Predict value）、反馈价值（Feedback value）和及时性（Timeliness），可靠性强调财务报告信息应当忠实表达（Faithful representation）真实世界的经济现象（Real-world economic phenomena），并且具有可验证性（Verifiability）和中立性（Neutrality）。预测价值要求财务报告提供的信息能够帮助报告使用人对未来进行很好的预测；反馈价值强调财务报告提供的信息能够帮助报告使用人证实或修正以前作出的预测；及时性是指财务报告应当更及时地确认已发生的交易和事项并及时传递给报告使用人；忠实表达侧重财务报告提供的信息能够很好地反映客观经济现实；可验证性可解释为不同的人对相同事项的处理结果应当是一致的；中立性意味着财务报告信息不存在故意的或系统的偏见。由于预测价值和反馈价值可能存在冲突，而可验证性又是忠实表达的必要条件，因此本章在依据财务报告质量评价的综合观设计财务报告透明度评价模型模型时，主要考虑财务报告及时性、中立性、忠实表达和反馈价值四个质量特征。我们认为，如果公司管理层在编制和披露财务报告过程中，能够持有中立态度，不刻意地迎合某一方的特殊利益（中立性），能够客观而不带有主观色彩地忠实表达公司的真实状况（忠实表达），更不刻意隐瞒或延迟公布坏消息以及盈余波动等情况（坏消息的及时性），财务报告提供的信息就会对投资者确认或修正以前的预测和决策提供有用的信息（反馈价值），就说明公司提供的财务报告是高度透明的，它真实再现了公司的真实状况。

根据综合观的理念，财务报告透明度是指财务报告能够客观无偏见地将公司的真实状况，尤其是坏消息及时传递给财务报告使用者的程度，包括传递信息的客观性和传递速度及时性，使公司的利益相关者能够透过财务报告的表象了解公司的真实状况，并能够依据财务报告的信息确认或修正以前的预测和决策，从而作出正确的经济决策。

二、财务报告透明度的实证度量

根据财务报告质量评价的综合观，本章最终选取财务报告坏消息的及时性、财务报告中立性、忠实表达和财务报告反馈价值四个质量特征对上市公司财务报告透明度进行实证度量。

（一）坏消息的及时性——财务报告稳健性

财务报告及时性的课题是与盈余反应类型的研究紧密联系在一起的，因为凡涉及定期公告进行事件研究的课题，都会将定期公告的时间性作为一个附带的描述性结果。因此，早期的经验研究也都未将及时性作为单独的会计信息质量特征从价值相关性研究中分离出来。但是，在近年的经验研究中，受契约理论的影响，人们开始将及时性从价值相关性的研究中分离出来，将其理解为公司的经济收益被确认为会计收益的时间，并与稳健性紧密结合在一起。Ball et al.（2000）就认为及时性和稳健性是财务报告中的盈余的核心特征。而根据 Basu（1997）对稳健性的定义是“好消息的确认和坏消息的确认具有非对称及时性”,财务报告稳健性只不过是在财务报告中更及时地披露了坏消息而已。此外，根据前景理论和最近的研究，众多学者都已经发现或证实了由于投资者对坏消息的反应比对好消息的反应更强烈，公司因而在对外披露信息时大多体现了“好消息早，坏消息晚”的披露规律。因此，我们认为，我们应更多地关注坏消息的披露时间，如果公司能够将其最不愿意公布的坏消息及时公布出去，我们就认为信息是及时的和透明的，因为好消息已经在公布坏消息之前公布出去了，而稳健性正好是对坏消息给予更多的关注，鉴于此，我们将财务报告稳健性看作及时性的另外一种表现形式，着重考察坏消息的及时性。基于上述考虑，本章选择财务报告稳健性（Conser）作为坏消息的及时性的代理变量。

Ball 和 Shivakumar（2005）借鉴 Basu（1997）的逆回归模型和 Dechow, Kothari 和 Watts（1998）的模型构造了会计稳健性的应计模型，该模型可以写为：

$$ACC_t = \alpha_0 + \alpha_1 DCFO_t + \alpha_2 CFO_t + \alpha_3 DCFO_t \times CFO_t + \varepsilon \quad (5.1)$$

其中，CFO_t 为经营活动产生的现金流量，以扣除非正常损益前的会计利润与应计项目 ACC_t 的差额对其计量；$DCFO_t$ 为哑变量，当 $CFO_t < 0$ 时，取值为 1，否则为 0。ACC_t 为应计项目，其初始计量值通过下式取得：

$$ACC_t = \Delta Inv + \Delta Accrece + \Delta Othcurass - \Delta Accpay - \Delta Othcurlia - Depre \quad (5.2)$$

式中，ΔInv 为当年存货增量，ΔAccrece 为应收账款增量，ΔOthcurass 为其他流动资产增量，ΔAccpay 为应付账款增量，ΔOthcurlia 为其他流动负债增量，Depre 为固定资产折旧额。除 $DCFO_t$ 外，所有项目均以年初总资产进行标准化。

Khan 和 Watts（2009）认为影响稳健性的因素主要有账面市价比（M/B）、公司规模（Lnasset）和债务比率（Lev），采用这三个变量和 Basu 模型来估计时间截面度量的好消息的及时性和坏消息的增量及时性的公司—年度度量值①。本章借鉴了这一方法，但不考虑账面市价比，其原因是我国的资本市场弱势有效，影响股价的因素较多，使用股价进行的研究可能不具有较强的说服力。具体而言，好消息的及时性和坏消息的增量及时性的公司—年度度量值可以通过下式取得：

$$\alpha_{2it} = \beta_0 + \beta_{1t} Lnasset_{it} + \beta_{2t} Lev_{it} \quad (5.3)$$

$$\alpha_{3it} = \gamma_0 + \gamma_{1t} Lnasset_{it} + \gamma_{2t} Lev_{it} \quad (5.4)$$

然后将公式（5.3）和公式（5.4）代入公式（5.1）可得回归方程（5.5）：

① Khan and Watts（2009）在文中说到，影响稳健性的因素按照 Watts（2003）的说法，是契约（Contract）、诉讼（Litigation）、税收（Taxation）和管制（Regulation）四个因素，这四个因素都随投资机会集（IOS, investment opportunity set）变动，而资产规模（Lnasset）、债务比率（Lev）和账面市价比（M/B, the market-to-book ratio）与投资机会集密切相关，因此，采用这三个变量替代四个因素来计量好消息和坏消息的及时性。

$$ACC_t = \alpha_0 + \alpha_1 DCFO_t + CFO_t(\beta_0 + \beta_{1t} Lnasset_{it} + \beta_{2t} Lev_{it}) + DCFO_t \times CFO_t(\gamma_0 + \gamma_{1t} Lnasset_{it} + \gamma_{2t} Lev_{it}) + \varepsilon \quad (5.5)$$

估计该方程，可以得到β_i和γ_i的估计值，然后代入公式（5.3）和公式（5.4）即可得到α_{2it}和α_{3it}。

鉴于 Guay 和 Verrecchia（2006）发现用$(\alpha_{2it}+\alpha_{3it})/\alpha_{2it}$比较各公司之间的稳健性差异是有缺陷的，Gassen、Fülbier 和 Sellhorn（2006）因此采用斜率对应的两条直线的夹角大小对会计稳健性进行度量，即

$$Conser = Arc\tan(\alpha_{2it} + \alpha_{3it}) - Arc\tan(\alpha_{2it}) \quad (5.6)$$

通过上述方式可以计算出每一个公司每一年度的 Conser 的值，该值越大说明该公司当年的财务报告稳健性越强，财务报告提供的信息越可靠。

（二）中立性——盈余激进度

按照 FASB 的 SFAC No.2 中中立性的定义，中立性是指不应当为了取得预先设定的结果或诱发特定模式的行为而有偏向的报告信息，强调的是不偏不倚，不侧重于某一方的利益。换言之，它要求在信息生成和披露过程中不应妄加色彩，以迎合公司管理层或某一方的需求。但现实情况却与此相悖，许多文献已经找到了公司通过应计项目进行盈余管理的证据，而公司之所以进行盈余管理却是出自公司管理层的机会主义动机，显然这种经过盈余管理后的财务报告不是中立的，它没有不偏不倚地将真实的信息传递给报告使用人。基于这种考虑，我们选取应计项目作为中立性的反向表征变量。

Bhattacharya et al.（2003）将应计项目定义为盈余激进度，我们也沿用了这个概念。按照 Bhattacharya et al.（2003）的定义，盈余激进度是指公司延缓确认损失和加速确认收益的程度，因此，提高公司的盈余激进度，会使公司的应计利润增加。Bhattacharya et al.（2003）采用与 Healy（1985）、Jones（1991）、Dechow et al.（1995）和 Leuz et al.（2002）等一致的方法，即采用资产负债表和损益表中的信息计算出以年初资产余额标准化后的应计项目，以该项目的金额作为盈余激进度

的度量值。Bhattacharya et al.（2003）没有直接使用现金流量表中的经营活动现金流量信息计算标准化后的应计项目，主要原因是该文献研究的是盈余不透明度的国际定价问题，而各国间的会计准则差异导致各国的现金流量表存在差异，显然直接使用现金流量表中的信息可能包含更多的噪音。

分析 Bhattacharya et al.（2003）中的盈余激进度的度量方法，不难发现，Bhattacharya et al.（2003）实际上使用的是总应计项目度量盈余激进度，后来的许多研究，如杨之曙和彭倩（2004）、黄娟娟和肖珉（2006）、游家兴和李斌（2007）、周中胜和陈汉文（2008）等，都采用这一方式度量盈余激进度。但曾颖和陆正飞（2006）、王艳艳和陈汉文（2006）等认为用总应计衡量盈余激进度有局限性，存在较大的噪音，不能完全代表管理当局盈余管理的空间，应当采用可操控应计项目衡量盈余激进度。因此，本章借鉴了这一方法，采用可操控应计项目作为盈余激进度的代理变量。盈余激进度可通过下式计算取得：

$$EA_{it} = TA_{it} / \overline{A}_{it} - NDA_{it} \tag{5.7}$$

其中，EA_{it} 是 i 公司 t 年度的盈余激进度；TA_{it} 是 i 公司 t 年度的总应计利润，数量上等于该公司当年的营业利润与经营活动现金流量之间的差额，即 $TA_{it} = NIO_{it} - CFO_{it}$，[①]其中，$NIO_{it}$ 为 i 公司 t 年度的营业利润，CFO_{it} 为 i 公司 t 年度的经营活动现金流量；$\overline{A}_{it}$ 为 i 公司 t 年度的平均资产，数量上等于年初资产和年末资产的平均值；NDA_{it} 为 i 公司 t 年度的不可操控应计项目，通过下式计算取得：

$$\begin{aligned} NDA_{it} = {} & \alpha_1(1/\overline{A}_{it}) + \alpha_2(\Delta REV_{it} - \Delta REC_{it})/\overline{A}_{it} \\ & + \alpha_3(PPE_{it}/\overline{A}_{it}) + \alpha_4(IA_{it}/\overline{A}_{it}) \end{aligned} \tag{5.8}$$

其中，ΔREV_{it} 为 i 公司 t 年度的主营业务收入净额增量，数量上

---

① 与 Bhattacharya et al.（2003）研究不同的是，我们的研究仅涉及我国一个国家，不受会计准则国别差异的影响，而且，Hribar et al.（2002）发现采用资产负债表方法估计盈余中的应计项目不如用直接从现金流量表中获得经营活动现金流量计算出的应计项目准确，因此本章采用营业利润扣除现金流量表中的经营活动现金流量后的差额的方法对应计项目进行度量。

等于当年主营业务收入净额与上年主营业务收入净额之差；ΔREC_{it} 为 i 公司 t 年度的应收账款增量，数量上等于当年应收账款期末数与应收账款期初数净额之差；PPE_{it} 为 i 公司 t 年度末的固定资产原值；IA_{it} 为 i 公司 t 年度的无形资产与其他非流动资产的期末余额。$\bar{A}_{it}$ 的定义同上，系数 α_1、α_2、α_3 和 α_4 为行业特征参数，通过行业横截面修正后的 Jones 模型回归获得，[①]行业横截面修正后的 Jones 模型可写为：

$$TA_{it}/\bar{A}_{it} = a_1(1/\bar{A}_{it}) + a_2(\Delta REV_{it} - \Delta REC_{it})/\bar{A}_{it} + a_3(PPE_{it}/\bar{A}_{it}) + a_4(IA_{it}/\bar{A}_{it}) + \varepsilon_{it} \tag{5.9}$$

其中，回归系数 α_1、α_2、α_3 和 α_4 为回归模型的 OLS 估计值，作为计算 NDA_{it} 模型中行业特征参数 α_1、α_2、α_3 和 α_4 的替代值；ε_{it} 为回归模型的残差项；其他变量的定义同上。

（三）忠实表达——盈余平滑

FASB 在 SFAC No.2 中将忠实表达定义为“财务报告中所计量和描述的会计信息应与它们所表述的经济现象是一致的”。同时在 SFAS No. 95 中又指出，“质量的一个重要方面就是盈余已转化为现金的程度。盈余的计量依赖于应计、摊销和估值的金额，而现金流量的计量则更为客观”。因此，现金流量变化与盈余变化的关联程度应该能够客观地评估盈余与基本现金流量之间的符合程度。Bhattacharya et al.（2003）在研究盈余不透明度时使用了盈余平滑度概念，这一概念恰好描述的是盈余变化与现金流量变化的相关系数，因此，我们选取盈余平滑度作为忠实表达的代理变量。

Bhattacharya et al.（2003）在研究不同国家的盈余不透明度（Earnings opacity）过程中，采用面板数据通过三个维度对盈余不透明

① Dechow et al.（1995）发现修正后的 Jones 模型计算出的可操控应计利润最能反映公司的盈余操纵程度，DeFond 和 Subramanyan（1998）、Barton et al.（2001）和郑鑫成（2005）等发现，行业横截面修正后的 Jones 模型要比时间序列修正后的 Jones 模型有更好的效度。夏立军（2003）发现，与其他模型相比，行业横截面修正后的 Jones 模型能够较好地揭示出中国股票市场上的盈余操控程度。

度进行了度量，其中的一个维度就是盈余平滑度（Earnings smoothing）。在这篇文献当中，盈余平滑度以经过年初资产总额标准化后的应计项目的年度增加额和经营活动现金流量的年度增加额之间的截面相关系数度量。本章借鉴了这一方法，具体而言，度量盈余平滑度的模型可以写为：

$$ES_{it} = Correl(\Delta AC_{it}, \Delta CFO_{it}) \tag{5.10}$$

其中，ES_{it} 为 i 公司 t 年的盈余平滑度量值，Correl(.) 为相关系数函数；ΔCFO_{it} 为 i 公司 t 年经营活动现金流量的年度增加额，即该公司当年经营活动现金流量与上年经营活动现金流量之间的差额；ΔAC_{it} 为 i 公司 t 年的应计项目的年度增加额，即该公司当年应计项目与上年应计项目之间的差额，应计项目以该公司当年的营业利润扣除经营活动现金流量后的余额度量；ΔCFO_{it} 和 ΔAC_{it} 均以公司当年的平均资产总额予以标准化。①

在设计 ES 的度量方法时，现有文献大多考虑到会计准则赋予公司管理层的会计政策灵活选择权。在此种情况下，公司管理层可能通过提前确认收益或延迟确认损失和费用的方式增加本期收益和减少未来收益，或通过“洗澡”的方式减少本期收益和增加未来收益。无论哪种方式，都是通过对应计项目的调整缓冲现金流量的波动，因而使得应计项目的波动与经营现金流的波动呈现反向变化。当然，应计项目与经营现金流量之间的反向变化也是权责发生制会计的自然结果。因此，一般而言，ES 应当表现为负数，且越接近于-1，说明上市公司通过应计项目平滑盈余的程度越高。

---

① Bhattacharya et al.（2003）度量盈余平滑度时，首先对应计项目进行度量，而后采取营业利润扣除应计项目后的差额度量经营活动现金流量，而并未直接使用现金流量表的数据，原因是该文献主要用于各国之间的比较，而各国的现金流量表明显存在差异，显然直接使用现金流量表的数据存在着较多的噪音。在对应计项目进行度量时，主要参考了 Healy（1985）、Jones（1991）、Dechow et al.（1995）和 Leuz et al.（2002）等构造的应计模型，具体而言，应计项目可表示为：$ACC_{it} = (\Delta CA_{it} - \Delta CL_{it} - \Delta CASH_{it} + \Delta STD_{it} - DEP_{it} + \Delta TP_{it}) / TA_{it}$。

（四）反馈价值

根据 FASB 发布的 SFAC No.2 中的定义，财务报告信息的反馈价值是指财务报告信息所具有的通过修正决策者的前期预测而影响决策的能力。本章采用 Abhijit Barua（2006）构造的方法衡量财务报告信息的反馈价值，即以当期盈余改变未来盈余预期的能力衡量财务报告信息的反馈价值，在数量上，反馈价值等于未使用当期盈余信息的下一期盈余预测偏差的绝对值与使用当期盈余信息的下一期盈余预测偏差的绝对值的差额，该公式可以写为：

$$Feedback_{it} = \left|PerrorB_{it}\right| - \left|PerrorA_{it}\right| \tag{5.11}$$

其中，Feedback 为 i 公司 t 年度的财务报告信息的反馈价值；$\left|PerrorB_{it}\right|$为 i 公司 t 年度未使用当期盈余信息的预测偏差绝对值，该数值通过下式取得：

$$PE_{i,t-1} = \hat{\lambda}_0 + \hat{\lambda}_1 E_{i,t-2} \tag{5.12}$$

$$PE_{it} = \hat{\lambda}_0 + \hat{\lambda}_1 PE_{i,t-1} \tag{5.13}$$

$$\left|PerrorB_{it}\right| = \left|E_{it} - PE_{it}\right| \tag{5.14}$$

其中，$PE_{i,t-1}$ 为 i 公司使用 t-2 期营业利润预测的 t−1 期的营业利润预测值；PE_{it} 为 i 公司 t 期的营业利润预测值；E_{it} 为 i 公司 t 期的营业利润；$E_{i,t-2}$ 为 i 公司 t-2 期的营业利润；$\hat{\lambda}_0$ 和 $\hat{\lambda}_1$ 为通过 t−3 期至 t−1 期的时间序列 AR（1）得到的估计值。

$\left|PerrorA_{it}\right|$为 i 公司 t 年度使用当期盈余信息的预测偏差绝对值，该数值通过下式取得：

$$PE_{it} = \hat{\lambda}_0 + \hat{\lambda}_1 E_{i,t-1} \tag{5.15}$$

$$\left|PerrorA_{it}\right| = \left|E_{it} - PE_{it}\right| \tag{5.16}$$

其中，PE_{it} 为 i 公司 t 期的营业利润预测值；E_{it} 为 i 公司 t 期的营业利润；$E_{i,t-1}$ 为 i 公司 t−1 期的营业利润；$\hat{\lambda}_0$ 和 $\hat{\lambda}_1$ 为通过 t-3 期至 t 期的时间序列 AR（1）得到的估计值。E_{it}、$E_{i,t-1}$ 和 $E_{i,t-2}$ 均以年初资产总额进行标准化。

$Feedback_{it}$ 的值越大，说明未使用 t-1 期盈余信息预测的 t 期的盈余预测偏差与使用 t-1 期盈余信息预测的 t 期盈余预测偏差的差额越大，t-1 期的盈余信息的修正能力越强，财务报告的反馈价值越高。

（五）财务报告透明度的计量模型

我们借鉴 Bhattacharya et al.（2003）的方法构造财务报告透明度变量，即采用财务报告稳健性、盈余激进度、盈余平滑度和反馈价值的十分位数度量财务报告透明度，计算公式为：

$$Transpa_{it}=\frac{Deciles(Conser_{it})+Deciles(EA_{it})+Deciles(ES_{it})+Deciles(Feedback_{it})}{4} \tag{5.17}$$

其中，$Transpa_{it}$ 为 i 公司 t 年度的财务报告透明度；Deciles(.) 为十分位数；$Conser_{it}$ 为 i 公司 t 年度的财务报告稳健性；EA_{it} 为 i 公司 t 年度的盈余激进度；ES_{it} 为 i 公司 t 年度的盈余平滑度；$Feedback_{it}$ 为 i 公司 t 年度的财务报告信息的反馈价值。

我们首先对 $Conser_{it}$、EA_{it}、ES_{it} 和 $Feedback_{it}$ 等变量的原始数据进行十分位数排序，然后对原始数值较高的 $Conser_{it}$、ES_{it} 和 $Feedback_{it}$ 赋予较高的分值，而对原始数值较高的 EA_{it} 赋予较低的分值，使得最终的财务报告透明度 $Transpa_{it}$ 的分值介于 0～10 之间，并且 $Transpa_{it}$ 的数值越高，说明该公司的财务报告透明度越高。

三、数据来源与样本选择

本章选取了 2004 年至 2006 年中国 A 股市场上的上市公司为研究样本。这样选择的原因是，在对财务报告透明度进行实证度量时，选用了 Bhattacharya et al.（2003）提出的盈余平滑度作为忠实表达的替代变量。而为了计算公司年度层面的盈余平滑度，需要拥有连续 4 年的营业利润数据和经营活动现金流量数据，即计算 2004 年公司层面的盈余平滑度需要 2001～2004 年期间的营业利润数据和经营活动现金流量数据。未选取2001年之前的数据是为了尽可能消除2001年之前与之后的会计准则差异而产生的噪音,选取截止到2006年的数据也是出于同样的目的。同时为了控制最终控股股东性质产生的可能影响,还要求拥有最终控制人的相关信息。因而在综合考虑相关因素后,确定的样本选择标准为:(1)非金融行业的上市公司;(2)在2001～2006年间有连续6年的数据;(3)存在最终控制人;(4)最终控制人是唯一的;(5)能够计算最终控制人的控制权比例和所有权比例。能够同时满足这些标准的样本公司为980个,共5880个公司一年度样本,能够进入回归分析的是2940个公司年度样本。为了降低异常值的可能影响,还对连续变量采用最大和最小各1%的标准进行了Winsorize处理。最终得到2552个公司年度样本,其中2004年858个,2005年860个,2006年834个。样本的行业分布如表6.1所示。

本章的短期借款、主营业务收入、营业利润、经营活动现金流量、高管变更、增发和配股、行业分布、上市公司实际控制人和实际控制人类型等数据来自CCER数据库。其他财务数据、公司治理数据和股东数据来自国泰安数据库(CSMAR),个别缺失的数据通过手工查阅上市公司年报获得。

表6.1 研究样本的行业分布

行业类型	全样本		2004年		2005年		2006年	
	家数	比例	家数	比例	家数	比例	家数	比例
农、林、牧、渔业	50	1.96	2	0.23	16	1.86	32	3.84
采掘业	26	1.02	15	1.75	9	1.05	2	0.24
食品、饮料	126	4.94	68	7.93	44	5.12	14	1.68
纺织、服装、皮毛	108	4.23	53	6.18	37	4.30	18	2.16
木材、家具	5	0.20	2	0.23	2	0.23	1	0.12
造纸、印刷	45	1.76	20	2.33	14	1.63	11	1.32
石油、化学、塑胶、塑料	304	11.91	133	15.50	101	11.74	70	8.39
电子	81	3.17	32	3.73	27	3.14	22	2.64
金属、非金属	228	8.93	87	10.14	78	9.07	63	7.55
机械、设备、仪表	419	16.42	137	15.97	140	16.28	142	17.03
医药、生物制品	170	6.66	53	6.18	57	6.63	60	7.19

续表

行业类型	全样本		2004 年		2005 年		2006 年	
	家数	比例	家数	比例	家数	比例	家数	比例
其他制造业	32	1.25	7	0.82	11	1.28	14	1.68
电力、煤气及水的生产和供应业	111	4.35	33	3.85	37	4.30	41	4.92
建筑业	41	1.61	10	1.17	14	1.63	17	2.04
交通运输、仓储业	92	3.61	27	3.15	30	3.49	35	4.20
信息技术业	137	5.37	36	4.20	44	5.12	57	6.83
批发和零售贸易	209	8.19	56	6.53	73	8.49	80	9.59
房地产业	117	4.58	30	3.50	39	4.53	48	5.76
社会服务业	80	3.13	17	1.98	27	3.14	36	4.32
传播与文化产业	18	0.71	5	0.58	5	0.58	8	0.96
综合类	153	6.00	35	4.08	55	6.40	63	7.55
合　　计	2552	100	858	100	860	100	834	100

四、被解释变量：财务报告透明度

被解释变量是第五章界定的财务报告透明度。财务报告透明度由坏消息的及时性、财务报告信息的中立性、忠实表达和财务报告信息的反馈价值组成，分别以财务报告稳健性、财务报告盈余激进度、财务报告盈余平滑度和财务报告反馈价值为代理变量。

其中财务报告稳健性以 Ball 和 Shivakumar（2005）的会计稳健性应计模型为基础，综合考虑了 Khan 和 Watts（2009）提出的财务报告稳健性的影响因素和 Guay 和 Verrecchia（2006）发现的稳健性计量缺陷，采用 Gassen, Fülbier 和 Sellhorn（2006）提出的斜率对应的两条直线的夹角大小对其进行度量。

财务报告盈余激进度借鉴了 Bhattacharya et al.（2003）中的盈余激进度的度量方法，但与之不同的是，我们采用的是可操控应计项目而不是总应计项目对盈余激进度进行计量。

财务报告盈余平滑度采用了 Bhattacharya et al.（2003）提出的计量方法，即以经过年初资产总额标准化后的应计项目的年度增加额和经营活动现金流量的年度增加额之间的截面相关系数度量。

财务报告反馈价值采用 Abhijit Barua（2006）构造的方法衡量，即以当期盈余改变未来盈余预期的能力衡量财务报告信息的反馈价值，在数量上，反馈价值等于未使用当期盈余信息的下一期盈余的预测偏差的绝对值与使用当期盈余信息的下一期盈余的预测偏差的绝对值的差额。最后借鉴 Bhattacharya et al.（2003）的方法构造财务报告透明度变量，即采用财务报告稳健性、盈余激进度、盈余平滑度和反馈价值的十分位数度量财务报告透明度。

财务报告透明度及其构成项目的描述性统计结果如表 6.2 所示。

表 6.2 财务报告透明度及其构成项目描述性统计

变量	年度	观测数	均值	标准差	最小值	中位数	最大值
Transpa	2004	858	5.338	1.521	1.500	5.250	9.750
	2005	860	5.451	1.639	1.250	5.500	9.750
	2006	834	5.426	1.607	1.000	5.500	9.750
	全样本	2552	5.405	1.590	1.000	5.250	9.750
Conser	2004	858	-0.055	0.055	-0.216	-0.052	0.087
	2005	860	-0.058	0.057	-0.226	-0.057	0.097
	2006	834	-0.060	0.058	-0.224	-0.058	0.098
	全样本	2552	-0.058	0.057	-0.226	-0.055	0.098
EA	2004	858	0.007	0.073	-0.297	0.009	0.248
	2005	860	-0.006	0.073	-0.310	-0.001	0.237
	2006	834	-0.002	0.070	-0.276	0.000	0.255
	全样本	2552	0.000	0.072	-0.310	0.003	0.255
ES	2004	858	-0.809	0.405	-1.000	-0.978	0.974
	2005	860	-0.794	0.420	-1.000	-0.979	0.976
	2006	834	-0.791	0.427	-1.000	-0.976	0.974
	全样本	2552	-0.798	0.417	-1.000	-0.978	0.976
Feedback	2004	858	0.127	0.347	0.000	0.025	4.791
	2005	860	0.151	0.443	0.000	0.029	4.376
	2006	834	0.168	0.448	0.000	0.025	3.812
	全样本	2552	0.148	0.415	0.000	0.026	4.791

从构成项目看，Conser 的全样本均值为-0.058，小于 0，说明平均而言，上市公司的财务报告稳健性不高，中位数为-0.055，也小于 0，说明一半以上的公司提前确认了好消息，延迟确认了坏消息。EA 的全样本均值为 0.000，说明平均而言，上市公司几乎没有可操控性应计，但其中位数为 0.003，大于 0，说明仍有一半以上的样本公司的盈余较为激进，引入了更多的应计项目。ES 的全样本均值为-0.798，说明样本公司存在较高的盈余平滑，而中位数为-0.978，接近于-1，更说明了一半以上的样本公司对盈余进行了较高程度的平滑。Feedback 的全样本均值为 0.168，中位数为 0.026，说明样本公司提供的会计信息的修正能力较差。综合而言，由于大部分样本公司提前确认了好消息，延迟确认了坏消息，并通过引入更多的应计项目对盈余进行平滑，掩盖了坏消息和盈余波动的真实情况，使得上市公司提供的财务报告具有较低的反馈价值，投资者无法透过财务报告了解上市公司的真实状况，因而不能对以前的预测和决策进行有效的修正，这说明样本公司的财务报告不具有较高的透明度。Transpa 的全样本均值为 5.405，中位数为 5.250，也说明了样本公司的财务报告透明度处于较低水平。从表 6.2 的分年度统计和图 6.1 可以看出，在 2004～2006 年度，样本公司的财务报告除稳健性呈逐年下降趋势之外，可操控应计项目虽有波动，但渐趋于 0，盈余平滑程度略有降低，财务报告信息的修正能力有所提高，财务报告透明度依然处于较低水平，但也有上升趋势。

本章建立了评价财务报告透明度的统计模型，其中衡量财务报告透明度的四个解释变量分别是财务报告稳健性、盈余激进度、盈余平滑度、财务报告反馈价值。

不同的研究者在研究财务报告透明度时有不同的研究侧重点，在应用模型时可以根据需要调整解释变量。如果重点考核财务报告对坏消息的透明度，可以使用财务报告稳健性作为解释变量；如果考虑到公司为了满足 IPO 要求进行盈余管理而影响财务报告透明度，可以采用盈余激进度、盈余平滑度作为解释变量；如果从信息使用者接受、了解的角度评价财务报告透明度，可以采用财务报告反馈价值作为解释变量。

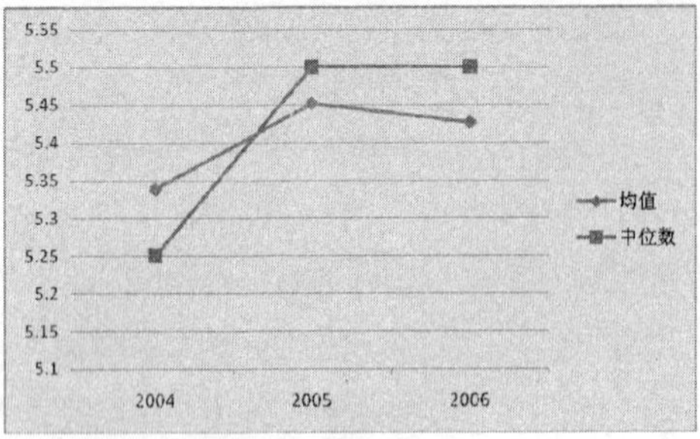

1A: Transpa

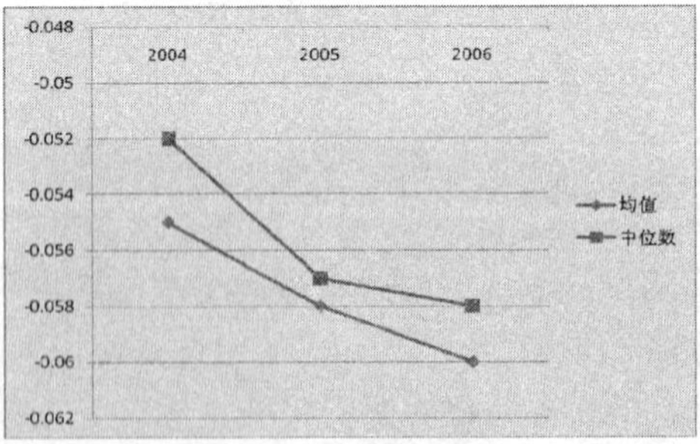

1B: Conser

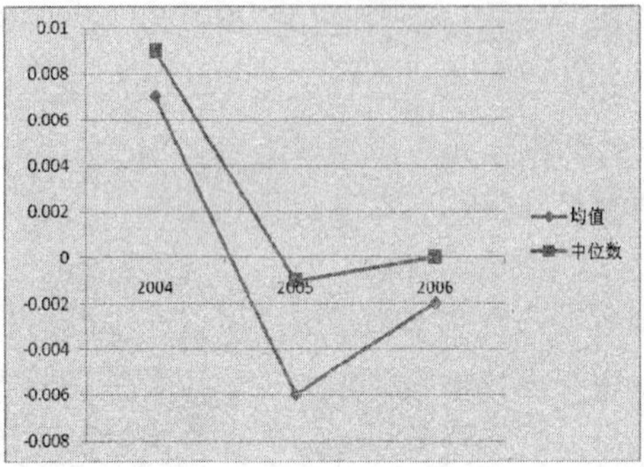

1C: EA

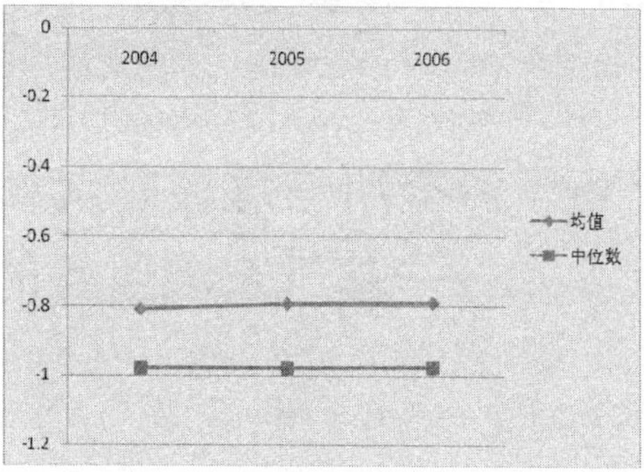

1D: ES

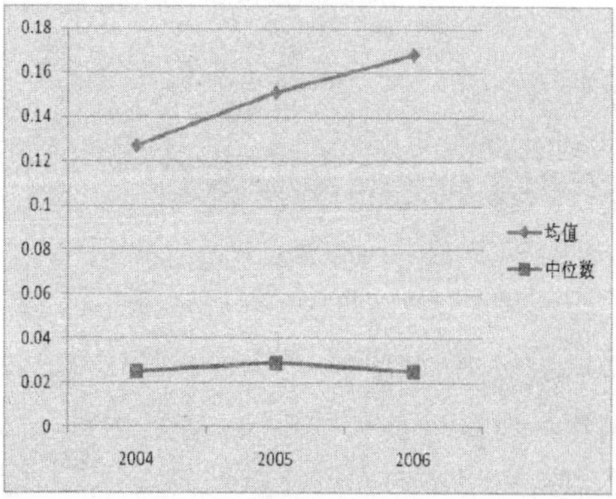

1E: Feedback

图 6.1 财务报告透明度及其构成项目发展趋势

第七章 深交所信息披露考核评级——基于宏观监管的评价

自 2002 年以来，深交所依据《深圳证券交易所上市公司信息披露工作考核办法》，针对深交所主板上市公司，每年进行信息披露工作考评，并将结果予以公告。迄今为止，一年一度的信息披露考评公告已持续 8 年，引起了监管当局、研究人员和投资者等各方的关注。

一、考核评级制度的出台背景

国际证监会组织将证券监管的基本目标概括为三项：保护投资者利益、确保市场公平有效和透明、减少系统风险。[①] 正是基于这样的目的，中国证监会及其领导下的深交所、上交所，本着“公开、公正、公平”的原则，督促上市公司充分披露信息，推动证券市场的健康发展。我国自 1990 年、1991 年在沪、深两地相继成立证券市场以来，逐步建立和完善了信息披露制度框架，并致力于其规范化和法制化进程。但由于我国资本市场“新兴+转轨”的特点，上市公司信息披露违规行为层出不穷。琼民源、亿安科技、蓝田事件、银广厦事件等一度引起市场的巨大震撼，投资者对披露信息的信任度受到了极大打击，严重影响证券市场的正常运行。2000 年 12 月 23 日，证监会发布了《关于完善公开发行证券公司信息披露规范的意见》，系统总结了我国信息披露制度的不足，并提出建立一个公开透明、纲目兼备、层次清晰、

① 伍利娜，高强. 处罚公告的市场反应研究. 经济科学，2002（3）

易于操作、公平执行的信息披露规范体系的总体构想。[①]

为了督促上市公司改善其信息披露行为，深交所和上交所分别于2001年5月发布了《深圳证券交易所上市公司信息披露工作考核办法》（以下简称《考核办法》），从2002年起开始就信息披露对上市公司进行考评。按照《考核办法》规定，主要从日常信息披露的及时性、准确性、完整性和合法性四个方面,结合受奖惩情况、与监管机构的工作配合情况等进行考评，最终形成优秀、良好、及格与不及格四个等级，并将考评结果通知有关各方，如上市公司所在地监管部门、上市公司等。2002年3月，沪深交易所首次完成了对所属上市公司的信息披露考评，并将考评结果公布在有关媒体上。首次考评公告的内容只限于各等级公司所占比例，并未涉及具体的上市公司。在此以后，上交所暂停了该项工作，但深交所则将其予以制度化并坚持下来，每年在完成针对上一年度的信息披露考评后，将考评结果在证监会指定的三大证券报和网站对社会予以公告。

2008年12月5日，结合前几年的监管实际，深交所从考核范围、考核时间段、考核等级及原则、拟采取的监督措施等方面对《考核办法》进行了修订和完善。主要包括：将当年年报纳入考核范围，考核结果将在年报披露后形成；在考核内容中增加了对真实性、公平性方面的关注；明确了相关考核原则，如当年遭到被中国证监会行政处罚或深交所公开谴责以上处分的，信息披露工作考核为不合格；对考核结果较差的公司强化监管措施等。

八年来，深交所信息披露考评公告的内容和形式经历了一个循序渐进的发展过程。在2002年3月1日首次发布的2001年度信息披露考评公告中，仅公布了获得各类考评等级的上市公司家数和所占比例，未公布各上市公司具体考评等级；从2003年（针对2002年度）开始，公告中开始公开“优秀”等级的上市公司名单，但其他等级名单仍不对社会公开；2004年7月30日，深交所利用其“上市公司诚信档案”

① 中国证券监督管理委员会，“关于完善公开发行证券公司信息披露规范的意见”，http://www.csrc.gov.cn/

这一平台，开始披露各上市公司所获得的信息披露考评等级，但在信息披露考评公告中仍只公开获得“优秀”等级的公司名单，这种做法一直延续到2006年；在2007年3月22日公告的2006年度信息披露考评公告中，深交所首次同时披露“优秀”和“不及格”等级的公司名单，并将这一做法保持到了2009年。

由只做总体描述，到公布“优秀”公司，再到同时公布信息披露水平的两端——“优秀”和“不及格”的公司，信息披露公告内容和形式的变化，反映了深交所对充分发挥信息披露考评机制作用的努力与尝试，也说明证券市场的信息需求在不断深化。

二、深交所的信息披露考核内容①

深交所对上市公司信息披露工作考核以上市公司该年度信息披露情况为基础，并结合以下因素进行：（1）对上市公司采取的处罚、处分及其他监管措施；（2）上市公司与本所配合情况；（3）上市公司信息披露事务管理情况；（4）本所认定的其他情况。

深交所主要从真实性、准确性、完整性、及时性、合法合规性和公平性等六个方面对上市公司的信息披露工作进行考核，并可根据事后审核情况进行相应调整。在其所规定的考核内容中，既关注被披露的信息质量，也关注信息披露过程；同时，还关注信息披露之外的其他因素。

（一）对被披露信息质量的关注

《深圳证券交易所上市公司信息披露工作考核办法》第十一条规定，对上市公司信息披露真实性主要考核公告文稿是否以客观事实或具有事实基础的判断和意见为依据；是否如实反映客观情况，是否存在虚假记载和不实陈述。

---

① 深圳证券交易所，“深圳证券交易所上市公司信息披露工作考核办法”，2008年12月5日，深交所网站，http://www.szse.cn/main/rule/jysywzn/zxqybywzy/2008120839738913.shtml

《考核办法》第十二条规定，上市公司信息披露准确性主要考核公告文稿是否出现关键文字或数字错误，错误的影响程度；公告文稿是否简洁、清晰、明了；公告文稿是否存在歧义、误导性陈述。

《考核办法》第十三条规定，对上市公司信息披露完整性主要考核提供文件是否齐备；公告格式是否符合要求；公告内容是否完整，是否存在重大遗漏。

《考核办法》第十五条规定，对上市公司信息披露的合法合规性主要考核公告事项是否符合法律、法规和本所相关业务规则的规定；公告事项涉及的程序是否符合法律、法规和本所相关业务规则的规定。

（二）对信息披露过程的关注

《考核办法》第十四条规定，上市公司信息披露及时性主要考核是否按预约时间披露定期报告；是否在法定时间内披露定期报告、业绩快报；是否按照规定的临时报告信息披露时限及时向本所报告并披露。

《考核办法》第十六条规定，对上市公司信息披露的公平性主要考核公告事项是否存在提前向特定对象单独披露、透露或泄露的情形；公告事项披露前公司股票交易是否出现异常；公告事项披露前指定媒体之外的其他公共媒体是否出现相关报道或传闻。

《考核办法》第十九条规定，对于信息披露事务管理情况，主要关注是否按照有关规定制定信息披露事务管理制度；信息披露事务管理制度在实际工作中是否得到严格执行；是否配置足够的工作人员从事信息披露工作，董事会秘书是否是董事、副总经理或财务总监。

（三）对信息披露之外的其他因素的关注

《考核办法》第十七条规定，对上市公司采取的处罚、处分及其他监管措施，主要关注以下情形：中国证监会处罚的情况；本所公开谴责的情况；本所通报批评的情况；本所发出监管函的情况；本所采取的其他监管措施情况。

《考核办法》第十八条规定，对上市公司与本所工作配合情况的考核主要关注是否在规定时间内如实回复本所问询；是否按照本所要求及时进行整改；公司相关人员是否及时出席本所的约见安排；公司相关人员是否按本所要求参加有关培训、出席相关会议；是否及时关注媒体报道并主动求证真实情况，并及时回复本所问询；公司发生异常情况时是否及时、主动向本所报告；公司董事会秘书是否与本所保持畅通的联络渠道，联系电话、传真号码发生变化时是否及时通知本所；是否在规定时间完成本所要求的其他事项。

《考核办法》第二十条规定，在对上市公司信息披露工作考核时，关注的其他内容包括：上市公司董事、监事、高级管理人员履行职责情况；控股股东、实际控制人重大信息披露情况及配合上市公司信息披露情况；上市公司董事、监事、高级管理人员、控股股东、实际控制人买卖本公司股份合规及信息披露情况；本所关注的其他情况。

从上述《考核办法》规定的考核内容可以看出，深交所关注披露信息的真实、准确、完整及合法合规，是从披露结果角度评价披露质量；而深交所关注的上市公司受到处罚、处分的情况以及对深交所的工作配合情况及其他内容，则体现了深交所作为市场交易组织者和监管者的管理手段和管理效果。

我们认为，相对于第五章、第六章分别介绍的财务报告透明度评价指标体系和评价模型，深交所的信息披露考核结果，是对信息质量和披露过程的综合评价，同时也是对上市公司信息披露管理工作的综合评价，它更多体现了宏观监管部门对上市公司信息披露的规范和引导。

（四）深交所信息披露考核结果的社会评价

深交所作为市场交易组织者和监管者，其规定的考核办法必然体现其公平交易和有效监管的要求。自深交所实施信息披露考核办法以来，随着考核内容的不断完善以及考核工作的制度化，其考核结果逐渐成为社会各界评价上市公司信息披露质量的重要参数，进而被视为反映上市公司信息透明度的权威指标，在相关研究中被大量引用。

方军雄、洪剑峭（2005）发现，深交所信息披露考评结果与标识上市公司盈余管理行为的三个变量显著相关，同时与审计意见类型也显著正相关，即越是可能存在盈余管理的公司，被出具的审计意见类型越严重，其信息披露考评结果越差，说明以深交所信息披露考评结果来衡量信息披露透明度是比较恰当的。李丹蒙（2007）以深交所信息披露考评结果来代表上市公司透明度，研究分析了公司透明度与财务分析师预测行为之间的关系，发现在控制其他因素之后，公司透明度对分析师预测人数有显著为正的影响；周泽将（2007）以深交所信息披露考评结果作为信息披露透明度的代理变量，利用排序选择回归，从管理层持股、第一大股东等六个方面验证了公司治理与信息披露透明度之间的关系，发现管理层持股、董事会规模对于提高信息披露透明度有显著的积极作用，第一大股东、独立董事以及审计委员会产生了积极作用，但是并不显著；张程睿（2008）以深交所信息披露考评结果作为透明度的衡量基准，研究了上市公司透明度的影响因素；黄志良（2005）以 61 家深交所上市公司作为对照组，考察了 2004 年度深交所信息披露考评“优秀”等级公司所具有的特征，分析了可能影响上市公司信息披露的因素，发现产权结构、财务经营状况等因素明显影响公司信息披露，而与公司治理有关的因素对信息披露的影响不明显；章建伟、涂建明（2007）以深交所 2001～2005 年的信息披露考评数据为基础，从多个角度分析了上市公司信息披露质量改进的特征与趋势，并讨论了信息披露考评制度可能的改进方向。

从对以上文献的回顾可以看出，我国研究者普遍认可深交所信息披露考评结果在评价上市公司信息披露质量方面的重要作用，并以此为替代变量，研究了可能影响上市公司信息披露的因素。这些文献丰富了上市公司信息披露的研究内容，但以下两个问题仍没有回答：(1) 信息披露考评公告是否具有信息含量？也就是说市场是否对信息披露考评公告作出了反应？（2）随着证券市场的发展，市场对信息披露公告的反应在各年间是否不同？为了对此作一探索，本章采用事件研究方法，实证研究市场对信息披露公告的反应及各年间的差异。

三、样本选择和研究设计

（一）样本选择

基于本章的研究目的，本文以深交所每年发布的信息披露考评公告中的上市公司为样本范围。在2002～2005年度，公告仅公布获得“优秀”等级的上市公司，而在2006～2008年度则同时包含“不及格”等级的上市公司。鉴于本文采用事件研究方法，考虑到信息披露考评公告往往在3、4月份发布，与上市公司发布年度报告和第一季度季报的时间比较接近，为了获得一个“干净”的研究样本，须将可能对上市公司股价产生影响的其他事件排除在外。为此，本文将深交所发布信息披露考评公告日的前后一周内有其他公开信息披露的样本公司剔除，同时，剔除数据缺失的样本公司，最终共获得207个研究样本，样本在各年度的分布情况如表7.1所示。

表7.1 样本公司年度分布情况

		2002年度	2003年度	2004年度	2005年度	2006年度	2007年度	2008年度
优秀	公告中公司数	40	41	30	40	41	42	46
	剔除其他影响	4	5	4	19	20	20	12
	数据缺失	0	0	1	1	1	1	1
	最终样本数	36	36	25	20	20	21	33
不及格	公告中公司数					31	22	17
	剔除其他影响					21	12	8
	数据缺失					5	4	4
	最终样本数					5	6	5

注：作者据深交所网站资料整理。

（二）研究设计

本章采用事件研究方法，事件研究法是探讨事件发生前后样本公司股票价格反应的经验研究方法。[①]在事件研究方法中，最为重要的是对异常收益的度量，而“事件窗”和“估计窗”的选择、正常收益的确定方法是度量异常收益的关键变量。

1.“事件窗”和“估计窗”

事件窗是用于检验市场对所研究事件有无异常反映的期间。本章将深交所发布信息披露考评公告作为研究事件，以公告在深交所主办的《证券时报》上的发布日期为事件日，考察市场对这一事件的反应。从目前现实情况看，针对某一信息，往往存在市场的提前或延迟反应。前者主要是由于内幕信息的提前泄露，而后者则是由于新信息不能立刻被市场价格反应，需要一段时间。为了较纯净地反映事件信息，本章将考评公告发布当日及前后各 2 个交易日即（-2，+2）作为事件窗口。

为了计算股票的正常收益，需要确定一个“估计窗”，用以估计股票的正常收益模型。本章的“估计窗”选择为“事件窗”之前的 240 个交易日，即估计窗为（-242，-3）。“事件窗”和“估计窗”的确定如下图所示：

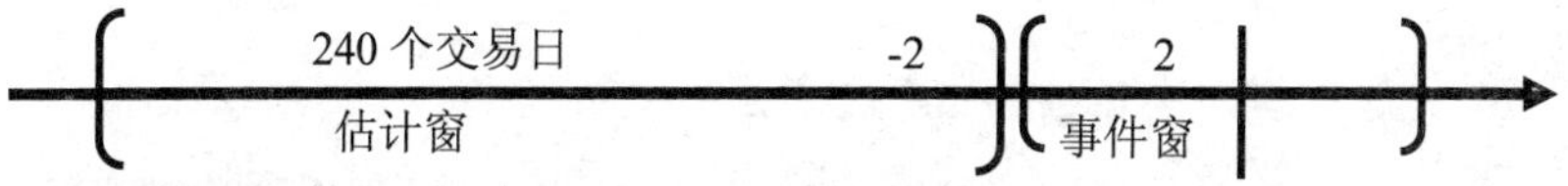

2．正常收益与异常收益

如何确定样本的正常收益是事件研究中的基础问题，常用的三种方法是均值调整模型、市场模型和市场调整模型。陈信元、江峰（2005）发现，在我国 A 股市场环境中，市场模型的检验力是最优的。[②]本章接受这一结论，以市场模型来度量正常收益和异常收益。具体研究过程如下：

首先，针对每一只入选的样本股票 i，使用 SPSS13.0 统计软件，按公式（7.1）对其“估计窗”内的每日收益数据 Rit 和深交所 A 股加

---

① 袁显平，柯大钢. 长期事件研究方法论——一个综述. 数理统计与管理，2007（9）

② 陈信元，江峰. 事件模拟与非正常收益模型的检验力——基于中国 A 股市场的经验检验. 会计研究，2005（7）

权指数收益数据 Rmt 进行回归分析，即：

$$Rit=\alpha i+\beta i\times Rmt+\varepsilon i \qquad t=-242,\ldots,-3 \qquad (7.1)$$

求得公式（7.1）中参数 αi 和 βi 的估计值。

其次，用“事件窗”内每一天的实际收益 Rit 减去预期的正常收益，可得出样本股票 i “事件窗”内 t 日的异常收益 ARit，之后，计算出相应期间的累积异常收益 CARi。即：

$$ARit= Rit-(\alpha i+\beta i\times Rmt) \qquad t=-2,\ldots,2 \qquad (7.2)$$

$$CARi(t1,t2)=\sum_{t1}^{t2} ARit \qquad (7.3)$$

N 只股票的平均异常收益为:

$$\overline{ARt}=\sum_{i=1}^{n} ARit/n \qquad t=-2,\ldots,2 \qquad (7.4)$$

相应的，其平均累积异常收益为：

$$\overline{CAR}(t1,t2)=\sum_{i=1}^{n} CARi(t1,t2)/n \qquad (7.5)$$

以上各式中所用收益率数据均来源于 CCER 数据库。

四、实证结果与分析

一般来说，上市公司在信息披露考评中获得“优秀”等级，意味着其信息披露质量较高，投资者的知情权有较大保障，投资者权益能够得到更有效的保护；如果是“不及格”公司，则意味着投资于这类公司，投资者面临着较高的信息风险。作为理性经济人，投资者在知道考评结果后会作出趋利避害的反应，这必然会反映在公司股票价格的波动上，导致其异常收益会显著异于零。

因此，在接下来的研究中，将对样本公司的异常收益的均值（$\overline{AR}$）和相应的累积异常收益的均值（$\overline{CAR}$）进行 T 检验，以判断“事件窗”内各异常收益和累积收益的均值是否显著不为 0。考虑到在优秀公司中，部分公司在上一年度已得到优秀评级，市场对此的反应可能与当年新晋级的优秀公司有所不同，故将各年度样本公司分为两组（2002 年度除外）：全体优秀组（包含当年全部优秀等级公司）和新晋级组，以观察二者的市场反应是否存在区别；同时，将 2006～2008

年度的“优秀”与“不及格”等级公司加以比较，以考察信息披露考评公告内容变化的市场效应。

考虑到2008年度信息披露考核依据是修订后的《考核办法》，考核范围首次包括了该年度的年报披露情况，并且不同于以往年度，结果是在年报披露工作全部完成后的6月份公告的，市场对信息披露考评公告的反应可能存在较大差异。因此，我们将对2008年度公告的市场效应予以单独考察。

（一）总体分析

由表7.2可以看出，从2002～2007年度信息披露“优秀”公司的异常收益平均值来看，“事件窗”内各日的异常收益和相应期间的累积异常收益均为微小的负值，表现出微弱的负效应。这一结果是耐人寻味的，虽然并未通过统计意义上的显著性检验，但可以得出结论：总体来说，市场对深交所信息披露公告的反应是微弱的，或者说市场对这一消息并未给予足够的重视。

表7.2 2002～2007年度异常收益描述性统计与T检验

	$\overline{AR}$ (-2)	$\overline{AR}$ (-1)	$\overline{AR}$ (0)	$\overline{AR}$ (+1)	$\overline{AR}$ (+2)	$\overline{CAR}$ (-2,-1)	$\overline{CAR}$ (-2,0)	$\overline{CAR}$ (-1,0)	$\overline{CAR}$ (-1,1)	$\overline{CAR}$ (0,1)
全体优秀组										
均值	-0.082%	-0.167%	-0.084%	-0.010%	-0.025%	-0.241%	-0.322%	-0.243%	-0.252%	-0.090%
中值	-0.255%	-0.173%	-0.252%	-0.153%	0.007%	-0.196%	-0.467%	-0.285%	-0.269%	-0.281%
最大值	7.159%	6.829%	4.756%	8.800%	6.387%	12.811%	9.575%	6.630%	8.899%	11.052%
最小值	-6.139%	-4.693%	-4.118%	-5.068%	-4.976%	-8.727%	-11.337%	-5.979%	-8.577%	-6.483%
标准差	2.055%	1.929%	1.578%	1.888%	1.891%	2.829%	2.991%	2.222%	2.852%	2.556%
t值	-0.493	-1.073	-0.656	-0.062	-0.167	-1.070	-1.352	-1.374	-1.111	-0.442
p值	0.623	0.285	0.513	0.951	0.868	0.286	0.178	0.171	0.268	0.659
样本数	151	153	152	152	155	158	158	158	158	158
新晋级组										
均值	-0.080%	0.018%	-0.056%	0.047%	-0.035%	-0.060%	-0.113%	-0.036%	0.008%	-0.009%
中值	-0.301%	-0.094%	-0.245%	-0.153%	-0.031%	0.024%	-0.387%	-0.241%	-0.165%	-0.240%
最大值	6.417%	6.394%	4.756%	8.800%	6.387%	12.811%	9.575%	6.630%	8.773%	11.052%

续表

最小值	-5.640%	-4.693%	-4.118%	-5.068%	-4.976%	-7.452%	-11.337%	-5.979%	-8.577%	-6.483%
标准差	1.995%	1.775%	1.637%	1.868%	1.760%	2.663%	2.898%	2.048%	2.659%	2.486%
t 值	-0.410	0.102	-0.345	0.253	-0.203	-0.235	-0.406	-0.183	0.031	-0.037
p 值	0.683	0.919	0.731	0.801	0.839	0.815	0.685	0.855	0.975	0.970
样本数	104	103	103	102	106	108	108	108	108	108

新晋级组总体上也呈现了类似的特征，但相对来说，新晋级组比全体优秀组的市场反应更为强势。其中在公告前 1 日、后 1 日的平均异常收益及（-1，+1）内的平均累积异常收益为正，但并不显著；同时，新晋级组的其他异常收益、累积异常收益较全体优秀组高，如图 7.1 所示。这在一定程度上说明，市场对新晋级的信息披露“优秀”公司给予了更为正面的反应。

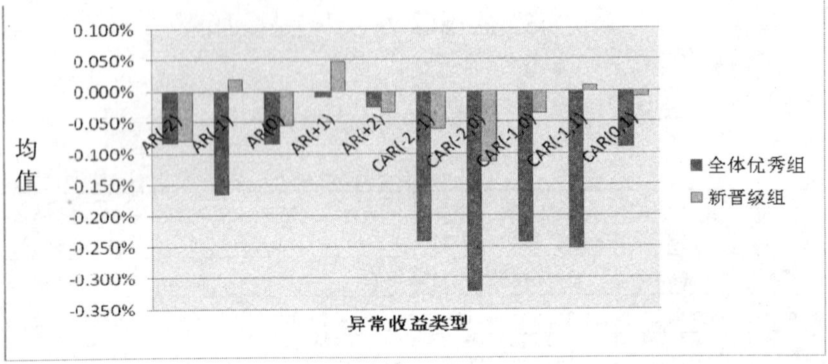

图 7.1　2002～2007 年全体优秀组与新晋级组比较

（二）年度分析

为了考察市场对信息披露考评公告反应的年度间差异，本章分年度计算了异常收益与累积异常收益的均值，并进行了 T 检验。从表 7.3 可以看出，在 2002～2006 年度，针对获得优秀等级和新晋级的上市公司，市场未给予明显的正的反应；在某些年份，个别日期还出现了显著的负异常回报，虽然数值很小，但至少能够说明，在此期间市场对信息披露公告的反应是相当微弱的。

表 7.3 各年度异常收益与 T 检验

	2002 年度	2003 年度		2004 年度		2005 年度	
	优秀组	优秀组	新进入组	优秀组	新进入组	优秀组	新进入组
$\overline{AR}$ (-2)	0.069%	0.051%	0.206%	-0.080%	0.213%	-0.469%	-0.802%
$\overline{AR}$ (-1)	0.069%	-0.676%**	-0.250%	-0.078%	-0.055%	0.163%	0.022%
$\overline{AR}$ (0)	0.053%	-0.183%	0.234%	-0.447%*	-0.325%	-0.038%	-0.096%
$\overline{AR}$ (+1)	-0.041%	-0.036%	-0.070%	-0.028%	0.122%	0.355%	0.946%
$\overline{AR}$ (+2)	0.143%	0.117%	0.052%	0.131%	-0.378%*	-0.646%*	-0.467%
$\overline{CAR}$ (-2,-1)	0.173%	-0.608%	-0.042%	-0.151%	0.140%	-0.290%	-0.782%
$\overline{CAR}$ (-2,0)	0.224%	-0.781%*	0.179%	-0.563%*	-0.159%	-0.328%	-0.878%
$\overline{CAR}$ (-1,0)	0.158%	-0.830%**	-0.015%	-0.490%	-0.354%	0.117%	-0.076%
$\overline{CAR}$ (-1,1)	0.121%	-0.866%	-0.085%	-0.517%	-0.232%	0.437%	0.735%
$\overline{CAR}$ (0,1)	0.013%	-0.208%	0.150%	-0.439%	-0.176%	0.282%	0.715%
	2006 年度			2007 年度			
	优秀组	新进入组	不及格组	优秀组	新进入组	不及格组	
$\overline{AR}$ (-2)	0.663%	0.585%	0.872%	-0.955%	-0.884%	-1.581%*	
$\overline{AR}$ (-1)	-1.051%	-1.291%**	0.304%	0.668%	1.360%**	0.495%	
$\overline{AR}$ (0)	0.036%	-0.283%	0.512%	0.094%	-0.179%	-0.784%*	
$\overline{AR}$ (+1)	-0.101%	-0.072%	-0.151%	-0.124%	-0.305%	-0.954%*	

续表

	2006 年度			2007 年度		
	优秀组	新进入组	不及格组	优秀组	新进入组	不及格组
$\overline{AR}$ (+2)	0.297%	0.274%	-0.464%	-0.474%	-0.185%	0.153%
$\overline{CAR}$ (-2,-1)	-0.388%	-0.706%	1.176%	-0.241%	0.476%	-1.086%
$\overline{CAR}$ (-2,0)	-0.352%	-0.969%**	1.688%	-0.148%	0.297%	-1.870%**
$\overline{CAR}$ (-1,0)	-1.014%	-1.554%***	0.816%	0.762%	1.180%*	-0.289%
$\overline{CAR}$ (-1,1)	-1.110%	-1.621%	0.665%	0.638%	0.876%	-1.243%*
$\overline{CAR}$ (0,1)	-0.059%	-0.330%	0.361%	-0.030%	-0.484%	-1.738%**

注:*表示在 10%水平上显著,**表示在 5%水平上显著,***表示在 1%水平上显著。

2007 年度，新晋级优秀公司在公告发布前一天有明显的正的异常收益，且数额较大，另外，从公告前一天到公告当天的累积异常收益也显著为正；同时，2007 年度信息披露等级为不及格的公司，在公告披露的前 2 天、当天和随后 1 天都出现了显著的负的异常收益，并且其多个区间内的累积异常收益也显著为负，如图 7.2 所示。市场对 2007 年度“优秀”与“不及格”公司的差别反应，说明市场开始针对信息披露考评的等级类型作出理性反应。

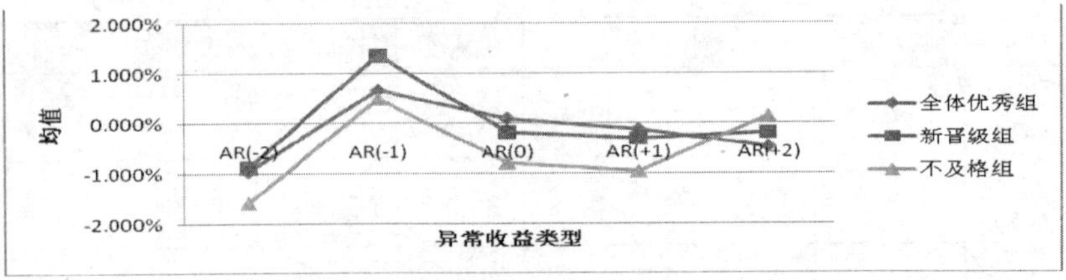

图 7.2　2007 年度各组异常收益比较

(三)公告内容变化的市场效应

从 2006 年度开始，深交所信息披露考评公告在内容上发生了变化，在原来公布“优秀”公司的基础上，增加“不及格”公司名单。这两类公司作为信息披露水平的两端，同时披露无疑能够更容易引起投资者的重视，引导投资者规避信息风险；同时，这一变化，使得我们可以直接比较市场对不同信息披露等级公司的反应是否存在差异。

表 7.4 2006～2007 年度各组异常收益与 T 检验

	全体优秀组	新晋级组	不及格组
$\overline{AR}$(-2)	-0.146%	-0.175%	-0.466%
$\overline{AR}$(-1)	-0.170%	0.080%	0.408%
$\overline{AR}$(0)	0.066%	-0.228%	-0.195%
$\overline{AR}$(+1)	-0.113%	-0.197%	-0.589%*
$\overline{AR}$(+2)	-0.098%	0.036%	-0.093%
$\overline{CAR}$(-2,-1)	-0.313%	-0.095%	-0.058%
$\overline{CAR}$(-2,0)	-0.247%	-0.315%	-0.253%
$\overline{CAR}$(-1,0)	-0.105%	-0.140%	0.214%
$\overline{CAR}$(-1,1)	-0.215%	-0.329%	-0.376%
$\overline{CAR}$(0,1)	-0.045%	-0.409%	-0.784%

注:*表示在 10%水平上显著,**表示在 5%水平上显著,***表示在 1%水平上显著。

从表 7.4 可以看出，从 2006、2007 两个年度总体来看，不及格公司在公告后 1 天有显著的负的异常收益，说明市场对公告增加公布的“不及格”公司作出了相应的反应；而且，如图 7.2 所示，在公告发布后，优秀组与新晋级组的异常收益要高于不及格组，但并未通过显著性检验；分年度来看，结合表 7.3 相关数据，可以发现，2006 年度区别不显著；2007 年度在优秀组与不及格组、新晋级组与不及格组之间有明显的市场反应差异，且不及格组在多个异常收益指标上显著为负，新晋级组在多个异常收益指标上显著为正。这表明，将信息披露“优秀”与“不及格”公司在考评公告中同时公布，能较好地引导投资者决策，提醒投资者将信息披露质量因素纳入到其投资决策中来，基本实现了监管者的预期目的。

（四）2008 年度公告的市场效应

由于 2008 年度的信息披露考评是依据修订后的《考核办法》作出的，并且首次将当年度的年报披露纳入考核范围，考核的基础和模式发生了重大变化，因此有必要对其市场效应加以单独考察。表 7.5 是 2008 年度的各组异常收益均值与 T 检验结果。

表 7.5 2008 年度各组异常收益与 T 检验

	全体优秀组	新晋级组	不及格组
$\overline{AR}$（-2）	-0.35%	-0.39%	1.46%
$\overline{AR}$（-1）	-0.59%*	-0.80%*	-0.23%
$\overline{AR}$（0）	-0.04%	-0.31%	-0.37%
$\overline{AR}$（+1）	-0.31%	-0.48%	0.16%
$\overline{AR}$（+2）	-0.31%	-0.35%	-0.91%

注:*表示在 10%水平上显著,**表示在 5%水平上显著,***表示在 1%水平上显著。

从表 7.5 可以看出，市场对 2008 年度公告的反应不显著，并且对优秀组与晋级组公司来讲，并未出现预期的正异常收益。我们认为，之所以出现这种结果，有可能是由于以下原因造成的：（1）新的公告日期模式。在 2002～2007 年度，考评公告都在每年的三四月份发布，而 2008 年度公告是在 2009 年的 6 月中旬才予以公告的。在信息量巨大的资本市场中，发布日期模式发生变化的考评公告很容易被“淹没”。（2）公告的决策有用性下降。在 2002～2007 年度，考评公告的发布正值年报的密集披露期，当投资者由公告获知考评结果后，会根据上市公司的信息披露等级合理预期其年度报告质量，这必然会对其投资行为产生影响；而 2008 年度考评首次将 2008 年报纳入了考核范围，并于 6 月中旬才予以公告，距上市公司年报披露全部完成已有相当长的间隔，年报信息有足够的时间被市场“吸收”，这必然会导致考评公告的信息含量降低，公告的决策有用性在一定程度上被削弱了。

五、本章结论及政策建议

（一）基本结论与解释

根据本章的实证研究结果，得到以下结论：

结论 1：通过考察各年度情况，发现市场对信息披露考评公告的反应渐趋理性，逐渐能够根据不同信息披露等级作出差别反应；这说明中国的证券市场正在逐步走向理性，财务报告质量的信息含量逐渐被市场所认可。

结论 2：自 2006 年度开始的信息披露公告内容变化，有助于引导投资者根据信息披露质量选择投资对象，实现了预期效果。

市场对信息披露考评公告的反应，是与我国证券市场的发展进程息息相关的。从 2001 年开始，我国证券市场步入持续四年的调整阶段，股票指数大幅下挫，市场交投清淡。此后，通过完善各项基础性制度，提高上市公司质量，大力发展机构投资者，倡导价值投资理念等一系列改革，我国证券市场在 2006 年出现转折性变化，投资者信心得到恢复，价值投资理念初步形成，证券市场基础性法规得到完善，投资者保护程度不断加强。①

在这个过程中，信息披露受到重视的程度明显提高，信息披露成为各方关注的焦点。上市公司普遍建立起信息披露制度，投资者更加重视投资决策中信息的作用，监管机构对信息披露违规的处罚力度也在不断加大，2007 年证监会和沪深交易所共处罚信息披露违规行为 124 起，②这些变化为市场对信息披露公告的理性反应提供了基础。另一方面，深交所考评机制本身也有一个被市场接受的过程，随着时间推移，由最初知之不多，到逐渐得到投资者的认可，开始将其纳入到投资定价决策的影响因素中，同时也说明深交所实行的考评机制初见

① 中国证券监督管理委员会. 中国资本市场发展报告. 中国金融出版社，2008

② 深圳证券交易所综合研究所. 2007 年证券市场主体违法违规情况报告. 深证综研字第 0165 号，2008 年 06 月 02 日

成效，有必要坚持并应予以完善，使这种考评机制成为促进证券市场健康平稳发展的保证措施之一。

结论 3：相较于全体优秀公司来说，市场对新晋级的优秀公司给予更为强势的反应，这是不同类型公司的公告所具有的边际信息含量不同造成的结果。

对新晋级优秀级别的公司来说，“晋级”向证券市场传达了如下的信号：这些公司当期的财务报告质量较前有明显的提高和改进，证券市场接收了这个信号并对其作出了积极的价格反应。而对保持优秀评级的公司来说，其财务报告的质量“维持”在原有的质量水平，并没有向证券市场传达新的信息或信号，因此证券市场也相应地“维持”在原有的定价水平。由此可以看出，财务报告的质量在证券市场上有一定的信息含量，同时也说明深交所该项措施对于证券市场的健康运行产生了有效的促进作用。

（二）制约因素与政策建议

在研究过程中，发现以下可能制约深交所信息披露考评机制的因素：

第一，深交所给出的考评结果是比较笼统的，公众很难清楚其作出结论的依据是什么，整个考评过程透明程度较低，这在相当程度上影响了考评结果的可理解性和公信力。深交所应对考评的过程和内容予以细化，方便公众更好地理解考评结果。

第二，研究过程中发现一个值得注意的现象，有的公司持续数年在信息披露考评中都是“不及格”，而公司仍在正常经营、交易，无人对此承担具体责任。这从一个侧面说明信息披露考评的处罚力度偏弱，上市公司缺乏积极改善的动力，这必然会影响到信息披露考评机制作用的发挥。深交所应依据相关法规，加大惩戒力度，以有效利用这一考评机制，督促上市公司提高信息披露质量。

第八章　中国上市公司财务报告透明度的计量与评价——基于透明度评价体系的检验

当前我国上市公司财务报告透明度的现状如何？有哪些因素制约了透明度水平？为了深入研究这方面的问题，本章将依托上文所述的财务报告透明度评价体系，对我国上市公司的财务报告透明度水平做一全面的考察。

第五章介绍财务报告透明度评价体系时已经说明，多数评价项目需要通过手工查阅上市公司的信息披露文件才能获得。受制于人力、物力所限，本章无法对全部上市公司同时展开研究，只能选择部分上市公司作为研究样本；与此同时，考虑到不同的行业特点将会给上市公司的信息披露行为带来多方面的影响，为了控制行业因素对透明度评价所造成的影响，而又尽可能地保留较多的样本量，以提高研究结论的说服力和可靠性，本章将选择当前我国上市公司数量最多的行业作为样本选择范围。

按照中国证监会颁布的《上市公司行业分类办法》，通过查询深交所、上交所在其网站上发布的上市公司行业分类表，目前我国上市公司数量最多的行业为机械、设备、仪表制造业（行业代码为 C7）。本章将通过分析这一行业的上市公司在财务报告透明度形成各环节上的状态，获得对我国上市公司财务报告透明度现状的大致认识。

经查询深交所和上交所的上市公司行业分类表，截止到 2008 年 6 月底，深交所和上交所共有 186 家上市公司处于机械、设备、仪表制造业（行业代码 C7），这其中包括同时在海外发行的上市公司和同时发行 A、B 股的上市公司，考虑到与其他公司相比，这两类公司的信息披露和公司治理有着特殊的规范要求，故将同时发行 A、B 股的上市公司和同时在海外发行的上市公司删去；同时，若上市公司发生重大资产重组，则往往伴随着上市公司主营业务的重大变化，导致其行业归属发生变动，因此，本章将近两年内发生重大资产重组或者正在进行资产重组的上市公司予以剔除。最终，共取得样本公司 156 家，其中深交所上市公司 55 家，上交所上市公司 101 家。

本章以 2008 年度为时间范围，将对样本公司这一期间的财务报告透明度作出评价；根据评价项目数据类型的不同，数据来源有所差别，其中，违规数据来源于 CSMAR 上市公司违规数据库；有关网站数据为作者手工收集整理；其余所需原始数据均来源于 WIND 数据库，并经作者手工整理后取得相应的评价结果。

一、评价过程说明

对机械、设备、仪表制造业上市公司财务报告中各具体项目评价过程说明如下。

（一）对公司治理特征的评价

第一，董事会中独立董事比例是否较高。对这一项目的评价，是通过查阅上市公司年度报告，取得其独立董事在董事会全部成员中的比例，并与全体样本公司均值相比较而得出的。经本章统计，在全部样本公司中，独立董事在董事会中的比例平均为 35%，以此为标准，如果某上市公司独立董事的比例高于这一平均值，则认为其有着较高的独立董事比例，该项目得 1 分；否则，认定其独立董事比例较低，该项目得 0 分。统计结果表明，在全部 156 家样本公司中，有 62 家上市公司独立董事比例超过此平均值，占全部样本的近 40%。

第二，前 10 大股东中是否有专业机构投资者。本章所指的专业机构投资者是指以基金为代表的各类在资本市场中专业从事股票投资活动的机构。通过查询样本公司年度报告中的前 10 大流通股东和前 10 大股东栏，可以判定某上市公司在当期是否吸引了专业机构投资者的参与。统计结果表明，在机械、设备、仪表制造业（行业代码 C7）中，有 65%的上市公司吸引了各类专业机构投资者的投资。

第三，董事长与总经理是否不为两职合一。通过比对上市公司年报中对高级管理人员的介绍，以确定某上市公司是否存在董事长与总经理两个关键职位由一人担任的情况。结果发现，有近 90%的上市公司实现了董事长与总经理两个职务的分离，为公司治理机制的有效运作提供了条件。

第四，是否明确说明公司治理结构与有关规范不存在差异或明确差异的情况。由于我国证券市场具有“新兴+转轨”的特点，所以近年来，我国证券监管机构对公司治理的规范变动较为频繁，且多为细节性的要求，难以完全认定样本公司在所有公司治理方面是否均符合有关规范。对这一项目的评价是按照以下标准进行的：研读公司年报中“公司治理结构”章节，如果上市公司明确说明其现有公司治理结构符合相关要求，则意味着该上市公司在公司治理的规范程度上有较高保障，如三一重工（600031）在其年报中明确说明“公司治理的实际情况与中国证监会发布的有关上市公司治理的规范性文件不存在差异”，或虽与有关公司治理规范存在差异，但上市公司详细说明了形成差异的原因、此差异对公司产生的影响及采取的具体整改措施等，这能够帮助投资者合理评估差异所带来的可能影响，则该项目可得 1 分；若样本公司没有以上类似说明，则该项目得 0 分。

（二）对关键财务信息的评价

第一，是否对大额投资收益、营业外收入（支出）金额作出合理解释。如华立科技（600097）在其报表附注中对营业外收入作出了如下特别解释，“营业外收入本年度比上年度减少 47.83%，主要系本期增值税返还减少所致”，并在随后详细列支了各项营业外收入的金额；针对投资收益情况，则作出了如下说明，“投资收益本年度比上年度增加，主要系本期转让杭州天泽实业有限公司及浙江华立电子技术有限公司股权所致”，并附以图表形式列出了上述事项影响的具体金额。因此，该项目可得 1 分；如果没有类似安排和说明，则该项目得 0 分。

第二，是否披露未到期担保合同承担连带清偿责任的可能性。如冠城大通（600067）在其年报中的“重要事项”章节，单独说明了其现有未到期担保合同的担保对象、发生日期、担保金额、担保类型、担保期限以及是否为关联方担保，并以表格附注的形式详细说明每笔担保的发生背景等信息，为投资者合理判断担保责任发生的可能性提供了良好的信息基础，则该项目可得 1 分；如没有类似安排，则该项目得 0 分。

第三，是否披露所制造的产品或提供服务的详细情况。如凤凰光学（600071）在其年报中以表格的形式详细说明了公司各项主营业务及产品线的营业收入、营业成本、营业利润率及与上一年度相比的增长情况，并在表格附注中对相应的原因做了说明，实现了定量化披露，则该项目可得 2 分；冠城大通（600067）则仅说明了该上市公司的总营业收入及利润为多少，没有分行业、分产品来说明具体经营情况，只做到了定性披露，则该项目可得 1 分；如果没有披露相关产品或服务的具体情况，则该项目得 0 分。

第四，是否披露投资项目的名称、进度和效益情况。如凤凰光学（600071）在其年报中以表格形式详细列举了下属各主要控股子公司的名称、业务性质、主要产品或服务介绍、注册资本、出资比例、总资产、净资产和净利润，同时在表格附注中定量说明了各控股子公司的销售收入和主营业务利润水平，实现了定量披露，则该项目得 2 分；万东医疗（600055）则仅以文字形式简要描述其主要控股公司的名称及业务情况，只列示了各公司的总资产和净利润数额，不利于投资者判断各控股公司发展前景及对上市公司的影响，则此项目得 1 分；若上市公司没有介绍投资项目情况，则该项目得 0 分。

（三）对管理层讨论与分析的评价

第一，是否披露高层管理人员对公司运营的检讨。如凤凰光学（600071）从公司所处产业环境分析入手，深入剖析了公司所面临的发展形势，分别从企业实现绩效、产业转型进展、产品结构优化成效以及公司当前面临的问题等诸多方面对公司经营进行了细致的检讨，且配以相关重要数据，向投资者传递了详实信息，则该项目可得 2 分；万东医疗（600055）则仅从总体上对上一年度的经营情况进行了简要概括，没有深入分析，相关原因解释得比较模糊，投资者所能接受的信息量被限制在较低水平，则该项目可得 1 分；若上市公司没有披露管理层对公司运营的检讨，则该项目得 0 分。

第二，是否披露前瞻性信息或下期经营计划。如中船重工（600072）首先分析了公司在下一年度面临的主要机遇和风险，结合公司的战略规划，披露了公司的下期经营计划，包括工作思路介绍、主要经济指标、销售收入中的产品结构及利润结构、主要战略工作及对公司的影响等，则此项目可得 2 分；三一重工（600031）在这一项目上，则只简单罗列了下一年度的 10 项主要工作，并且全部是定性的概括性描述，没有相关的数据加以配合，使得投资者对其下期经营所知不多，则该项目可得 1 分；如果没有披露相关内容，则该项目得 0 分。

第三，是否披露对公司现金流的描述与分析。如宇通客车（600066）以表格形式列示了其年度内公司销售产品、提供服务、投资活动和融资活动等各项业务引起的现金流变动情况，包括增长金额和增长比率等，并以表格附注的形式说明了引起现金流变动的原因，则该项目得 2 分；万东医疗（600055）则仅以五行文字的篇幅大致描述了现金流变动的方向（增或减），没有披露具体金额，并且未对变动原因作出相应解释，则该项目只得 1 分；若样本公司没有相关披露，则该项目得 0 分。

第四，是否披露下期资金需求及使用计划。如凤凰光学（600071）分别就下一年度的主要资金需求方向、主要项目资金需求数量、预计资金来源构成及比例等各方面作出了详细的说明，则该项目得 2 分；万东医疗（600055）则只用很短的篇幅简单地说明了公司下一年度的资金筹措原则，没有披露具体金额及使用方向，则该项目得 1 分；中船重工（600072）则完全没有提及下期公司的资金需求及使用计划，则该项目得 0 分。

第五，是否披露整体经济环境及公司所处行业的发展趋势。如三一重工（600031）在其年报中系统分析了整体经济环境对公司及所处行业的影响及相应的发展趋势，并分别就公司主要的产品线作出了具体说明，则该项目得 1 分；中船重工（600072）则没有介绍和分析下一年度整体经济环境的可能变化及对公司的相应影响，则该项目得 0 分。

第六，是否披露对公司风险的分析。如凤凰光学（600071）在年报中专门用一小节的篇幅说明公司在下一年度可能面临的风险，并将其分为技术变革及产业升级风险、产品降价及经营成本上升风险、汇率风险，随后相应提出了公司应对以上风险的有关措施，则该项目得 1 分；哈飞股份（600038）则完全没有对此问题作出任何说明，则该项目得 0 分。

（四）对监管记录与审计意见的评价

第一，近两年内是否未曾被行政处罚或因交易所年报审核而出具更正或补充公告。如航天机电（600151）于 2008 年 9 月 23 日因其 2007 年报存在需要更正的事项（对会计准则理解有误导致追溯调整错误）而发布了相应的更正公告，则该项目得 0 分；判断是否受到过证监会或交易所的行政处罚则依据 CSMAR 数据库中的中国上市公司违规数据库，并区别违规事件类型而作出的。在评价过程中，剔除了因其他类型的违规事项而受处罚的记录，专注于与信息披露有关的违规事项，如会计造假、隐瞒重大事项等。若数据库中有相关公司的违规记录，则该项目得 0 分，如 ST 威达科技（000603）2008 年 3 月 14 日公告，因涉嫌披露虚假信息，公司收到中国证券监督管理委员会调查通知书（编号：稽查总队调查通字 003 号），则该项目得 0 分；如不存在以上任一情形，则该项目得 1 分。

第二，是否为标准审计意见。若上市公司年报得到了标准无保留的审计意见，则该项目得 1 分，否则为 0 分。如东安动力（600178）2007 年度报告经中瑞岳华会计师事务所审计，为其出具了带强调事项的无保留审计意见，则该项目得 0 分。

第三，中期报告是否自愿接受外部审计。当前，我国证券监管部门对上市公司的中期报告是否需要接受外部审计还没有作出强制性的规定，属于自愿审计范畴。如福田汽车（600166），其2008年半年度报告自愿接受外部审计，并由北京京都会计师事务所为其出具了无保留意见的审计报告，则该项目得1分；否则，该项目得0分。

（五）对报告时滞与业绩预告

第一，公司年度报告是否于年度结束后3个月内完成披露。如林海股份（600099）于2008年2月26日披露了其2007年度报告，则该项目得1分；三一重工（600031）于2008年4月22日披露了其2007年度报告，则该项目得0分。

第二，公司半年度报告是否于8月中旬之前完成披露。如特变电工（600089）于2008年7月25日披露了其2008年半年度报告，则该项目得1分；长征电气（600112）于2008年8月23日披露了其2008年半年度报告，则该项目得0分。

第三，年内定期报告是否未曾延期披露。此处的延期披露是指实际披露日期相对于上市公司向交易所申报的预约披露日期而言的，如三环股份（000883）向交易所申报的2007年度报告预约披露日期为2008年4月11日，实际披露日期与此相同，则该项目得1分；江淮动力（000816）向交易所申报的2007年年度报告预约披露日期为2008年3月29日，但实际披露日期为2008年3月31日，即发生了延期披露，则该项目得0分。

第四，是否定期披露主要业务运营数据。如福田汽车（600166）在整个2008年度，定期在下一月的中旬披露上一月的主要业务运营数据，内容包括各类型产品的销售情况、销售增长率等，则该项目得1分；若没有相关披露，则该项目得0分。

第五，业绩预告是否未曾发生更正。业绩预告对于投资者尽早了解企业主要财务信息有着重要帮助，但频繁更改的预告数据不但会给投资者带来干扰，而且可能误导投资者决策。如华意压缩（000404）于2007年10月24日发布预亏公告，预计2007年度将亏损2300万元左右，此后又于2008年1月21日发布业绩预告修正公告，调整了对2007年度的业绩预计，并且由亏损调整为盈利，也就是发生了预告业绩“变脸”，影响了投资者的合理预期，因此该项目得0分；若上市公司的业绩预告没有发生更正现象，则该项目得1分。

第六，是否发布业绩快报。业绩快报当前在我国还属于自愿性披露的范畴，如航天机电（600151）于2008年2月16日发布了其2007年度的业绩快报，而其正式的2007年报则于2008年3月11日对外披露，业绩预告有效提高了信息的及时程度，则该项目可得1分；若上市公司没有发布业绩快报，则该项目得0分。

（六）对网络传播能力的评价

第一，公司是否建有企业网站。通过查询上市公司年报中的“公司基本情况简介”章节，获得公司互联网网址信息，然后在1个月内分两次登录相应网址，如果均能够顺利登录，则表明上市公司建有网站并能够保持正常运营，则该项目得1分；否则得0分。

第二，是否将公开信息公布于网站。公开信息是指上市公司针对投资者所发布的各项信息披露公告，将公开信息的电子版置放于公司网站，有利于投资者便捷地获取有关信息，如中船股份（600072）在公司网站（http://www.jnhi.com）上提供了对外披露的所有公告电子版，以供以查询，则该项目得1分；东风科技（600081）虽建有公司网站（http://www.detc.com.cn），但主要用于开展电子商务及企业形象展示，而没有将对外披露的各类公告放置其上，则该项目得0分。

第三，数据是否及时更新。这一项目的判断标准是比较上市公司已公告的最新定期报告是否在其网站上及时进行了披露。如万东医疗（600055）在公司网站（http://www.wandong.com.cn）中的投资者关系模块下设有“信息披露”专栏，分为“定期报告、中期报告、临时公告”三类，并且做到了及时更新，则该项目得1分；一汽富维（600742）虽建有公司网站（http://www.fawsh.com.cn）并专设“公司公告”栏目，但其最后更新的公告定格在2006年度的中期报告，以后未曾更新，则该项目得0分。

第四，是否提供在线分析功能。在线分析功能是指上市公司在其网站上通过设置相关栏目，提供该公司历史信息或行业数据，以方便投资者查询、比较，如宇通客车（600066）在其公司网站（http://www.yutong.com）中的投资者关系模块下设有“历年分红”专栏，提供了公司历年来的净利润、可分配利润、派现额、派现率，以供投资者比较，则该项目得 1 分；没有提供类似功能，则该项目得 0 分。

（七）对易读性与反馈的评价

第一，是否广泛采用释义、图表等形式对重要术语、重要信息予以解释和强调。如宗申动力（001696）在其 2007 年度报告中，首先就对年报中出现的各重要术语作出了专门的释义，在整个年报中，大量采用了图表的形式，且图表中的标题、合计数等以加粗、加黑字体予以强调，视觉上更易引起投资者关注，增强了报告的易读性，则该项目得 1 分；如果上市公司的财务报告没有以上类似安排，则该项目得 0 分。

第二，公司网站上是否设有投资者提问专栏。如特变电工（600089）在其公司网站（http://www.tbea.com.cn）上不但设有投资者关系模块，并且在该模块下设有“投资者问答”专栏，投资者可以在线提出问题，由公司负责解答。从其公开的投资者问答记录来看，其回答非常及时，起到了与投资者双向互动交流的目的，因此，该项目得 1 分；如果某上市公司没有类似安排，则该项目得 0 分。

二、上市公司财务报告透明度现状的分项分析

按照上述的评判标准，本章对我国 2008 年度的机械、设备、仪表制造业（行业代码 C7）上市公司财务报告透明度各环节的具体情况做了考察，表 8.1 是其得分情况汇总与结构化比率分析。

制造业是我国国民经济的支柱产业，也是我国上市公司中数量最多的代表性行业，通过观察这一行业上市公司财务报告透明度状况，可以从一个侧面反映出我国上市公司总体的财务报告透明度现状，有助于明确当前制约上市公司财务报告透明度水平的各项因素。

表 8.1 机械、设备、仪表制造业上市公司的财务报告透明度

考察内容	项目	状态	公司数量	所占比例
公司治理特征	董事会中独董比例是否较高	是	62	39.74%
		否	94	60.26%
	前 10 大股东中是否有专业机构投资者	是	102	65.38%
		否	54	34.62%
	董事长与总经理是否不为两职合一	是	138	88.46%
		否	18	11.54%
	是否明确说明治理结构与有关规范不存在差异或明确差异情况	是	77	49.36%
		否	79	50.64%
关键财务信息	是否对大额投资收益、营业外收入（支出）金额作出合理解释	是	98	62.82%
		否	58	37.18%
	是否披露未到期担保合同承担连带清偿责任的可能性	是	51	32.69%
		否	105	67.31%
	是否披露所制造的产品或提供服务的详细情况	未披露	8	5.13%
		定性披露	116	74.36%
		定量披露	32	20.51%
	是否披露投资项目的名称、进度和效益情况	未披露	17	10.90%
		定性披露	98	62.82%
		定量披露	41	26.28%
管理层讨论与分析	是否披露高层管理人员对公司运营的检讨	未披露	0	0.00%
		定性披露	95	60.90%
		定量披露	61	39.10%
	是否披露前瞻性信息或下期经营计划	未披露	11	7.05%
		定性披露	87	55.77%
		定量披露	58	37.18%
	是否披露对公司现金流的描述与分析	未披露	35	22.44%
		定性披露	85	54.49%
		定量披露	36	23.08%
	是否披露下期资金需求及使用计划	未披露	97	62.18%
		定性披露	23	14.74%
		定量披露	36	23.08%
	是否披露总体经济环境及公司所属行业的发展趋势	是	132	84.62%
		否	24	15.38%
	是否披露对公司风险的分析	是	104	66.67%
		否	52	33.33%

考察内容	项目	状态	公司数量	所占比例
监管记录与审计意见	近两年内是否未曾被证监会、交易所行政处罚或因年报事后审核而出具更正或补充公告	是	135	86.54%
		否	21	13.46%
	是否为标准审计意见	是	153	98.08%
		否	3	1.92%
	中期报告是否自愿接受外部审计	是	8	5.13%
		否	148	94.87%
报告时滞与业绩预告	公司年度报告是否于年度结束后3个月内完成披露	是	82	52.56%
		否	74	47.44%
	公司半年度报告是否于8月中旬（11日之后）之前完成披露	是	47	30.13%
		否	109	69.87%
	年内定期报告是否未曾延迟披露	是	152	97.44%
		否	4	2.56%
	是否定期披露主要业务运营数据	是	4	2.56%
		否	152	97.44%
	业绩预告是否未曾发生更正	是	150	96.15%
		否	6	3.85%
	是否发布业绩快报	是	18	11.54%
		否	138	88.46%
网络传播能力	公司是否建有企业网站	是	124	79.49%
		否	32	20.51%
	是否将公开信息公布于网站	是	98	62.82%
		否	58	37.18%
	数据是否及时更新	是	75	48.08%
		否	81	51.92%
	是否提供在线分析功能	是	36	23.08%
		否	120	76.92%
易读性与反馈	是否广泛采用释义图表等对重要术语、重要信息予以解释和强调	是	72	46.15%
		否	84	53.85%
	网站上是否设有投资者提问专栏	是	44	28.21%
		否	112	71.79%

从表 8.1 显示的描述性统计数据可以看出，当前我国上市公司财务报告透明度各环节的具体状态有以下几个特点：

（一）及时性比较欠缺

如从定期披露主要业务运营数据这一项目来看，作为投资者及时了解公司运营情况的有价值渠道，只有 4 家上市公司能够定期提供主要运营业务数据，占比不到 3%，且全部为汽车制造企业（但并不是全部汽车制造企业都定期披露主要业务数据），这说明虽然这一评价项目有显明的行业特点，但整体实施水平仍然不高，其他行业更是如此；在业绩快报这一评价项目上，只有 18 家公司发布了年报或半年报的业绩快报，占比 11.54%。我们认为，这一比例较低和我国当前对于业绩快报的规定有关，因为根据有关法规，业绩快报目前只是限于“可以”和“鼓励”，没有作为硬性规定，而且如果实际业绩与快报业绩偏差超过 10%，上市公司董事会还需要对此作出专项说明，超过 20%还要以公告形式向投资者致歉，这自然限制了上市公司管理当局可能的业绩快报发布行为；同时，能在 3 月底前披露年报的比例只有 52%、能在 8 月中旬以前披露半年报的比例只有 30%，由此可以发现，我国上市公司披露定期财务报告的时滞普遍较长。总的来看，我国上市公司财务报告的及时性不足，这必然会对投资者使用财务报告带来不利影响。

（二）网络在财务报告传播中的作用比较有限

从表 8.1 可以看出，虽然有近 80%的上市公司建设了企业网站，但其中只有近 80%的上市公司在网站上提供了公开信息，这意味着其余超过 20%的上市公司并没有将投资者作为企业网站可能的沟通对象，而只是纯粹出于其他目的建设了企业网站，如开展电子商务的需要；与此同时，在建有网站并提供公开信息的上市公司中，只有 76%的上市公司能够做到及时更新公开信息，而不是只将其作为“摆设”；在建有网站的上市公司中，只有不到 30%的公司提供了在线分析功能，以方便投资者查询、决策。从以上方面可以看出，我国上市公司财务报告在网络传播能力上还有着很大的提升空间。

（三）财务报告内容有进一步充实性的空间

由表 8.1 可以看出，只有 20%的上市公司能够深入披露其所提供商品或服务的详细情况；仅有 23%的上市公司深入披露了报告年度的现金流情况和下一年度的资金需求及使用计划；同时，只有 27%的上市公司详细报告了其主要投资项目的进度和效益情况；只有不到 40%的上市公司在年报中详细分析了其上一年度的经营情况及下一年度的经营计划，而这些信息对投资者评估企业价值、作出理性的投资决策是非常关键的。这说明我国上市公司财务报告披露虽然形式上做到了符合相关法规的要求，合规性高，但从投资者信息需求的角度来看，内容不够充实，投资者实际获取有价值信息的能力是非常有限的。

（四）财务报告的易读性差，与投资者互动交流不足

由上表可以看出，仅有不到一半的上市公司对财务报告的格式作出了相应的安排以提高其易读性，而能在网站上与投资者开展互动交流的比例还不足 30%。作为完整信息传递过程的一个重要环节，如果财务报告晦涩难懂、缺乏反馈，必然限制其所能实现的信息传递效果。从样本公司较低的整体实施比例可以看出，这一问题在我国还没有引起相关各方的重视，需要监管部门和上市公司共同采取措施，尽快改善这一局面，才能切实提高财务报告的沟通效果。

三、上市公司财务报告透明度研究方法的综合评价

在第五章，我们通过分析财务报告透明度的形成过程，提出了财务报告透明度形成的 5 环节模型，并在此基础上构建了相应的评价体系。我们的研究表明，该模型能够刻画出财务报告透明度的形成机制，评价指标体系能够反映出上市公司在财务报告透明度上的差异。但是，这些因素对透明度的贡献能力是存在差异的，如何分配这些因素的权重，以及如何综合评价财务报告的透明度水平，还需要予以系统研究。只有采用严谨的定量方法将这些因素综合起来，才能准确地计量上市

公司的财务报告透明度水平。

我们认为，以上文所述财务报告透明度评价指标体系为基础，开展对上市公司财务报告透明度的定量评价，能在一定程度上对已有研究的不足有所改进。

（一）主成分分析法

为了全面、系统分析某些社会、经济问题，人们往往采用多指标综合评估技术，即多个相关的指标元素构成一个指标体系，根据各指标重要性的高低给各指标赋予不同的权数，通过加权计算，得出整个指标体系的数量化结果。但是，在应用这种方法时有两个问题值得注意：一是指标的选择，既要全面有用，又要相对集中；二是权数的确定，往往具有较大的主观性。

主成分分析法是解决上述问题的理想工具。主成分分析是一种实用的多元统计方法，其基本思想是对原变量进行线性组合从而得到新的综合变量（称为主成分），这些综合变量不仅保留了原始变量的绝大部分信息，而且彼此之间不相关，进而对这些主成分进行分析，剔除重叠信息，使问题得到最佳综合。具体来说，主成分分析法是通过计算各个指标在样本间的相对差距，以此作为指标选择依据，将各样本间具有相对较大差距的那些指标抽取出来，作为构建综合评估指标体系的元素，而将样本之间差距不大的那些指标加以剔除，从而构建综合评价函数：

$$F=\alpha 1f1+\alpha 2f2+\ldots+\alpha ifi+\ldots+\alpha mfm \quad (i=1, 2, \ldots m)$$

其中，αi 是综合因子 fi 的权数，它是根据 fi 的贡献率确定的，即 fi 的方差占全部总方差的比重。这样，既排除了主观因素的影响，又可以消除原始指标间相互重叠信息的影响，使得定量分析涉及的变量较少，而得到的信息量较多，从而能够抓住主要矛盾，并且最终的综合评价结果是唯一的、客观的。①

① 刘玉玫.经济全球化的量化研究.统计研究，2003（12）：13~18

（二）样本选择与计算过程

本章以自建的财务报告透明度评价体系为基础，利用主成分分析法，选择2007、2008两个年度，计算各样本公司在这两个年度的财务报告透明度主成分值，记为TF。之所以选择这两个年度，是因为我国上市公司自2007年开始实施新的会计准则，为了避免会计准则变动对后续相关研究的影响，故将时间范围限制在这两个年度；为了控制行业特征的影响，同时保证足够的样本量，如上文所述，本章选择沪、深两市的机械、设备、仪表制造业（C7）上市公司共156家；每家公司包含两个年度的数据，共有312个观察值。

数据来源与取得过程如上文所述。

按照主成分分析的基本过程，本章利用SPSS13.0统计软件，进行相应操作以求得各样本公司的财务报告透明度主成分值（TF）。具体过程如下：

1. 汇总各项考察内容得分

按照财务报告透明度评价体系中各评价项目的隶属关系，将具体评价项目得分进行汇总，得到各项考察内容的具体评分，各项考察内容得分的描述性统计如表8.2所示。

表8.2　各项考察内容得分的描述性统计

考察内容	N	最小值	最大值	均值	标准差	中值
公司治理特征	312	0	4	2.32	0.896	2
关键财务信息	312	0	8	3.27	1.199	3
管理层分析与讨论	312	1	10	5.56	2.307	5
报告时滞与业绩预告	312	1	5	2.88	0.863	3
行政监管与审计意见	312	0	3	1.90	0.516	2
网络传播能力	312	0	4	2.13	1.448	2
报告易读性与反馈	312	0	2	0.70	0.708	1

2. 各项考察内容的相关系数

对各项考察内容进行相关性检验，得到如下的相关系数矩阵，如

表 8.3 所示。

表 8.3 各项考察内容的相关系数矩阵

	公司治理特征	关键财务信息	管理层分析与讨论	报告时滞与业绩预告	行政监管与审计意见	网络传播能力	报告易读性与反馈
公司治理特征		0.269**	0.294**	0.127*	0.238**	0.150**	0.068
关键财务信息	0.259**		0.434**	0.176**	0.180**	0.279**	0.116*
管理层分析与讨论	0.289**	0.426**		0.153**	0.186**	0.193**	0.159**
报告时滞与业绩预告	0.132*	0.163**	0.155**		0.269**	0.105	0.016
行政监管与审计意见	0.234**	0.145*	0.164**	0.278**		0.113*	0.037
网络传播能力	0.151**	0.268**	0.211**	0.091	0.108		0.451**
报告易读性与反馈	0.058	0.110	0.159**	0.008	0.034	0.446**	

注：1. 上半角为 Pearson 相关系数，下半角为 Spearman 相关系数。

2. **、*分别代表在 1%和 5%的显著性水平上显著（双尾检验）。

从表 8.3 可以看出，7 项考察内容间的相关系数绝大多数都是显著正相关的，说明该评价体系有着较强的内部一致性；同时，也表明适合于采用主成分分析方法来对此加以研究。

较为正式的检验是否适合进行主成分分析的方法是采用 KMO 和 Bartlett's 半球性检验，表 8.4 是其检验值。

表 8.4　KMO and Bartlett's 检验

Kaiser-Meyer-Olkin Measure of Sampling Adequacy.		.665
Bartlett's Test of Sphericity	Approx. Chi-Square	258.425
	df	21
	Sig.	.000

KMO 检验是对抽样充足性的测度，检验测度项目之间的偏相关系数是否过小。KMO 值越接近 1，则越适合作主成分分析，KMO 值越小，则越不适合作主成分分析。一般来说，KMO 值在 0.6 以上便可接受。本例中 KMO 值为 0.665，说明可以进行主成分分析。

另一方面，Bartlett 半球形检验是对相关系数矩阵是否为单位阵作出检测，如果是单位阵，则表明不适合采用主成分分析，Bartlett's 半球性检验的 P 值越小，越适合于做主成分分析。本例中的 P 值小于 1%，说明适合进行主成分分析。综合来看，本例中各变量之间存在较高的相关性，适合使用主成分分析方法。

3. 提取主成分

在 SPSS13.0 软件中运行 Factor 过程，得到以下特征根和方差贡献率矩阵，如表 8.5 所示。

表 8.5　特征根与方差贡献率

主成分	Initial Eigen values			Extraction Sums of Squared Loadings		
	Total	% of Variance	Cumulative %	Total	% of Variance	Cumulative %
1	2.190	31.283	31.283	2.190	31.283	31.283
2	1.266	18.083	49.366	1.266	18.083	49.366
3	.968	13.827	63.192	.968	13.827	63.192
4	.803	11.468	74.660	.803	11.468	74.660
5	.678	9.688	84.348	.678	9.688	84.348
6	.614	8.769	93.117			
7	.482	6.883	100.000			

Extraction Method: Principal Component Analysis.

表 8.6 是提取 5 个主成分时的共同系数矩阵。

表 8.6　共同系数矩阵

	Initial	Extraction
公司治理特征	1.000	.998
关键财务信息	1.000	.733
管理层分析与讨论	1.000	.706
报告时滞与业绩预告	1.000	.989
行政监管与审计意见	1.000	.999
网络传播能力	1.000	.715
报告易读性与反馈	1.000	.764

Extraction Method: Principal Component Analysis.

从上表看出，当提取 5 个主成分时，累积方差贡献率接近 85%，同时没有出现变量丢失，达到相关要求，从而可以确定提取的主成分个数为 5，表 8.7 是各主成分的系数矩阵。

表 8.7　主成分系数矩阵

	主成分				
	1	2	3	4	5
公司治理特征（X1）	.563	-.263	-.275	.561	.471
关键财务信息（X2）	.688	-.079	-.342	-.345	-.131
管理层分析与讨论（X3）	.674	-.105	-.405	-.221	-.170
报告时滞与业绩预告（X4）	.417	-.400	.586	-.409	.380
行政监管与审计意见（X5）	.486	-.424	.423	.374	-.513
网络传播能力（X6）	.589	.570	.201	.014	.051
报告易读性与反馈（X7）	.433	.717	.220	.117	.001

Extraction Method: Principal Component Analysis.
5 components extracted.

4. 主成分表达式

将主成分系数矩阵表中的第 i 列向量除以其相应的第 i 个特征根

的开根后就得到第 i 个主成分 TF_i 的变量系数向量，由此写出主成分 TF_i 表达式。

将第 1 个财务报告透明度主成分记为 TF_1，其特征根为 2.190，将主成分系数矩阵表中的第 1 列向量分别除以其特征根 2.190 的开根后，得到变量系数，然后乘以各变量的标准化值，即得到财务报告透明度主成分 TF_1 的值，如下式所示，其中 ZX 为各项考察内容的标准化值：

$$TF_1=0.380\times ZX_1+0.465\times ZX_2+0.455\times ZX_3+0.282\times ZX_4+0.328\times ZX_5+0.398\times ZX_6+0.293\times ZX_7$$

同理，其余各透明度主成分的表达式分别如下：

$$TF_2=-0.234\times ZX_1-0.070\times ZX_2-0.093\times ZX_3-0.356\times ZX_4-0.377\times ZX_5+0.507\times ZX_6+0.637\times ZX_7$$

$$TF_3=-0.280\times ZX_1-0.348\times ZX_2-0.412\times ZX_3+0.596\times ZX_4+0.430\times ZX_5+0.204\times ZX_6+0.224\times ZX_7$$

$$TF_4=0.626\times ZX_1-0.385\times ZX_2-0.247\times ZX_3-0.456\times ZX_4+0.417\times ZX_5+0.016\times ZX_6+0.131\times ZX_7$$

$$TF_5=0.572\times ZX_1-0.159\times ZX_2-0.206\times ZX_3+0.461\times ZX_4-0.623\times ZX_5+0.062\times ZX_6+0.001\times ZX_7$$

由此得出的各透明度主成分的值是标准化的，具有均值为 0、标准差为 1 的统计特性。

5. 主成分的命名

从以上主成分的表达式可以看出，主成分 TF_1 与关键财务信息和管理层讨论与分析相关性较强，反映了财务报告内容的充实程度，可以命名为财务报告内容成份。

主成分 TF_2 与网络传播能力和报告易读性与反馈这两项考察内容相关性显著，可以命名为财务报告传播效率主成分。

主成分 TF_3 与报告时滞与业绩预告的相关性较强，集中反映了财务报告的及时程度，可以命名为财务报告及时性成份。

主成分 TF_4 与公司治理特征显著正相关，反映了财务报告产生的环境特征，因此命名为财务报告环境成份。

主成分 TF_5 与财务报告所受到的行政监管和审计意见相关，体现了财务报告在生成与披露过程中所受到的监督约束情况，可命名为财务报告的监督约束成份。

6. 财务报告透明度主成分值（TF）的计算

根据以上所得的各财务报告透明度主成分值，以方差贡献率为权重，即可得各上市公司财务报告透明度的综合主成分值，记为 TF，如下式所示，式中系数为各主成分的方差贡献率：

$$TF=0.31283\times TF_1+0.18083\times TF_2+0.13827\times TF_3+0.11468\times TF_4+0.09688\times TF_5$$

由此，可求得各上市公司在 2007、2008 年度的财务报告透明度主成分值 TF（即上式综合主成分值）。这一数值反映了各上市公司在所属年度的财务报告透明度水平，并且其是经过标准化的，具有良好的统计特性。上市公司财务报告透明度水平的不同必然会带来投资者保护效应的差异，而这些与财务报告透明度水平相伴随的投资者保护效应差异正是本章以后章节所要予以研究的主题。

（三）效度检验

为了检验上述财务报告透明度主成分值（TF）的有效性，即进行效度检验，本章将结合深交所的年度信息披露考评等级结果对此做一检验。鉴于深交所信息披露考评机制及其结果是当前国内权威的评价上市公司透明度的指标，得到了大量研究文献的认可，而财务报告是其评价对象的重要组成部分，因此，如果上述财务报告透明度指标（TF）与深交所年度信息披露评级是显著正相关的，则可证明这一财务报告透明度指标的有效性。

按照《深交所信息披露考评办法》，其考评针对上市公司上一年度的信息披露行为，从合法性、真实性等方面予以考察，最终分为优秀、良好、合格与不合格四个等级。本章通过查阅深交所网站公布的“主板公司诚信档案”，分别取得各深市样本公司 2007、2008 年度的信息披露等级，并从高到低，依次对优秀、良好、合格、不合格等级赋予相应数值 4、3、2、1，意味着信息披露评级越高，相应的赋值就越大；然后检验财务报告透明度指标（TF）与所赋信息披露考评值间的相关性，表 8.8 是二者的相关系数表。

表 8.8　相关系数表

	考评值	TF
考评值		0.426**
TF	0.377**	
观察值	110	

注：上半角为 Pearson 相关系数，下半角为 Spearman 相关系数。

**代表在 1%的显著性水平上显著（双尾检验）。

从表 8.8 可以看出，深交所信息披露考评等级与财务报告透明度指标（TF）呈现正相关，并且在 1%的显著性水平上显著。

但以上这种相关性可能是由于在财务报告透明度指标（TF）与信息披露考评体系中共同参照了某些因素而引起的，为了消除这种内生性可能对深交所考评值和 TF 间相关性的影响，本章按照深交所信息披露考评等级对样本进行分组，比较不同考评等级公司间的财务报告透明度指标（TF）是否存在显著差异，并且较高披露等级的样本公司 TF 值是否显著高于较低等级公司。如果以上这种差异是显著的，则可以证明 TF 能够反映出样本公司透明度水平的差异，具有良好的有效性。检验结果如表 8.9 所示。

表 8.9　不同考评等级的 TF 均值差异检验

组别	样本数	TF 均值	组间均值差异
不合格组	4	-0.788	-0.517*
合格组	38	-0.271	（-1.896）
合格组	38	-0.271	-0.222**
良好组	54	-0.050	（-2.076）
良好组	54	-0.050	-0.443***
优秀组	14	0.393	（-2.937）

注：***、**、*分别代表在 1%、5%和 10%的显著性水平上显著（双尾检验）。

括号内为组间均值差异的 T 检验值。

由表 8.9 可以看出，财务报告透明度指标（TF）在不同信息披露等级公司间存在显著的差异，并且披露等级越高，则 TF 值越高。综上，本章所构建的财务报告透明度指标（TF）具有可靠的有效性，可以作为后续研究的基础。

四、与已有透明度评价方法的比较

如前文所述，针对上市公司透明度的评价，已有诸多研究者采用不同方法、从不同角度进行了研究与设计。与已有透明度评价方法相比，本章使用的财务报告透明度评价方法在以下两个方面有所改进：

（一）评价因素更为全面

现有研究大多数是从一个角度入手，以某一方面因素作为透明度的替代变量，比如以自愿性信息披露数量、财务报告所包含的特定项目构成、信息披露违规记录等，而没有能够将完整的财务报告传递过程包涵在内。本章的财务报告透明度评价体系基于对信息传递完整过程的分析，比较系统地考察了影响财务报告透明度水平的各种相关因素，在评价内容的全面性上有所提升。

（二）评价结果更为细化

以深交所信息披露考评为例，作为由证券监管部门实施的对上市公司信息披露的整体评价，这一考评结果一直受到各方关注，也是被国内相关研究文献广为引用的一个透明度评价指标。但这一评价体系的结果只是将上市公司的信息披露划分为优秀、良好、及格与不及格四个等级，无法对于处于同一等级内的上市公司信息披露差异作出进一步考察，限制了相关研究的深入；而通过采用主成分分析法，本章的透明度评价结果能对样本公司透明度差异作出更细化的比较，从而在这一方面作出了改善。

第三篇　经济后果

透明度的提升将改善市场的信息环境，产生相应的经济后果。这些后果主要表现在对股票流动性、权益资本成本、债务融资成本的影响。

Welker（1995）以买卖价差来衡量股票的流动性，以 AIMR Score 来度量样本公司的透明度水平，发现透明度与买卖价差之间存在显著的负相关关系。Handa 和 Linn（1993）等的研究从理论上证明了投资者会对信息披露水平低的股票赋予更高的风险水平，从而对这类股票需求更小、出价更低、要求更高的投资回报，使得公司的融资成本更高；[①] Kim 和 Verrecchia（1994）研究认为，企业如果增加信息披露，可以吸引来自大投资者的投资，或者降低不同类别投资者之间的信息不对称程度，从而增强股票的流动性，降低融资成本；[②]Bloomfield 和 Wilks（2000）采用实验研究的方法，发现改进信息披露可以使投资者对股票的出价更高，市场的流动性更强，从而使融资成本更低。Botosan（1997）以 122 家工业公司为研究样本，研究发现，公司的信息披露水平与权益资本成本存在显著的负相关关系。Cheng 等（2005）以新加坡的 104 家上市公司为研究样本，实证检验结果表明，样本公司自愿性披露水平越高，则其买卖价差和收益率的波动性就越低。

Healy 等（1999）研究发现，对 AIMR Score 提高的公司而言，其

---

① Handa p.，Linn. Arbitrage pricing with estimation risk. Journal of Financial Quantitative Analysis，1993，Vol.28：81~100

② Kim O.，Verrecchia R.E. Market liquidity and volume around earning announcement. Journal of Accounting and economics，1994，Vol.17：41~67

在评级提高前的买卖价差明显高于平均水平，但增加披露之后，买卖价差降到了行业平均水平。①

Heflin（2003）研究发现，信息透明度较高的公司呈现出较低的买卖价差，表明高透明度的公司能吸引较多的流动性交易者及做市商。

对资本成本的影响是透明度经济后果性的重要体现，国内关于透明度经济后果的研究文献也把这一问题作为重要研究方向。

曾颖、陆正飞（2006）以深圳证券市场A股上市公司为样本，研究了我国上市公司的信息披露质量是否会对其股权融资成本产生影响。他们的研究发现，在控制β系数、公司规模、账面市值比、杠杆率、资产周转率等因素的条件下，信息披露质量较高的样本公司边际股权融资成本较低，表明我国上市公司信息披露质量会对其股权融资成本产生积极影响。②

汪炜、蒋高峰（2004）运用2002年前在上海证券交易所上市的516家公司数据，检验了上市公司权益资本成本与其自愿披露水平的关系。他们的研究成果表明，在控制了公司规模与财务风险变量之后，上市公司信息披露水平的提高有助于降低公司的权益资本成本。③

张程睿（2006）以深圳证券交易所2001年至2004年上市公司信息披露考评中的不及格和优秀等级的公司作为研究样本，以信息披露考评结果作为公司信息透明度的衡量基础，在控制样本选择偏误的基础上，利用单因素显著性检验和二阶段多元回归分析，研究发现公司信息透明度对买卖价差和股票收益波动率具有显著的负向影响。这一结论表明，与低透明度公司相比，较高信息透明度的公司所面临的信息成本和市场风险较低，意味着较高的公司信息透明度在降低风险和资本成本的信息不对称成分方面具有积极的作用。④

---

① Healy R., Hutton A., palepu K. Stock performance and intermediation changes surrounding Sustained increase in disclosure. Contemporary Accounting Research, 1999, Vol.6: 485~520

② 曾颖，陆正飞.信息披露质量与股权融资成本.经济研究，2006（2）：69~79

③ 汪炜，蒋高峰.信息披露、透明度与资本成本.经济研究，2004（7）：108~114

④ 张程睿.中国上市公司信息透明度研究——基于信息不对称的理论与实证研究. 博士学位论文.广州:暨南大学，2006

除此以外，方军雄和洪剑峭（2005）利用深交所 2001～2003 年期间对上市公司信息披露考核结果，初步探讨了信息披露透明度对会计盈余价值相关性和基金投资行为的影响。研究发现，信息披露透明度的提高能够显著的改善会计盈余的价值相关性；从证券市场的 Sophisticated investors 的代表——基金看，信息披露透明度也会显著影响他们的行为，具体表现为，透明度越高，基金越可能作出积极的反应。

Khanna、palepu 和 Srinivasan（2004）检验了 13 个亚洲和太平洋国家的 466 家公司的披露活动和其与美国市场因素的关系，以标准普尔的透明度指数（T&D Scores）衡量这些公司的披露水平，发现公司透明度与其在美国经营业务、上市交易、国际资本持股占比、美国资本持股占比等之间存在正相关关系，这意味着公司的透明度与其对外交易状况有关。①

Khanna 等（2004）对 13 个亚太国家的 466 家公司的披露活动与美国市场交互作用的关系的研究表明，公司的披露指数与其对外交易活动比例正相关。

总而言之，通过信息披露，上市公司向潜在的投资者传递与公司价值相关的信息，投资者根据上市公司披露的信息进行投资决策，稀缺的资源由投资者配置到上市公司当中。在这过程中，上市公司信息披露行为——披露信息数量的多少、披露信息质量的高低，直接影响到投资者对上市公司价值的判断，进而影响到其投资决策，最终影响资源的配置。

本篇将延续前两篇介绍的财务报告透明度定义和计量方法，探讨财务报告透明度产生经济后果的作用机制及其对不同利益相关者的经济影响。

---

① Khanna Tarun，PalePu Krishna G.，Srinivasan Suraj. Disclosure practices of foreign companies Interacting with U.S. markets. Journal of Accounting Research，2004，Vol.42（2）：475~508

第九章　财务报告透明度对投资者保护的作用机制

投资者保护问题产生于现代公司制度下所有权和经营权的分离，正如 20 世纪 40 年代 Berle 和 Means 所指出的那样，两权分离实际上成为导致投资者利益受到侵害的制度根源。两权分离造成了两个层面的委托代理问题：首先是股东与代理人之间的委托—代理问题，表现为在委托人（股东）与代理人（经理人）利益发生冲突或缺少内部约束机制时，代理人很可能借助自己的职位优势和信息优势侵占委托人的利益；其次是大股东与中小投资者间的委托—代理问题。随着上市公司股权结构和公司治理结构的多元化、利益主体的差异产生了不同股东群体之间利益的分歧和冲突，而表现为中小投资者的合法权益得不到有效保障，这使得控股股东与中小股东之间的委托代理问题凸显出来，从此投资者保护的研究对象和重点发生了转变。在这种背景下，如何才能有效保护投资者的利益？不同的学者形成了各有特点的理论体系。

一、投资者保护的理论基础

按照一般的观点，投资者保护的理论体系主要分为两类：契约论和法律论。

（一）契约论视角下的投资者保护

契约论的代表人物有 Hayek、Coase、Grossman、Hart 等学者，他们认为，法律对投资者保护来说并不重要，或者即使法律重要但也有其他保护投资者的有效机制。只要投资者与公司签订的契约是完善的，并且执行契约的司法体系是有效的，那么就可以达到保护投资者的目的。

以20世纪90年代为界，投资者保护的契约论经历了两个发展阶段：完备契约论和机制约束的契约论。完备契约论主张，只要契约是完备的，投资者是理性的，为使自己免受欺骗，他们会充分搜集各种信息，并将选择那些信誉好的公司进行投资，这样社会就完全可以基于契约运行。如Easterbook和Fischel（1991）认为，只要财务契约履行良好，金融市场就不需要法律管制，而且法律管制在某些时候会对证券市场的发展起到阻碍作用。[①]

显然，完备契约论的前提条件在现实经济生活中是不存在的，首先，完备契约并不存在；其次，投资者不可能是完全理性的。自20世纪90年代以来，一些学者对完备契约论进行了改进，试图通过设计不同机制来克服相应缺陷，形成了机制约束的契约论。这些机制主要包括：第一，实施政府干预，即使法律没有对投资者保护作出相应的要求，政府也可以通过对公司施加压力，使其能够善待股东，而且政府也可以对掠夺股东利益的公司施加行政惩罚；第二，集中所有权，拥有高度集中所有权的外部投资者能够构成对管理层的强有力约束，从而保护投资者；第三，利用公司声誉机制，拥有良好市场声誉的公司能够增强投资者信心，使公司获得更多的融资机会，从而提高公司的外部融资能力；第四，实施交叉挂牌，当国内的投资者保护程度不足时，公司可以实施交叉挂牌，通过到投资者保护较好的市场上市来提高投资者保护效率。[②]

投资者保护的契约论，强调契约在交易过程中的作用和地位，但这一理论缺乏足够的现实性，实际上无法保障投资者的利益。尽管有学者通过设计相应机制来克服其不足，但从目前来看，这些机制都存在一定缺陷。

---

① Easterbrook,Frank, Daniel R. Fischel. The economic structure of corporate law. Cambridge: Harvard University Press.1991

② 马连福，张春庆，高楠. 知情权视域下的投资者保护.第四届（2009）中国管理学年会，2009

（二）法律论视角下的投资者保护

20世纪90年代后期，La Potra，Lopez-de-silanes，Shleifer，W.Vishny四位学者（以下简称 LLSV）提出了投资者保护的法律论，他们对于契约论予以批评，认为法律在投资者保护方面至关重要，是决定投资者保护水平差异的最重要因素。

投资者保护法律论的观点主要集中在以下几个方面：一是法律制度与投资者保护。LLSV 研究发现，法律渊源是一个极其重要的决定投资者保护的解释变量，同时，有效的法律法规能够在一定程度上提高投资者保护的水平，从而提高投资者的信心，进而增加公司的融资能力。二是投资者法律保护与股权分布。Pagano 和 Roel（1998）指出，充分制衡的股权分布能够在一定程度上保护投资者。[①]三是投资者法律保护与公司价值。许多实证研究发现，投资者法律保护与公司价值之间存在正相关关系。四是投资者法律保护与资本成本。LLSV（1997）指出，投资者保护程度越好，资本成本越低。Himmelberg，Hubbard 和 Love（2002）研究发现，投资者保护水平越高，股权集中度越低，资本成本越低。

投资者保护的法律论，主要关注的是宏观制度背景层面的因素，适合比较不同国家和地区间的投资者保护水平差异，但对个体意义上的投资者而言，强调的是一种被动的理念，个体投资者在这一理论体系下处于被动的地位。

综上，以上两种投资者保护理论均无法对相同制度背景下不同公司之间的个体投资者保护程度上的差异作出解释，限制了其在微观公司组织层面的应用。

---

① Marco Pagano, Ailsa Roell. The Choice of Stock Ownership Structure: Agency Costs, Monitoring and the Decision to go Public. The Quarterly Journal of Economics，1998，Vol.113:187~225

二、信息不对称对投资者保护的影响

Akerlof（1970）提出信息不对称理论，用以说明信息在交易双方间的不对称分布对交易行为和市场效率所产生的重要影响。按照信息不对称理论，当交易双方所掌握的信息不对称时，会产生逆向选择和道德风险问题。

（一）代理关系导致的信息不对称

Jensen 和 Meckling（1976）提出，代理关系是指一种显性或隐含的契约关系，根据这种契约关系，一个行为主体指定或雇佣另一些行为主体为其提供服务，与此同时授予后者一定的决策权力，并依据其提供服务的数量和质量支付相应的报酬。这种关系，实质上是一种非对称信息条件下所结成的契约关系。代理问题的产生在于管理层与投资者之间的利益冲突和两者的信息不对称，管理层为了自身利益可能侵占投资者的利益。

证券市场存在着严重的信息不对称。这主要表现在两个层面：一是投资者作为上市公司股东，在上市公司的内部，上市公司管理层、大股东与小股东之间存在着严重的信息不对称；管理层通常掌握着公司的完整信息，而投资者仅拥有部分信息，这使得投资者无法区分其投资对象是“好公司”或者是“差公司”，只能按照平均质量对公司进行估价，从而导致市场会低估“好公司”的价值，而高估“差公司”的价值。这种典型的逆向选择行为会导致出现“柠檬市场”，极大地削弱证券市场优化资源配置的功能，甚至最终影响到证券市场的存续能力；投资者将资金投入到上市公司以后，所有权与经营权相分离，产生投资者与管理层之间的信息不对称，使得投资者难以掌握企业内部充分而真实的信息或者说无力支付了解这些信息所需的成本而难以实现有效监督，从而导致偷懒、机会主义及各种损害投资者利益的行为，即所谓的道德风险行为。二是作为证券交易者，在资本市场交易中，作为筹资者的上市公司、资金雄厚的大机构和众多中小投资者之间存在严重的信息不对称。投资者很可能由于事前的信息不对称形成错误的资产定价和投资决策，从而遭受投资损失；由此而产生的“逆向选择”问题可能导致市场失败。归纳起来，信息不对称至少有以下几种表现形式：信息源不对称、信息的时间不对称、信息的数量不对称、信息的质量不对称、信息混淆。[①]信息不对称的普遍存在，为解决委托-代理问题增加了障碍。

综上，资本市场中的信息不对称不但阻碍了资源的有效配置，而且为公司管理层或大股东损害中小投资者利益提供了条件。信息不对称可以分为事前和本后两类:事前的信息不对称产生于公司内部人与投资者的信息差异和利益冲突，同时，事后的信息不对称主要产生于内部人的机会主义行为，即内部人为追求私人收益而损害投资者利益。[②]Healy 和 Palepu（2001）指出，由于信息不对称对投资者带来的潜在损害引出了投资者保护中需要解决的两个主要问题:信息问题和代理问题。[③]

（二）投资者保护与信息不对称

从某种程度上讲，信息是证券市场的灵魂和基石，证券市场可以说就是一个信息市场，信息是证券市场正常运转和发挥功能的必要条件。

Eugene Fama（1970）提出的“有效市场假说”，证实信息能够对投资人的投资决策产生影响。有效市场理论认为：投资人是理性的，有能力充分理解信息，追求利润最大化；同时，市场将立即反应新的信息，并调整至新的价位；价格是随机游走的，具有不可预测性。这说明在信息充分以及投资人理性的市场中，投资者在买卖股票时会迅速有效地利用可能的信息，所有影响股票价格的因素都已经反映在股票

① 李建国.中国证券市场信息不对称研究.财贸经济，2001（12）： 43~46

② 魏明海，陈胜蓝，黎文靖.投资者保护研究综述：财务会计信息的作用.中国会计评论，2007，Vol.5（1）：131~150

③ Healy, Palepu. Information asymmetry, corporate disclosure, and the capital markets: A review of the empirical disclosure literature.Journal of Accounting and Economics，2001，Vol.31:405-440

的价格中。因此，上市公司无论采取何种方式披露何种财务信息，都不会影响股票的价格。

Fama 根据市场效率的差异，将资本市场分为三类：（1）弱式有效市场。当前的股票价格反映了所有的历史价格信息，投资者无法通过对历史价格信息的分析而获得超额收益。（2）半强式有效市场。当前的股票价格已经反映了当前所有公开信息，投资者无法通过对已公开信息的分析而获得超额收益。（3）强式有效市场。当前的股票价格不但充分反映了所有公开信息，而且还反映了尚未公开的内幕信息，即没有人能通过利用内幕信息来获得超额利润，所有的投资者都占有完全相同的信息。

有效市场假说强调了信息的重要作用，但其假设各经济主体拥有完全信息，忽略了信息不完全所引起的各种现实问题，特别是市场中交易的双方对交易所拥有的信息存在明显差异，即存在严重的信息不对称，从而导致拥有信息优势的一方在交易中处于有利的地位，而信息劣势方的权益则受到了损害。相关研究结果表明，我国股市目前只能达到或接近弱式有效状态。从现实来看，相比于公司管理层和大股东，中小投资者在我国资本市场中明显是处于信息劣势的一方，这也是其权益受到侵害的关键原因。

信息不对称理论和代理理论表明，要有效保护中小投资者利益，关键是要尽力减轻其相较于公司管理层或大股东的信息不对称程度，保证中小投资者在作出相关决策时是知情的，从而减轻由信息不对称引起的逆向选择和道德风险问题，在一定程度上缓解中小投资者的信息劣势，这是投资者权益得到有效保护的重要前提条件。

三、财务报告透明度的投资者保护作用机理

（一）财务会计信息的作用

会计在本质上是一个信息系统，各类财务报告所传递的财务会计信息作为公司信息的主要来源，它主要通过定价功能和治理功能发挥

其在投资者保护中的作用。财务会计信息定价功能的基本目的在于缓解事前的信息不对称，向投资者提供形成正确资产定价和投资决策的价位相关信息，减少由于错误的定价或投资决策带来的损失；其治理功能的基本目的则在于缓解事后的信息不对称程度，约束内部人的机会主义行为，保护投资者获取投资回报。[①]

1. 定价功能

按照通行的财务理论观点，公司的股票价格是由其未来的现金流量的折现值决定的。具体地讲，可以通过三个关键链来说明：股票价格和未来股利链、未来股利和未来会计盈余链、未来会计盈余和现行会计盈余链。首先，股票价格和未来股利链是通过股票计价模型联系起来的，公司的股票价格是由其未来的现金流量（即股利）按一定的贴现率进行折现的现值，所以，股票价格可以看成是未来股利预期价值的一个函数，即所谓的威廉—戈登模型。其次，是未来股利和未来会计盈余链。影响未来股利的因素很多，然而在影响未来股利的众多因素中，未来会计盈余是其中的重要因素，它是未来股利支付能力的指示器。有经验证据显示，盈余变动和股利变动是相互关联的，未来股利和未来会计盈余之间具有某种相关性。最后，是未来会计盈余和现行会计盈余链。一般来说，会计盈余信息被认为是最重要的会计信息，也是使用者最关心的信息。这样，当期公布的会计信息中的会计盈余数据直接影响信息使用者对未来会计盈余的判断。在不完善和不完全市场中，由于未来的不确定性，我们只有依赖于历史资料预测未来，会计盈余虽是对历史成果的反映，但它提供了预见公司未来发展前景的基础。[②]由此可见，企业会计信息的披露是对股票内在价值信息的传递。

众多实证研究证实了会计信息所具有的定价功能，主要表现在会计盈余能够传递企业当前及预期的现金流量信息。Ball and Brown

① 魏明海，陈胜蓝，黎文靖.投资者保护研究综述：财务会计信息的作用.中国会计评论，2007，Vol.5（1）：131~150

② 王治安，蓝文永，刘键.信息披露机制发挥投资者保护功能的机理分析.宏观经济研究，2008（12）：34~37

（1968）所作的研究发现，价格变动信号与盈余变动信号之间存在显著关联。自此以后，实证会计研究的主要方向之一，就是识别和解释市场对于会计盈余信息的不同反应，也就是对盈余反应系数（ERC）的研究。这些研究说明，会计盈余信息确实能对股票价格的变动产生影响。借助会计信息，如果投资者发现公司未来前景不乐观他们会出售股票，这样将直接导致股价下跌，从而使企业股票价格更接近于公司真实价值，财务会计信息间接地实现了对投资者的保护。

2．治理功能

财务会计信息是公司经营活动的记录和反映，公司利益相关者要了解并有目的地监督企业经营管理活动，必须有可靠而充分的财务会计信息作为决策的依据。LaPorta 等（1998）认为管理层以及投资者之间的契约依赖于公司利润以及资产的可核实性，因此会计在公司治理中起着重要的作用。Bushman and Smith（2001）指出，财务会计信息的公司治理作用是指在公司治理机制中输入财务会计数据以提高公司治理效率。[①]会计信息一方面是公司外部治理机制有效运作的不可或缺的条件；另一方面，在内部治理结构中，会计信息直接发挥着监督、评价和契约沟通的作用。

首先，可为高管人员报酬契约提供有用的信息。会计盈余在高管人员报酬契约中的应用相当普遍。Murphy（1998）报告了 1996～1997 年共 177 家美国上市公司的调查结果，发现有 161 家公司在其报酬契约中明确使用了至少一种会计利润指标，在 68 家使用单一业绩考核指标的公司报酬契约中，有 65 家公司采用的是会计收益指标。其次，可为高管人员变更提供有用的信息。大量研究发现，会计业绩指标越差的公司，高管人员被更换的概率越大。如 Weisbach（1988）同时研究了会计和股票价格两种业绩指标对高管人员更换的影响，发现会计业绩比股票价格在解释高管人员的变更中更加重要。[②]最后，会计信息

① R. Bushman，A.Smith．Financial Accounting Information and Corporate Governance．Journal of Accounting and Economics，2001，Vol.32（4） :237~333

② Weisbach. M. Outside directors and CEO turnover．Journal of Financial Economics，1988，Vol.20 :431~460

有利于维护投资者的法律权利。投资者的一项重要法律权利就是诉讼权，在许多国家，虚假的会计信息是常见的诉讼理由之一。研究表明，投资者诉讼经常和会计信息披露问题联系在一起。

（二）财务报告透明度的投资者保护机制

上文分析了财务会计信息在投资者保护过程中的重要作用，毫无疑问，财务会计信息的投资者保护作用的发挥是以投资者所能掌握并理解的财务会计信息为前提的，如果投资者不能掌握并理解上市公司的财务会计信息，或者在信息的数量和程度上受到较大限制，则财务会计信息的投资者保护作用是无从谈起的。因此，如何保证投资者群体能够获得上市公司充分而翔实的财务会计信息，是影响投资者保护效果的重要因素，而财务报告透明度正是在这一环节上发挥着关键作用，财务报告透明度的提高必然有助于投资者保护。

基于上述分析，本文提出了财务报告透明度的投资者保护机制模型，如图 9.1 所示。

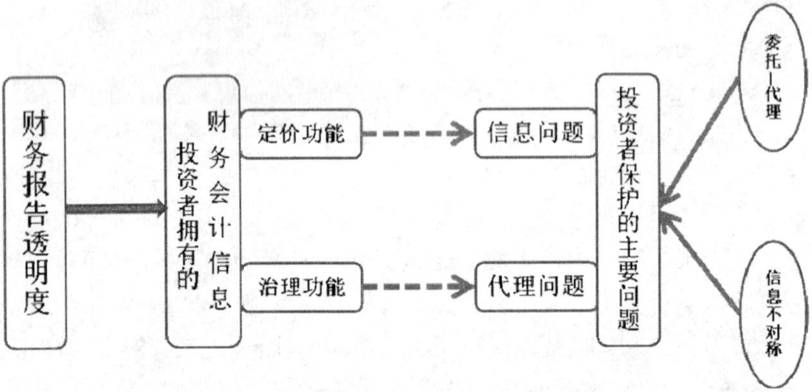

图 9.1 财务报告透明度的投资者保护机制

在图 9.1 中，由于所有权与经营权分离而带来的委托—代理问题是投资者保护问题产生的根源，而信息不对称的存在则加重了这一问题的解决难度和可能的危害，从而引发了投资者保护所面临的两个主要问题：信息问题和代理问题。财务会计信息依托于其信息的特点，分别通过定价功能与治理功能对解决信息问题与代理问题发挥着重要作用，从而发挥了投资者保护的功能。但财务会计信息的投资者保护作用的发挥是以投资者能够掌握的财务会计信息为基础的，受到其质量和数量的制约，而财务报告透明度则保证了投资者所能掌握的财务会计信息的数量和质量，从而有助于投资者保护。

四、投资者保护效应考察视角的选取

经过近二十年的发展，我国资本市场逐步趋于成熟，但囿于历史条件限制，当前我国上市公司普遍存在改制不彻底、"一股独大"现象，导致关联交易、非法担保、大股东占款等侵害中小投资者利益现象非常严重。投资者的广泛参与是资本市场持续发展的坚实基础，伴随资本市场的发展，我国投资者账户数由 1992 年的 835 万户上升到 2007 年底的 1.4 亿户。根据中国证券投资者保护基金有限责任公司 2008 年 1 月所做的调查，其中资金规模在 50 万元以下的中小投资者占 85%，在股民中占绝大多数。①

如何保证中小投资者的利益，是我国资本市场发展中需要解决的一个重要问题。从现实情况来看，上市公司往往和大股东联手，通过虚假披露信息、财务报告造假等行为隐瞒公司真实情况，误导投资者，严重侵害了中小投资者权益，打击了投资者信心。

这些调查表明，当前我国资本市场上信息披露的违法违规现象严重，尤其是作为信息披露主要组成部分的财务报告披露不容乐观。投资者如果缺乏公司的真实信息，权益保护就无从谈起，在这方面，财务报告透明度有着不可替代的作用。因此，加强财务报告透明度既是当前我国资本市场发展的迫切要求，也是促进投资者保护的现实选择。

如何测定投资者保护的程度，目前尚未形成统一的标准，而要考

---

① 中国证券投资者保护基金有限责任公司.中国证券市场投资者调查分析报告. http://www.sipf.com.cn, 2008

察提高财务报告透明度所带来的投资者保护效应，本文认为，应从财务报告的基本职能入手。财务报告作为一种信息传递工具，就财务报告与证券市场而言，如果提高财务报告透明度，能够使投资者获得更为可靠的财务信息，或者这种能够显著改善财务信息的相关性，那么对投资者的保护程度就越高。综合目前的研究文献，从以下三个方面考察财务报告透明度的投资者保护效应：

1. 会计信息的价值相关性

资本市场本质是一个信息市场，投资者在进行投资决策时，进行估价的主要依据是目标公司所披露的各种财务会计信息，即财务会计信息具有定价功能。会计信息定价功能的发挥，有助于缓解事前的信息不对称，通过向投资者提供形成合理定价和投资决策的价位相关信息，减少由于错误定价或投资决策带来的损失，从而保护投资者利益。会计信息与股票估价的相关性研究始于20世纪60年代的美国，我国会计准则也把相关性作为会计信息的一个重要属性加以规范，强调会计信息应具有相关性。如果提高财务报告透明度，会计信息的价值相关性能够显著增强，则意味着投资者通过使用公开的会计信息，能够对公司价值作出更为准确的判断，从而减少了投资者利益受到损害的可能性，增强了投资者保护效果。

2. 企业价值

从根本上说，企业价值是保障投资者权益的基础，企业价值提高，则投资者的权益就有了更大的保障。随着市场经济的不断发展，企业股权不断分散，不但所有者和经营者对企业信息的获得及了解程度是不一致的，而且不同的投资者群体对公司信息的占有与了解程度也存在较大差异。信息直接影响着各类投资者的行为，并最终体现在投资者对企业价值的判断上。财务报告作为上市公司信息披露的主要组成部分，通过提高其透明度水平，能够更有效地向投资者传递相关的企业信息，减少因信息不对称而对公司价值产生的错误判断；同时，较高的财务报告透明度水平，也是优质公司的一种“信号传递”机制，从而可以起到增强投资者信心，提升企业价值的积极作用。因此，对财务报告透明度的投资者保护效应，可以从企业价值的视角予以考察。

我们认为，财务报告透明度的经济后果不限于以上几个方面，对投资者利益的保护作用也不限于股权投资人。本篇将分别从股权投资人保护、债权投资人保护、财务报告透明度的信息含量、财务报告透明度对企业价值的影响等四个角度分析考核财务报告透明度的经济后果。

第十章 财务报告透明度与权益资本成本

信息不对称的情况在证券市场上普遍存在，从而导致两种结果：一方面，由于对企业机会、风险等信息不完全知情，投资者无法正确评价企业价值，影响其投资决策，可能进而诱发逆向选择的问题，致使质量优劣不同的证券以相同价格出售给投资者，最终导致市场资源配置效率低下；另一方面，投资者与信息占优势的卖方交易可能会有损失，为弥补这一损失就会要求提高资本报酬以实现价格上的保护，从而导致公司资本成本的上升。

本章将针对财务报告透明度与权益资本成本的关系进行深入研究。

一、财务报告透明度与权益资本成本之间的关系

（一）理论分析

财务报告披露的信息能够在信息不对称的权益资本市场上发挥信号传递的作用，缓解信息不对称所造成的恶劣影响。一方面，为了与较次的公司区别开来，高质量的或有好消息的公司倾向于通过信息披露向市场传递其优质企业的“信号”，以此吸引投资者来交易进而促进资本市场的流动。因此市场就会形成这样一种认识：那些不披露的公司，不仅其经营状况较差，所隐瞒的消息也均属坏消息。公司出于避免价值被低估的目的，也有动机主动披露。此外，公司的信息越透明，其传递给大众的信号会越准确有效，自然外部投资者的预测风险就降低了，其所要求的风险报酬率随之降低，即达到了降低资本成本的效果。

基于信号传递理论，Bushman 和 Smith（2001）总结出三种渠道来诠释信息透明度是如何对资本市场产生影响的："一是信息越透明，就越有助于帮助投资者辨别投资是否值得；二是透明的信息可以起到降低代理成本的作用，因为透明的信息有助于投资者识别管理者的优劣；三是会计盈余信息与真实的经济收益二者之间的关联度会随着信息透明的提高而上升，不仅如此，透明的信息还会削弱信息不对称程度，促进资本市场流动性的提高，从而降低交易成本和融资成本"。①

这三种资本市场效应最终均是有助于权益资本成本降低的，这可以通过以下两个主流理论来阐述：一方面，提高透明度可以有效降低管理者与投资者之间的信息不对称情况，进而减少投资者预测公司未来收益时的估计风险，最终使得投资者所要求的股票报酬率得以降低。这一主流观点主要是基于贝叶斯分析，它假设投资者在选择投资组合和达成均衡定价时需要估计决定证券资产未来收益分布的各种参数，并且知情投资者对真实的收益的预测是优于不知情投资者的。然而预测时的估计风险是无法通过传统的 CAPM 的市场风险所体现的，同时它又是不可分散的风险，故必须对其通过权益资本成本来为其定价。大量的实证研究也得出了信息披露与权益资本成之间存在负相关关系的结论（例如：Frankel et al.,1995；Welker,1995；Lang & Lundholm,1996；Botosan,1997；Healy et al.,1999；Botosan & Plumlee,2002）。另一方面，提高透明度还能有效降低不同类型投资者（比如机构投资者和个人投资者）之间的信息不对称，避免了逆向选择问题，股票流动性得以提高，交易成本就会降低，股票需求自然会增长，最终也会降低权益资本成本（例如：Diamond & Verrecchia, 1991；King et al., 1990）。Botoson 和 Plumlee（2004）对诸多的理论文献予以整理，并将信息披露区分为公开信息披露和私有信息披露两部分，进而阐述权益资本成本与信息披露二者之间的关系，本章整理得出了图 10.1：

---

① Bushman R. M., A. J. Smith.Financial Accounting Information and Corporate Governance. Journal of Accounting and Economics，2001（32）：237～333

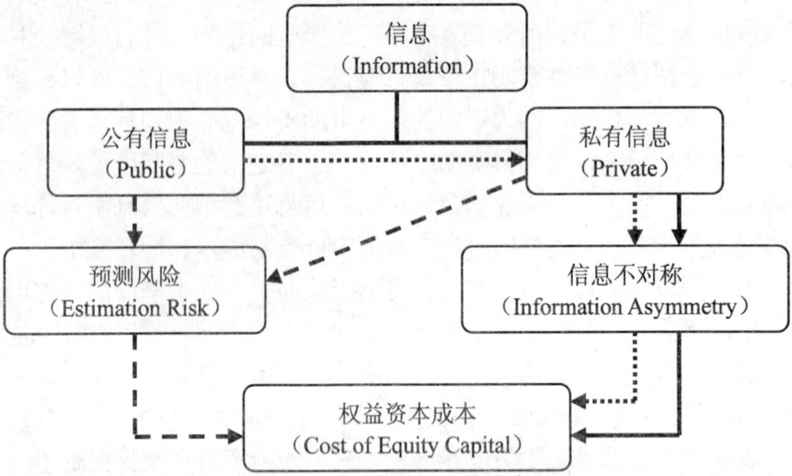

图 10.1 相关理论综述的图解

资料来源：作者整理。

图 10.1 中的虚线箭头表示上述第一种主流观点，即提高公开和私有信息的披露会降低预测风险，进而降低权益资本成本。第二种主流观点是通过实线和点线箭头予以描述的，持有的私有信息越多，则信息越不对称，从而引起资本成本的上升（实线箭头）；但是公开披露的信息越多，就会减少私有信息量，从而降低信息不对称程度，进一步降低权益资本成本（虚线箭头）。

（二）国内外文献回顾

正如上述理论的分析，国内外大量的实证研究也证实了提高上市公司的会计信息透明度会有助于降低权益资本成本。Botoson（1997）以 1990 年美国证券市场上的 122 家制造类上市公司为研究样本，提供了透明度与资本成本之间存在负相关关系的直接证据，她自行构建了信息披露水平的衡量指标——年报中的自愿披露数量，研究发现，在控制了市场风险和公司规模等因素后，每提高一个单位的信息披露评分，资本成本则会降低 28 个基点。不过这个结论仅适用于分析师较少关注的公司。此后，为弥补上述研究的单一年度单一样本行业的局限性，Botoson 和 Plumlee（2002）把研究样本扩展到数量更多、行业更广的上市公司，以使结论更具说服力。结果发现，在控制了市场风险和公司规模等因素后，权益资本成本与年报信息披露总体水平仍呈现负相关关系，但是更及时的其他途径的信息披露反而会提高权益资本成本，这是因为及时的披露会造成股价更具波动性。

在强制性披露较少而自主披露较多的瑞士市场上，Hail（2002）以瑞士银行机构设计的披露指数度量信息披露水平，通过对瑞士交易所的上市公司进行实证检验，也得出了信息披露质量与权益资本成本之间存在着负相关关系的结论。

美中不足的是，上述研究均偏重关注信息披露的数量方面。在对信息披露的质量考察方面，Bhattacharya et al.（2003）首次利用面板数据（涵盖了 1984～1998 年 34 个国家的财务报告）研究了信息披露的质量与权益资本成本之间的关系。为了考察财务报告中的收益类指标是否“富有信息含量”，他们提出了收益不透明度（包括收益激进度、盈余平滑度和损益规避度三个维度）的概念，在控制其他因素的影响后，研究得出了公司收益不透明度越高的国家，权益资本成本越高、股票市场的交易量越低的结论。

我国国内的研究文献中，汪炜和蒋高峰（2004）研究了透明度与资本成本之间关系，他们选取了 516 家 2001 年 12 月 31 日以前在上海证券交易所上市的 A 股上市公司为统计样本，提供了上市公司权益资本成本与其自愿信息披露水平之间联系的直接证据。实证结论表明：在控制了公司规模、财务风险因素以后，提高上市公司的披露水平将有助于降低公司的权益资本成本，并且信息披露对权益资本成本的影响还存在行业差异。

黄娟娟和肖珉（2006）以 1993 年至 2001 年间我国证券市场进行股权再融资的上市公司为样本，从盈余信息披露的角度运用实证研究的方法检验了我国上市公司信息披露质量与权益资本成本之间的关系，结果发现二者之间存在显著的负相关关系。针对期望降低公司再融资成本的公司管理层，本章还提出了应该持之以恒地保持较高的信息披露水平的建议，因为实证发现不仅前一年信息披露质量，甚至前四年信息披露的质量均会影响上市公司的权益资本成本。

曾颖和陆正飞（2006）以深圳证券市场A股上市公司为样本，研究中国上市公司的信息披露质量是否会对其股权融资成本产生影响。研究发现，在控制市场风险、公司规模等因素的条件下，信息披露质量较高的样本公司边际股权融资成本较低，并且影响样本公司股权融资成本的主要信息披露质量特征是盈余平滑度和披露总体质量。

李明毅和惠晓峰（2008）以2005年沪深股市502家公司为研究对象，对上市公司信息披露与资本成本的相关性进行了实证检验，研究得出如下结论：高质量的信息披露可以有效降低投资者的预测风险，最终降低上市公司的资本成本，进一步推出良好的公司治理机制有助于提高经营绩效的论断。

不难发现，绝大多数的研究成果都认同"提高信息透明度可以降低权益资本成本"，这一主流观点。

但是，也有学者发现，在投资者保护较差的国家里，如果公司间会计信息透明度有差异，透明度高的公司筹资成本反而比透明度低的公司筹资成本高。Verrecchia（1983）认为越充分的信息披露导致公司的内部信息被泄露的概率越大，从而损害公司在市场上的竞争力，这就使得投资者要求更高的风险报酬来弥补这一缺陷，所以导致公司权益资本成本也就越高。不仅如此，Bushee和Noe（2000）也曾指出，如果上市公司的披露等级越高，则会吸引大量投资者的投资（尤其是以短期交易获利为目的的机构投机者），这样会导致股票价格的波动越剧烈：一方面，投资者感知的风险会增加；另一方面，股价作为公司价值的信号功能会受到噪声的影响，使得基于股价而定的报酬率变得不再有效；更有甚者，因为股价的强波动性难免会出现高股价一落千丈的窘境，这很有可能造成股东的集体诉讼。最终这些问题均会引起权益资本成本的提高。Skinner（1994）也注意到信息披露越及时（主要研究的是坏消息的披露），造成的公司股价波动会越大，公司的相应的法律风险会越增加，这一现象也是不利于公司的融资成本下降的。

Cheng 等（2003）是“根据 S&P500‘透明度与信息披露’指标排名检验了部分 S&P 500 公司的信息披露对股权融资成本的影响，研究发现随着信息披露水平的提高，股权融资成本不是下降，反而上升”。陆颖丰（2007）以 2001 年至 2002 年深圳证券交易所的上市公司为样本，加入了盈余管理、审计意见类型等作为信息透明度的替代指标进行敏感性分析，结果是基本不能支持信息透明度有助于降低公司权益资本成本的假设。吴文锋等（2007）以 2002 年至 2004 年度深圳上市公司为样本，从时间角度比较了上市公司信息披露考核评级变化前后的资本成本变化。他们的研究发现提高信息披露质量并没有降低股权资本成本，并指出主要是由于我国投资者并没有把信息披露质量作为判断公司价值和交易股票的一个影响因素，由此导致提高信息披露质量无法增加流动性和降低风险。

我们在第二篇中采用三种方法对中国上市公司财务报告的透明度进行了量化和评价。我们看到，从总体来说，中国上市公司财务报告透明度处于较低水平，但是一些上市公司开始尝试提高财务报告透明度，在强制披露要求之外报告更多信息。财务报告透明度的提高对这些公司的权益资本产生了什么影响，这是本章所要研究的主要问题。

二、研究设计

依据第二篇对关于会计信息透明度的定义及评价方法的界定，本章拟使用三种评价透明度的方法：深交所公布的信息披露考核指数，透明度计量模型中的两个子变量收益激进度和盈余平滑度。对于权益资本成本的衡量，采用剩余收益贴现模型，并假设资本市场是有效的，即不存在不理性的投资者，并且股价对公司会计透明度高低有充分的反映。

（一）被解释变量：权益资本成本

在现有文献中，测算资本成本包括权益资本成本的研究成果是极其丰富的，但主要做法可以分为以下两类：一类是基于市场风险的收益率模型，如资本资产定价模型、套利定价模型等；另一类是基于市场价格和公司财务数据的贴现模型，如股利贴现模型、自由现金流模型等。但是，这两类做法的假设都存在一定局限性：前者的问题是无法准确地为风险进行定价，后者关于股利或者股利增长率固定不变的假设在实际中能做到的公司是寥寥无几的。Gebhardt et al.（2001）提出了剩余收益贴现模型（以下简称 GLS 模型），一种利用公司的会计数据来估算权益资本成本的方法，他们的研究结果表明运用传统的 CAPM 模型测算股权资本成本的效果明显不如 GLS 模型。从理论上讲，运用剩余收益贴现模型评估股票内在价值的原理与其他基于市场价格和财务数据的贴现模型是一样的，因此根据它们计算的权益资本成本也应相等。叶康涛、陆正飞（2004）的研究支持了将 GLS 模型稍加调整后用来估算我国上市公司的权益资本成本这一做法。

鉴于此，本章将采用 GLS 模型来估算我国上市公司的权益资本成本，同时也是沿用了陆正飞和叶康涛（2004）、沈艺峰等（2005）的做法。GLS 模型的基本含义是：企业的权益资本成本是指使得企业未来净现金流量的现值与当前市场上股票价格相等的内含报酬率。具体计算公式如下：

$$P_t = B_t + \sum_{i=1}^{3} \frac{E_t(ROE_{t+i} - r)B_{t+i-1}}{(1+r)^i} + TV \qquad (10.1)$$

其中，终值

$$TV = \sum_{i=4}^{T-1} \frac{(FROE_{t+i} - r)B_{t+i-1}}{(1+r)^i} + \frac{(FROE_{t+T} - r)B_{t+T-1}}{r(1+r)^{T-1}} \qquad (10.2)$$

Gebhardt et al.（2001）指出该模型的预测期不应少于 12 期，因此，本章采用 T=12 的预测期。

P_t 为公司在 t 时刻的股票价格（如：计算 2002 年公司权益资本成本，则选取 2001 年 12 月全部交易日公司股票收盘价的平均值，作为 2002 年初每股股价的代表数值，以尽量消除股价波动性的影响，使股票价格更能反映公司的价值）。

B_t 表示第 t 期期初的每股净资产，本章假定公司的账面价值、会计盈余和股利之间遵循“干净盈余”的等式，即 $B_{t+i}=B_{t+i-1}+X_{t+i}-D_{t+i}$，以此来计算预测期间的每股净资产。$D_{t+i}$为企业 t 期的预期股利支付，$D_{t+i}= X_{t+i}\times$股利支付率，股利支付率按公司过去 3 年的平均股利支付率计算，上市不足 3 年按实际年份计算。

$E_t(x_{t+i})$为预期 t 期的每股收益，$X_{t+i}=FROE_{t+i}\times B_{t+i-1}$。由于我国资本市场缺乏每股收益等的预测数据，本章参考前人研究采用下述替代做法：前 3 期的 FROE 直接使用实际净资产收益率；从第 4 期开始至第 11 期，本章假定预测期的 FROE 与行业平均 ROE 呈线性关系，并将直线回归的结果作为预测期的 FROE；从第 12 期开始公司的 FROE 将一直维持在行业平均 ROE 的水平上。①本章所采用的行业平均 ROE 是根据不同行业所有上市公司 1998 年至 2006 年的 ROE 数据按公司数量求算术平均所得。

（二）解释变量：财务报告透明度

1．透明度的衡量指标之一——深圳证券交易所上市公司信息披露考核等级

为了督促上市公司改善其信息披露行为，深交所于 2001 年 5 月发布了《上市公司信息披露工作考核办法》，从 2002 年起开始就信息披露对上市公司进行考评。2008 年 12 月 5 日，结合前几年的监管实际，深交所从考核范围、考核时间段、考核等级及原则、拟采取的监督措施等方面对《考核办法》进行了修订和完善，主要从真实性、准确性、完整性、及时性、合法合规性和公平性等六个方面对上市公司的信息披露工作进行考核，考核结果将在年报披露后形成。

在深圳证券交易所网站的“诚信档案”项下的“信息披露考评”专栏中，可直接获得该指标（IDQ），其考评结果分为优秀、良好、合格、不合格四个等级，根据本章研究目的将这四个等级分别赋值为 0、

① 在计算行业平均 ROE 时，本文依据中国证监会发布的《上市公司行业分类指引》进行分类，除工业类因行业内差异显著而按二级代码分类外，其余行业按一级代码分类进行计算，为了使计算结果更好地反映行业趋势，本文参照有关研究，在计算时分别剔除了 ROE 畸高的数据（大于 100%）和显著为负的数据（小于-10% ）。

1、2、3。

2．透明度的衡量指标之二——收益激进度（EA）

借鉴 Bhattacharya et al.（2003）、黄娟娟等（2006）的做法，以收益激进度和盈余平滑度两个指标来衡量上市公司的会计信息透明度[①]。

收益激进度度量的是上市公司在对外披露信息的时候，加快报告收益而避免报告损失的倾向，其结果是增加应计利润。所以说，收益激进度升高会导致上市公司的信息更不透明。本章以应计项目来衡量，计算公式为：

$$EA_{kt}=(\triangle CA_{kt}-\triangle CL_{kt}-\triangle CASH_{kt}+\triangle STD_{kt}-DEP_{kt}+\triangle TP_{kt})/TA_{kt-1} \quad (10.3)$$

其中，EA_{kt} 为第 t 年第 k 家上市公司的应计项目；$\triangle CA_{kt}$ 为第 t 年第 k 家上市公司流动资产增加额；$\triangle CL_{kt}$ 为第 t 年第 k 家上市公司的流动负债增加额；$\triangle CASH_{kt}$ 为第 t 年第 k 家上市公司的货币资金增加额；$\triangle STD_{kt}$ 为第 t 年第 k 家上市公司一年内到期的长期负债增加额；DEPkt 为第 t 年第 k 家上市公司的摊销和折旧费；$\triangle TP_{kt}$ 为第 t 年第 k 家上市公司应缴所得税增加额。

3．盈余平滑度（ES）

盈余平滑度描述的是上市公司收益波动偏离正常收益波动的程度。该指标可用于衡量账面收益的平稳度与公司正常收益之间的关系。人为地平滑收益或者说故意隐藏真实的业绩波动，可以向外界传递公司经营状况稳定的假象，增加了信息不对称程度，从而导致公司的收益透明度下降，因此我们可以认为公司的盈余平滑度越高，它的信息披露的质量就越低。其计算公式为：

$$ES_{kt}=Correl(\triangle CF_{kt},\triangle AC_{kt}) \quad (10.4)$$

① 黄娟娟等还根据收益激进度和收益平滑度进而综合得出总收益不透明度：OEO_{kt}=（Deciles（EA_{kt}）+Deciles（ES_{kt}））/2，OEO_{kt} 为第 t 年第 k 家上市公司的总收益不透明度；Deciles（·）为十分位数。总收益不透明度把收益激进和收益平滑这两个可能造成信息透明度下降的因素统一到一个指标下进行测度。总收益不透明度的值分布在从 0 到 10 的区间内，越大的数值表明收益不透明度程度越高。本文实证部分发现以该指标衡量会计信息透明度的效果并不理想，故文中并未将此单独列出予以对比研究。

其中，ES_{kt}为第t年第k家上市公司的盈余平滑度；$\triangle CF_{kt}$为第t年第k家上市公司的现金流量增加额；$\triangle AC_{kt}$为第t年第k家上市公司的年度应计项目的增加额；Correl（·）表示二者之间的相关系数。本章取第k家公司前3年应计项目变化额与前3年现金流量变化额的相关系数作为盈余平滑度替代变量。

（三）控制变量

本章以权益资本成本为切入点，进而研究衡量会计信息透明度的不同方法的有效性。鉴于权益资本成本的影响因素有很多，本章的研究需要控制其他因素对权益资本成本的影响，以使我们能较准确地测量会计信息透明度与权益资本成本之间的相关性，比较得出何种衡量会计信息透明度的方法更为有效。本章借鉴曾颖、陆正飞（2006）的研究，筛选出β系数、企业规模、账面市值比、杠杆率、盈利能力、资产周转率六项指标作为控制变量。

1．β系数

资本资产定价模型（CAPM）指出，企业的股权资本成本主要取决于β系数的大小。以往几乎所有的同类研究都采用了β系数作为控制变量，β系数越大，意味着股票价格的波动幅度也越大，那么投资者所面临的风险也就越大，其所要求的回报也越高，从而使上市公司的股权融资成本越高。前人的实证研究大多显示权益资本成本与β系数正相关。本章采用的β系数是根据各股票的日回报率计算得到的。

2．企业规模（Size）

一般来说，企业规模越大，越容易为公众所了解，与外部投资者之间的信息不对称程度就越低，同时规模大的公司相对于小公司来说，其业务已经比较成熟，收益趋于稳定，投资者对其盈利预测风险相对来说比较小，要求的风险溢价要低，也就是说权益资本成本较低。本章采用公司资产的自然对数代表公司规模。

3．账面市值比（BM）

账面市值比（Book-to-Market ratio, BM）即每股账面价值与公司股票价格的比值。Fama和French（1992）发现该比率较高的公司，其股价被低估的可能性较大，鉴于未来可以赚取更多的收益，因此投资者会选择以较低的投资回报率来投资于这类股票。另一方面，公司的账面市值越高，其面临的系统风险也越高，因此投资者又会要求较高的投资回报率来弥补这一风险，从而无法确定账面市值比与权益资本成本之间的关系。本章以样本公司年末的账市比作为控制变量。

4．杠杆率（Lev）

权衡理论认为资本成本是负债量的增函数，企业负债率越高，企业面临的破产风险也会随之上升，从而股东相应会要求高回报以弥补其承担的破产风险，基于投资者这样的预期，公司的财务风险必然会通过公司的权益资本成本反映出来，即权益资本成本将上升。本章将采用公司的资产负债率来表征杠杆率。

5．盈利能力（ROA）

Lang 和 Lundholm（1993）的研究发现那些当期盈利水平较高的公司，其信息披露评价往往也较好。而 ROA 越大，企业的盈利水平也越强，就会有更多的资本注入企业，根据边际成本递增原理，企业的边际股权融资成本也将较高。由此，我们可以推知：企业的盈利水平与企业的边际股权融资成本成正相关。本章拟采用资产收益率（ROA） 来衡量公司的盈利水平。

6．资产周转率（Turnover）

资产周转率作为衡量企业经营效率的指标，其高低反映了管理层能够在多大程度上有效使用公司的资产。选择经营效率越高的企业进行投资，投资者面临的风险就越小，其要求的投资回报率自然也越低，对企业而言，权益资本成本就相应降低。叶康涛、陆正飞（2004）认为企业代理问题的严重程度可通过企业资产周转率的高低来反映，资产周转率越低的公司其代理问题越严重，股权融资成本必然越高。本章将资产周转率也作为控制变量。

表 10.1 为变量定义汇总表。

表 10.1　变量定义汇总表

变量	符号	定义
权益资本成本	r	根据 GLS 模型计算得出的权益资本成本
会计信息透明度的衡量指标	IDQ	深交所上市公司信息披露质量的评价指数
	EA	收益激进度（借鉴黄娟娟等人的做法计算出的总应计）
	ES	盈余平滑度
	DA	收益激进度（根据 Jones 模型计算得出的可操控性应计）
β 系数	β	根据每年度个股日收益率与市场周收益率的数据回归得来
公司规模	Size	总资产的自然对数
账面市值比	BM	每股账面价值与公司股票价格的比值
杠杆率	Lev	资产负债率
盈利能力	ROA	资产收益率
资产周转率	Turnover	资产周转率

资料来源：作者整理。

（四）研究假设与模型的建立

1．模型的建立

根据上述变量的定义，本章采用两种方法计量透明度：深交所公布的信息披露评级结果、收益平滑度的衡量以及盈余平滑度的衡量。鉴于此，我们建立了如下的模型：

权益资本成本=α0+α1i 会计信息透明度指标 i+α2j 控制变量 j+ε（10.5）

我们将先采用皮尔逊相关性分析，并对其结果进行横纵两个层次的比较：每一年度内，通过观察权益资本成本和会计信息透明度的相关性大小来比较三种会计信息透明度的衡量方法之间孰优孰劣；针对每一种衡量方法，可以纵向分析随着时间的推移，会计信息透明度的变动情况。然后再将各年度样本混合，采用多元回归的方法对全样本进行回归分析，分别以三个表征会计信息透明度的衡量指标代入回归方程，比较四个模型的拟合优度大小。拟合优度越大，即说明以该变量表征会计信息透明度时，对权益资本成本的变动解释能力越强，也就是说，该变量作为衡量会计信息透明度的替代变量的有效性最佳。

2．研究假设

根据前文关于权益资本成本与会计信息透明度之间关系的理论阐述，提高会计信息透明度水平有助于减少信息不对称，提高投资者对公司未来收益的预见性，提高股票流动性，从而降低权益资本成本。有关学者通过实证证明了权益资本成本与会计信息透明度呈现负相关关系。但是，也有部分学者提出相反的结论，故在此结合所要研究的内容，引出如下的假设条件：

假设 1：以深交所公布的信息披露考核指数衡量的上市公司会计信息透明度与其权益资本成本预期存在相关关系。

假设 2：以收益平滑度衡量的上市公司会计信息透明度与其权益资本成本预期存在相关关系。

假设 3：以盈余平滑度衡量的上市公司会计信息透明度与其权益资本成本预期存在相关关系。

三、样本选择与实证检验结果

（一）样本选择和数据来源

本章以 2001 年度至 2006 年度深圳证券市场的 A 股上市公司作为样本。为了保证数据的有效性以及确保统计口径的一致，在研究过程中，本章依据以下标准对原始样本进行筛选：

1．剔除 ST 公司：大部分 ST 公司亏损严重，其披露制度也不尽相同，故不将其作为研究对象。

2．剔除金融行业：金融类上市公司具有行业特殊性，其会计和披露制度也不同，故剔除。

3．保证数据完整：为计算各公司的权益资本成本，需要 2001 年至 2006 年连续六年、正的每股净资产数据；为计算 2001 年度盈余平滑度，需要选取 1998 年之前已经上市的公司作为样本；另外，选取的上市公司应具有完整的控制变量数据。

4. 剔除异常值：为了避免异常值对研究结果造成一定的影响，剔除“权益资本成本”计算结果明显不合理的公司（如大于 15%或者小于 1%的公司）；在利用行业平均ROE 估计公司预测期间的ROE时，ROE 畸高（100 %以上）和显著为负（小于-10 %）的公司均被排除在样本之外。

最后选定 1951 个有效观测值，各年度具体上市公司的样本量及深交所的评级分布见表 10.2。

表 10.2 样本量统计

年度	2001	2002	2003	2004	2005	2006	合计
样本量	232（100%）	286（100%）	326（100%）	386（100%）	372（100%）	349（100%）	1951（100%）
优秀	16（6.90%）	29（10.14%）	34（10.43%）	27（6.99%）	34（9.14%）	31（8.88%）	171（8.76%）
良好	109（46.98%）	140（48.95%）	187（57.36%）	252（65.28%）	229（61.56%）	190（54.44%）	11148%）
合格	97（41.81%）	105（36.36%）	95（29.14%）	96（24.87%）	93（25.00%）	118（33.81%）	604（30.91%）
不合格	10（4.31%）	13（4.55%）	10（3.07%）	11（2.85%）	16（4.30%）	10（2.87%）	70（3.59%）

资料来源：作者整理。

表 10.2 对 2001～2006 年我国深圳证券交易所的上市公司信息披露总体情况从比例上作了一个概括。不难发现，在样本公司中，信息披露总体状况为合格和良好的上市公司占的比重非常大，而不合格和优秀的公司较少，这说明我国上市公司透明度状况呈中间化趋势。此外，从年度变化来看，信息披露质量为合格和不合格的上市公司比例总体上大致呈现出递减的变化趋势；反过来说，信息披露质量为优秀和良好的上市公司比例逐年上升，这在一定程度上反映了我国上市公司透明度越来越受到重视，呈现逐年好转的趋势。

本章的研究共需要两类数据，即财务数据和信息披露考评分数。

前类研究数据来自色诺芬信息服务有限公司提供的“CCER 中国证券市场数据”，部分数据通过手工查询上市公司年报补齐。后一类数据来自深圳证券交易所网站（www.szse.cn）。本章采用 Excel 和 SPSS 软件对数据进行处理。

（二）描述性统计

本章采用 2001 年至 2006 年六个年度深圳证券交易所的上市公司数据进行实证研究。研究过程中所使用的数据通过表 10.2 对变量的描述计算得来。限于篇幅，本章仅列举了 2001 年样本解释变量和被解释变量的描述性统计和全样本的全变量的描述性统计，如表 10.3、表 10.4 所示（其余分年度的描述性统计表参见本章附表）。

表 10.3 2001 年样本公司解释变量和被解释变量描述性统计

	均值	中位数	标准差	最小值	最大值
r	2.25%	1.97%	1.06%	1.00%	7.52%
IDQ	1.4353	1	0.6870	0	3
EA	-0.1859	-0.1841	0.2245	-0.7847	0.9218
ES	-0.0128	-0.0192	0.7172	-0.9999	1

资料来源：作者整理。

从以上的对变量的描述性统计可以看出，各变量的均值基本都接近于各自的中位数，可以近似地看成正态分布，说明具有良好的统计性质，为本章的实证分析奠定了好的基础。以 2001 年度的收益激进度 EA 为例，由图 10.1 可以看出，其样本分布近似属于正态分布。

观察表征上市公司会计信息透明度的三个变量的最大值、最小值及反映离散程度的标准差可以发现，不同上市公司之间的透明度相差较大，有助于我们观测权益资本成本与会计信息透明度之间的关系。

表 10.4　全样本公司全变量描述性统计

	均值	中位数	标准差	最小值	最大值
r	3.92%	3.51%	2.14%	1.00%	14.47%
IDQ	1.30	1.00	0.674	0	3
EA	-0.1973	-0.1796	0.2058	-1.2557	0.9218
ES	-0.0274	-0.0811	0.7131	-1.0000	1.0000
β	1.1053	1.1178	0.3059	0.0118	2.1171
Size	21.2567	21.2345	0.9098	18.1572	24.7911
BM	0.4777	0.4328	0.2733	0.0265	1.5528
Lev	0.4898	0.5058	0.2073	0.0081	0.9702
ROA	0.0222	0.0252	0.0754	-0.4623	0.3091
Turnover	0.1311	0.1298	0.0543	0.0025	0.3604

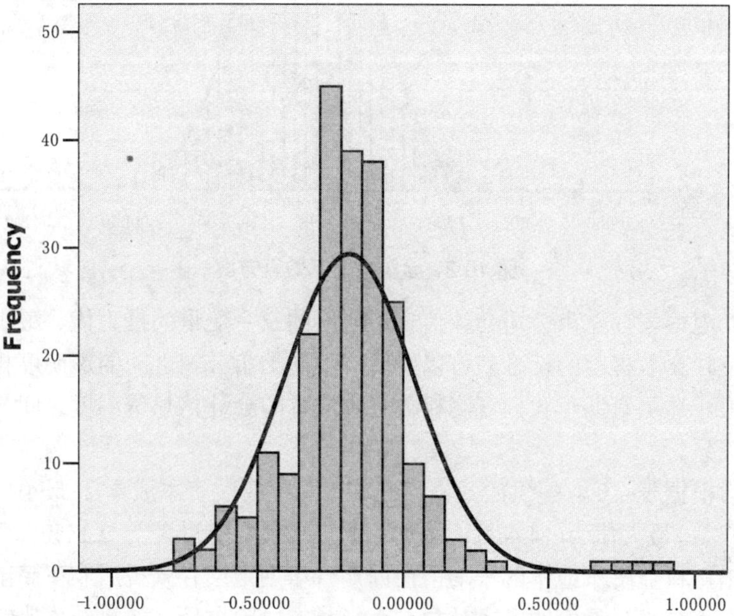

图 10.1　2001 年度的收益激进度 EA 直方图

从上表可以看出，各变量的均值基本都接近于各自的中位数，可以近似地看成正态分布，说明具有良好的统计性质，为本章的实证分析奠定了好的基础。以β系数为例，由图 10.2 可以看出，其样本分布近似属于正态分布。

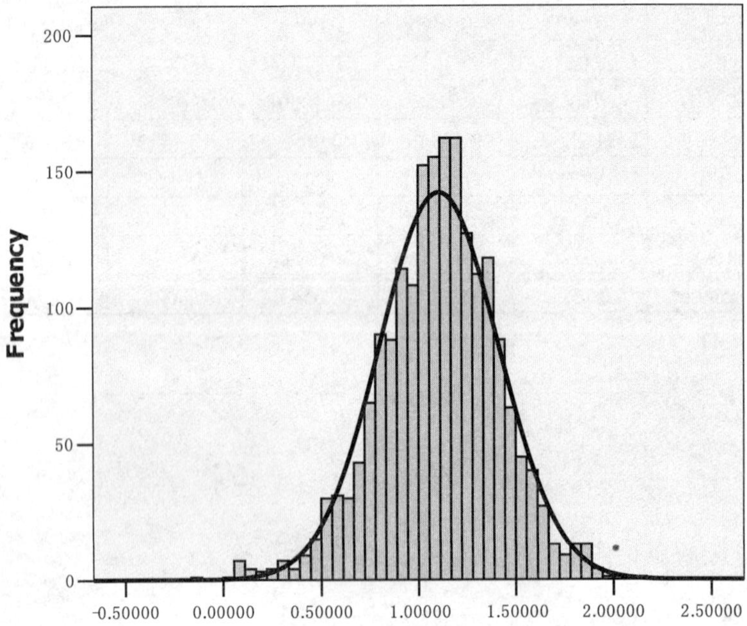

图 10.2 全样本β系数直方图

观察表征上市公司会计信息透明度的三个变量的最大值、最小值及反映离散程度的标准差可以发现，不同上市公司之间的透明度相差较大。这更有助于我们观测权益资本成本与会计信息透明度之间的相关关系。

根据表 10.4 提供的数据，样本公司中权益资本成本 r 最小值为 1.00%，最大值为 14.47%，平均值为 3.92%，标准差为 2.14%。可以看出，权益资本成本的平均值比同期一年期定期存款税后利率高出近 2 个百分点，这表明样本公司具有充足的风险溢价，计算结果比较合理。β系数的均值为 1.1053，跟 CAPM 理论的理想数值 1 相差不大，表明计算出β比较具有代表性，样本中上市公司的市场风险与整个证券市场的系统风险基本一致。

将各分年度的变量均值进行汇总，观察各年度资本成本 r 的变化趋势与表征会计信息透明度的三个指标之间可能存在的关系。具体统计数据见表 10.5。

表 10.5　2001～2006 年样本公司的各变量均值表

年度 变量	2001 均值	2002 均值	2003 均值	2004 均值	2005 均值	2006 均值
r	2.25%	2.77%	3.41%	3.97%	4.72%	5.53%
IDQ	1.4353	1.3531	1.2485	1.2358	1.2446	1.3066
EA	-0.1859	-0.1966	-0.1848	-0.1972	-0.2110	-0.2026
ES	-0.0128	0.0523	0.0081	-0.0458	-0.0528	-0.0884

资料来源：作者整理。

由表 10.5 可以看出，权益资本成本 r 逐年递增，而同时期的深交所公布的上市公司信息披露考核指数（IDQ）却越来越小，即信息披露总体状况越来越好。

会计信息透明度的第二类衡量指标——收益激进度（EA）。收益激进度 EA 的数值从 2001 年至 2006 年是逐渐变小的，也就是说会计信息透明度越来越高。

衡量会计信息透明度的第三类指标——盈余平滑度 ES。对于盈余平滑度 ES 来说，负数数值越来越小，反映出收益在一定程度上被人为地平滑化，并且平滑迹象越来越严重。换句话说，该指标所反映出来的会计信息透明度也呈逐年上升的趋势，

上述的描述性统计结果说明，权益资本成本与以深交所公布的信息披露考核指数来衡量的会计信息透明度呈正相关关系，也就是说，深交所的评级越高、会计信息透明度越好的公司，其权益资本成本反而可能越高。权益资本成本与以用收益激进度衡量会计信息透明度、与以盈余平滑度衡量的会计信息透明度之间同样呈现正相关关系。

（三）相关性分析

1. 皮尔逊相关性分析

我们主要从分年度的角度进行相关性分析研究：每个年度分别用不同的衡量公司会计信息透明度的指标与 GLS 模型计算得出的权益资本成本做皮尔逊相关分析，观察二者之间的密切程度，并进行比较。相关性越高，则可以证明该种透明度的衡量方法越有效。表 10.6 是 2001 年至 2006 年深交所上市公司权益资本成本和三类不同的透明度衡量指标的相关性分析。

表 10.6　2001～2006 年相关性分析表

因变量：r		2001	2002	2003	2004	2005	2006
IDQ	Pearson 相关性	-0.126	-0.232	-0.271	-0.108	-0.154	-0.198
	Sig.	0.055*	0.000***	0.000***	0.034**	0.003***	0.000***
EA	Pearson 相关性	-0.081	-0.230	-0.142	-0.001	-0.024	-0.118
	Sig.	0.217	0.000***	0.009***	0.992	0.641	0.027**
ES	Pearson 相关性	-0.116	0.012	0.070	-0.061	-0.065	-0.052
	Sig.	0.077*	0.837	0.207	0.231	0.212	0.335

资料来源：作者整理。

注：***表示在 1%置信水平下显著；**在 5%置信水平下显著；*在 10%置信水平下显著（下同）。

由表 10.6 可以看出，不论以何种指标衡量会计信息透明度，所得出的结论几乎趋于一致：权益资本成本与会计信息透明度正相关，即会计信息透明度越高，权益资本成本相应也越高。这点将在下文详细分析。

针对所选取的每一类衡量会计信息透明度的指标来说，深交所公布的信息披露考核指数与权益资本成本的相关性最为密切，连续六年二者一直呈现出显著的正相关关系，[①]这与之前对变量进行描述性统计时得到的分析结果相一致。同时也表明，会计信息透明度与权益资本成本之间的关系在年度之间基本稳定。

以收益激进度、盈余平滑度来衡量会计信息透明度与权益资本成本虽仍呈现出正相关关系，但是只在部分年度显著。

2．多元回归分析

运用皮尔逊相关性分析的做法虽然简明、直观，但是它只考量了表征会计信息透明度的三个指标和权益资本成之间两两的关系，无法直接控制其他因素对权益资本成本的影响，如市场风险、企业规模等。而实际上，权益资本成本可能受到多个因素的影响，因此将多个指标放在一起回归能够提高对指标之间的关系和解释力。因此，本章进一步通过多元线形回归模型对权益资本成本与透明度之间的关系进行检验。

根据建立的回归模型，本章需验证 3 个模型：

模型 1：$$r=\alpha_0+\alpha_{11}*IDQ+\alpha_{21}*\beta+\alpha_{22}*Size+\alpha_{23}*BM+\alpha_{24}*Lev+\alpha_{25}*ROA+\alpha_{26}*Turnover+\varepsilon \quad (10.6)$$

模型 2：$$r=\alpha_0+\alpha_{12}*EA+\alpha_{21}*\beta+\alpha_{22}*Size+\alpha_{23}*BM+\alpha_{24}*Lev+\alpha_{25}*ROA+\alpha_{26}*Turnover+\varepsilon \quad (10.7)$$

模型 3：$$r=\alpha0+\alpha13*ES+\alpha21*\beta+\alpha22*Size+\alpha23*BM+\alpha24*Lev+\alpha25*ROA+\alpha26*Turnover+\varepsilon \quad (10.8)$$

我们将上述筛选得到的 2001 年至 2006 年深圳证券市场的 1951 家上市公司作为研究样本，进行回归分析，分别根据各个模型的回归系数的符号和显著性程度来判断会计信息透明度与权益资本成本之间的关系。

表 10.7 至表 10.9 分别列示了以表征会计信息透明度的三个指标作为自变量代入多元回归方程所得出的结果：

---

① 本章变量定义时，将深交所公布的信息披露考核指数（优秀、良好、合格、不合格）分别定义为 0、1、2、3，即透明度越高的上市公司的 IDQ 得分越低。因此，权益资本成本与 IDQ 的相关关系呈现为负数时，说明权益资本成本与会计信息透明度成正相关关系。

表 10.7 模型 1 的回归结果

模型 1	预期符号	系数	t 值	Sig	Tolerance	VIF
（Constant）		-11.248	-9.786	.000***		
IDQ	+/—	-.174	-2.692	.007***	.871	1.148
β	+	-.452	-3.247	.001***	.914	1.094
Size	—	.646	11.673	.000***	.649	1.541
BM	+/—	2.565	15.008	.000***	.756	1.323
Lev	+	1.902	7.523	.000***	.599	1.670
ROA	+	1.971	2.831	.005***	.597	1.675
Turnover	—	-.334	-.434	.664	.940	1.064
调整 R^2：0.300		F 值（Sig.）:120.438（.000***）			Durbin-Watson:1.550	

资料来源：作者整理。

表 10.8 模型 2 的回归结果

模型 2	预期符号	系数	t 值	Sig	Tolerance	VIF
（Constant）		-11.985	-10.809	.000***		
EA	+/—	-.312	-1.440	.150	.833	1.201
β	+	-.466	-3.350	.001***	.916	1.092
Size	—	.666	12.155	.000***	.665	1.505
BM	+/—	2.571	15.022	.000***	.755	1.324
Lev	+	1.861	7.329	.000***	.596	1.679
ROA	+	2.322	3.368	.001***	.611	1.637
Turnover	—	.114	.138	.890	.810	1.234
调整 R^2：0.298		F 值（Sig.）:119.382（.000***）			Durbin-Watson:1.547	

资料来源：作者整理。

表 10.9　模型 3 的回归结果

模型 3	预期符号	系数	t 值	Sig	Tolerance	VIF
（Constant）		-12.292	-11.124	.000***		
ES	+/−	-.176	-3.090	.002***	.995	1.005
β	+	-.470	-3.381	.001***	.916	1.092
Size	−	.686	12.660	.000***	.676	1.480
BM	+/−	2.548	14.912	.000***	.755	1.325
Lev	+	1.846	7.296	.000***	.597	1.674
ROA	+	2.196	3.194	.001***	.612	1.634
Turnover	−	-.256	-.333	.739	.939	1.065
调整 R^2：0.301		F 值（Sig.）:120.908（.000***）			Durbin-Watson:1.538	

资料来源：作者整理。

由表 10.7 至表 10.9 所示，三个模型的拟合优度（即调整的 R^2）均在 30%左右，并且均通过了 1%水平的 F 检验，说明模型的解释能力是可以接受的。此外，每一个模型的 DW 值均在（1.5, 2）的范围内，说明自相关不严重；容忍度（Tolerance）和方差膨胀因子（VIF）也较为理想，不存在多重共线性的问题，而且自变量中的绝大部分在四个模型中均通过了 1%水平的 T 检验。总体看来，回归分析结果比较理想。

3. 相关性分析结果的理论分析

在表征会计信息透明度的三个指标，深交所的信息披露考核指数（IDQ）和盈余平滑度（ES）的系数通过了 T 检验，并且这两个模型的拟合优度（前者为 30%，后者为 30.1%）、回归系数（前者为-0.174，后者为-0.176）都很接近。因此我们认为，在控制了 β 风险、公司规模等因素后，深交所的信息披露考核指数和盈余平滑度这两个变量对解释权益资本成本变动具有相同的解释力，即二者作为表征会计信息透明度的替代变量同等有效。而盈余激进度未通过 10%水平的T检验，因此其作为衡量会计信息透明度的指标的有效性还有待商榷。

虽然盈余激进度并未通过回归检验，但是这三个指标的回归系数均为负数，也就是说，深交所的考核等级越高的上市公司，或是盈余平滑度越小，或是盈余激进度越小的上市公司，其权益资本成本反而越高。

经典的财务理论认为，投资人在投资于企业的时候，都要根据企业的风险来索取相应的回报。风险越大，要求的回报就越高。投资人因为投资者保护差，认为自己在公司里的投资得不到应有的保护，不能保障经理层为股东利益服务，所以他们预期的投资风险就比较高，要求的投资回报也相应提高。因此投资者保护差的国家，企业的筹资成本高。有的学者深入地研究了国家间会计准则所要求的信息披露透明度的区别。他们发现信息透明度越高的国家，上市公司的融资成本越低，市场上股票交易越活跃，从而证实了经典财务理论的观点。

LLSV 建立的法和金融学理论认为，法律对投资者保护程度的不同，会通过影响企业在资本市场上以股票或债券融资的能力而影响到资本市场的发展。一家企业发行股票或承担债务的意愿很大程度上依赖于获得外部融资的条件。好的法律保护机制保证了市场的透明度和公正性，在某种程度上使投资者愿意以优惠的条件投资于企业。如果条件适合，企业会发行更多的股票与债券。所谓的条件适合，首先就是能够以比较低廉的成本筹措资本。但是在中国的证券市场，较高财务报告的透明度高却与较高的权益资本成本成正相关。我们认为，这种现象并不与 LLSV 理论相冲突，反而恰好从反面诠释了 LLSV 理论的有效性。

按照 LLSV 的研究分类，中国的股东权利法律保护体系与法律实施力度两个方面的评分在世界范围内的排序相对比较靠后。在投资者保护较差的国家里，投资者普遍存在一种根深蒂固自我防范心理。基于对整体投资环境的总体认识和外部风险的自我防范，他们对于透明度高的公司披露的信息，特别是与风险有关的信息，不相信这些公司是为了保护投资者而多披露信息，而是本能的认为这些公司一定是存在着严重问题才不得不说出来，而且说出来信息可能也只是冰山一角，因此出于自我保护的动机，必然要求更高的投资回报率，由此导致透明度高的公司融资成本反而上升的情况。所以说，产生这种现象的本质原因是整个国家或地区的传统法律环境和执法效率比较差导致投资者形成的惯性思维所至。在这种特定环境下，某几家、几十家公司提高财务报告透明度并不能改变投资者投资的惯性思维，反而会被投资者认为是公司在释放风险，从而要求公司支付更多的风险溢价，导致资本成本上升。也就是说，我们需要从根本上改变中国对投资者保护的法律的大环境，在国家法律环境层面将高透明度与高度有效的“投资者保护”联系起来，才能逐渐改变证券市场投资人的思维方式和判断标准，才能通过提高财务报告高透明度促进权益成本的降低。

附表：样本公司 2002~2006 年变量描述性统计

2002 年	均值	中位数	标准差	最小值	最大值
r	2.77%	2.53%	1.4127	1.01%	12.38%
IDQ	1.35	1	0.724	0	3
EA	-0.1966	-0.1736	0.2050	-0.9946	0.7631
ES	0.5231	0.0397	0.7263	-0.9999	1
2003 年	均值	中位数	标准差	最小值	最大值
r	3.41%	3.04%	0.0176	1.04%	11.72%
IDQ	1.2485	1	0.6768	0	3
EA	-0.1848	-0.1719	0.2013	-0.8772	0.6221
ES	0.0081	-0.0248	0.7368	-1.0000	1.0000
2004 年	均值	中位数	标准差	最小值	最大值
r	3.97%	3.72%	0.0190	1.06%	14.47%
IDQ	1.2358	1	0.6149	0	3
EA	-0.1972	-0.1802	0.1892	-0.8716	0.4109
ES	-0.0458	-0.0691	0.7003	-1.0000	1.0000
2005 年	均值	中位数	标准差	最小值	最大值
r	4.72%	4.57%	0.2046	1.02%	11.88%
IDQ	1.2446	1	0.6744	0	3
EA	-0.2110	-0.1856	0.1981	-1.1811	0.2678
ES	-0.0528	-0.1043	0.7064	-1.0000	1.0000
2006 年	均值	中位数	标准差	最小值	最大值
r	5.53%	5.47%	0.0235	1.05%	13.28%
IDQ	1.3066	1	0.6700	0	3
EA	-0.2026	-0.1868	0.2232	-1.2557	0.3951
ES	-0.0884	-0.2403	0.6953	-1.0000	1.0000

资料来源：作者整理。

第十一章　财务报告透明度的信息含量

会计信息的相关性是重要的会计信息质量属性，国际会计准则理事会（IASB）在其发布的概念框架中将相关性列为财务报表的4项主要质量特征之一。我国《企业会计准则》也明确要求“企业提供的会计信息应当与财务会计报告使用者的经济决策需要相关，有助于财务会计报告使用者对企业过去、现在或者未来的情况作出评价或者预测”。在资本市场下，上市公司对外披露的会计信息是否为投资者等各类信息使用者的决策所用，是否有助于投资者评价企业价值，进而提高投资收益，是实务界和学术界都非常关心的一个基本问题。

按照通行的财务理论观点，一家公司的股票价格是由其未来的现金流量（或股利）按一定的贴现率进行折现的现值，而会计信息的作用则是改变投资者对未来股利支付能力的信念，帮助投资者评估目标公司价值，进而改变股票价格。会计信息的价值相关性是指如果伴随会计信息的披露，资本市场对其作了显著反应，则一般认为该信息向市场传递了新的有用的信息，即该信息具有价值相关性，或者说具有信息含量。从实证的角度计量，会计信息的相关性主要是指会计盈余与股票收益之间的相关程度。①

财务报告作为投资者了解上市公司信息的主要渠道，其透明度水平对于投资者掌握并进而使用上市公司的财务会计信息起着关键作用，因此，财务报告透明度水平将会对会计信息的价值相关性产生直接影响。提高财务报告透明度是否有助于增强会计信息的价值相关性，在实务界和学术界都是一个值得探讨的问题。如果财务报告透明度确实能够增强会计信息的价值相关性，则提高财务报告透明度就是保护

① 胡耀昆. 会计信息价值相关性实证研究综述.中国集体经济，2009（3）：79~80

投资者权益的一个有效途径，也是保证资本市场有效运转的重要条件。

一、理论分析

（一）信息观与计量观

决策有用观认为，财务报告的目标在于向信息使用者提供有助于改善其经济决策的信息，这种观点强调财务报告信息的决策相关性。在决策有用观的指导下，形成了两种理解会计信息的观点：信息观和计量观。

信息观认为，会计信息的主要作用体现在向投资者传递某种有助于判断和估计目标企业经济收益的“信号”而不是经济收益本身，所以，会计信息的有用性就体现在会计信息所提供的“信号”是否会对投资者的相关决策产生影响，即如果某类会计信息的披露与证券的价格之间具有统计意义的显著相关，则表明该类会计信息向市场传递了新的有用信息，或者说具有信息含量。但是，信息观仅关注会计信息是否会对股票价格产生影响，而不考虑市场是如何把会计信息转换到股票价格中去的，因而随着时间的推移，其不足也逐渐为人们所认识：第一，盈余为最重要的会计信息，仅能解释 2%～5%的非正常收益，解释能力过低；第二，信息观忽视预测性信息的披露，不能满足信息使用者日益增长的信息需求。

计量观从投资者的行为出发，以企业估值理论为基础，强调会计信息的作用体现为：当投资者对目标公司进行估值时，会以目标公司的会计数据作为估值模型中的变量，从而使得会计信息能对股票价格产生直接影响，Felthaln 和 Ohlson（1995）的净剩余理论研究有力推动了计量观的发展，计量观除了能够回答信息观所关注的“会计信息是否有用”这一问题外，更为关注会计信息是如何决定股价的，强调在会计信息与股票价格之间建立起直接的联系。

从研究路线上看，信息观是以“会计信息—股票价格”的思路展开研究；而计量观则以“会计信息—估值模型—股票内在价值—股票价格”的思路展开研究，由此也可以看出，虽然两种观点下的研究出发点与落脚点完全相同，但计量观所包含的内容显然要比信息观更为丰富，因而也能得出对会计信息有用性更为丰富的认识。[①]

（二）会计信息的价值相关性

会计信息的相关性是会计信息的重要质量属性，Ball 和 Brown（1968）首先研究了会计信息的价值相关性，他们以纽约证券交易所的261 家上市公司为研究对象，研究的范围涵盖 1946 年到 1965 年近 20年时间，结果发现，年度盈利信息披露前 12 个月到后 6 个月的股票非正常报酬率变动的符号与盈利变动的符号之间存在显著的相关性，并且，相较于未预期的经营现金流量，未预期盈余与非正常报酬率之间具有更大的相关性。[②]Beaver、Clarke 和 Wright（1979） 拓展了 Ball和 Brown 的研究，他们研究了从 1965 年到 1974 年间的 276 家上市公司的盈余数据和股价变动数据，通过将其分成不同的投资组合，发现不同组合间的盈余变动百分比与股价变动百分比存在着显著的正相关关系。[③]Ohlson（1995）提出了净收益模型，将公司市场价值与会计盈余、账面价值联系起来，认为当期会计盈余与未来会计盈余相关联、未来会计盈余与股票价格相关联，从而在股票价格的影响因素中同时引入了净资产与会计盈余两个变量。[④]检验会计信息价值相关性的价格模型就是在此基础上得以建立的，并在后续相关研究中得到了广泛引用，如 Collis 等（1999）以 1953～1993 年 40 年间的美国上市公司为样本，采用价格模型检验了每股收益、每股净资产二者共同的价值相关性，他们的研究发现，对亏损企业来讲，净资产账面价值有助于更好地估计企业价值，从而更具有相关性，这一研究也证明资产负债

① 文远怀，袁淳. 国外会计盈余价值相关性研究综述及启示. 经济研究参考，2006(91)：40~44

② Ball R.，Brown P. An Empirical Evaluation of Accounting Income Numbers. Journal of Accounting Research，1968，Vol.l6（2）： 159~178

③ Beaver, W. H., Clark, R., Wright, W. The association between unsystematic security returns and the magnitude of the earnings forecast error. Journal of Accounting Research，1979，Vol.17（2）：316~340

④ Feltham Gerald A.，James A Ohlson. Valuation and Clean Surplus Accounting for Operating and Financial Activities. Contemporary Accounting Research，1995，Vol.11（2）：689~731

表信息和损益表信息都具有价值相关性。[①] Fan 和 Wong（2002）研究了新加坡、印尼等东南亚公司的最终控制权、所有权与控制权背离程度对盈余价值相关性的影响，他们的研究发现，最终控制人的控制权与盈余价值相关性显著负相关，最终控制人的壁垒效应高于协调效应，而且这一情况在控制权与所有权背离程度较大时更加显著。[②]

会计信息的价值相关性受到哪些因素的影响，是会计信息价值相关性研究的一个重要问题，其中，与会计信息密切相关的信息披露如何影响价值相关性是研究的一个热点问题。Lang 和 Lundholm（1996）研究发现，公司的信息披露程度越高，则证券分析师和投资者对公司收益的预测就越精确，并伴随着较小的预测分歧。Healy 等（1999）发现，相较于披露等级较低的公司，披露等级较高的公司具有更高的股价，并且该股价与当期和未来的盈余是相关的。Tony 和 Yang（2005）对 19 个发展中国家和 22 个发达国家的上市公司数据进行了比较，研究结果表明，公司的透明度越高，则公司会计信息的价值相关性就越大，并且发达国家公司的会计信息价值相关性要高于发展中国家。[③]

随着证券市场的不断发展，我国的会计准则逐步和国际会计接轨，在这一过程中，会计信息的价值相关性如何变化引起了国内众多研究者的兴趣，取得了丰富的研究成果。赵宇龙（1998）以上海证券交易所上市公司为研究样本，检验了会计盈余信息披露日前后的非正常收益与未预期会计盈余的相关性，结果发现，会计盈余信息具有决策有用性[④]。陈晓、陈小悦和刘钊（1999）以年净资产收益率作为代表企业盈余水平的指标，研究了盈余质量范畴中的信息有用性，并对会计盈余价值相关性做了交易量检验，证实了在我国 A 股市场中，盈

---

① Collins D，Pincus M，Xie H. Equity valuation and negative earnings: the role of book value of equity. The Accounting Review，1999，Vol.74（1）：29~61

② Fan，J，Wong，T.J. Corporate Ownership Structure and the Informativeness of Accounting Earnings in East Asia. Journal of Accounting and Economics，2002，Vol.33: 401~425

③ Tony Kang，Yang Hoong Pang. Economic Development and the Value-Relevance of Accounting Information: A Disclosure Transparency Perspective.Review of Accounting and Finance，2005，Vol.4（1）：5~31

④ 赵宇龙.会计盈余披露的信息含量.经济研究, 1998（7）：41~49

余公告具有很强的价值相关性，公司财务报告向投资者提供了对其决策有用的信息。陈信元、陈冬华和朱红军（2002）运用剩余收益定价模型考察了上海证券市场1995、1996和1997年度会计信息的价值相关性，其主要研究了剩余收益、收益和净资产三个变量对股价的解释能力，同时还研究了规模和流通股比例在我国证券市场定价中的作用。研究结果发现，收益、净资产、剩余收益、流通股比例和规模都具有价值相关性，并且它们相互之间具有增量价值相关性。[①]

在我国证券市场中，会计信息具有价值相关性这一结论得到了多数研究文献的支持，继而不同类别间会计信息的价值相关性差异也引起了研究者的关注。陆静、孟卫东和廖刚（2002）采用皮尔逊相关系数和扩展的Ohlson模型比较了会计盈余和现金流量对股票价格的影响程度，证实了会计盈余具有信息含量。研究表明，每股收益比现金流量能更精确地解释股票价格；与国外成熟资本市场相比，我国上市公司的现金流量在股票定价中基本上不具备信息含量，表明我国资本市场的投资者对上市公司价值的评估往往局限于每股收益，忽视了现金流量等其他财务指标。[②]赵春光（2004）采用实证方法，基于收益率模型研究了现金流量的价值相关性问题，结果发现我国上市公司的现金流量具有价值相关性，但低于会计盈余的价值相关性。朱松（2006）实证研究了最终控制人特征对会计盈余信息含量的影响，结果表明，最终控制人的控制权比例与会计盈余信息含量之间显著正相关，同时，现金流收益权与投票权的背离会降低会计盈余的信息含量。赵景文（2006）依据南开大学公司治理研究中心公开的中国治理指数数据选择高治理质量公司，基于收益—盈余模型，使用2002年和2004年的数据，经研究发现，公司治理质量显著影响盈余质量，高治理质量公司的盈余反应系数显著高于低治理质量公司，另外，高治理质量公司的盈余变化较之低治理质量公司的盈余变化具有更为显著的价值相关

① 陈信元，陈冬华，朱红军.净资产、剩余收益与市场定价.金融研究，2002（4）：59~70

② 陆静，孟卫东，廖刚.上市公司会计盈利、现金流量与股票价格的实证研究.经济科学，2005（5）：34~42

性。[①]朱凯和赵旭颖（2009）以会计盈余价值相关性模型为基础，探讨了我国上市公司实施会计准则的经济后果，在比较分析会计准则改革前后的会计盈余价值相关性后，发现在实施新会计准则后，会计盈余的价值相关性并没有显著提高。[②]

自 2001 年开始，深圳证券交易所针对上市公司上一年度的信息披露进行综合考评，考评结果分为优秀、良好、及格与不及格 4 个等级，并将结果在深交所网站上予以公开，这一制度安排为开展相关研究提供了便利条件。袁淳和王平（2005）以这一信息披露考评结果作为反映信息披露质量的替代变量，采用价格模型研究了会计信息质量对会计盈余价值相关性的影响，结果发现，深交所的信息披露考评结果对会计盈余价值相关性有着显著的影响，即信息披露考评结果越好，会计盈余的价值相关性越高；齐伟山和欧阳令南（2005）利用深圳证券交易所对上市公司信息披露水平的考评数据检验了信息披露质量对会计信息价值相关性的影响情况。结果表明，从整体来看，高质量的会计信息披露有助于提高会计信息的价值相关性，并且收益模型和价格模型所获得的结果基本一致；蔡传里和许家林（2009）选取 2004～2006 年深圳证券交易所上市公司的经验数据，研究了我国上市公司的信息透明度与价值相关性的关系。结果显示，公司信息透明度具有价值相关性和增量价值相关性，提高公司信息透明度能够降低信息不对称程度。[③]尽管上述研究文献的结论基本是一致的，但由于上述国内研究文献均是以深交所信息披露考评等级作为透明度替代变量，导致其样本来源局限于深市上市公司，从而削弱了其研究结论的说服力，有必要在样本范围上予以拓展，并同时采取更为细化的透明度评价方法，以进一步深化相应的研究。

（三）现有研究的局限

从以上研究文献可以看出，对于会计信息的价值相关性，特别是

① 赵景文.公司治理质量与盈余质量.南开管理评论，2006（9）：15~21

② 朱凯，赵旭颖，孙红.会计准则改革、信息准确度与价值相关性.管理世界，2009（4）：47~54

③ 蔡传里，许家林.公司信息透明度与价值相关性.山西财经大学学报，2009（7）：74~83

会计盈余信息的价值相关性，众多研究结论基本是一致的，即通常认为会计盈余信息作为最基本、同时也是投资者最为关心的会计指标，是具有价值相关性的，即使对仍处于弱式效率状态的我国证券市场，这一结论也是成立的。

关于透明度如何影响会计信息的价值相关性，国外的研究文献大多认为，较高的透明度水平将会提高会计信息的价值相关性，但这一研究结论是以国外的成熟市场环境为基础的，是否能直接应用于我国证券市场还值得研究；从国内来看，我国这方面的研究文献较少，而且与这一问题直接相关的研究文献都是以深交所的信息披露评价考评结果作为透明度的替代指标，进而采用价格模型或收益模型来研究透明度对会计信息价值相关性的影响，如蔡传里和许家林（2009）、齐伟山和欧阳令南（2005）。以上两篇文献的研究结论基本一致，均认为提高透明度将有助于改善会计信息的价值相关性，但通过分析，本章认为其在研究模型的设计上还存在着如下值得加以改进的地方：

1. 由于深交所的信息披露考评公告只能提供优秀、良好、及格与不及格 4 个信息披露等级，并没有公开具体的信息披露评分，所以现有研究文献在检验透明度对会计信息价值相关性的影响时，均是通过比较不同等级组别间的回归方程的可决系数（R^2）来进行的。值得注意的是，这些 R^2 虽然是基于同一个回归方程模型而得出的，但在对方程进行回归时，不同信息披露等级组的样本公司是不同的，而且各组之间的样本容量大小不一（优秀与不及格公司较少，良好与及格公司占据大多数）。在这种情况下，仅通过比较 R^2 的不同而得出会计信息价值相关性存在差异这一判断，其合理性是值得讨论的，由此而得出的研究结论的可靠性受到较大的制约。

2. 在分析透明度所能提供的会计信息价值相关性的增量效应时，现有研究文献普遍采用了在回归方程中加入信息披露哑变量的做法。具体来说，就是将信息披露等级为优秀和良好的样本公司确认为信息披露优秀组，信息披露哑变量为 1，否则为 0。这样的处理方法，实际上只是在比较不同信息披露等级组间样本公司的反应差异，无法准确测量透明度与会计信息价值相关性的交互作用，限制了对二者关系的深入了解。

3．在我国证券市场中，股本大小因素对股价有着直接的影响。某一时期内不同的股本偏好将影响到投资者对目标上市公司的选择，进而影响到股价的变动，因此，需要在研究模型中加入反映股本的变量，以控制这一因素对股票价格所带来的不确定影响。另外，由于上海证券交易所没有持续开展针对上市公司的信息披露评价活动，无法取得上交所上市公司的信息披露考评等级，所以，现有的研究文献中均是以深交所上市公司为研究样本，没有将上交所上市公司包含在内，在样本选择范围上受到了较大的限制，从而影响了研究结论的说服力。

本章将以前文所取得的财务报告透明度指标（TF）为基础，本章将针对机器、设备、仪表制造业（行业代码 C7）沪、深两市的上市公司，实证检验财务报告透明度对会计盈余信息价值相关性的影响，以取得更为可靠的研究结论。

二、研究设计与样本选择

（一）研究设计

从逻辑上来讲，较高的财务报告透明度将有助于减少上市公司与投资者之间的信息不对称程度，缓解由于信息不对称而产生的逆向选择和道德风险问题，帮助投资者更好地理解上市公司的经营状况和风险水平，从而有助于外部投资者区别好公司和差公司，更有可能对上市公司进行合理定价，并进而促进资本市场的有效运行。因此，我们认为，较高的财务报告透明度将能带来更高的盈余信息的价值相关性，即提出如下研究假设：

H_1：财务报告透明度有助于提高会计盈余信息的价值相关性。

从目前来看，检验会计信息价值相关性的模型主要有两类：价格模型和收益模型。收益模型是以某只股票一定期间内的收益为因变量，考察股票收益与会计盈余信息及其变动之间的关系；价格模型是由 Ohlson（1995）提出的净收益模型发展而来的，Ohlson（1995）模型通过在股票价格与会计信息（每股净资产和每股收益）之间建立直接联系，将企业资产负债表信息与利润表信息结合起来。

在检验会计信息的价值相关性问题上，价格模型和收益模型哪个更适合作为检验模型，目前还没有一致的研究结论。从模型的推导过程来看，价格模型与收益模型都是以预期未来现金流量折现这一标准估值模型为基础的，并且都假设当前会计盈余能够包含预期的未来现金流量信息；从市场预期的角度看，会计盈余包括预期盈余和未预期盈余两个部分，Kothari 和 Zimmerman（1995）指出，在信息披露前，由于投资者所预知的信息已经反映在期初股价里，从而将会使得采用收益模型得出的盈余反应系数存在偏差；[①]而在价格模型中，股票价格所反映的是会计盈余信息的累积影响，从而能够克服收益模型的研究偏差，使得通过价格模型求出的盈余反应系数更接近于是无偏的估计。从目前来看，大多数研究文献倾向于采用价格模型来对会计信息的价值相关性加以检验，因此，本章将采用价格模型来对此开展研究。

在实证检验中通常使用的价格模型为：

$$P_{it}=\beta_0+\beta_1 EPS_{it}+\beta_2 BV_{it}+\varepsilon t \quad (11.1)$$

其中，P_{it} 为样本公司在会计年度结束后第 4 个月月末的收盘价，EPS_{it} 为当期每股盈余，BV_{it} 表示每股净资产。

为了检验本章的假设，将前文所构建的财务报告透明度指标（TF）引入上述模型，以检验上市公司财务报告透明度水平对会计信息价值相关性的影响，同时，将股本因素作为控制变量引入回归方程，具体如下式所示：

$$P_{it}=\beta_0+\beta_1 EPS_{it}+\beta_2 BV_{it}+\beta_3 TF_{it}*EPS_{it}+\beta_4 TF_{it}*BV_{it}+\beta_5 LNMV_{it}+\varepsilon t \quad (11.2)$$

在上式中，P_{it} 为样本公司在会计年度结束后第 4 个月月末的收盘价，EPS_{it} 为当期每股盈余，BV_{it} 表示每股净资产，$LNMV_{it}$ 为当期可流通股总市值的自然对数，以控制股本规模因素对股价的影响。

在式（11.2）中，如果 β_3、β_4 的系数为正，则说明财务报告透明

---

① Kothari S.，J. Zimmerman. Price and Return Models. Journal of Accounting and Economics，1995，Vol.20（2）：155~192

度的提高分别提高了 EPS（每股盈余）、BV（每股净资产）会计信息的价值相关性，本章的假设得到验证。如果这一研究假设能够成立，则意味着随着财务报告透明度的提高，会计信息的价值相关性有了较显著的提升，从而在一定程度上降低了投资者所承受的信息风险程度。

（二）样本选取与数据

我国上市公司自 2007 年开始实施新的会计准则体系，为保证研究结论的可靠性，本章以 2007、2008 两个年度为时间选择范围；同时，为控制不同的行业特征对计量模型准确性所造成的不利影响，而又尽可能保证足够大的样本量，本章选择沪、深两市所属上市公司数量最多的机械、设备、仪表制造业（行业代码 C7）为样本选择范围，经剔除同时在海外发行、研究期间内实施资产重组的公司，共有 156 家上市公司为研究样本，其中深交所上市公司 55 家，上交所上市公司 101 家；在数据整理过程中，个别公司在某一年度数据存在缺失，最终共取得 2007 年度样本公司 146 家，2008 年度样本公司 154 家，共计 300 个观察值。

根据不同的数据类型，数据分别来自 CCER 数据库、沪深交易所网站，取得过程和评价标准参见前文；本章所用统计软件为 SPSS13.0。

三、实证结果与讨论

（一）描述性统计

表 11.1 列示了各变量的描述性统计结果。

从表 11.1 可以看出，与 2007 年度相比，2008 年度样本公司的每股净收益和股价的均值和中值均有所下降，表明在 2008 年度，样本公司的经营业绩和市场表现普遍经历了一个低谷期，这也反映了当期宏观经济环境对样本公司的不利影响；同时，在 2008 年度，虽然样本公司每股净资产和流通股市值的均值高于 2007 年度水平，但其中值有所下降，反映出大多数 2008 年度样本公司每股净资产和流通股市值下降，但仍有少部分样本公司保持了上升势头。总的来看，2008年度样本公司各变量水平比2007年度有明显下降。

表 11.1 各变量的描述性统计

	项目	最小值	最大值	均值	标准差	中值
2007年度	每股净收益（元）	-1.240	5.330	0.393	0.631	0.247
	每股净资产（元）	0.019	14.130	3.057	1.750	2.851
	股价（元）	4.620	128.900	14.194	13.270	10.655
	流通股市值（万元）	30822	3061054	351763	505148	182863
2008年度	每股净收益（元）	-0.795	6.428	0.277	0.618	0.179
	每股净资产（元）	-0.119	172.446	4.014	13.753	2.536
	股价（元）	3.620	62.340	10.974	7.781	8.545
	流通股市值（万元）	15015	4016375	386122	650019	179674

各变量的相关系数矩阵如表11.2所示。

表 11.2 主要变量相关系数表

	股价	每股净收益	每股净资产	流通股市值	TF
股价		0.763***	0.145***	0.531***	0.251***
每股净收益	0.675***		0.077	0.413***	0.270***
每股净资产	0.595***	0.605***		0.055	0.050
流通股市值	0.539***	0.491***	0.390***		0.454***
TF	0.245***	0.309***	0.385***	0.441***	

注：*、**、***分别表示在10%、5%和1%的显著性水平上显著（双尾检验）；上半角为Pearson相关系数，下半角为Spearman相关系数。

从表11.2可以看出，各主要变量间均在较高的显著性水平上高度正相关，说明各变量相互之间存在着正相关关系，特别是股价与每股净收益、每股净资产的相关系数分别为0.763和0.145（Pearson相关系数），且在1%的水平上显著，初步表明了会计信息具有价值相关性，但更可靠的结论需要依据多元回归方程加以验证。

（二）分组检验

为了检验较高的财务报告透明度是否能带来较高的会计信息价值相关性，本章以各年度财务报告透明度指标（TF）的均值为界，将样本公司划分为财务报告透明度较高组和财务报告透明度较低组两类，即如果某样本公司的财务报告透明度指标（TF）高于当年度的财务报告透明度指标（TF）的均值，则将其归类为较高组，否则归类为较低组；然后，在不将财务报告透明度变量（TF）引入多元回归方程的情况下，分别对各年度财务报告透明度较高组和透明度较低组内的样本公司进行多元回归，如式（11.3）所示：

$$P_{it}=\beta_0+\beta_1 EPS_{it}+\beta_2 BV_{it}+\beta_3 LNMV_{it}+\varepsilon_t \qquad (11.3)$$

在上式中，P_{it} 为样本公司在会计年度结束后第 4 个月月末的收盘价，EPS_{it} 为当期每股净收益，BV_{it} 表示每股净资产，$LNMV_{it}$ 为当期可流通股总市值的自然对数。

通过比较财务报告透明度较高组与透明度较低组间多元回归方程式（6.3）的可决系数（R^2）差异，可以判断财务报告透明度的提高是否有助于提高会计信息的价值相关性：即如果财务报告透明度较高组的可决系数（R^2）明显高于较低组，则表明财务报告透明度较高的样本公司股价能够更多地被相应的会计信息所解释，即具有更高的会计信息价值相关性，从而在一定程度上为验证 H1 提供了支持。

表 11.3 是各组样本公司的式（6.3）多元回归方程结果。

从表 11.3 可以看出：首先，从回归方程的可决系数（R^2）来看，不论是分年度进行检验，还是混合样本检验，财务报告透明度较高组的多元回归方程可决系数（R^2）均高于财务报告透明度较低组，如 2007 年度，透明度较高组的回归方程 R^2 为 0.757，而较低组的 R^2 为 0.624，这表明对具有较高财务报告透明度的公司而言，相较于透明度较低的样本公司，其股价能够更多地被会计信息所解释，即其会计信息具有更高的价值相关性；其次，从回归方程的估计系数 β_1、β_2 来看，不论是分年度进行检验，还是混合样本检验，财务报告透明度较高组的估计系数 β_1、β_2 均高于财务报告透明度较低组相应的系数估计值，如在

2007 年度样本中，财务报告透明度较高组的 β_1、β_2 系数分别为 13.572 和 2.182，而透明度较低组的 β_1、β_2 系数分别为 7.092 和 1.566，二者差别明显，这表明对财务报告透明度较高的样本上市公司而言，股价与每股净资产、每股净收益相关的程度更强。综合来看，本章的研究假设 H1 得到了初步的验证。

表 11.3　分组回归系数比较

		β_0	β_1（EPS）	β_2（BV）	β_3	Adj-R^2	F 值	观察值
2007 年度	较高组	-56.235**	13.572***	2.182***	2.629**	0.757	76.700	73
		（-2.500）	（7.493）	（3.072）	（2.526）			
	较低组	-54.754***	7.092***	1.566***	2.870***	0.624	40.327	73
		（-3.983）	（5.019）	（3.711）	（4.338）			
2008 年度	较高组	-60.622***	6.894***	0.300	3.171***	0.714	64.330	77
		（-4.803）	（5.107）	（0.638）	（5.507）			
	较低组	-56.565***	6.448***	0.069***	3.073***	0.477	24.127	77
		（-4.278）	（4.083）	（2.899）	（4.872）			
混合样本	较高组	-60.659***	10.716***	0.687	3.096***	0.662	98.740	150
		（-4.134）	（8.001）	（1.394）	（4.594）			
	较低组	-55.871***	8.695***	0.076***	3.052***	0.527	55.945	150
		（-5.643）	（8.680）	（2.916）	（6.468）			

注：*、**、***分别表示在 10%、5%和 1%的显著性水平上显著；括号内为 t 检验值。

（三）多元回归方程分析

为同时控制其他可能的影响因素，以取得更为可靠的研究结论，并考察财务报告透明度对会计信息价值相关性的增量效应，本章将样本上市公司的各变量数据代入（11.2）式的多元回归方程，并对 2007 年度样本、2008 年度样本以及两个年度的混合样本分别进行多元回归检验，估计结果如表 11.4 所示。

表 11.4 多元回归结果

	2007 年度	2008 年度	混合样本
β_0	-43.581***	-56.143***	-53.398***
	（-3.261）	（-6.403）	（-5.966）
β_1	10.853***	6.991***	10.309***
（EPS）	（9.003）	（6.032）	（12.367）
β_2	1.493***	0.016	0.024
（BV）	（3.501）	（0.275）	（0.385）
β_3	5.885***	1.361	2.714**
（TF*EPS）	（3.709）	（0.857）	（2.214）
β_4	-0.512	-0.325	-0.356
（TF*BV）	（-1.142）	（-1.116）	（-1.228）
β_5	2.252***	3.032***	2.896***
	（3.571）	（7.311）	（6.857）
F 值	87.423	61.234	110.096
DW 值	1.835	1.792	1.864
观察值	146	154	300
Adj-R^2	0.749	0.663	0.646

注：*、**、***分别表示在 10%、5%和 1%的显著性水平上显著；括号内为 t 检验值。

从表 11.4 可以看出，回归方程的 F 值较大，表明方程的总体显著有效；同时，各回归方程的可决系数（R^2）较高，显示了较好的拟合效果；通过对表 11.4 进行分析，可以得到以下的研究结论：

1．较高的财务报告透明度确实提高了会计信息的价值相关性，特别是显著提高了每股盈余（EPS）这一会计信息的价值相关性。在 2007 年度，β_3 的系数在 1%的水平上显著为正；在 2008 年度，β_3 的系数尽管为正，但并未通过显著性检验（本章认为，这可能与当时的市场环境有关，后文将有详细解释）；从两个年度的混合样本来看，β_3 的系数在 5%的水平上显著为正。β_3 的系数为正，意味着随着财务报告透明度的提高，每股盈余的价值相关性得以提高，本章的假设得到了验证。

值得注意的是，β_4的估计系数在3个样本组内均为负值，虽然都没有通过显著性检验，但至少意味着财务报告透明度的提高并没有增强每股净资产的价值相关性。所以，总体上来看，财务报告透明度具有提高会计信息价值相关性的增量效应，但这一增量效应主要体现在每股盈余（EPS）上，对每股净资产的增量效应是不明显的。

2．从回归结果来看，每股盈余（EPS）的价值相关性明显要高于每股净资产的价值相关性。这一结论可以从两个角度来看：第一，在3个样本组内，β_1都在1%的显著性水平上为正，表明每股盈余与股价高度相关，而代表每股净资产与股价相关性的系数β_2虽然也为正值，但只在2007年度样本组内是显著的，其余均没有通过显著性检验。第二，在3个样本组内，系数β_1的数值均远大于系数β_2，比如在2007年度样本组内，每股盈余的标准化系数β_1为0.524（表6.4中未列出），而每股净资产的标准化系数β_2只有0.196；在混合样本中，每股盈余的标准化系数β_1为0.598，而每股净资产的标准化系数β_2只有0.022。所以，综合来看，每股盈余的价值相关性要明显高于每股净资产，意味着在股价的形成过程中，每股盈余较之每股净资产发挥着主导作用。

本章认为，之所以在2008年度样本组内相关结果在统计意义上未达显著水平，可能与当时的市场环境有着密切的关系。在2008年度样本组内，是考察2008年度的财务报告透明度状况对2008年报中的会计信息价值相关性的影响。由于我国年报发布要在下一年度的4月底之前完成，所以作为因变量的股价是选择2009年4月末的价格，而这一时期，正处于我国证券市场的低谷期，同时受国际金融危机的影响，我国证券市场整体上开始了深幅调整，上市公司的股价普遍大幅下跌，从而有可能造成股价较大幅度地偏离其内在价值，导致价格模型失去了作为会计信息价值相关性检验模型的基础，从而影响了检验结果的显著程度。

会计信息的价值相关性是实务界和学术界都非常关注的一个问题，而财务报告透明度与会计信息的价值相关性之间的关系也是一个值得探讨的话题。国内这一领域内现有的研究文献都以深交所的信息披露考评结果作为透明度的替代变量，从而导致在研究模型设计、样本选择上都受到了明显的限制，影响了研究结论的可靠性和说服力。

在前文所构建的财务报告透明度指标（TF）的基础上，本章以我国深沪两市的机械、设备、仪表制造业上市公司为研究样本，实证检验了财务报告透明度与会计信息价值相关性的关系。相比于已有的研究文献，本章更精确地分析了财务报告透明度对会计信息价值相关性的增量影响，同时，在研究样本上也做了拓展，不再仅局限于深市上市公司。研究结果表明，财务报告透明度确实能够增强会计信息的价值相关性，但这种增量效应主要体现在对每股盈余价值相关性的影响上，而对每股净资产的影响则不明显；同时，研究也发现，我国证券市场上每股盈余的价值相关性明显高于每股净资产。

第十二章　财务报告透明度与企业价值

近几年，随着我国证券市场的持续发展，监管部门针对上市公司信息披露的相关规范体系不断健全，上市公司信息披露的主动意识也有明显加强，与此同时，“价值投资”理念逐渐为投资者所认可，投资者在选择投资目标时，也越来越重视目标公司的信息披露状况。在这一背景下，通过研究上市公司财务报告透明度与公司价值间的关系，从而对上市公司改善财务报告披露行为，引导投资者理性决策，推动我国证券市场持续发展，都有着重要的理论价值和现实意义。

从目前来看，尽管已有国内外学者对上市公司信息披露与公司价值的相关性进行了诸多研究，但对于我国这样一个新兴的证券市场来说，基于国外成熟市场背景的研究结论未必依然有效；同时，国内这一领域的研究主要以自愿性信息披露作为透明度的代理变量，相关研究大多集中在自愿性信息披露对公司价值的影响上，并没有能够系统考虑完整的信息传递过程可能对公司价值所产生的整体影响。为此，本章拟在前文研究的基础上，对财务报告透明度与公司价值的关系进行研究，以对这一领域内的研究予以丰富和发展。

一、理论分析与假设提出

（一）文献综述与理论分析

通过提高透明度，降低信息的不对称程度，是否有助于提升企业价值，是诸多研究者关注的重要问题。Healy 和 Palepu（2001）指出，由于外部投资者与经理层之间的信息不对称，可能导致发生“柠檬市场”效应，质地优良的上市公司为避免出现价值低估，将理性地提高信息披露水平，以强化与外部投资者的信息沟通。[①]Rahman（2002）认为公司信息披露程度的提高将有利于形成外部经理市场压力和声誉激励，从而有助于实现外部治理。Wesley（2004）通过构建自愿性信息披露指标来衡量公司信息披露程度，以Q值计量公司价值，对拉美三个不同国家上市公司的信息披露状况和公司价值之间的关系进行了实证研究，发现二者间存在显著的正相关性，即公司的信息披露程度越高，公司价值越高，并且这种相关性受到公司所处行业和公司规模的影响。[②]Patel和Dallas（2002）以S&P透明度评价结果为依据，研究发现，相比于得分较低的公司，在公司年报透明度评价上得分较高的样本公司具有较高的市账比，即具有更高的市场评价。从上述文献可以看出，关于透明度与企业价值的关系，国外相关研究得出的结论是基本一致的，均认为较高的信息透明度水平将有助于提升公司价值。

但从国内已有的相关研究文献来看，这一问题的结论存在着较大的差异。如于健南（2009）以深市家族上市公司为研究样本，分别以深交所的信息披露考评等级和证券分析师预测差异为信息透明度的代理变量，以Q值来衡量企业价值，实证研究了信息透明度与企业价值间的关系。与研究假设相反，信息透明度与企业价值间存在着显著的负相关关系，对这一看似令人困惑的结论，作者主要从家族企业特殊性的角度对此加以解释，认为这是由家族企业上市公司特殊的披露结构与披露内容造成的；[③]唐跃军、程新生（2005）选择信息披露的完整性、真实性、及时性三项评价指标，依据实证调研的数据对931家上市公司信息披露的真实性、及时性和完整性进行评价，并进一步得出信息披露指数来综合评价上市公司的信息披露质量，同样以Q值来衡量企业价值，实证研究发现，信息披露质量与企业价值间存在着显

---

① Healy, P.M.，K.G.Palepu. Information asymmetry, corporate disclosure, and the capital markets: A review of the empirical disclosure literature. Journal of Accounting &Economics，2001，Vol.31:405~440

② Wesley M.S. The Voluntary Disclosure of Financial Information on the Internet and the Firm Value Effect in Companies across Latin America. 2004，SSRN Working Paper

③ 于健南.家族企业董事会治理、信息透明度与企业价值. 博士学位论文. 广州：暨南大学，2009

著的负相关关系，对于这一结论，作者认为也许是因为信息披露质量越高，则意味着上市公司的信息披露更加真实可靠，从而更客观地反映了企业比较糟糕的实际经营情况所致，也反映出我国上市公司信息披露机制本身相当薄弱，还不足以对上市公司企业业绩和企业价值产生全面而显著的影响；①与上述研究结论相反，刘伟、刘星（2008）选取了沪市 403 家 2004 年制造业公司作为研究样本，通过自建的自愿性信息披露指数（VD）来测度上市公司自愿信息披露程度，以 Q 值来计量公司价值，实证检验了上市公司自愿性信息披露与公司价值之间的关系。结果发现，自愿性信息披露与公司价值之间呈现显著的正相关关系。

除此以外，张宗新、朱伟骅（2007）通过构建自愿性信息披露指标（VDS），用 Q 值计量企业价值，以 2002～2003 年作为研究的时间区间，选择沪深证券交易所 9 大行业中有代表性的 74 家上市公司为研究样本，实证检验了信息透明度与企业价值间的关系。结果发现，从自愿性信息披露的绝对量来看，信息透明度与公司价值间并不存在严格的线性正相关性，即公司自愿性披露程度越高并不一定促进公司价值的提高，但公司价值变化和公司信息披露指标变化之间存在显著正相关关系，即二者的增量是显著正相关的；②王雄元、刘炎、全怡（2009）以 2005 年深圳证券交易所 14 个行业的 325 家上市公司数据为研究样本，以深交所信息披露考评等级为信息透明度的替代变量，以 Q 值来度量公司价值，发现当信息透明度较高时，信息透明度与公司价值在 1%的水平下显著正相关，作者认为这意味着信息透明度能提升公司价值，投资者愿意为信息披露水平良好的公司支付溢价；但当信息透明度较低时，信息透明度与公司价值正相关但不再显著，作者认为这表明对于信息透明度较低的公司而言，信息透明度的价值效应尚未得到体现。③

综合来看，关于透明度与企业价值间的关系，国内相关研究文献

① 唐跃军，程新生.信息披露机制评价、信息披露指数与企业业绩.管理评论，2005（10）：8~15
② 张宗新，朱伟骅.增强信息透明度能否提升公司价值.南方经济，2007（7）：47~59
③ 王雄元，刘炎，全怡.产品市场竞争、信息透明度与公司价值.财贸经济，2009（9）：30~36

的结论存在较大差异，本文认为，这可能是由两个方面的原因所导致的。首先，国外学者的研究结论是以国外的成熟市场环境为基础的，是否能直接应用于我国证券市场还值得研究；其次，国内的研究结果存在冲突在一定程度上是由于透明度变量的设计造成的。

国内现有研究文献要么是以自愿性信息披露数量来代替，要么以深交所信息披露考评结果作为替代变量。但仅考察样本公司的自愿性信息披露数量，实际上忽略了所披露信息的质量维度，同时也没有考虑投资者的相关特征；而以深交所信息披露考评结果来代表样本公司的透明度水平，虽然考评结果本身包括因素较为全面，但样本范围却只能局限于深交所上市公司，从而导致其研究结论的可靠性受到了限制。

因此，我们将在本书第五章所构建的财务报告透明度指标的基础上，以我国沪深两市的机械、设备、仪表制造业上市公司为研究样本，实证检验财务报告透明度与公司价值的关系。

（二）研究假设

充分有效的信息披露是保证资本市场能够有效运行的前提条件，在证券市场上，投资者与上市公司之间存在着天然的信息不对称，由此可能造成“逆向选择”和引发“道德风险”问题，从而给投资者利益带来损害。对于上市公司来讲，如果证券市场“柠檬化”，也可能导致真正优质的上市公司价值将被“低估”，影响公司发展。因此，信息披露已经成为世界各国证券市场的通行准则，通过信息披露，尽量减轻上市公司与投资者之间的信息不对称，成为保护投资者权益的重要途径，同时，对上市公司来说，也能起到防止价值被低估，提升公司价值的积极作用。

财务报告在这一过程发挥着关键作用。这是因为从现实情况来看，财务报告不但在上市公司信息披露中占据较大比重，而且在可靠性、相关性等方面有着其他各类公开信息所不具有的优势。考虑到财务报告是基于一定的专业技术规范编制的，在向投资者传递的过程中要经历一个复杂的过程，因此，财务报告透明度水平的高低对于投资者能否有效掌握上市公司的财务会计信息有着直接影响，并进而影响到投资者对公司价值的合理判断。

Healy 和 Palepu（2001）指出，由于外部投资者与经理层之间的信息不对称，可能导致发生“柠檬市场”效应，质地优良的上市公司为避免出现价值低估，将理性地提高信息披露水平，以强化与外部投资者的信息沟通。Patel 和 Dallas（2002）以 S&P 透明度评价结果为依据，研究发现，相比于得分较低的公司，在公司年报透明度评价上得分较高的样本公司具有较高的市账比率（P/B ratio）。

较高的财务报告透明度有助于投资者有效掌握上市公司的财务信息，了解公司的真实经济情况和风险，从而使得投资者在判断公司价值时有了更好的财务会计信息基础。一方面，较高的财务报告透明度增加了投资者与公司间的会计信息沟通，从而能够缓解上市公司与投资者间的信息不对称，减少公司价值被低估的可能性，同时，在较高的透明度水平下，优质公司的内在价值也更有可能被投资者所认可，从而愿意支付更高价格，公司价值将整体提高；另一方面，较高的财务报告透明度有助于发挥财务会计信息的治理功能，有利于委托—代理问题的缓和，能够对上市公司经理层形成有效激励，从而使得公司价值得到提升。基于以上分析，本文提出如下研究假设：

H1：财务报告透明度与公司价值存在正相关关系。

二、研究设计与样本选择

（一）研究设计

1．财务报告透明度的度量

本章财务报告透明度的计量依托于第五章所设计的透明度评价指标体系，并采用第八章使用过的主成分分析法计算各样本公司的财务报告透明度指标（TF），具体计算过程详见第五章、第八章的相关内容。

2．公司价值的度量

与已有研究文献类似，本章采用 TOBIN'Q 值来衡量公司价值。考虑到我国证券市场上存在着流通股与非流通股的差别，不同类别股票在流通权利上存在差异。尽管通过股权分置改革，这一问题目前已经基本得到了解决，但受制于股改方案的制约，在本研究所涵盖的时间区间内，这种股权流通权利上的差别仍是存在的。因此，本章将借鉴已有相关文献的普遍做法，采用两种方式分别计算样本公司的Q值，如下式所示：

$Tobin'Q_1$=（流通股数×市价+非流通股数×每股净资产+负债账面价值）/总资产

$Tobin'Q_2$=（总股本×市价+负债账面价值）/总资产

其中，股票市价为当年度最后一个交易日的收盘价，即在对非流通股价值的估计上，分别采用每股净资产和股票市价来度量。

3．检验方程

为了检验研究假设 H1，并同时控制其他因素可能对企业价值造成的影响，本章构建了如下的多元回归方程：

$$Tobin'Q=\beta_0+\beta_1 TF_{it}+\beta_2 ROA_{it}+\beta_3 LEV_{it}+\beta_4 GROV_{it}+\beta_5 LNTA_{it}+\varepsilon t \tag{12.1}$$

其中，TF 为样本公司的财务报告透明度指标；ROA 为总资产收益率，以控制企业盈利能力因素的影响；LEV 为样本公司当期的资产负债率，用以控制企业财务杠杆水平对企业价值的影响；GROV 为样本公司当期营业收入的增长率，以控制企业成长性因素对公司价值的影响；LNTA 为总资产的自然对数，用以控制公司规模因素的影响。如果实证结果表明，系数 β_1 显著为正，则表明较高的财务报告透明度将提升公司价值，本章的研究假设得以证实。

王雄元等（2009）的研究发现，当透明度较低时，信息透明度的价值效应将不能得到体现；同时，张宗新等（2007）发现，公司信息披露水平与公司价值间存在着非线性关系，从信息披露绝对量角度而言，公司价值和信息披露指标呈现倒 U 型关系。这些研究表明了透明度与公司价值间的关系可能是非线性的，因此，为了对这种非线性关系加以检验，本章将在方程（12.1）的基础上，引入财务报告透明度指标的二次方（TF^2），如下式所示：

$$Tobin'Q=\beta_0+\beta_1 TF_{it}+\beta_2 ROA_{it}+\beta_3 LEV_{it}+\beta_4 GROV_{it}+\beta_5 LNTA_{it}+\beta_6 TF2_{it}+\varepsilon t \quad (12.2)$$

在样本保持一致的情况下，如果方程（12.2）的解释能力更强，则可表明财务报告透明度与公司价值间确实存在着非线性的关系。

（二）样本选取与数据

我国上市公司自 2007 年开始实施新的会计准则，为保证研究结论的可靠性，本文以 2007、2008 两个年度为时间选择范围；同时，为控制不同的行业特征对计量模型准确性所造成的不利影响，而又尽可能保证足够大的样本量，本章选择沪、深两市所属上市公司数量最多的机械、设备、仪表制造业（行业代码 C7）为样本选择范围，经剔除同时在海外发行、近期实施资产重组及数据不全的样本，共有 156 家上市公司为研究样本，其中深交所上市公司 55 家，上交所上市公司 101 家；每家样本公司包含两个年度数据，因此共有 312 个观察值。

根据不同的数据类型，数据分别来自 CCER 数据库、沪深交易所网站；本章所用统计软件为 SPSS13.0。

三、实证结果与分析

（一）描述性统计

表 12.1 列示了各变量的描述性统计结果。

从表 12.1 可以看出，2008 年度的 Tobin'Q 值要明显小于 2007 年度，同时，当期的总资产收益率 ROA 也小于 2007 年度相应指标，这与 2008 年度的市场整体状况相一致，主要是受到当期宏观经济环境变化的影响。

表 12.1　各变量的描述性统计

项目		最小值	最大值	均值	标准差	中值
2007年度	$Tobin'Q_1$	1.0295	7.1709	2.2881	1.0177	1.9565
	$Tobin'Q_2$	1.3435	12.2577	3.4947	1.9830	2.9193
	ROA	-0.0690	0.0864	0.0120	0.0162	0.0099
	LEV	0.0091	0.9678	0.5310	0.1644	0.5467
	GROV	-0.8485	8.7890	0.4279	1.0329	0.2402
	LNTA	18.0281	25.3464	21.4092	1.0663	21.3585
2008年度	$Tobin'Q_1$	0.4887	4.9796	1.3413	0.5083	1.2153
	$Tobin'Q_2$	0.5489	7.2525	1.6041	0.8373	1.4152
	ROA	-0.0408	0.0649	0.0070	0.0145	0.0065
	LEV	0.0001	1.1008	0.5332	0.1842	0.5487
	GROV	-0.5914	3.8072	0.1744	0.5088	0.1008
	LNTA	-9.2103	25.4041	21.3009	2.7138	21.4272

各变量的相关系数如表 12.2 所示。

表 12.2　各变量相关系数表

	$Tobin'Q_1$	$Tobin'Q_2$	ROA	LEV	GROV	LNTA	TF
$Tobin'Q_1$		0.923***	0.261***	-0.168***	-0.003	-0.151***	-0.154***
$Tobin'Q_2$	0.960***		0.274***	-0.097	0.092	-0.154***	-0.175***
ROA	0.232***	0.260***		-0.055	0.304***	0.251***	0.235***
LEV	-0.190***	-0.170***	-0.094*		0.118***	0.327***	-0.022
GROV	0.169***	0.209***	0.409***	0.140**		0.147***	0.069
LNTA	-0.328***	-0.291***	0.317***	0.370***	0.253***		0.271***
TF	-0.138**	-0.154***	0.219***	-0.033	0.075	0.430***	

注：*、**、***分别表示在 10%、5%和 1%的显著性水平上显著（双尾检验）；上半角为 Pearson 相关系数，下半角为 Spearman 相关系数。

从表 12.2 可以看出，Q 值与 ROA 高度正相关，与企业规模、资产负债率显著负相关，营收增长率与 Q 值的相关性则不显著；与研究假设相反，财务报告透明度（TF）与 Q 值在较高的显著性水平上负相关，但更严格的结论需要在回归方程中加以检验。同时，回归方程中各主要自变量间的相关系数最高为 0.370，说明不存在严重的多重共线性问题，变量均可纳入分析模型中。

（二）多元回归方程检验

将样本公司各变量数据代入回归方程，运行 SPSS13.0 软件，得到如表 12.3 所示的实证检验结果。

表 12.3　多元回归结果

PANEL A 因变量：$Tobin'Q_1$

变量	模型 1				模型 2			
	系数	T 值	P 值	VIF	系数	T 值	P 值	VIF
C	3.329	6.193	0.000		3.196	5.975	0.000	
TF	-0.325***	-3.325	0.001	1.106	-0.357***	-3.655	0.000	1.123
ROA	20.753***	5.726	0.000	1.245	20.721***	5.772	0.000	1.245
LEV	-0.604*	-1.923	0.055	1.194	-0.651**	-2.089	0.038	1.198
GROV	-0.062	-0.985	0.325	1.134	-0.058	-0.929	0.354	1.135
LNTA	-0.064**	-2.363	0.019	1.289	-0.062**	-2.302	0.022	1.290
TF^2					0.398***	2.601	0.010	1.019
Adj-R^2	0.143				0.159			
F 值	11.138***				10.588***			
PANEL B	因变量：Tobin'Q2							
变量	模型 1				模型 2			
	系数	T 值	P 值	VIF	系数	T 值	P 值	VIF
C	5.630	5.574	0.000		5.280	5.311	0.000	
TF	-0.630***	-3.426	0.001	1.106	-0.713***	-3.927	0.000	1.123
ROA	38.582***	5.665	0.000	1.245	38.499***	5.770	0.000	1.245
LEV	-0.615	-1.042	0.298	1.194	-0.738	-1.275	0.203	1.198
GROV	0.102	0.858	0.392	1.134	0.113	0.967	0.334	1.135
LNTA	-0.148***	-2.902	0.004	1.289	-0.142***	-2.844	0.005	1.290
TF^2					1.046***	3.674	0.000	1.019
Adj-R^2	0.146				0.181			
F 值	11.427***				12.171***			

注：*、**、***分别表示在 10%、5%和 1%的显著性水平上显著。

从表 12.3 可以看出，两个模型的 F 统计量均处于显著水平，表明回归方程总体有效。从各变量的系数来看，企业盈利能力与公司价值高度正相关；企业规模与公司价值显著负相关，资产负债比率与公司价值负相关；而增长能力与公司价值的关系在不同的 Q 值计量模型下不一致，但其系数在统计意义上均不显著，反映出这一因素对公司价值影响的不确定性。

与研究假设相反，财务报告透明度与公司价值间存在着负相关关系，并且在较高的显著性水平上显著，本章的研究假设未得到证实。这一研究结论与唐跃军（2005）和于健南（2009）的研究结论相一致，后文将对这一令人费解的现象进行进一步的分析与讨论。

（三）更进一步的讨论

为了对财务报告透明度（TF）与公司价值间的关系有更直观的认识，本章描绘出样本公司各年度的财务报告透明度（TF）与公司价值（Tobin'Q_1）的散点图，如图 12.1 和图 12.2 所示。

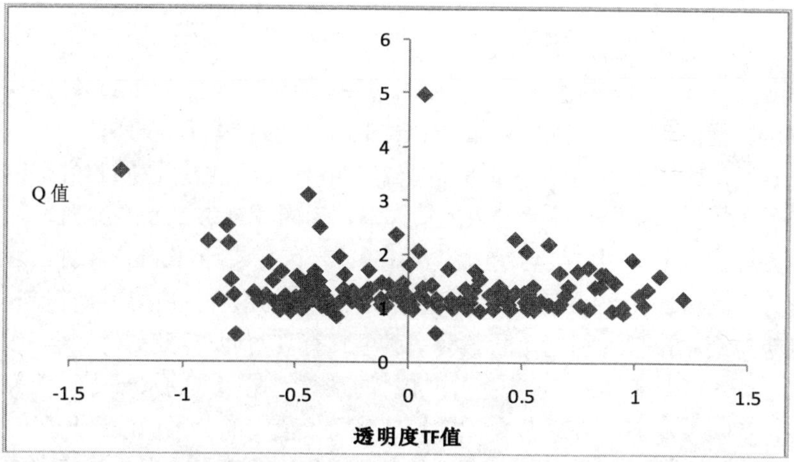

图 12.1 2007 年财务报告透明度（TF）与公司价值（Tobin'Q1）的散点图

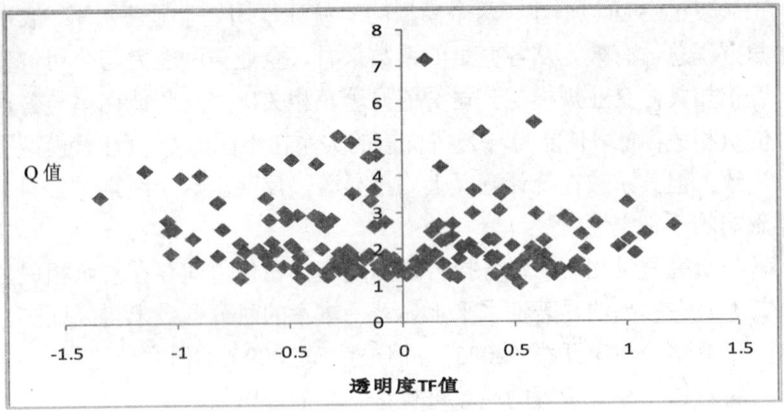

图 12.2　2008 年财务报告透明度（TF）与公司价值（Tobin'Q_1）的散点图

从图 12.1 和图 12.2 可以看出，严格的线性关系并不能很好地刻画出财务报告透明度与公司价值间的关系，而是二者间大致呈现出较平坦的 U 型曲线关系，即在财务报告透明度处于曲线的两端（较低或较高）时，企业价值处于较高水平，而在介于两端之间时，通常具有较低的 Q 比率。

为了更为严格地论证这种非线性关系的存在，本章将财务报告透明度的二次方引入回归方程（12.1），即按照回归方程（12.2）对样本数据进行检验，主要回归结果列于表 12.3 中的“模型 2”列。

通过比较“模型 1”和“模型 2”两列可以看出，在回归方程中加入 TF^2 后，在样本前后一致的情况下，当因变量为 Tobin'Q_1 时，回归方程的 Adj-R^2 由 0.143 增加到 0.159；当因变量为 Tobin'Q_2 时，回归方程的 Adj-R^2 由 0.146 增加到 0.181，方程的拟合程度均有所提高，表明与回归模型 1 相比，回归模型 2 更具有真实性与可解释性。

同时，从表 12.3 可以看出，TF^2 的系数 β_6 在 1%的水平上显著为正，意味着财务报告透明度（TF）与公司价值间的关系曲线经历了一个先下降、后上升的过程，显示出财务报告透明度与公司价值间存在非线性关系。经进一步分析可以发现，如表 12.2 所示，总资产收益率（ROA）与财务报告透明度（TF）的相关系数为 0.235，且在 1%的水平上显著（双尾检验），这表明财务报告透明度与企业绩效存在着显著的正相关性，这意味着当样本公司的财务报告透明度处于较低水平时，企业经营业绩往往较差。本章认为，在这种情况下，如果财务报告透明度增加，将有助于投资者更为清楚地了解公司较差的经营状况，从而可能导致更低的价值评价，企业的 Tobin'Q 值将会下降，但这在客观上可以起到保护投资者利益的作用；而当透明度处于较高水平时，增加财务报告透明度，将会发挥信号传递功能，提高投资者信心，进而起到提升企业价值的积极作用，也就是说，财务报告透明度的价值增量效应只有在透明度处于较高水平时才可能发生。

这一研究结论具有清晰的政策含义。从整体上看，当前我国上市公司财务报告透明度还处于较低水平，不但财务报告违规行为时有发生，而且大多数上市公司在财务报告的编制与披露上，仅限于满足监管部门的相关强制性规范，甚至有意闪烁其词，增加投资者通过财务报告获取公司信息的难度,给投资者合理评估企业价值带来障碍。因此,对于优质上市公司来说,要发挥财务报告透明度的价值增量效应，必须持续强化透明度建设,提高投资者通过财务报告了解企业信息的能力,以对提升企业价值发挥积极作用；而对于证券监管部门来讲，应制定更加有力的政策措施，督促上市公司提高其财务报告透明度水平，以为投资者准确评价企业价值提供条件，切实保护投资者利益。

根据信息不对称理论，在证券市场上，上市公司与投资者之间存在着信息不对称，从而引发了“逆向选择”和“道德风险”问题。通过加强信息披露，能够缓解由此而带来的“柠檬市场”效应，同时，高质量的信息也有助于解决委托—代理问题，从而提升公司价值，国外的相关研究文献大多证实了二者间这一关系的存在。但在我国这样一个新兴市场上，透明度与公司价值间是否存在这种正相关关系，根据已有的国内文献来看，则有着不尽相同甚至截然相反的研究结论。深入研究财务报告透明度与企业价值间的关系，对于引导上市公司披露行为，为监管部门提供相应的政策建议，促进投资者权益保护，有着重要的现实意义和理论价值。

在前文所构建的财务报告透明度指标的基础上，本章以我国沪深两市的机械、设备、仪表制造业上市公司为研究样本，选择2007、2008两个会计年度，实证检验了财务报告透明度与公司价值的关系。研究结论表明，财务报告透明度与公司价值之间并不存在严格意义上的线性关系，而是大致呈现出比较平坦的U型曲线关系的特征，财务报告透明度对公司价值的提升作用只有在透明度处于较高水平时才可能存在，这一研究结论为加强我国上市公司财务报告透明度建设提供了相应的理论支持。考虑到我国上市公司现有的财务报告透明度仍处于较低水平，当前对大多数上市公司来讲，应加强对财务报告透明度的建设，让投资者能够通过财务报告了解更多的公司信息，增强投资者信心，才有可能起到提升企业价值、防止价值被低估的作用。

第十三章　财务报告透明度与债务融资成本

一、问题的提出

信息经济学的研究表明，由于信息不对称所引发的信息风险是不可分散的（Easley and O'Hara，2004）。信息风险会导致投资者的逆向选择行为，即在信息透明度较低的情况下，通过提高资金价格（即企业的融资成本）获得风险补偿。而财务报告透明度作为一种保护投资者知情权的机制，能够有效地缓解企业内部人与外部投资者之间的信息不对称，避免逆向选择的发生。已有研究证明，提高信息披露水平和信息质量能够降低股权融资成本（Botosan，2000；Botosan and Plumlee，2002；Bhattacharya，2003；王华和张程睿，2005；汪炜和蒋高峰，2006；曾颖和陆正飞，2006）。债权人作为与股东性质不同的投资者，其面临的信息风险及风险防范能力与股东也不相同，那么债权人对财务报告透明度的依赖程度和关注程度如何，是一个值得研究的问题。对这个问题的研究，有利于我们理解财务报告透明度在保护债权人利益方面的作用机制，尤其是在我国目前对债权人利益保护较弱的情况下，强化财务报告透明度对债权人保护作用显得更加重要。基于此，本章分析财务报告透明度与债务融资成本之间的关系，并将使用前文建立的财务报告透明度评价指数进行实证检验，旨在发现较高财务报告透明度与债务融资成本之间是否具有相关性。

二、文献回顾与研究假设

（一）文献回顾

债权人与债务人之间的利益冲突表现为，债务人会利用信息优势作出损害债权人利益的决策，比如过度投资或投资不足。为了降低信息不对称带来的风险，债权人会通过各种渠道获取有关债务人经营状况的信息，并据此判断债务人的信贷风险大小。其中，财务报告无疑是最重要也是使用最广泛的信息渠道。饶艳超和胡奕明（2005）以问卷调查的方式分析了银行在授信过程中对会计信息的使用情况。他们的研究发现，银行对财务报表以及有助于进一步评价企业潜在风险的报表附注信息高度重视，多数信贷人员表示会计信息能够满足贷前分析的要求。廖秀梅（2007）将信息不对称作为由会计信息决定的内生变量，使用联立方程的方法研究发现会计信息能够降低信息不对称程度，从而有助于银行提高信贷决策的正确性。

需要注意的是，上述研究隐含着一个前提假设：债务人提供的会计信息是高质量的。因为只有高质量的会计信息才能发挥信贷决策有用性。然而在现实中，企业存在各种动机来操纵会计信息。叶志峰（2009）的研究发现，在我国的上市公司中存在以获得债务融资为动机的盈余管理。因此债权人在利用会计信息评价债务人的信贷风险时必须对信息质量因素加以考虑。陆正飞等（2008）以盈余管理程度作为衡量会计信息质量的替代变量，分析上市公司新增银行长期借款与会计信息及信息质量之间的相关性，结果表明我国银行在发放长期贷款时无法有效识别信息质量不同的债务人，因而只能对信息质量不同的债权人给予无差别对待。而另外一些文献则发现，银行在发放贷款时能够识别债务人信息质量的高低，具体表现为会计稳健性较高的企业往往能够获得更多贷款，尤其是长期贷款（Graham，Li and Qiu，2008；Bhaeath，Sunder and Sunder，2008；陶晓慧和柳建华，2010）。

提供高质量的会计信息能够降低信贷风险，从而提高债权人的收益，但是会增加债务人的成本。因此，为了鼓励债务人提高信息披露水平和信息质量，债权人需要将上述利益与债务人分享，即降低债务人的债务融资成本。而有关信息披露和信息质量与债务成本之间关系的研究成果不多。Sengupta（1998）选择 103 家美国上市公司为样本，以公司债券的到期收益率、总的利息成本和债券信用等级三种指标衡量债务成本，以财务分析师联盟（FAF）对各个公司信息披露的打分作为解释变量，检验结果发现信息披露质量与债务成本显著负相关。Ahmed et al.（2002）以标准普尔发布的债务评级作为债务成本的替代变量，研究发现会计稳健性有利于缓解债权人和股东在股利政策方面的冲突，并且有助于降低公司的债务成本。于富生和张敏（2007）以深市 A 股上市公司为样本，研究了我国上市公司信息披露质量与企业债务成本之间的关系。他们使用浙江盛达 WTO 与金融工程研究咨询中心对我国部分上市公司的信用评级来衡量债务成本，信息披露质量的计量则采用深交所的信息披露评级来替代，检验结果表明信息披露质量越高的企业承担的债务成本越小，同时市场风险的提高强化了两者之间的负相关关系。卢闯（2008）也利用上述信用评级和贷款利率来衡量债务成本，研究了盈余质量对债务成本的影响，研究发现在其他条件相同的情况下，盈余质量高的企业享有更高的信用等级和更低的贷款利率，而且盈余质量发生改善后，企业的贷款利率显著下降。

上述文献分别研究了信息披露水平或者会计信息质量的某个方面对债务成本的影响，证明会计信息披露和信息质量对于缓解债权人和债务人之间的信息不对称、降低债务融资成本能够起到一定的积极作用；同时，也为我们研究财务报告信息透明程度与债务成本之间关系提供了重要的参考。

相对于以上学者从会计信息的生成和披露不同环节、不同角度评价会计信息质量及其债权人利益的影响，财务报告透明度是对财务报告生成环境、报告内容、外部监管、信息传播及解读等信息流动全过程的综合评价，通过保护投资者的知情权起到保护投资者利益的作用。因此，通过分析和验证财务报告透明度与债务融资成本之间的关系，可以更好地理解财务报告透明度在企业融资以及债权人利益保护中所发挥的作用。

（二）研究假设

在有限责任的法律环境中，公司债权人所面临的收益是非对称性的。在债务到期时，如果公司资产价值超过债务价值，债权人并不能获得本金和利息以外的其他超额收益；相反，如果公司资产价值低于债务价值，按照有限责任的法律规定，债权人实际获得的金额低于契约规定的数额，即公司的净资产。正是由于这种收益的非对称性，与股东相比，债权人会更加关注公司发生预期损失而不是预期收益的可能性。债权人通过各种方式获得关于公司经营状况的信息，用来评价公司的信贷风险，并通过贷款利息等形式获得风险补偿。债权人所感知到的信贷风险越大，则其要求的风险补偿就越大，对债务人来说就意味着债务融资成本越大。财务报告透明度能够缓解债权人与债务人之间的信息不对称，降低由于信息不对称带来的不确定性，从而使债权人要求较低的风险补偿，也就是降低了债务人的债务融资成本。

一般来说，经营业绩较好的公司愿意通过提高信息披露水平使自身区别于那些业绩较差的公司，以获得更低的融资成本和更高的企业价值。而业绩较差的公司往往采取少报、错报的方式试图隐瞒和欺骗外部投资者。另外，相比坏消息而言，公司更愿意及时披露对自身有利的好消息。而恰恰是这些有关企业经营业绩下滑、经营风险提高的坏消息，对保护债权人利益来说是更重要的。较高的财务报告透明度意味着债务人隐瞒坏消息的可能性更小，坏消息的及时披露有助于债权人及时采取自我保护措施，避免或减少信贷损失。因此，债权人对财务报告透明度较高的企业给予较高的信用等级评价，索取的风险补偿也比较少。同时，因为提高财务报告透明度对于债务人来说需要付出更多成本，为了鼓励债务人提高透明度，债权人会将由于透明度提高所带来的收益与债务人分享，具体表现为降低贷款利率等形式。以上两种情况的发生，都会使债务人的融资成本降低。

假设 1：在其他条件相同的情况下，债务人的财务报告透明度与债权融资成本负相关。

财务报告透明度降低信息不对称的具体途径是：通过向债权人提供更加可靠的会计信息，以利于债权人对企业潜在风险的客观评价。以商业银行为代表的债权人，在评价企业的信贷风险时，普遍的做法是利用企业财务报告提供的会计信息，通过各类财务比率的计算，综合分析企业的偿债能力、盈利能力、流动性等方面的情况，据此确定索取风险补偿的多少。财务数据所体现出来的企业经营状况是债务融资成本的重要决定因素。具体来说，偿债能力、盈利能力和流动性越高的企业，其违约风险越低，获得的债务融资成本就越低。值得注意的是，财务数据反映违约风险的准确程度取决于会计信息质量的高低。财务报告透明度能够提高会计信息的质量，这一点从前面章节研究发现的财务报告透明度能够抑制盈余管理就可以得到理论和实务的支持。因此，财务报告透明度较高的公司提供的会计信息与债权人信贷决策的相关性更高。在财务数据所反映出的经营状况相同的条件下，财务报告透明度较高的公司会获得较低的债务融资成本。

假设 2：与财务报告透明度较低的公司相比，财务报告透明度较高的公司提供的会计信息与债务成本的相关性更高。

需要指出的是，以上分析都是建立在债权人需要并且能够有效识别债务人财务报告透明度高低的基础上的。然而实际情况并非总是如此。以我国资本市场上最主要的债权人——四大国有商业银行为例，虽然它们相继完成了市场化改造，并成功上市，但是其国家控股的所有权性质没有改变，加之与各地政府千丝万缕的联系，以及与各级国有企业同属国家所有的性质，使其在为国企提供贷款时依然面临政府干预所带来的各种问题。政府无论是以政府信誉为贷款企业提供担保，还是通过行政手段强制银行提供贷款，都会削弱银行对债务人财务报告透明度的需求，而债务人也不必通过提供更加透明的信息来换取债务成本的减少，从而削弱了财务报告透明度与债务融资成本之间的联系。另外，债权人对盈余管理等影响财务报告透明度的行为的识别能力，也会影响债务成本与财务报告透明度的负相关关系。上述两点原因都有可能减弱财务报告透明度与债务融资成本之间关系的显著性水平。

三、研究设计

（一）样本选择

本章选取截止到 2008 年 6 月底在深沪两市挂牌交易的机械、设备、仪表制造业企业为研究样本，剔除的样本包括：同时在海外上市和同时发行 A、B 股的公司；发生重大资产重组的公司；数据缺失的公司。最后获得 2007 年和 2008 年 203 家样本的相关数据。财务报告透明度数据来自前文构建的评价指数，有关的财务数据和公司最终控制人类型数据来自 CCER 数据库，利息支出数据根据上市公司年报的报表附注手工收集。

（二）变量选择和回归模型

1. 债务成本（COST）

对债务成本的计量一般分为两类：第一类是使用权威机构评定和发布的企业信用等级作为债务成本的替代变量。信用等级越高表明债务人的信贷风险越低，债权人要求的风险补偿就越低，从而债务成本越低。国外研究中常用的信用等级包括 FAF 发布的信用等级。由于我国没有专门进行信用评级的权威机构，因此无法使用这种变量。第二类是用贷款利率计量债务成本。贷款利率与债务人的风险和贷款项目的风险有关，它是对债权人承担风险的一种补偿，因此成为衡量债务成本的重要变量。贷款利率的计算方法主要有两种：一种做法是，计算公司发行在外的债券的加权平均收益率与具有同样到期时间的国债收益率之差，来衡量债务成本（Anderson et al.，2002，2003）。另一种做法是计算利息总支出与债务总额的比值（Fortin and Pittman，2004）。由于我国上市公司极少发行公司债，企业债务期限结构的资料也难以获得，因此第一种方法并不适用。因此，本章借鉴 Fortin 和 Pittman（2004）、蒋琰（2009）等的做法，使用利息支出与借款总额的比值衡量债务成本。具体计算方法如下：

债务成本 = 当期利息支出 / 平均借款总额

借款总额 = 短期借款 + 一年内到期的长期负债 + 长期借款

其中，利息支出取自利润表报表附注中的财务费用明细项目，其他数据取自资产负债表中对应项目的期末余额。

2．财务报告透明度（TF）

对于财务报告透明度的计量，采用前文构建的财务报告透明度评价指数（TF）。同时引入虚拟变量 TFM，当 TF 大于样本中位数时，TFM 取值为 1，否则为 0。

3．财务比率

债权人在评价债务人信贷风险时通常使用各种财务比率，本章选择使用最多也是最重要的资产负债率（LEV）和资产收益率（ROA），利用它们与财务报告透明度虚拟变量的交互项来研究财务报告透明度能否通过提高会计信息质量而影响信贷决策。另外，考虑到债权人在实际中评价信贷风险时往往综合使用多种财务比率，因此本章还选取了 10 个常用比率并通过因子分析方法获得评价信贷风险的三个公因子，分别是偿债能力因子（FAC1）、盈利能力因子（FAC2）和流动性因子（FAC3），用以克服只使用资产负债率和资产收益率的片面性（见表 13.1）。

表 13.1 因子分析结果（N = 203）

变量	因子载荷矩阵		
	FAC1	FAC2	FAC3
流动比率	0.935	-0.102	-0.118
速动比率	0.935	-0.090	0.038
现金流动负债比率	0.883	0.073	0.207
现金负债比率	0.889	0.059	0.219
权益负债比率	0.796	-0.123	0.049
净资产收益率	0.143	0.686	-0.224
税后利润增长率	0.144	0.839	-0.295
营业利润增长率	0.102	0.618	-0.259
存货周转率	-0.153	0.282	0.793
应收账款周转率	-0.174	0.447	0.686
因子特征值	4.058	1.877	1.413

4. 控制变量

根据姜付秀和陆正飞（2006）、李广子和刘力（2009）、蒋琰（2009）等的做法，选择了以下影响债务融资成本的变量作为控制变量：公司规模（SIZE）、公司现金流（CASH）、银行借款比率（LOAN）、最终控制人类型（OWN）以及年度（YEAR）。各变量定义及计算方法详见表 13.2。

表 13.2 变量定义

变量名称	变量符号	变量含义
债务成本	COST	债务成本 = 当期利息支出 / 平均借款总额 借款总额 = 短期借款 + 一年内到期的长期负债 + 长期借款
财务报告透明度	TF	财务报告透明度评价指数
财务报告透明度虚拟变量	TFM	当 TF > 样本中位数，TFM = 1 当 TF < 样本中位数，TFM = 0
资产负债率	LEV	平均负债总额 / 平均资产总额
资产收益率	ROA	净利润 / 资产总额
偿债能力因子	FAC1	对流动比率、速动比率、现金流动负债比率、现金负债比率、权益负债比率、净资产收益率、税后利润增长率、营业利润增长率、存货周转率、应收账款周转率进行因子分析得到
盈利能力因子	FAC2	
流动性因子	FAC3	
公司规模	SIZE	期末总资产的自然对数
公司现金流	CASH	经营现金净额 / 平均资产总额
银行借款比率	LOAN	平均银行借款总额 / 平均资产总额
最终控制人性质	OWN	虚拟变量，国有，=0；非国有，=1
年度	YEAR	虚拟变量，2007 年，=0；2008 年，=1

考虑到银行在进行放贷决策时，依据的是公司前期的信息，因此上述变量中，除了债务成本、银行借款比率和年度之外，其他变量均以一年滞后项进入回归分析。回归模型如下：

$$COST_{i,t}=\alpha_0+\alpha_1 TF_{i,t-1}+\alpha_2 LEV_{i,t-1}+\alpha_3 ROA_{i,t-1}+\alpha_4 TFM*LEV_{i,t-1}+\alpha_5 TFM*ROA_{i,t-1}+\alpha_6 SIZE_{i,t-1}+\alpha_7 CASH_{i,t-1}+\alpha_8 LOAN_{i,t}+\alpha_9 OWN_{i,t-1}+\alpha_{10} YEAR_{i,t}+\varepsilon_{i,t} \quad (13.1)$$

另外，我们还用 TFM 代替 TF，用 FAC_1、FAC_2、FAC_3 代替 LEV 和 ROA，使用模型（2）、（3）、（4）进行检验。

$$COST_{i,t}=\alpha_0+\alpha_1 TFM_{i,t-1}+\alpha_2 LEV_{i,t-1}+\alpha_3 ROA_{i,t-1}+\alpha_4 TFM*LEV_{i,t-1}+\alpha_5 TFM*ROA_{i,t-1}+\alpha_6 SIZE_{i,t-1}+\alpha_7 CASH_{i,t-1}+\alpha_8 LOAN_{i,t}+\alpha_9 OWN_{i,t-1}+\alpha_{10} YEAR_{i,t}+\varepsilon_{i,t} \quad (13.2)$$

$$COST_{i,t}=\alpha_0+\alpha_1 TF_{i,t-1}+\alpha_2 FAC_{1i,t-1}+\alpha_3 FAC_{2i,t-1}+\alpha_4 FAC_{3i,t-1}+\alpha_5 TFM*FAC_{1i,t-1}+\alpha_6 TFM*FAC_{2i,t-1}+\alpha_7 TFM*FAC_{3i,t-1}+\alpha_8 SIZE_{i,t-1}+\alpha_9 CASH_{i,t-1}+\alpha_{10} LOAN_{i,t}+\alpha_{11} OWN_{i,t-1}+\alpha_{12} YEAR_{i,t}+\varepsilon_{i,t} \quad (13.3)$$

$$COST_{i,t}=\alpha_0+\alpha_1 TFM_{i,t-1}+\alpha_2 FAC_{1i,t-1}+\alpha_3 FAC_{2i,t-1}+\alpha_4 FAC_{3i,t-1}+\alpha_5 TFM*FAC_{1i,t-1}+\alpha_6 TFM*FAC_{2i,t-1}+\alpha_7 TFM*FAC_{3i,t-1}+\alpha_8 SIZE_{i,t-1}+\alpha_9 CASH_{i,t-1}+\alpha_{10} LOAN_{i,t}+\alpha_{11} OWN_{i,t-1}+\alpha_{12} YEAR_{i,t}+\varepsilon_{i,t} \quad (13.4)$$

根据前面的理论分析，对于模型（13.1）和（13.2），我们预期 α_1 为负，表示债权人对透明度较高的企业索取较低的债务成本。一般来说，资产负债率越低代表偿债能力越强，资产收益越高代表盈利能力越强，因此预期 α_2 的符号为正，α_3 的符号为负，表示偿债能力和盈利能力较强的公司会获得较低的债务成本。α_4 和 α_5 的符号预期分别为正和负，表示由于财务报告透明度较高的公司提供的会计信息对信贷风险的反映更加准确，从而债权人要求的风险补偿更低。同理，对于模型（13.3）和（13.4），我们预期 α_1 为负，表示透明度较高的企业债务成本较低；α_2、α_3、α_4 的符号为负，表示企业的偿债能力、盈利能力和流动性越高，则债务成本越低；α_5、α_6、α_7 的符号为负，表示透明度越高的企业承担的债务成本越低。

四、实证检验结果及分析

（一）单变量检验

表 13.3 列示了将样本按照透明度大于或小于中位数的标准分成两组后，各个变量的均值和方差，以及均值差异 t 检验的结果。从中可以看出，高透明度组的债务成本均值略大于于低透明度组，但是不具

有显著性。透明度高的样本公司具有较低的资产负债率、较高的资产收益率和较大的规模，而在现金流、银行借款比率和最终控制人性质方法，两组样本之间也不存在显著差异。

表 13.3 单变量均值差异检验

变量	高透明度组	低透明度组	均值差异	t 值	Sig.
COST	0.0773	0.0725	0.0048	0.913	0.365
TF	0.5128	-0.3987	0.9115	22.596	0.000
LEV	0.5382	0.5867	-0.0485	-1.367	0.173
ROA	0.0391	0.0325	0.0066	0.783	0.435
FAC1	0.2325	-0.2348	0.4673	3.415	0.001
FAC2	0.0740	-0.0748	0.1488	1.057	0.290
FAC3	0.1419	-0.1433	0.2852	2.048	0.042
SIZE	21.7532	21.3375	0.4157	2.735	0.007
CASH	0.0409	0.0366	0.0043	0.412	0.681
LOAN	0.1895	0.2185	-0.029	-1.581	0.115
OWN	0.26	0.30	-0.04	-0.598	0.551

（二）多元回归检验结果及分析

通过多元回归检验我们发现，就我们所选的样本而言，上市公司的财务报告透明度与债务融资成本具有较弱的负相关关系。其中，模型（13.1）的 TF 系数为正且不显著，模型（13.3）的 TF 系数和模型（13.4）的 TFM 系数为负但不显著，只有模型（13.2）的 TFM 系数为负且显著，但是由于模型（13.2）中的 TFM 和 TFM*LEV 两个变量存在一定程度的共线性问题，导致模型（13.2）的 TFM 系数结果不可靠。因此，总体来看，债务人在财务报告透明度方面的差异，没有对债务成本产生显著的影响。正如前文分析过的，其原因可能是债权人对财务报告透明度的需求不足和识别财务报告透明度高低的能力不足。有关研究表明，由于存在债务软约束问题，导致商业银行特别是国有商业银行在向国有企业放贷时，缺乏对债务人信贷风险的关注，自然也就造成了对这部分债务人财务报告透明度的需求不足。但是在 4 个模型中，OWN 的系数均为负且不显著，说明在我们的样本中，国有企业并没有依靠特殊的身份获得更低的债务成本。因此，我们推断导致财务报告透明度与债务成本关系较弱的原因更有可能是债权人识别透明度高低的能力不足。

一般认为，债权人特别是以商业银行为代表的金融机构债权人，比中小股东具有更强的信息获取和信息处理能力，因为银行等金融机构拥有具备丰富财务知识的专业人员负责搜集和分析债务人的财务信息。然而在过去很长一段时间内，由于受计划经济的制约，我国商业银行的作用仅仅是政府划拨财政资金的渠道，对财务分析人员的专业能力要求不高。社会主义市场经济制度的确立和商业银行股份制改造的完成，并不能同步改变我国商业银行在人才贮备以及风险评估手段等方面的落后状况，这就造成了银行在评价债务人信贷风险时，缺乏科学有效的方法，不能准确地识别债务人的财务报告透明度。这一点在我们的检验结果中也得到了证实，模型（13.1）和模型（13.2）中的 LEV 和 ROA 的系数符合预期且显著，而 TFM*LEV 和 TFM*ROA 都不显著，恰恰说明了债权人在确定信贷风险及风险补偿的大小时，主要依赖于债务人提供的会计信息，而对于会计信息质量这个重要因素的重视程度不够。模型（13.3）和模型（13.4）中有关 FAC_1、FAC_2、FAC_3、TFM*FAC_2、TFM*FAC_2、TFM*FAC_3 等变量的回归结果也证明了我们以上的分析。四个模型的调整 R^2 分别是 0.241、0.27、0.203 和 0.198，说明模型具备一定的解释力。多元回归检验结果如表 13.4 和表 13.5 所示。

表 13.4 多元回归检验结果

变量	模型 1		模型 2	
	系数	p 值	系数	p 值
Constant	0.078	0.109	0.226	0.002
TF	0.003	0.752		
TFM			-0.266	0.006

续表

变量	模型 1		模型 2	
	系数	p 值	系数	p 值
LEV	0.091	0.000	0.082	0.000
ROA	-0.113	0.068	-0.092	0.128
TFM*LEV	0.000	0.696	0.013	0.005
TFM*ROA	0.041	0.614	-0.005	0.946
SIZE	-0.001	0.735	-0.008	0.027
CASH	0.050	0.121	0.040	0.216
LOAN	-0.130	0.000	-0.125	0.000
OWN	-0.002	0.663	-0.002	0.652
YEAR	-0.024	0.000	-0.021	0.000
F 值	7.417	0.000	8.472	0.000
Adjusted R^2	0.241		0.270	

表 13.5 多元回归检验结果

变量	模型 3		模型 4	
	系数	p 值	系数	p 值
Constant	-0.005	0.930	0.014	0.808
TF	-0.006	0.269		
TFM			-0.001	0.783
FAC1	-0.008	0.033	-0.009	0.022
FAC2	-0.005	0.060	-0.005	0.049
FAC3	-0.006	0.145	-0.006	0.138
TFM*FAC1	-0.001	0.813	-0.001	0.812
TFM*FAC2	0.006	0.195	0.006	0.291
TFM*FAC3	0.003	0.514	0.003	0.502
SIZE	0.005	0.056	0.004	0.107
LOAN	-0.111	0.000	-0.111	0.000
OWN	-0.001	0.837	-0.001	0.894
YEAR	-0.021	0.000	-0.022	0.000
F 值	5.672	0.000	5.534	0.000
Adjusted R^2	0.203		0.198	

（三）稳健性检验

由于利息支出可能只是企业债务融资成本的一部分，企业在借款时还会支付手续费等其他成本，因此我们采用“(利息支出+手续费＋其他财务费用）/ 平均借款总额”作为债务成本的另外一种替代变量，检验结果与上述结论基本一致。此外，为了研究财务报告透明度对债务成本影响的边际效用，我们分别使用“债务成本的变动”和“财务报告透明度的变动”作为因变量和自变量，检验的结果也同上述结论相吻合，在此不再赘述。

五、研究结论和不足

债权人作为重要的外部投资者，对其利益的保护关系到国民经济的健康发展。在我国目前对债权人的法律保护较弱的情况下，能否通过提高财务报告透明度为债权人提供更好的保护，就显得尤为重要。本章从债务融资成本的角度入手，首先从理论上分析了财务报告透明度降低信贷风险进而降低债务成本的作用机制，主要包括两个方面：一是较高的财务报告透明度降低了债务人隐瞒坏消息的可能性；二是较高的财务报告透明度能够提高会计信息质量，有助于债权人作出正确的信贷决策。其次，通过多元回归分析，在控制了其他影响债务成本的因素后，检验发现我国上市公司的财务报告透明度与债务成本之间的负相关关系并不显著，并结合制度背景分析了其中的原因在于以商业银行为代表的债权人缺乏有效识别财务报告透明度高低的能力。

通过研究我们发现，无论是财务报告透明度的提高还是债务融资成本的降低，其实都是债权人和债务人双方博弈的结果，只有在一个避免行政干预、充分竞争的市场环境中，双方本着风险分摊、利益分享的原则，才能够实现对债权人利益的有效保护。

本研究的不足主要在于：本章选择的债务成本替代变量中没有包含资本化的利息，因而可能低估部分样本公司的债务成本，导致对债务成本的计量存在偏差，从而影响了实证检验结果的有效性。

第四篇　相关专题

财务报告透明度作为测量和评价财务报告质量的重要指标，越来越受到国内外企业高管、学者的重视。在这个研究领域中，已经形成的共识是，提高财务报告透明度能够有效缓解委托人和代理人之间的信息不对称，有利于处于信息弱势的委托方及时采用必要决策以防范风险，避免损失，从而发挥保护投资者利益的作用。

近年来，越来越多政府监管部门、行业中介机构、企业的管理机构通过各种渠道、手段强调财务报告透明度的重要意义，并将财务报告透明度作为评价企业价值、企业的社会责任履行程度、企业面临风险、企业发展前景的重要参照系数。在这种情况下，与财务报告透明度密切相关的研究领域自然受到更多的关注。

本书第一篇到第三篇的研究思路是单向的，首先分析影响财务报告透明度的因素界定和财务报告透明度的定义；然后探讨财务报告的透明度的测度方法和测度指标；进而以适当测度方法计算出透明度为基础，研究透明度及其变化所产生的经济后果。这种研究思路的优点是脉络清晰，逻辑关系明确。这样分析问题的前提是我们在分析中省略了一些通常认为相对不重要的因素。从总体上看，这种分析思路可行，而且我们的研究结论的有效性也通过了显著性检验。

但是，我们也需要认识到，在现实生活中财务报告透明度与有些因素之间的关系有可能产生互动作用，而不是单向作用。

例如，财务报告透明度与盈余管理，盈余管理是财务报告的提供者为了实现自身利益最大化而在法律法规许可的范围内操纵盈余金额的行为，这种行为如果被操纵方之外的其他利益相关所知晓，操纵方的行为就会受到质疑和限制，因此操纵方为了实现自己的目的必然倾向于隐瞒盈余管理的手段和目的，从而降低财务报告透明度；或者可以这样认为，提高财务报告透明度应该能够抑制盈余管理行为。二者之间的博弈和互动关系应该受到关注。

财务报告透明度与公司治理结构之间的关系同样存在互动关系。考虑到脱胎于计划经济体制的各级政府主管机构和来自国企转制的国有控股股东的特殊利益取向，导致它们在公司治理中所发挥的特殊作用，我们深入研究政府控制、控股股东行为与财务报告透明度之间的关系。

此外，本篇还分章探讨了财务报告透明度与公司业绩、财务报告透明度与审计质量之间的互动关系，贷款企业财务报告透明度与银行企业财务报告透明之间的传导关系。

第十四章　财务报告透明度与盈余管理

Schipper（1989）指出所谓盈余管理实际上是企业管理人员通过有目的地控制对外财务报告过程，以获取某些私人利益（而并非仅仅为了中立地处理经营活动）的“披露管理”；Scott 在其所著的《财务会计理论》一书中认为，盈余管理是会计政策的选择具有经济后果的一种具体表现。他认为，只要企业的管理人员有选择不同会计政策的自由，他们必定会选择使其效用最大化或使企业的市场价值最大化的会计政策，这就是所谓的盈余管理。Healy 和 Whalen（1999）则认为盈余管理是指企业经理层为了误导其他会计信息使用者对企业经营业绩的理解，或影响那些基于会计数据的契约的结果，运用职业判断，在编制财务报告和通过规划交易以变更财务报告时，作出判断和会计选择的过程。

综上所述，盈余管理主要具备这样一些含义：盈余管理的主体是企业管理当局，盈余管理的客体是企业对外报告的盈余信息，盈余管理的方法是在会计准则允许的范围内综合运用会计和非会计手段来实现对会计收益的控制和调整，盈余管理的目的是盈余管理主体自身利益的最大化。

通过提高财务报告透明度来抑制企业管理当局的盈余管理行为是现有研究结论的一致观点。但由于盈余管理的方式和手段多样，导致了对盈余管理的计量存在较大的难度；同时，对财务报告透明度的计量在已有文献中还没有得到很好的解决；另外，二者间的这种抑制关系是单向的还是双向互动的？本章拟采用主成分分析方法和结构方程（SEM）方法来对以上问题展开研究，以求得出更为可靠的结论。

一、理论分析与研究假设

（一）文献综述

会计信息系统是为公司治理提供信息的重要来源，高质量的会计信息为公司治理提供了支撑,有利于对上市公司各利益相关者的行为进行监督和评价、激励机制的有效运行以及企业控制权的优化配置，从而保护投资者利益，即会计信息具有治理功能。会计信息治理功能的发挥，能够缓解事后的信息不对称程度,约束内部人的机会主义行为。从现实情况来看，当代公司治理中基本的委托—代理问题已经转变为了大股东与中小股东之间的利益冲突，而在这一冲突过程中，盈余管理往往成为一个重要条件或环节。

张菊朋（2009）指出，我国上市公司进行盈余管理的直接动机就是为了进行权益融资，通过实施盈余管理以满足相应的融资条件，从而规避政府监管，为下一步实施利益侵占提供条件。相关研究也证实了这一路径的存在，如 Christian 等（2003）指出，控股股东享有的控制权私利越多，他们为了掩饰公司业绩而进行盈余管理的动机也越强。①Liu 和 Lu（2004）通过对 IPO 动机以及避免被 ST 动机的研究，证明了中国上市公司的盈余管理主要是由控股股东攫取控制权私利引起的。周中胜、陈俊（2006）发现，大股东对上市公司的资金占用与上市公司的盈余管理正相关。②同时，盈余管理的实施，歪曲了企业真实经营情况，为投资者实施相关决策带来了不利影响。因此，如果提高财务报告透明度，能够抑制上市公司盈余管理倾向，则实际上表明，财务报告透明度能够促使更真实可靠信息的传递，从而起到了投资者保护的效果。

理论分析模型表明，盈余管理机会是随着信息不对称程度的增加

---

① Christian Leuz，Dhananjay Nanda，Peter D.Wysocki. Investor Protection and Earnings Management: An International Comparison.Journal of Financial Economics，2003，Vol.69:505~527

② 周中胜，陈俊.大股东资金占用与盈余管理.财贸研究，2006（3）：128~135

而增加的。Dye（1988）通过构建一个理论分析模型分析了盈余管理的产生条件，认为股东与管理者之间的信息不对称是进行盈余管理的必要条件，并且企业管理当局对盈余管理的影响力是随着信息不对称程度的增加而增加的。[①]Lang 和 Lundholm（1993）以当期会计盈余与市场回报间的相关性作为信息不对称的代理变量，以分析师协会（FAF）的信息披露评分作为对公司信息披露水平的计量，发现规模大、业绩好的上市公司具有更高的信息披露水平；同时，当公司的会计盈余与市场回报间的相关性较弱，即信息不对称的幅度较大时，公司有较高的信息披露水平，表明公司在此情况下有更强的披露动机以减轻信息不对称引起的逆向选择问题。[②]

国外的大多数实证研究文献证明了透明度与盈余管理程度间存在的负相关性。Lobo 和 Zhou（2001）以 AIMR 分数来计量公司的信息披露质量，以修正 JONES 模型下的可操控应计来计量盈余管理幅度，采用两阶段最小二乘法（2SLS）研究了公司的信息披露水平与盈余管理间的关系。结果发现，信息披露水平与盈余管理幅度存在显著的负相关关系，即公司信息透明度越高，则盈余管理的程度越低。[③]Lee 等（2006）研究了 82 家公开交易的保险业公司，发现信息披露水平较低的公司，即低透明度的公司，更倾向于通过操纵证券买卖利润或亏损的时机来进行盈余管理，并相应采取更不透明的财务报表呈报方式。Hoje Jo 和 Yongtae Kim（2007）以增发股票的公司为研究对象，发现信息披露越频繁的上市公司，其透明度越高，盈余管理幅度更小，并伴随着更好的发行后业绩。但与大多数相关研究结论不同，Shaw（2003）研究了公司信息披露与可操控应计的关系，发现在公司信息披露水平高的情况下，相较于低披露水平的公司，更有可能通过利用可

① Dye, R. Earnings management in an overlapping generation's model. Journal of Accounting Research，1988，Vol.26: 195~235

② Lang, M.，R.Lundholm. Cross-sectional Determinants of Analyst Ratings of Corporate Disclosures. Journal of Accounting Research，1993，Vol.31 (autumn): 246~271

③ G.J.Lobo，J.Zhou. Disclosure Quality and Earnings Management. Asia-Pacific Journal of Accounting and economies，2001，Vol.8（1）：1~20

操控应计来平滑盈余。本章认为，在这类研究中，如何准确计量透明度和盈余管理程度是得到可靠结论的重要前提，这可能是造成已有研究结论不一致的重要原因。

采用实验研究方法，是探讨透明度与盈余管理间关系的一个有效途径，通过设置不同的透明度水平，能够更为直接地观察透明度对盈余管理所产生的影响。如 Hirst 和 Hopkins（1998）采用实验研究的方法，通过操纵财务报表中不同的盈余呈报方式，观察买方财务分析师对企业估价的不同反应。结果表明，更清晰透明的财务呈报方式有助于分析师识别公司的盈余管理行为。[①] 与之相类似，Hunton（2006）采用实验研究的方法，以 62 名财务经理和 CEO 为被试，设计了一个 2×2 的组间实验，发现当具有更高的财务报告透明度时，管理层将减少向上或向下的盈余管理行为，并且认为盈余管理更有可能会被使用者识别，不利于股价和公司的报告声誉。[②]

国内直接研究透明度与盈余管理之间关系的实证研究文献还比较缺乏，主要有以下几篇：夏立军和鹿小楠（2005）用监管机构发布的处罚公告来衡量上市公司的信息披露水平，以修正 JONES 模型下的可操控应计来计量盈余管理程度，对我国上市公司盈余管理程度与信息披露质量之间的相关性进行了实证检验。研究结果表明，上市公司盈余管理程度与信息披露质量之间存在显著的负相关关系，这说明上市公司有可能通过降低信息披露质量来配合其盈余管理。[③]杨德明（2005）以 A 股上市公司所披露的 2003 年年度业绩预告为例，以应计利润总额和营业利润占净利润比例作为盈余管理的替代变量，研究管理层披露的预测信息与盈余管理的关系，结果发现，上市公司增加预测信息披露将有利于减少管理层的盈余管理行为。

① Hirst，E.Hopkins. Comprehensive Income Reporting and Analysts' Valuation Judgments. Journal of Accounting Research，1998，Vol.36（Supplement）：47~75

② James E. Hunton，Robert Libby，Cheri L. Mazza. Financial Reporting Transparency and Earnings Management. The Accounting Review，2006，Vol. 81（1）：135~157

③ 夏立军，鹿小楠.上市公司盈余管理与信息披露质量相关性研究.当代经济管理，2005，27（5）：145~150

除此以外，结合深交所信息披露考评结果开展研究，是国内相关研究文献的普遍做法，如韩慧博（2007）以深交所年度信息披露考评等级作为公司透明度的代理变量，研究了公司透明度对各种盈余管理代理变量的影响，发现透明度对通过线下项目、操控性应计进行的盈余管理具有抑制作用，但对利用实际业务进行的隐蔽的盈余管理却没有类似作用；[①]俞春江（2008）同样以深交所年度信息披露考评数据为公司透明度代理变量，以操控性应计为盈余管理代理变量，实证研究发现，公司透明度能够抑制盈余管理，但公司透明度主要抑制向下盈余管理，对向上盈余管理却没有约束力。以深交所信息披露考评结果作为透明度的替代变量，虽然在数据来源上较易取得，但样本选择范围将受到较大限制，而且由于其评价结果仅分为 4 个等级，不利于研究的深化。

（二）已有研究的局限

综合国内外现有研究文献来看，对透明度与盈余管理之间所存在的负相关关系，结论是基本一致的。但是，本章认为至少在以下三个方面，还存在着研究上的某些缺陷：

1. 透明度的计量方法过于片面

现有的透明度计量方法包括以上市公司的信息披露数量作为替代，或者由专业分析人员（财务分析师）对上市公司已披露文件进行评分等，无论哪种计量方法，都没有考虑到通过财务报告向投资者传递信息的这一完整过程，评价的范围仅限于信息发布者一方，即上市公司的行为。而根据已有的研究结论，如 Bushman（2004）所说，透明度是由一系列因素所决定的，而不仅仅是披露方。因此，至少在透明度的计量问题上还存在着进一步完善的空间。

2. 盈余管理程度的衡量过于简单

针对盈余管理的研究文献很多，这些文献涉及的盈余管理方法多种多样，相应的实施成本和隐蔽程度也各有不同。对于不同的盈余管

---

① 韩慧博.公司治理、信息披露透明度与盈余管理. 博士学位论文.长春:吉林大学，2007

理手段和方式，透明度的影响能力可能是不同的。当前已有的文献主要是分别以可操控应计和线下项目来计量盈余管理程度，并逐一考察透明度对盈余管理程度的可能影响。但应该承认，以上两种方法都只能“捕捉”到部分盈余管理行为所带来的影响，而实际上上市公司更有可能是通过多种方式来共同完成对会计盈余的“管理”，以实现某种既定目的。因此，应在已有的多种盈余管理计量模型的基础上，探讨更为综合的盈余管理程度指标，以全面反映上市公司的盈余管理水平。本章的创新之处在于：在分别采用多种计量模型反映样本公司盈余管理水平的基础上，通过采取主成分分析法，构建能够综合反映盈余管理水平的综合指标，以弥补现有研究文献在盈余管理程度计量上存在的不足，并为财务报告透明度与盈余管理之间的关系提供更为可靠的经验证据。

3. 对透明度与盈余管理互动关系的忽视

上市公司透明度水平和盈余管理程度在很大程度上都是由公司管理层的行为所决定的，因此，管理层对二者的考虑不可能是“割裂”进行的，也就是说，在决定二者之一时，必然会受到另一因素的影响，因此，公司财务报告透明度与盈余管理间应该存在着某种互动关系，二者是互相影响的。在现有的研究文献中，除 Zhou（2001）外，均忽略了这一内生性问题，比如 Shaw（2003）采用的美国投资管理和研究协会的披露指数（AIMR Score）是分析师针对上市公司年报、季报以及与投资者有关的其他报告披露的评价，如果 AIMR Score 的差异能够反映管理当局在上述财务报告披露策略上的差异，则盈余管理水平很可能是管理当局实施特定披露策略的自选结果；国内的相关研究文献也存在类似问题，如国内研究中经常使用的违规数据或深交所年度信息披露考评等级虽然由监管机构进行，但管理当局的信息披露策略是被处罚概率或评级高低的决定因素，因此也不能排除公司透明度是管理当局为配合实现特定盈余管理目的而主动选择的可能性。为解决这一问题，本章拟采用结构方程（SEM）方法，同时对财务报告透明度与盈余管理作出估计，以消除这一问题对研究结论的不确定影响，提高研究结论的可靠性。

（三）研究假设

理论分析模型表明，盈余管理机会是随着信息不对称程度的增加而增加的。Dye（1988）通过构建一个理论分析模型分析了盈余管理的产生条件，认为股东与管理者之间的信息不对称是进行盈余管理的必要条件，并且企业管理当局对盈余管理的影响力是随着信息不对称程度的增加而增加的。Hirst 和 Hopkins（1998）采用实验研究的方法，通过操纵财务报表中不同的盈余呈报方式，观察买方财务分析师对企业估价的不同反应。结果表明，更清晰透明的财务呈报方式有助于分析师识别公司的盈余管理行为。

现有研究文献已经证明，透明度的提高将会增加盈余管理被识别的可能性，而当处于信息劣势的外部信息使用者识别出上市公司的盈余管理行为后，将会对此作出消极反应，从而导致股价下跌，同时这将对管理者的报告声誉造成损害。因此，为避免这一系列消极后果的出现，在透明度较高时，管理当局将会减少盈余管理的行为和水平。

从逻辑上来讲，较高的财务报告透明度将有助于投资者更好地了解上市公司真实的经营情况，降低了上市公司与投资者间的信息不对称程度，从而抑制了上市公司管理当局实施盈余管理的可能空间，制约了盈余管理发生的可能性与程度。因此，本章提出如下研究假设：

H1：较高的财务报告透明度能够抑制上市公司盈余管理水平；

二、样本选择与研究设计

（一）样本选择

如上文所述，本章共选择沪、深两市的机械、设备、仪表制造业（行业代码为 C7）上市公司 156 家；根据相关法规规定，我国上市公司自 2007 年起开始实施新的会计准则体系，为避免会计准则变更对研究的影响，故只选择 2007、2008 这两个年度作为样本的时间选择范围，每家公司均有两个年度的相应数据，因此共有 312 个观察值。

所用样本公司数据根据类别的不同，分别来自 WIND 数据库、沪深交易所网站；部分数据的取得由作者手工查阅样本公司信息披露文件取得，数据取得的过程和评价标准如上文所述。

本节所用统计软件为 SPSS13.0。

（二）变量设计

1．财务报告透明度的度量

本章财务报告透明度的计量依托于第五章所设计的透明度评价指标体系，并采用第八章使用过的主成分分析法计算各样本公司的财务报告透明度指标（TF），具体计算过程详见第五章、第八章的相关内容。

2．盈余管理的度量

盈余管理是近年来会计理论研究的一个热点问题，如何来计量盈余管理的程度是这一问题的核心，具体来说有盈余分布检测法、特定项目法和应计利润分离法。盈余分布检测法不能准确衡量公司层面上的盈余管理水平，而特定项目法则局限于某一特定的行业背景，因此，应计利润分离法在相关研究中使用得最为普遍。

（1）以可操控应计（DA）来计量

在应计利润分离法中，需要将应计利润分为正常性应计和非正常性应计（可操控应计），而以非正常应计（可操控应计）作为对盈余管理程度的计量。在这个过程中，如何从总应计中将正常性应计分离出来是核心问题，大量盈余管理计量模型的区别就在于此。

到目前为止，常用的盈余管理计量模型有基本 Jones 模型（Jones 1991）、修正的 Jones 模型（Dechow 等 1995）以及考虑现金流影响的 KS 模型等，这些模型的效力在大量相关研究文献中得到了检验，本章将分别使用以上三个模型来计量样本公司的可操控应计。由于本章所选样本均属于制造业中的机械、设备、仪表制造业（行业代码 C7），具有相同的行业特征，同时，在应用上述模型时，本章将分年度估计相关参数，因此，采用以上计算步骤，应该能够最大限度地控制行业特征和不同年份的经济环境可能对盈余管理计量准确性所造成的不利影响。

借鉴当前相关研究文献中的普遍做法，在计算总应计利润（TA）时有两种处理方法：（1）采用营业利润来估计，不包括线下项目，即 TAEBXI =EBXI-CFO，其中 TAEBXI 代表线下项目前的总应计利润，EBXI 为营业利润，CFO 为经营活动现金流量；（2）采用净利润来估计，包括线下项目，即 TANI =NI-CFO，其中 TANI 代表包括线下项目的总应计利润，NI 为净利润，CFO 为经营活动现金流量净额。为行文方便，在后续表述中，本章将由这两种方法计算的总应计利润统一记为 TA。

各计量模型下的可操控应计（DA）计算过程如下：

①基本的 Jones 模型

第一步，估计正常性应计利润 $\mathrm{NDA_{it}}$，如公式（14.1）所示：

$$NDA_{it}=\alpha(1/A_{it-1})+\beta_1(\Delta REV_{it}/A_{it-1})+\beta_2(PPE_{it}/A_{it-1}) \quad (14.1)$$

其中，$\mathrm{NDA_{it}}$ 是经过上期期末总资产调整后的公司 i 的正常性应计利润，$\Delta\mathrm{REV_{it}}$ 是公司 i 当期主营业务收入和上期主营业务收入的差额，$\mathrm{PPE_{it}}$ 是公司 i 当期期末固定资产价值，$\mathrm{A_{it-1}}$ 是公司 i 上期期末总资产，α、β_1 和 β_2 是行业特征参数，这些参数是根据方程（14.2），并且使用同一年度的数据进行回归取得的。方程（14.2）如下所示：

$$TA_{it}=\alpha(1/A_{it-1})+\beta_1(\Delta REV_{it}/A_{it-1})+\beta_2(PPE_{it}/A_{it-1})+\varepsilon_{it} \quad (14.2)$$

其中，$\mathrm{TA_{it}}$ 是经过上期期末总资产调整后的总应计利润，分别为 TAEBXI、TANI，其他参数含义与方程（14.1）相同。

将估计出的行业特征参数 α、β_1 和 β_2 代入方程（14.1），得到正常性应计 $\mathrm{NDA_{it}}$，则非正常性应计 $\mathrm{DA_{it}}$，即盈余管理程度为：

$$DA_{it}=TA_{it}-NDA_{it}$$

②修正的 Jones 模型

与基本 Jones 模型相比，修正的 Jones 模型考虑了管理层通过操纵收入确认来进行盈余管理对模型效力的影响。修正的 Jones 模型如下：

$$NDA_{it}=\alpha(1/A_{it-1})+\beta_1[(\Delta REV_{it}-\Delta REC_{it})/A_{it-1}]+\beta_2(PPE_{it}/A_{it-1}) \quad (14.3)$$

其中，$\mathrm{NDA_{it}}$ 是经过上期期末总资产调整后的公司 i 的正常性应计利润，ΔREV_{it} 是公司 i 当期主营业务收入和上期主营业务收入的差额，ΔRECit 是公司 i 当期期末应收账款和上期期末应收账款的差额，PPE_{it} 是公司 i 当期期末固定资产价值，A_{it-1} 是公司 i 上期期末总资产，α、β_1 和 β_2 是行业特征参数，这些参数是根据方程（14.4），并且使用同一年度的数据进行回归取得的。方程（14.4）如下所示：

$$TA_{it}=\alpha(1/A_{it-1})+\beta_1[(\Delta REV_{it}-\Delta REC_{it})/A_{it-1}]+\beta_2(PPE_{it}/A_{it-1}) \quad (14.4)$$

其中，TA_{it} 是经过上期期末总资产调整后的总应计利润，分别为 TAEBXI、TANI，其他参数含义与方程（3）相同。

将估计出的行业特征参数 α、β_1 和 β_2 代入方程（3），得到正常性应计 NDA_{it}，则操控性应计 DA_{it}，即盈余管理程度为：

$$DA_{it}=TA_{it}-NDA_{it}$$

③调整的 KS 模型

夏立军（2003）对 KS 模型作出了调整，他认为由于 KS 模型中的时间序列模型在中国股票市场还不适用，应根据 KS 模型的建模思想，对 KS 模型进行调整，将其改为截面模型，即将其内在假设改变为：在同一行业内，不同公司具有类似的应收账款周转率、存货和应付账款周转率以及资产折旧率。[①]由此，可以使用截面数据对公司的正常性应计利润进行估计，具体模型如下 ：

$$NDA_{it}=\alpha(1/A_{it-1})+\beta_1(REV_{it}/A_{it-1})+\beta_2(COST_{it}/A_{it-1})+\beta_3(PPE_{it}/A_{it-1}) \quad (14.5)$$

其中，NDA_{it} 是经过上期期末总资产调整后的公司 i 的正常性应计利润，REV_{it} 是公司 i 当期主营业务收入，$COST_{it}$ 是公司 i 当期主营业务成本，PPE_{it} 是公司 i 当期期末固定资产价值，A_{it-1} 是公司 i 上期期末总资产，α、β_1 和 β_2 是行业特征参数，这些参数是根据方程（14.6），并且使用同一年度的数据进行回归取得的。方程（14.6）如下所示：

① 夏立军.盈余管理计量模型在中国股票市场的应用研究.中国会计与财务研究，2003， Vol.5（2）：94~154

$$TA_{it}=\alpha(1/A_{it-1})+\beta_1(REV_{it}/A_{it-1})+\beta_2(COST_{it}/A_{it-1})+\beta_3(PPE_{it}/A_{it-1}) \quad (14.6)$$

其中，TA_{it}是经过上期期末总资产调整后的总应计利润，分别为TA_{EBXI}、TA_{NI}，其他参数含义与方程（14.5）相同。

将估计出的行业特征参数α、β_1、β_2和β_3代入方程（14.5），得到正常性应计NDA_{it}，则操控性应计DA_{it}，即盈余管理程度为：

$$DA_{it}=TA_{it}-NDA_{it}$$

（2）以线下项目（BL）计量

与国外资本市场相比，我国资本市场成熟程度和法规环境有着较大差异，从现实情况来看，我国上市公司的利润构成中较多地受到非经常性收益的影响。如魏涛等（2007）的研究发现，在我国上市公司中，无论是亏损公司还是盈利公司的盈余管理都相当倚重于非经常性损益，较为普遍地通过操纵非经常性损益交易的时点和力度进行盈余管理，其采取的主要手段有处置资产、政府补贴、其他营业外收支、减值准备及其转回等。[①]高雷、宋顺林（2008）研究发现，计入线下项目的关联交易是避免亏损上市公司进行盈余管理的重要手段。因此，在计量我国上市公司的盈余管理程度时，应该充分考虑这些特征。

综上，在我国资本市场中，利用线下项目进行盈余管理是较为常见的方式和手段。因此，本章将以经总资产（期初）标准化后的线下项目来计量上市公司的盈余管理程度（记为BL）。具体的计算方式如下：

BL=（投资收益+营业外收入-营业外支出+补贴收入）/期初总资产 （14.7）

（3）采用主成分分析法来计量

前文已述，以某个模型来计量盈余管理水平，可能仅能“捕捉”到通过某种形式和手段实施的盈余管理，而不能全面反映出上市公司的整体盈余管理水平。因此，本章将采用主成分分析方法，计算样本

---

① 魏涛，陆正飞，单宏伟.非经常性损益盈余管理的动机、手段和作用研究.管理世界，2007（1）：113~122

上市公司的盈余管理主成分值（EMF），以缓解因单一模型计量不全面而给研究结论可靠性带来的负面影响。

三、实证分析与结论

盈余管理的特征表现在多个方面，可以从多角度进行分析，如盈余管理的方向、盈余管理的绝对值等。本节将首先从样本公司盈余管理的绝对值角度入手，考察财务报告透明度与盈余管理幅度的关系；其次，为了考察透明度对不同方向的盈余管理影响是否存在差异，将区分盈余管理是正向的或负向的，分别考察财务报告透明度与不同方向的盈余管理之间的关系；最后，在已有盈余管理计量指标的基础上，通过采用主成分分析法，将构建样本公司的盈余管理主成分值（EMF），以对样本上市公司整体的盈余管理水平与财务报告透明度的相关性作以探讨。

（一）对盈余管理幅度的影响

盈余管理幅度是指在前述各计量模型下得出的样本公司各盈余管理指标的绝对值。根据盈余管理的基本理论可知，无论盈余管理的方向如何，都将会影响到投资者对上市公司真实经营状况的了解与掌握，增加投资者利益受到损害的可能性和严重程度，所以，如果较高的财务报告透明度有助于降低上市公司盈余管理的幅度，则从一个角度表明了财务报告透明度具有促进投资者保护的积极作用。

1．描述性统计

对各盈余管理计量模型下的可操控应计（DA）指标和线下项目（BL）指标取绝对值，分别记为 ABS-DA 和 ABS-BL，作为对盈余管理幅度的计量。表 14.1 是样本公司盈余管理幅度的描述性统计结果。

表 14.1　各计量模型下的盈余管理幅度

盈余管理幅度		最小值	最大值	均值	标准差	中值
营业利润总应计	ABS-DA$_{\text{基本Jones}}$	.00057	3.76	.1441	.3015	.0745
	ABS-DA$_{\text{修正Jones}}$	.00059	3.70	.1441	.2988	.0763
	ABS-DA$_{\text{调整KS}}$	.00124	1.97	.1362	.1886	.0839
净利润总应计	ABS-DA$_{\text{基本Jones}}$	.00029	3.95	.1462	.3166	.0760
	ABS-DA$_{\text{修正Jones}}$	.00001	3.89	.1468	.3142	.0771
	ABS-DA$_{\text{调整KS}}$	.00019	2.19	.1421	.2038	.0915
线下项目	ABS-BL	.00010	0.86	.0284	.0653	.0115

资料来源：作者整理。

2．相关性检验

本章将分别考察以上盈余管理幅度指标与财务报告透明度（TF）的关系。具体来说，就是将上述 7 个盈余管理幅度指标分别与第八章所算得的样本公司财务报告透明度（TF）进行相关性分析，得到相关系数表，见表 14.2，所用软件为 SPSS13.0。

表 14.2　各盈余管理指标的相关系数表

盈余管理计量模型			与 TF 相关系数
以可操控应计(DA)来计	营业利润总应计	ABS-DA$_{\text{基本Jones}}$	-.210***
		ABS-DA$_{\text{修正Jones}}$	-.210***
		ABS-DA$_{\text{调整KS}}$	-.224***
	净利润总应计	ABS-DA$_{\text{基本Jones}}$	-.209***
		ABS-DA$_{\text{修正Jones}}$	-.209***
		ABS-DA$_{\text{调整KS}}$	-.233***
以线下项目计量		ABS-BL	-.152***
样本数		312	

注：表中为 Pearson 相关系数；***、**、*分别代表在 1%、5%和 10%的显著性水平上显著（双尾检验）。

资料来源：作者整理。

从表 14.2 可以看出，以盈余管理的绝对值水平来看，各计量模型下的盈余管理幅度与财务报告透明度均在 1%的显著性水平上负相关，即财务报告透明度水平越高，则盈余管理幅度越低（不论盈余管理方向是正的或负的），这意味着较高的财务报告透明度水平确实能够抑制上市公司的盈余管理，研究假设 H1 初步得到了证实，但更严格的结论还需要在多元回归方程中做进一步的检验。

3．多元回归方程检验

上市公司盈余管理幅度除了受到财务报告透明度的影响外，还同时要受到其他因素的影响。因此，本章将通过构建多元回归方程，综合考虑影响上市公司盈余管理幅度的各种因素，对研究假设 H1 加以检验。

众多研究文献表明，降低政治成本是盈余管理的动机之一。Watts 和 Zimmerman（1978）认为,公司规模越大，越有可能受到各界关注，从而大公司的经理层会为了降低“政治关注成本”而对公司的盈余进行管理；但与小公司比较起来，大公司同时更多地受到外部群体的监督，从而可能会减少大公司的盈余管理行为。[①]因此,公司规模与盈余管理之间的关系是不明确的。此类相关研究通常选择用公司规模来替代公司的政治成本大小，公司的规模越大，意味着其可能的政治成本越高，越容易引起各方关注。在此，本章将公司资产规模的自然对数作为控制变量。

避免违反债务契约也是公司管理层实施盈余管理的重要动机，负债比例高低深刻影响着上市公司的盈余管理决策。为了满足特定的债务契约而实施盈余管理已经被相关文献所证实（Sweeney 1994）。[②]由于债务契约往往对企业的盈利能力、偿债能力等作出限制，因此，上市公司的负债比率越高，则其盈余管理的动机越强，可能的盈余管理程度越高。因此，本章选择资产负债率作为相应的控制变量。

---

① R.L.Watts，J.L.Zimmerman. Towards a Positive Theory of the Determination of Accounting Standards. The Accounting Review，1978，Vol.53（1）：112~134

② A.P. Sweeney. Debt-covenant violations and managers' accounting responses.Journal of Accounting and Economics，1994，Vol.17（3）：281~308

业绩压力是上市公司管理层所面对的一个重要约束，管理层出于保护自身职位安全和满足薪酬激励契约的要求，有强烈的动机实施盈余管理。Fudenberg（1995）指出，管理当局为了保护职位的安全而有动机进行盈余平滑。因此，本章用资产回报率来反映样本公司管理层的业绩压力，并作为影响盈余管理幅度的控制变量。

综上所述，本章以各计量模型下的盈余管理绝对值 EM（ABS-DA 或 ABS-BL）为因变量，上市公司财务报告透明度主成分值（TF）为自变量，并同时将样本上市公司期初总资产的自然对数（LNTA）、资产负债率（LEV）、资产回报率（ROA）作为控制变量，构造如下的多元回归方程，实证检验上市公司财务报告透明度与盈余管理幅度间的关系：

$$EM=\alpha_0+\beta_1\times TF+\beta_2\times LEV+\beta_3\times LNTA+\beta_4\times ROA+\varepsilon \qquad (14.8)$$

其中，EM 指各计量模型下盈余管理指标的绝对值，TF 是各样本公司的财务报告透明度，LEV 是样本公司的资产负债率，LNTA 是样本公司期初总资产的自然对数，ROA 为样本公司当期的总资产收益率。

表 14.3 为各变量间的相关系数表。从变量间的相关系数矩阵来看，我们发现：第一，各计量模型下的盈余管理指标是正相关的，特别是各项可操控应计指标高度正相关，但线下项目指标除与调整 KS 模型下的可操控应计显著正相关外，与其他可操控应计指标的正相关性没有通过显著性检验，这表明，虽然线下项目与可操控应计是相关的，但两类盈余管理指标仍各自反映了不同的盈余管理特点。第二，财务报告透明度（TF）与资产规模、资产报酬率等存在显著的正相关关系，表明规模越大、企业绩效越好，则财务报告透明度水平越高，这与已有的相关研究结论相吻合。第三，企业资产规模与盈余管理各计量指标间存在着显著的负相关关系，表明规模越大，则盈余管理幅度越小；债务杠杆比率虽然与盈余管理是正相关的，但大多数情况下是不显著的；另外，企业业绩与盈余管理的关系在不同的计量模型下关系是不一致的，表明其对盈余管理的影响具有不确定性。第四，由上表可以看出，回归方程中的各主要自变量之间的相关系数均不超过 0.4，根据

经验判断，不存在严重的共线性问题。

表 14.3　相关系数表

		营业利润总应计			净利润总应计			线下项目					
		ABS-DA 基本Jones	ABS-DA 修正Jones	ABS-DA 调整KS	ABS-DA 基本Jones	ABS-DA 修正Jones	ABS-DA 调整KS	ABS 线下	ABSEMF	TF	LEV	ROA	LNTA
营业利润总应计	ABS-DA 基本Jones		.999***	.868***	.999***	.998***	.889***	0.032	.974***	-.210***	0.024	-0.102*	-.207***
			(0.000)	(0.000)	(0.000)	(0.000)	(0.000)	(0.579)	(0.000)	(0.000)	(0.669)	(0.072)	(0.000)
	ABS-DA 修正Jones	0.985***		.869***	.998***	.999***	.890***	0.030	.974***	-.210***	0.026	-0.102*	-.210***
		(0.000)		(0.000)	(0.000)	(0.000)	(0.000)	0.595	(0.000)	(0.000)	(0.650)	(0.073)	(0.000)
	ABS-DA 调整KS	0.586***	0.577***		.869***	.872***	.997***	.225***	.949***	-.224***	0.042	0.011	-.193***
		(0.000)	(0.000)		(0.000)	(0.000)	(0.000)	(0.000)	(0.000)	(0.000)	(0.455)	(0.843)	(0.001)
净利润总应计	ABS-DA 基本Jones	0.981***	0.968***	0.603***		.999***	.891***	0.031	.974***	-.209***	0.023	-0.105*	-.209***
		(0.000)	(0.000)	(0.000)		(0.000)	(0.000)	0.583	(0.000)	(0.000)	(0.689)	(0.065)	(0.000)
	ABS-DA 修正Jones	0.965***	0.972***	0.608***	0.989***		.894***	0.030	.975***	-.209***	0.024	-0.104*	-.211***
		(0.000)	(0.000)	(0.000)	(0.000)		(0.000)	0.604	(0.000)	(0.000)	(0.673)	(0.066)	(0.000)
	ABS-DA 调整KS	0.586***	0.579***	0.987***	0.606***	0.613***		.219***	.963***	-.233***	0.035	0.006	-.208***
		(0.000)	(0.000)	(0.000)	(0.000)	(0.000)		(0.000)	(0.000)	(0.000)	(0.542)	(0.914)	(0.000)
ABS 线下		0.043	0.036	0.022	0.063	0.049	0.031		.193***	-.152***	0.097*	.493***	-0.098*
		(0.451)	(0.523)	(0.694)	(0.270)	(0.389)	(0.589)		(0.001)	(0.007)	(0.089)	(0.000)	(0.084)
ABSEMF		0.867***	0.856***	0.864***	0.885***	0.884***	0.865***	0.146**		-.234***	0.039	-0.018	-.218***
		(0.000)	(0.000)	(0.000)	(0.000)	(0.000)	(0.000)	(0.010)		(0.000)	(0.496)	(0.746)	(0.000)
TF		-0.032	-0.029	-0.107*	-0.022	-0.026	-0.106*	0.028	-0.078		-0.011	.124**	.277***
		(0.574)	(0.611)	(0.060)	(0.696)	(0.641)	(0.062)	(0.623)	(0.172)		(0.842)	(0.029)	(0.000)
LEV		0.037	0.039	-0.016	0.048	0.047	-0.034	-0.066	0.005	-0.028		-0.012	.303***
		(0.515)	(0.488)	(0.780)	(0.400)	(0.408)	(0.547)	(0.245)	(0.925)	(0.623)		(0.830)	(0.000)
ROA		-0.096*	-0.096*	-0.074	-0.095*	-0.094*	-0.066	0.218***	-0.059	0.210***	-0.083		.132**
		(0.090)	(0.089)	(0.193)	(0.094)	(0.099)	(0.242)	(0.000)	(0.302)	(0.000)	(0.145)		(0.020)
LNTA		-0.168***	-0.157***	-0.227***	-0.157***	-0.150***	-0.263***	-0.054	-0.226***	0.434***	0.351***	0.300***	
		(0.003)	(0.005)	(0.000)	(0.005)	(0.008)	(0.000)	(0.340)	(0.000)	(0.000)	(0.000)	(0.000)	

注：上半角为 Pearson 相关系数，下半角为 Spearman 相关系数；***、**、*分别代表在 1%、5%和 10%的显著性水平上显著(双尾检验)。

表 14.4 是在不同盈余管理计量模型下，多元回归方程（14.8）的各变量回归系数估计结果表，如下所示：

表 14.4 回归方程系数表

计量模型 \ 变量	营业利润总应计			净利润总应计			线下项目
	ABS-DA 基本 Jones	ABS-DA 修正 Jones	ABS-DA 调整 KS	ABS-DA 基本 Jones	ABS-DA 修正 Jones	ABS-DA 调整 KS	ABS-BL
Constant	0.6445***	0.6511***	0.4269***	0.6781***	0.6821***	0.4862***	0.0969***
TF	-0.0852***	-0.0834***	-0.0632***	-0.0884***	-0.0873***	-0.0701***	-0.0207***
	(-2.643)	(-2.611)	(-3.138)	(-2.613)	(-2.599)	(-3.234)	(-3.458)
LEV	0.1300	0.1337	0.1015*	0.1346	0.1374	0.1051	0.056***
	(1.319)	(1.369)	(1.648)	(1.301)	(1.338)	(1.586)	(3.060)
LNTA	-0.0263***	-0.0267***	-0.0164***	-0.0279***	-0.0281***	-0.0190***	-0.0053***
	(-2.975)	(-3.050)	(-2.960)	(-3.001)	(-3.050)	(-3.187)	(-3.228)
ROA	-0.7972	-0.7790	0.4975	-0.8724	-0.8585	0.5115	1.5847***
	(-1.053)	(-1.039)	(1.052)	(-1.098)	(-1.089)	(1.005)	(11.283)
Adj-R^2	6.51%	6.62%	6.76%	6.55%	6.63%	7.48%	31.31%
F 检验	6.42***	6.51***	6.64***	6.45***	6.53***	7.28***	36.45***
样本量	312						

注：表中括号内为 T 值；***、**、*分别表示在 1%、5%和 10%的显著性水平上显著。

资料来源：作者整理。

从表 14.4 可以看出，上述 7 个盈余管理计量指标作为因变量，财务报告透明度（TF）的估计系数都是负的，并且都在 1%的显著性水平上显著，这表明，财务报告透明度能够有效抑制上市公司的盈余管理幅度。也就是说，通过提升财务报告透明度，可以显著抑制上市公司的盈余管理倾向，研究假设 H1 得到证实。

除此以外，在控制变量方面，可以发现：第一，LEV 的系数虽然在各盈余管理计量指标下都是正的，但除了在盈余管理的线下项目计量模型外，在其他计量模型下都没有通过显著性检验。这说明资产负债比率越高，上市公司的盈余管理幅度可能越大，意味着当前我国上市公司盈余管理的幅度与负债水平正相关，表明我国上市公司盈余管理的动机可能包含着对债务契约的考虑，特别是通过线下项目这种方式。第二，资产规模与盈余管理幅度在各计量模型下都在 1%的显著性水平上负相关，意味着企业规模越大，受制于政治成本较大的考虑，上市公司盈余管理的可能性越小或难度越大，这也与已有研究结论相一致。

（二）对不同方向盈余管理的影响

1．描述性统计

盈余管理程度是指在不区分盈余管理方向的前提下，直接以各计量模型下得出的样本公司盈余管理的数值来计量盈余管理，表 14.5 是各计量模型下盈余管理程度的描述性统计。

表 14.5　各计量模型下的盈余管理程度

盈余管理程度		N	最小值	最大值	均值	标准差	中值
营业利润总应计	$DA_{\text{基本Jones}}$	312	-3.76	0.67	-.0727	.32623	-.0239
	$DA_{\text{修正Jones}}$	312	-3.70	0.67	-.0695	.32452	-.0198
	$DA_{\text{调整KS}}$	312	-1.97	0.64	-.0342	.23026	-.0197
净利润总应计	$DA_{\text{基本Jones}}$	312	-3.95	0.68	-.0714	.34143	-.0157
	$DA_{\text{修正Jones}}$	312	-3.90	0.69	-.0684	.34016	-.0146
	$DA_{\text{调整KS}}$	312	-2.20	0.65	-.0335	.24625	-.0165
线下项目	BL	312	-0.11	0.86	.0263	.06615	.0105

资料来源：作者整理。

2．相关性检验

为了对财务报告透明度对盈余管理的影响进行更深入的分析，需要就不同方向的盈余管理行为与财务报告透明度的关系分别加以研究。表 14.6 是按照不同盈余管理方向分别分组后的各盈余管理指标与财务报告透明度的相关系数表。

表 14.6 相关系数表

盈余管理计量模型		方向	与 TF 相关系数	样本数
营业利润总应计	$DA_{基本Jones}$	正	0.158*	125
		负	0.258***	187
	$DA_{修正Jones}$	正	0.165*	126
		负	0.261***	186
	$DA_{调整KS}$	正	-0.155*	135
		负	0.262***	177
净利润总应计	$DA_{基本Jones}$	正	0.170*	127
		负	0.258***	185
	$DA_{修正Jones}$	正	0.140*	133
		负	0.256***	179
	$DA_{调整KS}$	正	-0.122	141
		负	0.295***	171
线下项目	BL	正	-0.184***	275
		负	0.089	37

注：表中为 Pearson 相关系数；***、**、*分别代表在 1%、5%和 10%的显著性水平上显著（双尾检验）。

资料来源：作者整理。

从表 14.6 可以看出，对于负向的盈余管理，财务报告透明度指数与盈余管理程度间存在着显著的正相关关系（以 BL 来计量时除外，但这一结果很可能是由样本量较少所引起的），即对降低利润行为，财务报告透明度水平越高，则负向的盈余管理程度越低，说明提高财务报告透明度能起到抑制负向盈余管理的积极作用。

对于正向的盈余管理，以基本 Jones 模型和修正 Jones 模型来计算的可操控应计（DA）指标与财务报告透明度至少在 10%的显著性水平上正相关，而以调整的 KS 模型和以线下项目（BL）来计量的盈余管理程度与财务报告透明度呈现负相关关系，特别是以线下项目（BL）来计量时，盈余管理程度与财务报告透明度指数在 1%的显著性水平上负相关，说明提高财务报告透明度可以明显抑制通过线下项目来实施盈余管理。总体来看，当盈余管理方向为正时，在不同的盈余管理计量模型下，财务报告透明度与盈余管理程度间关系的结论是不一致的。

3．回归方程检验

根据各计量模型下的盈余管理指标，分别将样本公司分为正向盈余管理组（EM>0）和负向盈余管理组（EM<0），然后，分别按照式（14.8）进行多元回归方程检验，结果如表 14.7 所示。

表 14.7　不同方向盈余管理的回归结果表

Panel A：EM<0

变量 / 计量模型	营业利润总应计			净利润总应计			线下项目
	$DA_{\text{基本Jones}}$	$DA_{\text{修正Jones}}$	$DA_{\text{调整KS}}$	$DA_{\text{基本Jones}}$	$DA_{\text{修正Jones}}$	$DA_{\text{调整KS}}$	BL
Constant	-0.625***	-0.635***	-0.401***	-0.661***	-0.666***	-0.450***	0.078
TF	0.144***	0.147***	0.097***	0.153***	0.154***	0.118***	0.004
	(2.891)	(2.966)	(3.045)	(2.755)	(2.812)	(3.248)	(0.696)
LEV	-0.158	-0.155	-0.092*	-0.132	-0.147	-0.091	-0.002
	(-1.048)	(-1.028)	(-0.942)	(-0.789)	(-0.890)	(-0.820)	(-0.120)
LNTA	0.025**	0.026**	0.014**	0.026**	0.027**	0.016**	-0.004
	(2.173)	(2.217)	(1.977)	(2.053)	(2.132)	(1.975)	(-1.215)
ROA	1.208	1.205	0.312	1.306	1.350	0.290	0.640***
	(1.166)	(1.167)	(0.395)	(1.160)	(1.209)	(0.325)	(3.560)
Adj-R^2	8.00%	8.62%	7.76%	7.55%	7.9%	8.7%	22.81%
F 检验	5.002***	5.233***	4.634***	4.482***	4.726***	4.901***	3.443**
样本量	187	186	177	185	179	171	37

Panel B：EM>0

变量 / 计量模型	营业利润总应计			净利润总应计			线下项目
	$DA_{\text{基本Jones}}$	$DA_{\text{修正Jones}}$	$DA_{\text{调整KS}}$	$DA_{\text{基本Jones}}$	$DA_{\text{修正Jones}}$	$DA_{\text{调整KS}}$	BL
Constant	-0.214	-0.190	0.386*	-0.096	-0.098	0.550**	0.095***
TF	0.017	0.022	-0.026	0.021	0.30	-0.012	-0.025***
	(0.876)	(1.170)	(-1.139)	(1.087)	(1.533)	(-0.524)	(-3.806)
LEV	0.068	0.076	0.068	0.088	0.091	0.088	0.065***
	(1.086)	(1.224)	(1.047)	(1.434)	(1.145)	(1.367)	(3.177)

续表

LNTA	0.012	0.010***	-0.015	0.006	0.006	-0.023**	-0.005***
	(0.967)	(0.869)	(-1.434)	(0.524)	(0.530)	(-2.213)	(-3.166)
ROA	0.855	1.127*	1.928***	1.605*	1.148*	1.955***	1.726***
	(1.453)	(1.926)	(4.228)	(1.823)	(1.927)	(4.298)	(11.89)
Adj-R^2	3.91%	5.72%	15.1%	4.0%	6.0%	16.1%	35.6%
F 检验	2.196*	2.818***	6.738***	2.256*	2.944**	7.415***	38.577***
样本量	125	126	135	127	133	141	275

注：表中括号内为 T 值；***、**、*分别表示在 1%、5%和 10%的显著性水平上显著。

资料来源：作者整理。

从表 14.7 可以看出，当样本公司盈余管理方向为负（EM<0）时，财务报告透明度与各盈余管理指标是正相关的，并且，除以线下项目（BL）来计量盈余管理外，这种正相关性都在 1%的水平上显著，表明财务报告透明度越高，样本公司向下的盈余管理水平越低，即说明财务报告透明度能有效抑制样本公司向下盈余管理的程度。

当样本公司盈余管理方向为正（EM>0）时，以基本 Jones 模型和修正的 Jones 模型来估计可操控应计时，财务报告透明度与盈余管理呈现出正相关关系，但均不显著；以修正的 KS 模型来估计可操控应计时，财务报告透明度与盈余管理呈现出负相关关系，但并未通过显著性检验；以线下项目来计量盈余管理时，财务报告与盈余管理呈现出显著的负相关关系。综合来看，财务报告透明度与盈余管理的关系在不同的计量模型下是不一致的，这反映出二者间关系对于盈余管理计量模型的敏感性。需要引起注意的是，线下项目水平与财务报告透明度显著负相关，这表明提高财务报告透明度，将会显著抑制上市公司通过操纵线下项目来提高利润的可能性和程度。

根据以上研究得出的基本结论是，财务报告透明度对盈余管理的作用受到盈余管理方向、盈余管理手段和方式的共同影响。具体来说，对于通过操控应计利润来实施向下的盈余管理行为以及通过操控线下项目来实施向上的盈余管理行为，财务报告透明度能够显著予以抑制；

而对于通过操控应计利润来实施向上的盈余管理行为以及通过操控线下项目来实施向下的盈余管理行为，财务报告透明度的抑制作用是不显著的。值得注意的是，从本章的统计结果来看，可操控的均值和中值均为负，而线下项目的均值和中值均为正，这表明大多数情况下，财务报告对盈余管理的抑制作用还是应该得到承认的。

（三）对总体盈余管理程度的影响

从上述研究发现，在不同的盈余管理计量模型下，财务报告透明度对盈余管理的影响方向是不同的，而且有时这种差异在统计意义上是显著的。我们认为，之所以出现这种相互矛盾的情况，是由于缺乏对盈余管理总体水平的度量造成的，不一致的出现说明财务报告透明度对于通过不同手段实施的盈余管理的影响能力存在差异。而事实上，为了实现某种特定目的，上市公司会综合运用多种手段来实施盈余管理。因此，需要对样本公司的总体盈余管理水平加以考察。

1．总体盈余管理程度的计算

为了全面系统地分析某些社会和经济问题，人们往往采用多指标综合评估技术，即多个相关的指标元素构成一个指标体系，根据各指标重要性的高低给各指标赋予不同的权数，通过加权计算，得出整个指标体系的数量化结果。但是，在应用这种方法时有两个问题值得注意：一是关于指标的选择，即要全面有用、相对集中；二是关于权数的确定，往往具有较大的主观性。主成分分析法是解决上述问题的理想工具。主成分分析的多基本思想是对原变量进行线性组合从而得到新的综合变量（称为主成分），这些综合变量不仅保留了原始变量的绝大部分信息，而且彼此之间不相关。对这些主成分进行分析，剔除重叠信息，能够使问题得到最佳综合。

接下来，本章将通过采用主成分分析方法，以各计量模型下的盈余管理指标为基础，计算样本公司的盈余管理主成分值（EMF），以对样本公司总体的盈余管理程度作出考察，并进而对其与财务报告透明度的关系加以研究。

主成分分析方法下的盈余管理主成分值（EMF）是以各计量模型

下的盈余管理具体指标为基础得出的，能够综合不同计量模型下所反映的盈余管理特征，以全面地对样本公司总体的盈余管理水平加以衡量，提高研究结论的可靠性。以下是采用主成分分析法，计算样本上市公司盈余管理主成分值（EMF）的主要步骤：

（1）主成分分析法的适用性检验

表 14.8 是样本公司各计量模型下盈余管理指标的相关系数矩阵。

表 14.8 相关系数矩阵

		营业利润总应计			净利润总应计			线下项目
		DA 基本Jones	DA 修正Jones	DA 调整KS	DA 基本Jones	DA 修正Jones	DA 调整KS	BL
营业利润总应计	DA 基本Jones		0.999**	0.831**	0.999**	0.998**	0.850**	0.028
	DA 修正Jones	0.994**		0.835**	0.998**	0.999**	0.853**	0.028
	DA 调整KS	0.674**	0.675**		0.826**	0.829**	0.997**	0.249**
净利润总应计	DA 基本Jones	0.992**	0.990**	0.671**		0.999**	0.847**	0.027
	DA 修正Jones	0.985**	0.993**	0.674**	0.995**		0.849**	0.026
	DA 调整KS	0.667**	0.669**	0.995**	0.668**	0.672**		0.244**
线下项目	BL	0.064	0.068	0.159**	0.056	0.058	0.158**	

注：上半角为 Pearson 相关系数，下半角为 Spearman 相关系数；**、*分别代表在 1%和 5%的显著性水平上显著（双尾检验）。

资料来源：作者整理。

从表 14.8 可以看出，以可操控应计（DA）来计量的盈余管理程度各项指标之间存在着显著的正相关关系，显著性水平均超过 1%；以线下项目来计量的盈余管理程度指标（BL）与各项可操控应计指标（DA）虽是正相关的，但 BL 除了与调整 KS 模型下的可操控应计（DA 调整 KS）在 1%显著性水平上显著外，与其余各项可操控应计指标（DA）间的正相关关系并未通过显著性检验。各计量模型下盈余管理指标间的正相关性为采用主成分分析法提供了条件。

对于是否适合进行主成分分析，较为正式的检验方法是采用 KMO 和 Bartlett's 半球性检验，表 14.9 是其检验的结果。

表 14.9　KMO and Bartlett's 检验

Kaiser-Meyer-Olkin Measure of Sampling Adequacy.		.645
Bartlett's Test of Sphericity	Approx. Chi-Square	9841.286
	df	21
	Sig.	.000

资料来源：作者整理。

一般来说，KMO 值大于 0.7，说明适合做主成分分析；KMO 值大于 0.6，还可以进行主成分分析；小于 0.6，则说明不适合进行主成分分析。本章中 KMO 值为 0.645，说明可以进行主成分分析；另一方面，Bartlett's 半球性检验的 P 值越小越适合于做主成分分析。上表中的 P 值小于 1%，说明适合进行主成分分析。综合来看，本文适合使用主成分分析方法。

（2）提取主成分

在 SPSS 软件中运行 Factor 过程主成分分析法，得到以下特征根和方差贡献率矩阵，如表 14.10 所示。

表 14.10　特征根与方差贡献率

主成分	Initial Eigen values			Extraction Sums of Squared Loadings		
	Total	% of Variance	Cumulative %	Total	% of Variance	Cumulative %
1	5.587	79.817	79.817	5.587	79.817	79.817
2	1.089	15.550	95.367	1.089	15.550	95.367
3	.319	4.553	99.920			
4	.003	.048	99.968			
5	.002	.023	99.991			
6	.001	.009	100.000			
7	1.94E-006	2.77E-005	100.000			

Extraction Method: Principal Component Analysis.

资料来源：作者整理。

从表 14.10 可以看出，应当提取 2 个主成分，表 14.11 是提取 2 个主成分时的共同系数矩阵。

表 14.11 共同系数矩阵

		Initial	Extraction
营业利润总应计	DA 基本 Jones	1.000	.979
	DA 修正 Jones	1.000	.981
	DA 调整 KS	1.000	.891
净利润总应计	DA 基本 Jones	1.000	.977
	DA 修正 Jones	1.000	.979
	DA 调整 KS	1.000	.911
线下项目	BL	1.000	.958

Extraction Method: Principal Component Analysis.

资料来源：作者整理。

从以上两表可以看出，当提取 2 个主成分时，累积方差贡献率接近 95%，同时没有出现变量丢失，根据一般经验，确定提取的主成分个数为 2，表 14.12 是各主成分的系数矩阵。

表 14.12 主成分系数矩阵

		主成分	
		1	2
营业利润总应计	DA 基本 Jones	.981	-.125
	DA 修正 Jones	.983	-.124
	DA 调整 KS	.920	.209
净利润总应计	DA 基本 Jones	.980	-.128
	DA 修正 Jones	.981	-.127
	DA 调整 KS	.934	.195
线下项目	BL	.123	.971

Extraction Method: Principal Component Analysis.

2 components extracted.

资料来源：作者整理。

（3）主成分表达式

将主成分系数矩阵表中的第 i 列向量除以其相应的第 i 个特征根的开根后就得到第 i 个盈余管理主成分 EMF_i 的变量系数向量（在“transform →compute”中进行计算），由此写出主成分 EMF_i 表达式。

如第 1 个盈余管理主成分记为 EMF1，其特征根为 5.587，将主成分系数矩阵表中的第 1 列向量分别除以其特征根 5.587 的开根后，得到变量系数，然后乘以各变量的标准化值，即得到主成分 EMF1 的值，如下式，其中 ZDA 和 ZBL 分别为各盈余管理计量模型下的可操控应计（DA）或线下项目（BL）的标准化值：

$$\begin{aligned} EMF1 = {} & 0.415 \times ZDA_{\text{营基本 Jones}} + 0.416 \times ZDA_{\text{营修正 Jones}} \\ & + 0.389 \times ZDA_{\text{营调整 KS}} + 0.415 \times ZDA_{\text{净基本 Jones}} \\ & + 0.415 \times ZDA_{\text{净修正 Jones}} + 0.395 \times ZDA_{\text{净调整 KS}} \\ & + 0.052 \times ZBL \end{aligned}$$

同理，其余各透明度主成分的表达式分别如下：

$$\begin{aligned} EMF2 = {} & -0.120 \times ZDA_{\text{营基本 Jones}} - 0.119 \times ZDA_{\text{营修正 Jones}} \\ & + 0.200 \times ZDA_{\text{营调整 KS}} - 0.123 \times ZDA_{\text{净基本 Jones}} \\ & - 0.122 \times ZDA_{\text{净修正 Jones}} + 0.187 \times ZDA_{\text{净调整 KS}} \\ & + 0.930 \times ZBL \end{aligned}$$

由此得出的两个盈余管理程度主成分的值是标准化的，满足均值为 0、标准差为 1 的特性。

（4）主成分的命名

从以上主成分的表达式可以看出，盈余管理主成分 EMF1 与以可操控应计（DA）计量的各盈余管理指标相关性较强，反映了可操控应计水平，可以命名为可操控应计成份。

盈余管理主成分 EMF2 与以线下项目（BL）计量的盈余管理指标相关性较强，反映了利用线下项目来管理盈余的水平，可以命名为线下项目成分。

（5）盈余管理主成分值（EMF）的计算

根据以上所得的盈余管理主成分 EMF1 和 EMF2，可得样本上市公司的综合主成分值即盈余管理主成分值（EMF），公式如下，式中系数为各主成分的方差贡献率：

EMF=0.79817× EMF1+ 0.15550× EMF2

由此，可求得各上市公司在 2007、2008 年度的盈余管理主成分值（EMF），这一指标综合反映了各上市公司在所属年度的盈余管理程度，并且其是经过标准化的，具有良好的统计特性。

2．回归方程检验

对样本公司的盈余管理主成分值（EMF）与财务报告透明度（TF）进行相关性分析，得到 14.13 所示相关系数表，所用软件为 SPSS13.0。

表 14.13 相关系数表

	EMF	TF
EMF		0.221***
TF	0.127**	
样本数	312	

注：上半角为 Pearson 相关系数，下半角为 Spearman 相关系数；***、**、*分别代表在 1%、5%和 10%的显著性水平上显著（双尾检验）。

资料来源：作者整理。

从表 14.13 可以看出，各盈余管理程度指标与财务报告透明度指标（TF）呈现正相关的关系，并且这种关系是显著的。这表明财务报告透明度主成分值越高，样本公司总体的盈余管理程度越高；财务报告透明度主成分值越小，样本公司总体的盈余管理程度越低。但需要注意的是，此处的盈余管理主成分值是未区别盈余管理的方向是正向的抑或是负向的，因此，这一正相关关系只能说明当样本公司调高盈余时，可能伴随着较高的财务报告透明度水平。多元回归方程检验如下式所示：

$$EMF=\alpha_0+\beta_1\times TF+\beta_2\times LEV+\beta_3\times LNTA+\beta_4\times ROA+\varepsilon \quad (14.9)$$

其中，因变量 EMF 是指各样本公司的盈余管理主成分值，其他变量的含义同式（14.8）。对上式进行多元回归分析，得到如表 14.4 所示的回归估计结果：

表 14.14　回归系数表

Constant	-3.220***
TF	0.532***
	（2.675）
LEV	-0.151
	（-0.248）
LNTA	0.146***
	（2.681）
ROA	18.929***
	（4.056）
F 检验	2.252***
观察值	312

注：***代表在 1%的显著性水平上显著。

资料来源：作者整理。

从表 14.14 可以看出，在控制其他可能影响因素的情况下，样本公司的盈余管理主成分值与财务报告透明度呈现出显著的正相关性。因为此处的盈余管理主成分值是直接以各计量模型下的盈余管理指标为基础得来的，对盈余管理的方向未加区别。也就是说，较高的盈余管理主成分值只是意味着其调高盈余的程度更大，而并不是指其盈余管理的幅度（绝对值）越大。所以，二者间这一显著的正相关性可能意味着样本公司越向上调高盈余，则其财务报告透明度水平越高。我们认为，这可能是由于盈余管理与透明度之间的内生性问题造成的，即为了配合上市公司调高利润，管理层有可能配合以较高的财务报告透明度水平，向投资者传递信心。也就是说，财务报告透明度与盈余管理间可能是互相影响的，具有互动性。对于二者间的这一互动关系，将在下节进行详细讨论。

四、财务报告透明度与盈余管理的互动性

现有研究文献指出，盈余管理与财务报告透明度之间可能存在着互相影响的关系，即二者同时对上市公司管理层的相关决策发生影响，也就是说，二者可能是互为因果的，正如 Zhou（2001）所指出，“管理层的信息披露决策是其意图实施盈余管理程度的结果，还是管理层可能的盈余管理空间大小受其信息披露水平的制约？答案是不清楚的”，但传统的多元回归方法无法反映出这种互动关系。如何来反映二者间的这种互动关系，在现有相关研究文献中还没有得到足够的关注。Zhou（2001）采用二阶段最小二乘法（2SLS）对这一问题进行了处理，得到的研究结论是信息披露水平与盈余管理的程度存在显著的负相关关系，但对于盈余管理如何影响信息披露水平没有作出足够的解释。

事实上，不论是财务报告的透明度水平，还是上市公司的盈余管理程度，都难以对其进行直接的测量。在现有的相关研究中，对于盈余管理的计量，是通过选择某一特定计量模型分别完成的。虽然研究者已经发展出了不同的盈余管理计量模型，但这些方法皆是从某一个角度来入手，通过寻找能够直接加以观测的替代变量来对盈余管理加以计量的，难以全面反映样本公司的真实盈余管理程度，这自然限制了相关研究结论的可靠程度。本节拟采取结构方程模型（SEM）的方法，通过若干观察变量来计量盈余管理程度与财务报告透明度水平，并建立联立方程，考察透明度与盈余管理二者间的互动关系，从而对相关研究文献加以丰富和发展。

（一）结构方程

结构方程分析，也称为结构方程模型（Structural Equation Modeling, SEM），是基于变量的协方差矩阵来分析变量之间关系的一种统计方法。结构方程模型吸取了传统统计方法中的因子分析和路径分析的优点,通过为难以直接测量的潜变量设定观测变量（显变量）,并通过分析观测变量之间的关系来进一步研究潜变量之间的关系。因此，在本节

的研究中，可利用结构方程方法对潜变量的定义和处理优势，通过已有的计量指标作为财务报告透明度水平和盈余管理程度的观察变量，拟合出相应的潜在变量水平，并进而研究潜变量间的互相关系。通过这样的处理，应该可以克服已有研究的可能缺陷，从而使得研究结论更加可靠。

概括来说，结构方程模型有以下优点：（1）能同时处理多个因变量。结构方程模型可同时考虑并处理多个因变量，在回归分析或路径分析中，尽管统计结果的图表中展示为多个因变量，但其在计算回归系数或路径系数时，仍是对每个因变量逐一计算，在计算对某一个因变量的影响或关系时，都忽略了其他因变量的存在及其影响。（2）允许自变量和因变量包含测量误差。结构方程模型允许自变量和因变量均含测量误差，这为变量采用多个指标测量提供了前提。（3）同时估计因子结构和因子关系。在结构方程模型中，因子（潜变量）与观测变量之间的关系和因子与因子之间的关系同时考虑，也就是说，同一个研究中其他共存的因子及其结构，会互相影响，不仅影响因子间关系，也影响因子的内部结构（即因子与观测变量的关系）。（4）允许更大弹性的测量模型。传统因子分析难以处理一个指标从属多个因子，或者含有高阶因子等包括比较复杂的从属关系的模型，但结构方程模型允许更加复杂的模型。（5）能够估计整个模型的拟合程度。结构方程模型可以对整体共同因素的模型进行统计上的评估，以了解理论所建构的共同因素模型与研究者实际取样搜集的数据间是否契合，即可以进行整个假设模型适配度的检验。同时，在传统路径分析中，只能估计每一路径的强弱，而在结构方程分析中，除了上述参数的估计外，还可以计算不同模型对同一样本数据的整体拟合程度，从而判断哪一个模型更接近数据所呈现的关系。①

一个完整的结构方程实际上是由测量模型和结构模型共同组成的，测量模型用于反映潜变量与观察变量间的关系，结构模型用于表达潜变量间的关系，其函数表达式如下：

① 侯杰泰，温忠麟，成子娟.结构方程模型及其应用.北京:教育科学出版社，2004

测量模型：

$$x = \Lambda_x \xi + \delta \tag{14.10}$$

$$y = \Lambda_y \eta + \varepsilon \tag{14.11}$$

其中，x 指外因观察变量所组成的向量；y 指内因观察变量所组成的向量；Λ_x 指外因观察变量在外因潜在变量上的因子负荷矩阵；Λ_y 指内因观察变量在内因潜在变量上的因子负荷矩阵；δ 外因观察变量的误差项；ε 内因观察变量的误差项。

结构模型：

$$\eta = \Gamma \xi + \varsigma \tag{14.12}$$

η 为内因潜在变量；ξ 为外因潜在变量；Γ 为外因潜在变量对内因潜在变量的影响；ς 为结构方程的残差项，反映了 η 在方程中未能被解释的部分。

结构方程模型在进行模型设定时，通常使用相应的图标来表示各相关变量。表 14.15 是在结构方程模型建模过程中,一些常用图标的含义与说明。

表 14.15　结构方程模型常用图标的含义

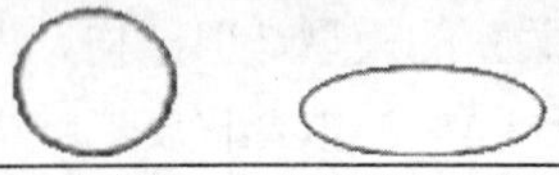	圆或椭圆表示潜变量
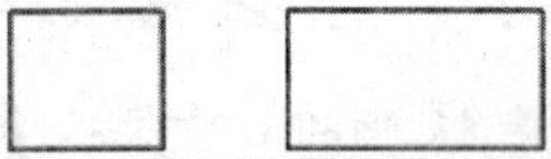	正方形或长方形表示观测变量
	单向箭头表示单向的影响
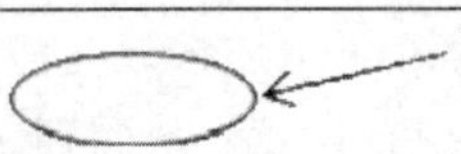	表示内生潜变量未被解释的部分
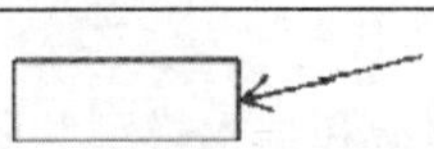	代表测量误差

完成模型建立后，结构方程模型将依据样本数据，同时对上述测量模型和结构模型进行估计，从而得出相应的研究结论。

（二）模型设定

如上文所述，由于财务报告透明度的形成要经历一个系统的过程，需要各形成环节的相互配合与促进，所以高度透明的财务报告应表现在各环节上的较高评价得分。具体来说，根据第四章提出的财务报告透明度形成的 5 环节模型，透明度较高的财务报告应具有良好的生成环境、充实的报告内容、较强的及时性、清洁的监管记录以及高效的传播效率。依托本书所建立的财务报告透明度评价体系，可以将该评价体系内的各项考察内容得分作为财务报告透明度的观察变量，从而拟合出样本公司的财务报告透明度水平，其中，报告内容和传播效率又可分别从两个方面来进行考察，从而组成嵌套模型，即财务报告透明度的测量模型如图 14.1 所示。

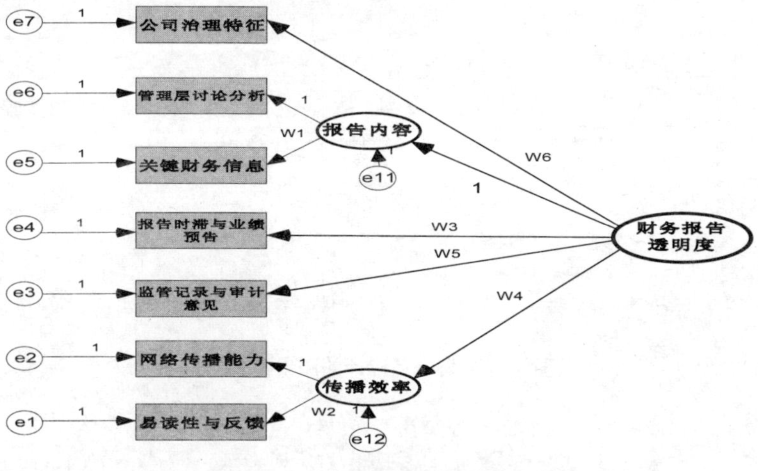

图 14.1 财务报告透明度的测量模型

现有研究文献表明，操纵应计水平与实施线下项目是上市公司进行盈余管理的主要手段。考虑到财务报告透明度与不同盈余管理方式（操控应计水平与实施线下项目）的关系可能存在差别，本章将分别考察财务报告透明度与可操控应计以及财务报告透明度与线下项目的互动关系，因此，需要对这两类不同方式的盈余管理加以计量。针对可操控应计的计量，相关文献中广为引用的是基本的 Jones 模型、修正的 Jones 模型和修正 KS 模型三类，其中每一种模型的检验效力都在已有研究文献中得到了证实。所以，在本章中，样本公司的可操控应计水平，分别以基本的 Jones 模型、修正的 Jones 模型和修正 KS 模型三个计量模型下的盈余管理指标作为其观察变量，即样本公司的可操控应计（潜在变量）的测量模型如图 14.2 所示。

对样本公司通过实施线下项目以进行盈余管理的计量，综合已有研究文献的普遍做法，本章以经样本公司年初总资产予以标准化处理的线下项目作为其唯一的观察变量，具体计算见公式（14.7）。

为反映财务报告透明度与盈余管理间的互动关系，本章建立如下的联立方程：

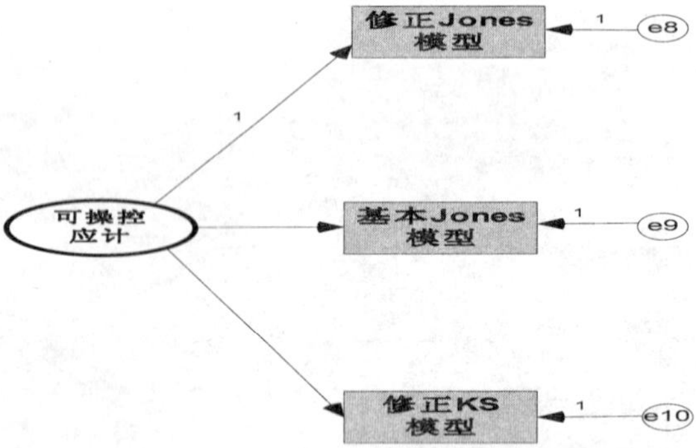

图 14.2 可操控应计的测量模型

$$\eta_1=\gamma_1\xi_1+\zeta_1 \tag{14.13}$$

$$\xi_1=\gamma_2\eta_1+\zeta_2 \tag{14.14}$$

其中，方程（14.13）中，盈余管理 η1 为内生变量，财务报告透明度 ξ1 为外源变量；在方程（14.14）中，盈余管理 ξ1 为内生变量，财务报告透明度 η1 为外源变量；ζ1 为各方程的误差项。

系数 γ1、γ2 反映了盈余管理与财务报告透明度的相互关系。

综上，财务报告透明度与可操控应计间关系的基本理论模型可设定如下，如图 14.3 所示。

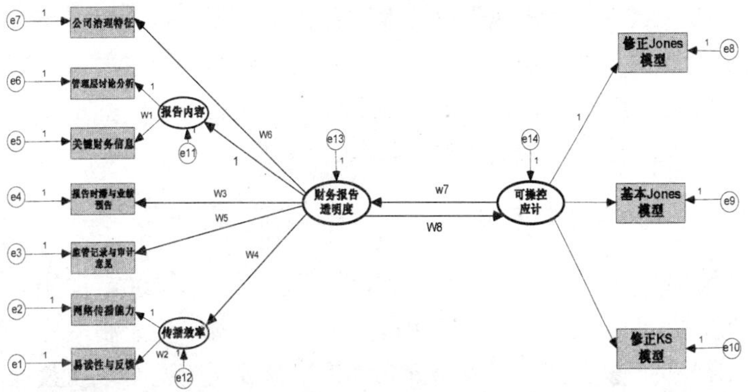

图 14.3　财务报告透明度与可操控应计的初始结构模型

图 14.3 中，方形阴影部分代表各观察变量，包括财务报告透明度评价指标体系中的各项考察内容得分、以基本的 Jones 模型、修正 Jones 模型以及修正 KS 模型计算而得的样本公司各可操控应计指标；椭圆形代表各项潜变量，包括财务报告透明度水平与可操控应计程度，本节的主要目的是为了研究这两个潜在变量间的互动关系。

同样，财务报告透明度与线下项目间关系的初始假设模型可设定如图 14.4 所示。

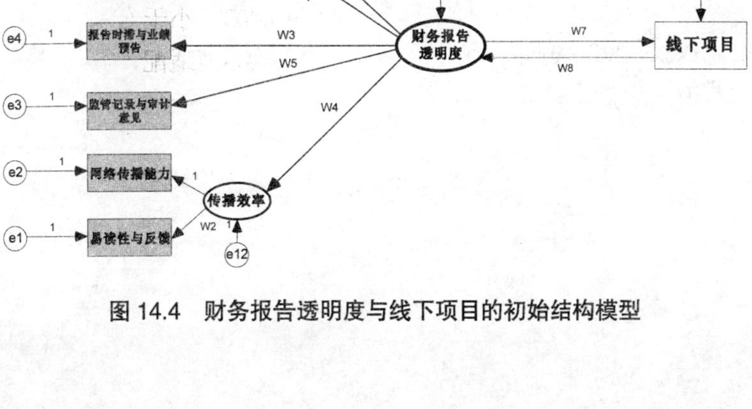

图 14.4　财务报告透明度与线下项目的初始结构模型

在图 14.4 中，财务报告透明度的各变量设定与图 14.3 一致，线下项目是指经样本公司期初资产标准化的线下项目实施水平，计算过程如上文所述。在图 14.4 中，由于线下项目是通过单一的观察变量来反映的，因此，这一结构方程模型为混合模型。

（三）样本选取与数据

本章依托于财务报告透明度评价指标体系，以 2007、2008 两个年度为时间范围，选择沪、深两市的机械、设备、仪表制造业（行业代码 C7）156 家上市公司为研究样本，每家公司有两个年度数据，因此共有 312 个观察值。由于数据类别不同，分别来自 Wind 数据库、交易所网站，部分数据的取得由作者手工查阅财务报告取得，数据取得的过程和评价标准见第四章相应章节。

本节所用统计软件为 AMOS17.0。

（四）参数估计值

将上述样本数据代入 AMOS17.0 运算，统计软件运行得到以下模型拟合结果，如以下各图所示，图中所示均为标准化系数。

1．财务报告透明度与可操控应计

首先对财务报告透明度与可操控应计的初始假设模型进行拟合，运行 AMOS 软件，该初始假设模型可以聚合收敛，拟合结果如图 14.5 所示。

从图 14.5 可知，该初始假设模型的估计结果显示，模型自由度等于 32，卡方值为 58.023，显著性概率的 P 值为 0.003，小于 0.05，拒绝虚无假设，意味着假设理论模型与样本观察数据不能适配，需要对初始模型作出修正。

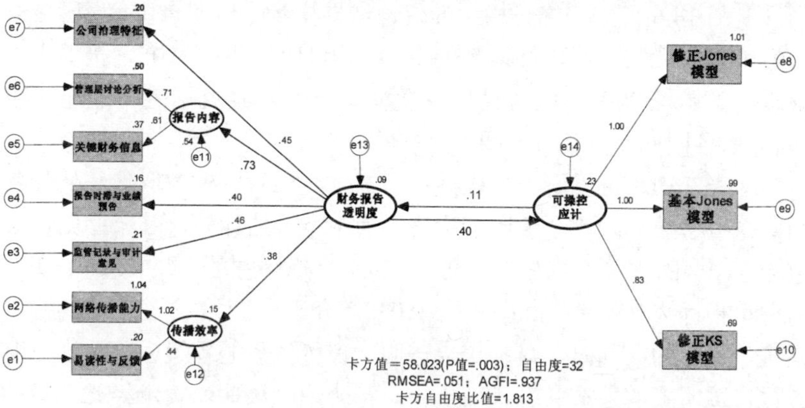

图 14.5　财务报告透明度与可操控应计的初始模型估计结果

参考估计结果的修正指标值（Modification indices）,将残差项 e3 和 e4、e5 和 e7、e8 和 e9、e9 和 e10 设定为具有共变关系，表示上述二者间具有相关性。这一设定理论上是合理的，不会违背经验法则与结构方程模型的假定。对初始结构模型作出以上修正后，重新运行 AMOS 软件,修正后的结构方程模型可以聚合收敛,估计结果如图 14.6 所示，图中所示数值为标准化系数：

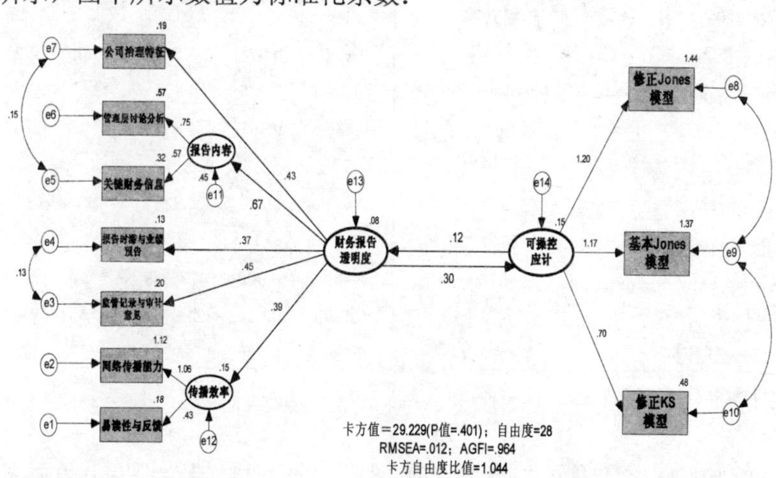

图 14.6　财务报告透明度与可操控应计的修正模型估计结果

从图 14.6 可知，修正模型的估计结果显示，模型自由度等于 28，卡方值为 29.229，显著性概率的 P 值为 0.401，大于 0.05，接受虚无假设，意味着修正后的假设理论模型与样本观察数据能够适配。表 14.16 为各回归系数估计结果。

从表 14.16 可以看出，根据模型拟合结果，以极大似然法估计各回归系数参数，除 4 个参照指标值设为 1 不予估计外，其余回归加权值均在 1%的水平达到显著；可操控应计与财务报告透明度两个变量的稳定指标（Stability index）为 0.036，介于-1 到+1 之间，表明模型系统是稳定的；同时，财务报告透明度评价体系的各组成部分均对财务报告透明度的形成具有正向影响，符合理论预期，表示经修正后的理论模型内在质量佳。

表 14.16 回归系数估计结果（透明度与可操控应计）

			Estimate	S.E.	C.R.	P	Label
报告内容	<---	财务报告透明度	1				
传播效率	<---	财务报告透明度	0.991	0.205	4.841	***	W4
管理层讨论与分析	<---	报告内容	1				
关键财务信息	<---	报告内容	1.444	0.282	5.115	***	W1
网络传播能力	<---	传播效率	1				
易读性与反馈	<---	传播效率	0.197	0.078	2.544	0.011	W2
监管记录与审计意见	<---	财务报告透明度	0.38	0.085	4.476	***	W5
公司治理特征	<---	财务报告透明度	0.636	0.131	4.859	***	W6
修正 Jones 模型	<---	可操控应计	1				
修正 KS 模型	<---	可操控应计	0.412	0.07	5.924	***	par_8
报告时滞与业绩预告	<---	财务报告透明度	0.52	0.13	4.006	***	W3
基本 Jones 模型	<---	可操控应计	0.982	0.008	127.569	***	par_9
可操控应计	<---	财务报告透明度	0.189	0.038	4.995	***	W8
财务报告透明度	<---	可操控应计	0.189	0.038	4.995	***	W7

资料来源：作者整理。

在检验结构方程的拟合情况时，既要考虑总体拟合程度，也要考虑单个参数的合理性。从上图可以看出，结构方程模型中各单个参数均符合理论预期，是合理的；在评价结构方程模型的总体拟合程度时，可以从绝对适配度、增值适配度和简约适配度三个方面来加以评价，各常用的结构方程模型拟合程度评价统计量、相应标准以及该修正结构方程模型的各检验值如表 14.17 所示。

表 14.17　模型适配度检验摘要表

统计检验量	适配的标准或临界值	检验结果数据	模型适配判断
绝对适配度指标			
χ^2 值	p>0.05（未达显著水平）	29.229（p=0.401>0.05）	是
RMR 值	<0.05	0.036	是
RMSEA 值	<0.08	0.012	是
GFI 值	>0.90 以上	0.981	是
AGFI 值	>0.90 以上	0.964	是
增值适配度指标			
NFI 值	>0.90 以上	0.989	是
RFI 值	>0.90 以上	0.983	是
TLI 值	>0.90 以上	0.999	是
CFI 值	>0.90 以上	1.000	是
简约适配度指标			
PGFI 值	>0.50 以上	0.500	否
PNFI 值	>0.50 以上	0.615	是
PCFI 值	>0.50 以上	0.622	是
χ^2 自由度比	<2.00	1.044	是
AIC 值	理论模型值小于独立模型值 且同时小于饱和模型值	83.229<110.000 83.229<2712.42	是
CAIC 值	理论模型值小于独立模型值 且同时小于饱和模型值	211.290<370.865 211.290<2759.85	是

资料来源：作者整理。

从表 14.17 可以看出，经修正后的财务报告透明度与可操控应计结构方程模型在大多数的主要统计量上均通过了相关标准的检验，拟合效果比较理想，表明该理论假设模型与样本观察数据可以契合，整体而言，修正后的假设结构方程模型可以接受。

2．财务报告透明度与线下项目

对财务报告透明度与线下项目的初始假设模型进行拟合，运行 AMOS 软件，该初始假设模型可以聚合收敛，拟合结果如图 14.7 所示。

从图 14.7 可知，该初始假设模型的估计结果显示，该模型自由度等于 18，卡方值为 19.592，显著性概率的 P 值为 0.356，大于 0.05，接受虚无假设，意味着假设理论模型与样本观察数据能够适配。

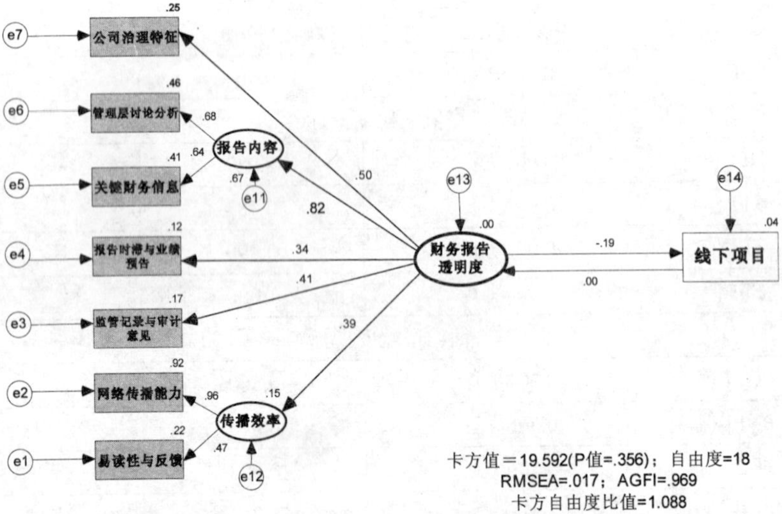

图 14.7　财务报告透明度与线下项目的初始结构模型

根据估计结果的修正指标显示，e3 和 e4、e5 和 e7 间具有相关性，初始模型有进一步修正的必要性。因此，参考估计结果的修正指标值（Modification indices），将残差项 e3 和 e4、e5 和 e7 设定为具有共变关系，表示二者间具有相关性，这一设定理论上是合理的，不会违背经验法则与结构方程模型的假定。对初始结构模型作出以上修正后，重新运行 AMOS 软件，修正后的结构方程模型可以聚合收敛，估计结果如图 14.8 所示，图中所示数值为标准化系数。

从图 14.8 可知，修正模型的估计结果显示，模型自由度等于 16，卡方值为 9.308，显著性概率的 P 值为 0.900，大于 0.05，接受虚无假设，意味着修正后的假设理论模型与样本观察数据能够适配；同时，可以发现，与初始假设模型相比，经修正后的模型各统计量有所改善，表明修正后的模型与样本数据契合程度有所提高，表 14.18 为各回归系数估计结果。

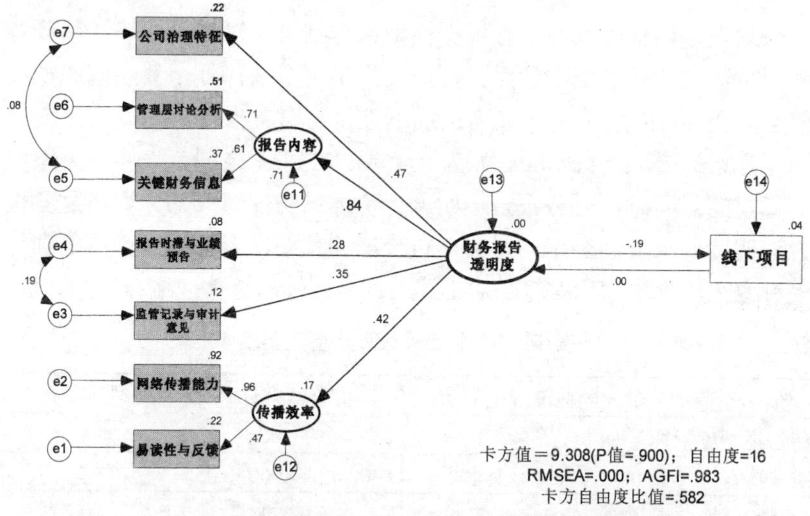

图 14.8　财务报告透明度与线下项目的修正模型估计结果

表 14.18　回归系数估计结果（透明度与线下项目）

			Estimate	S.E.	C.R.	P	Label
报告内容	<---	财务报告透明度	1				
传播效率	<---	财务报告透明度	0.804	0.188	4.277	***	W4
管理层讨论与分析	<---	报告内容	1				
关键财务信息	<---	报告内容	1.642	0.343	4.78	***	W1
网络传播能力	<---	传播效率	1				
易读性与反馈	<---	传播效率	0.238	0.085	2.793	0.005	W2

续表

			Estimate	S.E.	C.R.	P	Label
监管记录与审计意见	<---	财务报告透明度	0.253	0.073	3.452	***	W5
公司治理特征	<---	财务报告透明度	0.581	0.147	3.942	***	W6
及时性	<---	财务报告透明度	0.341	0.106	3.214	0.001	W3
线下项目	<---	财务报告透明度	-0.018	0.007	-2.429	0.015	W7
财务报告透明度	<---	线下项目	-0.018	0.007	-2.429	0.015	W8

资料来源：作者整理。

从表 14.18 可以看出，根据模型拟合结果，以极大似然法估计各回归系数参数，除 2 个参照指标值设为 1 不予估计外，其余回归加权值至少在 5%的水平达到显著；线下项目与财务报告透明度两个变量的稳定指标（Stability index）为 0，介于-1 到+1 之间，表明模型系统是稳定的；同时，财务报告透明度评价体系的各组成部分均对财务报告透明度的形成具有正向影响，符合理论预期，表示经修正后的理论模型内在质量佳。表 14.19 是对上述结构方程模型总体适配程度的评价。

表 14.19 模型适配度检验摘要表

统计检验量	适配的标准或临界值	检验结果数据	模型适配判断
绝对适配度指标			
χ^2 值	p>0.05（未达显著水平）	9.308（p=0.900>0.05）	是
RMR 值	<0.05	0.024	是
RMSEA 值	<0.08	0.000	是
GFI 值	>0.90 以上	0.993	是
AGFI 值	>0.90 以上	0.983	是
增值适配度指标			
NFI 值	>0.90 以上	0.965	是
RFI 值	>0.90 以上	0.939	是
TLI 值	>0.90 以上	1.049	是
CFI 值	>0.90 以上	1.000	是
简约适配度指标			
PGFI 值	>0.50 以上	0.441	否

统计检验量	适配的标准或临界值	检验结果数据	模型适配判断
PNFI 值	>0.50 以上	0.552	是
PCFI 值	>0.50 以上	0.571	是
χ^2 自由度比	<2.00	0.582	是
AIC 值	理论模型值小于独立模型值且同时小于饱和模型值	49.308<72.000 49.308<284.713	是
CAIC 值	理论模型值小于独立模型值且同时小于饱和模型值	144.168<242.748 144.168<322.657	是

资料来源：作者整理。

从表 14.19 可以看出，经修正后的财务报告透明度与线下项目结构方程模型在大多数的主要统计量上均通过了相关标准的检验，拟合效果比较理想，表明该理论假设模型与样本观察数据可以契合，整体而言，修正后的假设结构方程模型可以接受。

（五）结果分析与讨论

财务报告透明度与可操控应计。从图 14.6 可以看出，样本公司的财务报告透明度与可操控应计间存在着显著的正向影响，并且这种影响是双向的。这意味着较高的财务报告透明度水平往往伴随着较高的可操控应计程度；同时，样本公司在实施较高的可操控应计时，也通常会维持较高的财务报告透明度水平。本章认为，这可能是样本公司"印象管理"策略的体现，即样本上市公司管理层在调高可应计利润时，会有意识地提高财务报告的透明度水平，以配合这一行为，其目的是向投资者传递企业积极的正面信息，维持投资者信心。

财务报告透明度与线下项目。与财务报告透明度和可操控应计间的正相关关系不同，从图 14.8 可以看出，财务报告透明度与线下项目间是显著负相关的，而且在影响能力上，二者存在明显差别：财务报告透明度能够显著降低样本公司的线下项目程度，但线下项目程度却几乎没有能够对财务报告透明度产生影响，或者说这种影响能力是非常微小的。这一结果反映出样本公司在通过实施线下项目进行盈余管理时，较少配合透明度水平的改变；但较高的财务报告透明度水平，却能够显著抑制样本公司通过实施线下项目进行盈余管理的能力。

总而言之，通过构建结构方程模型，本章发现，财务报告透明度与盈余管理间的互动影响是确实存在的，但对不同的盈余管理手段，二者间的互动影响关系存在较大差别。具体来说，财务报告透明度与可操控应计间存在着正向的互动影响，但对于财务报告透明度与线下项目，则主要表现为财务报告透明度能够显著抑制样本公司的线下项目程度，而线下项目水平对透明度则只有微弱影响。

提高财务报告透明度水平，有助于降低上市公司与投资者之间的信息不对称程度，改善投资者进行相关决策的信息基础。盈余管理是上市公司为达到某种目的，利用其相对于外部投资者所占有的信息优势，而采取的有意地歪曲企业经营情况的行为。现有相关研究文献对透明度与盈余管理间的关系已作出了诸多研究，得到的研究结论也大体一致。但无论是财务报告透明度，还是上市公司的盈余管理程度，都是难以直接度量的，并且其影响因素也较为复杂，现有研究文献大多只是从某一个角度对二者间关系加以研究，而且对于透明度与盈余管理间可能存在的互动关系也没有能够加以很好地控制，从而在研究结论的可靠性上受到了一定的限制。

在前文所构建的财务报告透明度指标（TF）的基础上，本章以我国深沪两市的机械、设备、仪表制造业上市公司为研究样本，分别采用经标准化的可操控应计（DA）、线下项目（BL）来度量样本公司的盈余管理水平，同时，考虑到上市公司进行盈余管理的手段和方式是多样的，本章采用主成分分析法，对上市公司采用的可操控应计和线下项目的盈余管理进行了综合考察，以更为全面地度量样本公司的盈余管理水平。另外，为了反映财务报告透明度与盈余管理间的互动关系，本章通过构造结构方程模型（SEM），检验了透明度与盈余管理间的关系。

研究结论表明，提高财务报告透明度能显著抑制负向的盈余管理，但对于正向盈余管理，在不同的盈余管理计量模型下影响方向是不一致的；从盈余管理的绝对值水平来看，财务报告透明度与之存在显著的负相关关系；利用结构方程模型方法，本章发现，财务报告透明度与盈余管理间的互动影响是确实存在的，但对不同的盈余管理手段，二者间的互动影响关系存在较大差别。具体来说，财务报告透明度与可操控应计间存在着正向的互动影响，但对于财务报告透明度与线下项目，则主要表现为财务报告透明度能够显著抑制样本公司的线下项目程度，而线下项目水平对透明度则只有微弱影响。这些研究结论表明，提高财务报告透明度，能够显著抑制上市公司的盈余管理倾向，能够向投资者传递更为可靠的财务信息，从而减轻对投资者可能的利益损害。

第十五章 财务报告透明度与政府控制、控股股东行为

基于 Shaprio 和 Willig（1990）的代理人理论、Vickers 和 Yarrow（1988）的政府多元目标论以及 Shleifer 和 Vishny（1993；1994；1998）的政治家及官员的政治行为理论，现有西方文献得出产权的国有性质在公司绩效层面上是无效的这一论断，虽然我国许多学者对这一论断进行了批评，并通过经验研究的方式找到产权的国有性质并不是完全无效的证据，但迄今为止，仍未有统一的结论。究其原因，可能是这些文献在研究国有产权与公司绩效之间相关关系时，大多使用上市公司的报告盈余作为公司业绩的替代变量，并没有考虑到报告盈余很可能是被控股股东或公司管理层通过各种操控手段操控过的情况。事实上，控股股东或公司管理层不仅对盈余进行了操控，而且还对整个财务报告实施了操控，从而导致财务报告透明度的下降。因此，研究国有产权是否有效不应当仅仅局限于与公司绩效的关系，而应当拓展至整个财务报告。通过研究政府控制背景下的控股股东行为对财务报告透明度的影响，将有助于我们理解国有产权是否有效这一问题。基于上述原因，我们以 2004～2006 年期间的 A 股上市公司为研究对象，以上市公司公布的财务报告为数据来源，采用参数和非参数检验的方法考察政府控制背景下的控股股东行为对财务报告透明度的影响。

一、理论分析与假设提出

（一）控股股东行为与财务报告透明度的关系

控股股东的存在，导致中心代理问题由传统的股东与公司管理层之间的利益冲突转变为控股股东与中小投资者的利益冲突（Shleifer and Vishny,1997）。但无论哪种利益冲突都会对财务报告透明度产生影响，只不过是影响财务报告的主体发生了变化而已。在存在控股股东的情况下，控股股东为了侵占中小股东和债权人的利益，有动机亦有能力对上市公司实施掏空行为（Shleifer et al., 1997; Johnson et al., 2000），同时由于担心因此而遭致的声誉损失或针对控股股东的政治审查和社会调查（Yi et al., 2005），控股股东也有动机和能力替代公司管理层成为影响财务报告的主体，并通过利用会计准则所赋予的会计政策选择权和灵活性对财务报告进行操控，以掩盖其实施的掏空行为（Fan and Wong, 2002）。事实上，在控股股东取得上市公司的控制权之后，要么直接参与公司的经营管理，要么通过其派出的代表控制公司的董事会和管理层，进而操控财务信息系统的输入、加工、输出的整个过程，信息质量的高低也因此直接受制于控股股东的意愿（王跃堂等，2008），因此，控股股东无须通过财务报告了解公司的真实状况，对财务报告是否能够满足其他报告使用人的需求也不甚关心，甚至是通过提前确认收益和延迟确认损失等盈余平滑手段操控公司的财务报告，掩盖其对公司实施的各种利益侵占行为，从而降低了财务报告和整体经济的透明度（Fan and Wong，2002；Bertrand et al., 2002）。根据上述研究文献，我们认为，由于我国上市公司股权结构有“一股独大”的特点，第一大股东拥有公司的绝对控制权，控制着公司的信息输出。因此，我们认为，考察第一大股东持股比例与公司透明度的关系更有意义。以往，学者们在论述第一大股东与信息披露透明度的关系时，大多用剥夺理论解释大股东与小股东之间的代理问题。东亚新兴市场的经验证据表明，为了攫取控制权的私人收益，剥夺问题严重的公司会向外部投资者报告虚假的会计信息。而且，来自我国资本市场的大量轶事证据表明，掏空常常伴随着信息披露违规和信息欺诈，因为大股东剥夺问题严重的公司，它们会尽量控制信息的输出，最终降低了公司的透明度。我们承袭前人的研究，用剥夺理论解释上市公司的披露行为，掏空越严重的公司，预期公司透明度越低。

当然，控股股东除了掏空上市公司外，还可能对上市公司进行扶持（Friedman et al.，2003；高雷等，2006；张光荣等，2006），由于控股股东对上市公司进行扶持的最终目的是为了将来实施更大规模的掏空（Liu et al.，2003；李增泉等，2005；Riyanto et al., 2008），控股股东也因此会在扶持上市公司的同时，要求上市公司更多甚至是夸大的披露其对上市公司进行扶持的信息，并提前确认收益，延迟确认损失，以满足“管制的会计利润”的要求，从而降低了上市公司的财务报告透明度。陈晓、王琨（2005）总结到，包括“输血（扶持）”和“抽血（掏空）”在内的种种恶意关联交易的存在造成上市公司披露的会计报表信息失真，误导并损害了中小股东的合法权益。也就是说，第一大股东持股可能产生“双重效应”，即壕沟防御效应和利益协同效应，前者是掏空行为的反映，后者是支持行为的结果。因此，第一大股东的持股比例与其掏空程度的关系不能用简单的线性关系来描述，而是呈倒U型关系，即第一大股东的持股比例与其掏空程度先正相关，后负相关。在国内，李增泉、贺建刚、刘峰等研究均发现掏空与第一大股东持股比例呈先上升后下降的倒U型关系。

此外，由于扶持行为与掏空行为可能同时进行，因此扶持行为还具有掩盖同期掏空行为的作用。基于上述分析，提出如下研究假设：

假设1a：在其他条件不变的情况下，控股股东的掏空行为能够降低财务报告透明度。

假设1b：在其他条件不变的情况下，控股股东的扶持行为能够降低财务报告透明度。

假设1c：在其他条件不变的情况下，控股股东的净掏空行为能够降低财务报告透明度。

（二）政府干预与财务报告透明度的关系

最终控股股东性质能够影响控股股东与中小股东之间的代理关系，自然也能够对财务报告透明度产生影响。虽然现有文献在对我国上市公司的股权性质进行分类时采用了各种各样的细分方法，但最终都可以归结为两大类：国有性质的最终控股股东和非国有性质的最终控股股东（李源，2006）。相对于拥有非国有性质最终控股股东的上市公司，具有国有性质最终控股股东的上市公司往往面临更多的政府干预。而政府干预主要表现为三种方式："看不见的手（Invisible hand）"、"攫取之手（Grabbing hand）"和"帮助之手（Helping hand）"。"看不见的手"体现的是政府的合法宏观调控；"攫取之手"体现的是政府凌驾于法律之上，运用自己的权力寻租（Frye and Shleifer, 1997）；"帮助之手"体现的是政府凌驾于法律之上用自己的权力帮助企业进行盈余管理（朱松和陈运森，2009），因此，"帮助之手"和"攫取之手"都体现了政府出于各种目的对国有上市公司进行的更多干预，都会歪曲上市公司的真实业绩，使得上市公司的财务报告更不透明。

由于我国资本市场上的上市公司有相当一部分为国有企业改制而成，国家最终控制的上市公司占有较大比重，而且多数上市公司与其控股股东"形分实合"，形成了控股股东一股独大和股权分置的独特特征，这不仅为国有最终控股股东"掏空"或"扶持"上市公司创造了更便利的外部条件（方轶强等，2007），也为控股股东操控上市公司的会计信息提供了更多的方便。因此，在现阶段投资者保护较弱的情况下，国家性质的控股股东基于其政治和社会等多重目标或者管理层对"自身政治前景"或经济利益的迫切需求，更有动机和能力"掏空"或"扶持"上市公司，并通过对上市公司财务报告的操控掩盖其实施的行为，从而降低了财务报告透明度。因此，提出如下研究假设：

假设 2a：在其他条件不变的情况下，相对于非国家控制的上市公司，国家控制的上市公司更可能通过发布不透明的财务报告，掩盖其实施的掏空行为。

假设 2b：在其他条件不变的情况下，政府的过多干预会降低财务报告透明度。

（三）大股东持股比例对财务报告透明度的影响

现有文献普遍认为或发现了控股股东的持股比例存在两种效应：壕沟防御效应（Entrenchment Effect）和利益协同效应（Alignment Effect）。当控股股东持股比率较低时，持股比率的持续增加会提高控股股东的控制能力，控股股东掏空上市公司的成本由于持股比例低而不高，壕沟防御效应会超越利益协同效应，控股股东因此有更强烈的动机掏空上市公司，并通过操控财务报告掩盖其实施的掏空行为以及其他寻租行为，避免不必要的政治审查或社会调查，造成真实信息无法通过财务报告传递给报告使用人（Morck, 1996；Fan et al., 2002），财务报告透明度因而下降。当控股股东的持股比例增加到一定程度以后，继续增加持股比例会使得掏空成本因持股比例高而相应增加，利益协同效应会超越壕沟防御效应，同时控股股东也会为了树立较高的社会声誉而减少掏空行为（Gomes, 2000），操控财务报告的动机也因此会下降，财务报告透明度也会相应提高。因此，从总体上看，控股股东的持股比例与财务报告透明度之间的关系应当呈U型的非线性关系。同样，对于最终控股股东来说，其所有权比例也应当具有壕沟防御效应和利益协同效应。鉴于此，我们提出如下假设：

假设 3：在其他条件不变的情况下，最终控股股东的所有权比率与财务报告透明度呈先降后升的U型非线性关系（如图 15.1 所示）。

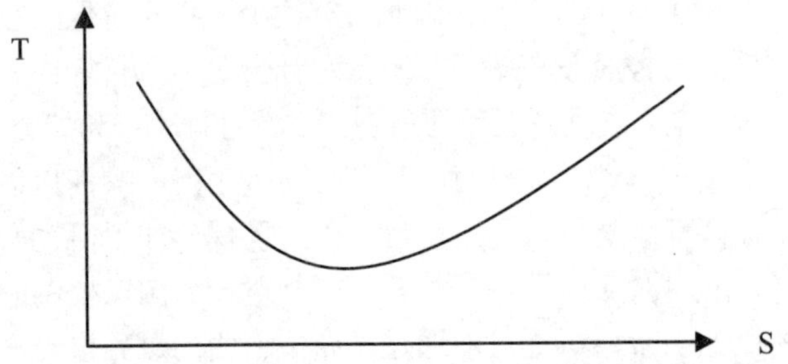

图 15.1 最终控股股东所有权比例与财务报告透明度关系图

二、研究设计

（一）数据来源与样本选择

由于中国证监会在 2003 年 12 月 22 日发布的《公开发行证券的公司信息披露内容与格式准则第 2 号<年度报告的内容与格式>》修订稿中要求，所有的上市公司从 2004 年 1 月 1 日起，在其年度报告中披露股权结构树状图，以及各级控股股东之间的所有权与控制权比例等信息，以及中国财政部于 2006 年 2 月 15 日发布了修订后的《企业会计准则》，要求所有的上市公司自 2007 年 1 月 1 日起执行修订后的《企业会计准则》，因此，本章选取了 2004 年至 2006 年中国 A 股市场上的上市公司为研究样本。此外，为了度量盈余平滑度和控制会计准则变迁的影响，本章使用了 2001～2006 年期间的营业利润数据和经营活动现金流量数据。因而样本选择应当遵循如下标准：（1）非金融行业的上市公司；（2）在 2001～2006 年间有连续 6 年的数据；（3）存在最终控制人；（4）最终控制人是唯一的；（5）能够计算控制链层级；（6）能够计算最终控制人的控制权比例和所有权比例。能够同时满足这些标准的样本公司为 980 个，共 5880 个公司—年度样本，最终进入回归分析的是 2940 个公司年度样本。

本章的短期借款、主营业务收入、营业利润、经营活动现金流量、Z 指数、股权制衡、上市公司实际控制人和实际控制人类型等数据来自 CCER 数据库。其他财务数据、公司治理数据和股东数据来自国泰安数据库（CSMAR），个别缺失的数据通过查阅上市公司年报手工获得。上市公司注册所在城市的主营业务收入数据取自 2004～2006 年的《中国城市统计年鉴》，对于《中国城市统计年鉴》缺少的数据通过查阅《中国统计年鉴》和上市公司注册所在省份的统计年鉴获得。

（二）变量设计

1．被解释变量：财务报告透明度

本章采用第六章设计的及时性——财务报告稳健性（CONSER）、中立性——盈余激进度（EA）、忠实表达——盈余平滑（ES）、反馈价值（Feedback）四个特征对财务报告透明度进行实证计量。这四个变量的含义和测度方法、评价标准参见第六章。先对 Conser、EA、ES 和 Feedback 进行十分位数排序，然后对数值较高的 Conser、ES 和 Feedback 赋予较高的分值，对原始数值较高的 EA 赋予较低的分值，使得最终的财务报告透明度的分值介于 0～10 之间，并且数值越高，说明该公司的财务报告透明度越高。

2．考察变量：掏空行为与扶持行为

控股股东对上市公司可能采取的行为主要有掏空行为和扶持行为，掏空行为表现为控股股东将上市公司的利益转移至控股股东手中，而扶持行为则表现为控股股东向上市公司输送利益。为了考察控股股东行为对财务报告透明度的影响，我们采用资金占用行为对控股股东行为进行度量。李增泉等（2004）将控股股东与上市公司之间的资金占用行为区分为"经营性资金占用"和"非经营性资金占用"两种，经营性资金占用以应收账款、预收账款、应付账款和预付账款四个科目的金额来表示，非经营性资金占用以其他应收款和其他应付款两个科目的金额来表示。姜国华等（2005）用其他应收款占总资产的比例衡量控股股东对上市公司实施的掏空行为。周晓苏等（2008）用其他应收款占总资产比例衡量控股股东集团的资金占用，用其他应付款占总资产比例衡量上市公司对控股股东集团的资金占用，同时用二者差额衡量控股股东集团对上市公司的资金净占用。应当说明的是，这些度量资金占用的方法使用的都是相关科目的年末余额这一静态数字，而我们想要考察的却是控股股东行为对财务报告透明度的影响，应当采用具有动态特征的表征变量来度量控股股东的行为。因此，我们采用相关科目的年度增加额度量控股股东行为，即采用其他应收款年度增加额衡量控股股东对上市公司的资金占用行为——掏空行为

（TUNNEL），采用其他应付款年度增加额衡量上市公司对控股股东的资金占用行为——控股股东对上市公司的扶持行为（PROP），并采用年初资产总额对控股股东行为的表征变量予以标准化，以消除规模影响。此外，也使用了掏空行为与扶持行为两者之间的差额衡量控股股东对上市公司的净掏空或净扶持行为（STUNNEL）。

3．政府干预行为变量

游家兴和罗胜强（2008）认为，中国不同城市之间的经济发展程度存在显著差异，经济发展程度高的城市拥有众多的上市公司，每一个公司的主营业务收入占所在城市主营业务收入总量的比重不高，因此政府对其干预程度也较低，而对于经济发展程度低的城市来说，其拥有的上市公司数量则较少，每一个公司的主营业务收入占所在城市主营业务收入总量的比重较高，政府因此会有较强的动机干预上市公司的经营活动，以实现政府的其他政治和社会目标。因此，上市公司当年主营业务收入占所在城市主营业务收入总量的比重这一指标可以很好地捕捉和量化政府干预行为的程度。本章采用了相同的方法度量政府对上市公司的干预行为。

4．最终控股股东特征变量

本章考察的最终控股股东特征主要包括最终控股股东的性质和其他大股东对控股股东的权利制衡作用。CCER 将最终控股股东的类型划分为国有控股、民营控股、外资控股、集体控股、社会团体控股、职工持股会控股和不能识别 6 种情况，我们将除国有控股以外的其他 5 种情况定义为非国家控制，同时将最终控股股东为高等院校的也定义为国有股东，因此设定最终控股股东性质（STATE）为哑变量，当最终控股股东为国有股东时取值为 1，否则为 0；最终控股股东所有权比例（OWN）为中心化后的最终控股股东直接和间接拥有的上市公司的所有权比例的乘积之和；[①]其他股东股权制衡（CR2_5）为第二大股

① 夏立军和方铁强（2005）认为，在回归分析中直接引入第一大股东持股比例及其平方项会引起共线性问题，因此应当对持股比例进行中心化处理，即以原始数据扣除均值后的差额度量持股比例，平方项也采用中心化后的持股比例计算，本文借鉴了这一方法对回归分析中的最终控股股东所有权比例进行了中心化处理。

东至第五大股东持股比例之和。

5．其他控制变量

公司盈利能力采用上市公司总资产净利润率（ROA）表示，公司规模（Size）采用上市公司资产总额年初数的自然对数度量，债务契约（Lev）影响采用上市公司年初资产负债率衡量。年度影响通过设置 D2005 和 D2006 两个虚拟变量控制；行业变量 INSDUS 按照 2001 年 4 月中国证监会发布的《上市公司行业分类指引》中的分类标准（除制造业按亚类分类外，其他行业均以大类为准），并以综合类为基准，共设置了 20 个行业虚拟变量。

三、实证分析结果

（一）变量描述性统计

表 15.1 为变量的描述性统计结果。统计结果显示，有超过 2/3 的样本为国家最终控制（State 的均值为 0.71395）；上市公司对注册所在城市的经济贡献较高，平均为 0.02959，这可能引发当地政府的更多关注和干预；最终控股股东拥有的上市公司的平均所有权比例为 0.33542，而其他大股东的制衡能力也非常弱，CR2_5 的均值为 0.15882，还未达到最终控股股东拥有的所有权比例的一半。虽然 Tunnel 和 Stunnel 的均值均小于 0，而且 Prop 的均值为正，但这并不表明全部样本公司的控股股东在 2004～2006 年间真正减少了对上市公司的利益侵占，与此形成鲜明对比的是，由于 TUNNEL 和 STUNNEL 的中位数均非常接近于 0，说明仍有近一半的公司年度样本的控股股东对上市公司增加实施了掏空行为，并通过延迟确认损失和提前确认收益等盈余平滑手段操控上市公司的财务报告，使得 50%以上的样本公司的财务报告更不透明（Transpa 的均值和中位数分别为 5.50094 和 5.5）。

表 15.1　变量描述性统计

变量	N	均值	标准差	中位数	最小值	最大值	峰度	偏度
Transpa	2940	5.50094	1.68023	5.5	1	10	-0.2901	0.2385
Tunnel	2940	-0.01134	0.1744	-0.0004	-7.02239	0.55892	977.6038	-26.995
Prop	2940	0.00869	0.08973	0.00257	-1.44238	3.50096	813.4046	18.906
Stunnel	2940	-0.02008	0.20288	-0.00402	-7.30871	0.89594	706.3147	-23.074
State	2940	0.71395	0.45199	1	0	1	-1.10333	-0.947
Own	2940	0.33542	0.18841	0.30462	0.00502	0.92	-0.74797	0.355
CR2-5	2940	0.15822	0.12501	0.13078	0.00218	0.58818	-0.44826	0.679
Revratio	2940	0.02959	0.08703	0.00600	-3.09E-06	1.17182	60.85046	6.877
ROA	2940	0.00653	0.13003	0.02143	-2.06358	0.88875	78.0388	-6.768
Lev	2940	0.56778	0.95293	0.51846	0.00814	43.07538	1390.25	33.290
LnAsset	2940	21.2380	0.99326	21.17427	17.4120	26.97819	1.70085	0.330

（二）相关性分析

表 15.2 是回归变量的相关系数矩阵，对角线右上方为 Spearman'rho 相关系数，对角线左下方为 Pearson 相关系数，不包含财务报告透明度构成项目与其他变量间的相关系数。

从财务报告透明度与控股股东行为变量之间的相关性来看，Transpa 与掏空行为变量 Tunnel 和 Stunnel 显著负相关，与扶持行为变量 Prop 正相关，这说明了控股股东的掏空行为的确显著降低了上市公司的财务报告透明度，支持了假设 1a，而控股股东的扶持行为对财务报告透明度并没有产生明显的影响，与假设 1b 不一致。State 和 Govinter 与 Transpa 显著负相关，说明最终控股股东如果具有国有性质，由于受到较多的政府干预，使得上市公司的财务报告有更低的财务报告透明度，支持了假设 2a 和 2b。OWN 与 Transpa 显著负相关说明随着最终控股股东所有权比例的提高，上市公司的财务报告更不透明。CR25 与 Transpa 显著正相关，说明其他大股东的存在能够显著提高财务报告透明度，支持了假设条件。此外，ROA 与 Transpa 显著负相关，说明上市公司财务报告中的盈余可能是经过盈余平滑后的盈余，使得财务报告有较低的透明度。Size 与 Transpa 显著负相关，说明规模大的公司更愿意让财务报告不透明，以掩盖更多的信息和减少政治成本。Lev 与与 Transpa 显著正相关，说明债务契约的存在能够加强上市公司的公司治理，提高上市公司的财务报告透明度。

从相关系数矩阵还可以发现，解释变量之间的相关系数都不高，因此，我们可以说解释变量之间不存在明显的多重共线性，对回归结果不会出现大的影响（Judge et al.，1980）。

表 15.2 回归变量的相关系数矩阵

	Transpa	Tunnel	Prop	Stunnel	ROA	Lev	Size	State	CR25	OWN	Govinter
Transpa	1	-0.143*** (0.000)	0.0293 (0.1124)	-0.1395*** (0.000)	-0.308*** (0.000)	0.116*** (0.000)	-0.448*** (0.000)	-0.115*** (0.000)	0.132*** (0.000)	-0.10*** (0.000)	-0.231*** (0.000)
Tunnel	-0.108*** (0.000)	1	0.115*** (0.000)	0.637*** (0.000)	0.035* (0.0566)	-0.086*** (0.000)	0.072*** (0.000)	-0.0255 (0.1674)	-0.0115 (0.5316)	0.0134 (0.4678)	0.080*** (0.000)
Prop	0.0315* (0.0878)	-0.086*** (0.000)	1	-0.538*** (0.000)	-0.0176 (0.3395)	-0.0360* (0.0510)	-0.0317* (0.0855)	0.0016 (0.9325)	0.0182 (0.3247)	0.0076 (0.6816)	0.0185 (0.3165)
Stunnel	-0.107*** (0.000)	0.898*** (0.000)	-0.52*** (0.000)	1	0.032* (0.0801)	-0.0423** (0.0218)	0.080*** (0.000)	-0.0204 (0.2697)	-0.0190 (0.3020)	0.0108 (0.5597)	0.055*** (0.0028)
ROA	-0.355*** (0.000)	-0.089*** (0.000)	-0.07*** (0.000)	-0.0447** (0.0154)	1	-0.283*** (0.000)	0.201*** (0.000)	0.073*** (0.000)	-0.08*** (0.000)	0.166*** (0.000)	0.199*** (0.000)
Lev	0.099*** (0.000)	-0.356*** (0.000)	-0.21*** (0.000)	-0.214*** (0.000)	0.0055 (0.7642)	1	0.059*** (0.0014)	-0.116*** (0.000)	0.095*** (0.000)	-0.17*** (0.000)	0.0035 (0.8495)
Size	-0.438*** (0.000)	0.141*** (0.000)	-0.044** (0.0171)	0.140*** (0.000)	0.174*** (0.000)	-0.152*** (0.000)	1	0.248*** (0.000)	-0.22*** (0.000)	0.210*** (0.000)	0.450*** (0.000)
State	-0.132*** (0.000)	0.0274 (0.1375)	0.0085 (0.6464)	0.0198 (0.2829)	0.138*** (0.000)	-0.081*** (0.000)	0.256*** (0.000)	1	-0.27*** (0.000)	0.512*** (0.000)	0.120*** (0.000)
CR25	0.139*** (0.000)	-0.0293 (0.1119)	0.0082 (0.6550)	-0.0289 (0.1177)	-0.105*** (0.000)	0.0177 (0.3376)	-0.186*** (0.000)	-0.249*** (0.000)	1	-0.49*** (0.000)	-0.096*** (0.000)
OWN	-0.115*** (0.000)	0.0091 (0.6235)	0.0197 (0.2846)	-0.0009 (0.9591)	0.143*** (0.000)	-0.0278 (0.1318)	0.233*** (0.000)	0.483*** (0.000)	-0.46*** (0.000)	1	0.134*** (0.000)
Govinter	-0.068*** (0.000)	0.0220 (0.2321)	-0.0059 (0.7510)	0.0215 (0.2430)	0.102*** (0.000)	-0.0174 (0.3443)	0.304*** (0.000)	0.042** (0.0243)	-0.0255 (0.1662)	0.121*** (0.000)	1

注：对角线右上方为 Spearman's rho 相关系数，对角线左下方为 Pearson 相关系数；***、**和*分别表示检验在 1%、5%和 10%的水平上显著。

（三）单变量分析

表15.3列示了控股股东行为对财务报告透明度及其构成项目影响的分组检验结果。其中，Panel A、B和C分别列示的是按照中位数分组后的掏空行为、扶持行为和净掏空行为对财务报告透明度及其构成项目的分组检验结果。Panel A显示，控股股东掏空程度高的上市公司有更低的财务报告稳健性，更高的盈余激进度和更低的信息修正能力，这说明上市公司更可能采用提前确认收益和延迟确认损失的手段操控财务报告，降低财务报告透明度，掩盖控股股东的掏空行为，该结果支持了假设1a。Panel B显示，控股股东仅对EA有显著的负向影响，对财务报告透明度及其他构成项目的影响不明显。Panel C显示控股股东对上市公司的净掏空与Panel A的检验结果一致支持了假设1c。

表15.4列示的是控股股东性质与政府干预行为对上市公司财务报告透明度及其构成项目的分组检验结果。其中，Panel A、B和C分别列示的是拥有不同性质的最终控股股东、按照中位数分组后的政府干预行为和两者共同影响上市公司财务报告透明度及其构成项目的分组检验结果；Panel A显示，相对于拥有非国家性质控股股东的上市公司而言，最终控股股东为国有性质的上市公司拥有更不稳健的财务报告，财务报告中列示的盈余经过了更大程度的平滑，财务报告信息的修正能力也更低，财务报告也变得更不透明，支持了假设2a。Panel B显示，过多的政府干预能够显著降低财务报告稳健性和财务报告透明度，支持了假设2b。Panel C显示，最终控股股东为国家性质的上市公司，过多的政府干预更能显著降低财务报告稳健性，上市公司财务报告中的盈余经过了更大程度的平滑，包含了更多的应计利润，使得财务报告信息的修正能力更低，进而导致财务报告更不透明。

表15.3　控股股东行为对财务报告透明度影响的分组检验

Panel A						
Variables	Group	Group Standard	N	Mean(Median)	STD	T(Z) Statistics
Trasnspa	高强度	Tunnel>-0.0003818	1470	5.293537(5.25)	1.623981	-6.74327***
	低强度	Tunnel<-0.0003818	1470	5.708333(5.5)	1.710225	(-6.499)***

Conser	高强度	Tunnel>-0.0003818	1470	-0.06169(-0.05709)	0.065169	-4.81076***
	低强度	Tunnel<-0.0003818	1470	-0.04948(-0.04565)	0.072275	(-5.359)***
EA	高强度	Tunnel>-0.0003818	1470	0.007909(-0.011413)	0.094746	6.06856***
	低强度	Tunnel<-0.0003818	1470	-0.01536(-0.0051)	0.11238	(-7.383)***
ES	高强度	Tunnel>-0.0003818	1470	-0.77235(-0.97466)	0.462115	-1.35777
	低强度	Tunnel<-0.0003818	1470	-0.7488(-0.97418)	0.478153	(-9.32)
Feedback	高强度	Tunnel>-0.0003818	1470	0.245835(0.02678)	1.425545	-2.08242**
	低强度	Tunnel<-0.0003818	1470	0.544413(0.030385)	5.309226	(-1.930)*

Panel B

Variables	Group	Group Standard	N	Mean(Median)	STD	T(Z) Statistics
Trasnspa	高强度	Prop>0.0025679	1470	5.54983(5.5)	1.7042	1.578249
	低强度	Prop<0.0025679	1470	5.452041(5.5)	1.65505	(-1.254)
Conser	高强度	Prop>0.0025679	1470	-0.05525(-0.05275)	0.066727	0.257873
	低强度	Prop<0.0025679	1470	-0.05591(-0.05268)	0.071361	(-0.136)
EA	高强度	Prop>0.0025679	1470	-0.00925(-0.00043)	0.111044	-2.87156***
	低强度	Prop<0.0025679	1470	0.001808(0.00702)	0.09739	(-3.197)***
ES	高强度	Prop>0.0025679	1470	-0.76265(-0.9714)	0.462527	-0.23921
	低强度	Prop<0.0025679	1470	-0.7585(-0.97707)	0.478035	(-0.665)
Feedback	高强度	Prop>0.0025679	1470	0.268737(0.029084)	1.498827	-1.76258*
	低强度	Prop<0.0025679	1470	0.52151(0.027879)	5.2902	(-0.180)

Panel C

Variables	Group	Group Standard	N	Mean(Median)	STD	T(Z) Statistics
Trasnspa	高强度	Stunnel>-0.0040189	1470	5.294218(5.25)	1.602043	-6.72081***
	低强度	Stunnel<-0.0040189	1470	5.707653(5.5)	1.730955	(-6.278)***
Conser	高强度	Stunnel>-0.0040189	1470	-0.05944(-0.05652)	0.06416	-3.03401***
	低强度	Stunnel<-0.0040189	1470	-0.05172(-0.04677)	0.073477	(-3.516)***
EA	高强度	Stunnel>-0.0040189	1470	0.0084(0.012602)	0.091241	6.3281***
	低强度	Stunnel<-0.0040189	1470	-0.01585(-0.00514)	0.115142	(-7.797)***
ES	高强度	Stunnel>-0.0040189	1470	-0.77297(-0.97717)	0.464199	-1.42908
	低强度	Stunnel<-0.0040189	1470	-0.74818(-0.97161)	0.476098	(-1.778)*
Feedback	高强度	Stunnel>-0.0040189	1470	0.290546(0.026188)	2.067294	-1.45819
	低强度	Stunnel<-0.0040189	1470	0.499701(0.031045)	5.095986	(-2.508)**

注：***、**和*分别表示在 1%、5%和 10%的显著性水平下双尾显著；均值为 T 检验，中位数为非参数 Mann-Whitney Z 检验。

表 15.4 最终控股股东性质与政府干预程度对财务报告透明度影响的分组检验

Panel A						
Variables	Group	Group Standard	N	Mean(Median)	STD	T(Z) Statistics
Trasnspa	国有	State=1	2099	5.361124(5.25)	1.5985	-6.79694***
	非国有	State=0	841	5.849881(5.75)	1.8234	(-6.236)***
Conser	国有	State=1	2099	-0.06582(-0.06291)	0.064698	-12.4066***
	非国有	State=0	841	-0.03003(-0.3013)	0.072954	(-13.368)***
EA	国有	State=1	2099	-0.00142(0.003849)	0.081362	1.49504
	非国有	State=0	841	-0.00946(0.002815)	0.147236	(-0.454)
ES	国有	State=1	2099	-0.77657(-0.97402)	0.449102	-2.74716***
	非国有	State=0	841	-0.72064(-0.97552)	0.517482	(-0.708)
Feedback	国有	State=1	2099	0.40497(0.026471)	4.460601	0.298228
	非国有	State=0	841	0.370549(0.03469)	1.797572	(-3.484)***
Panel B						
Variables	Group	Group Standard	N	Mean(Median)	STD	T(Z) Statistics
Trasnspa	政府强干预	Govinter>0.0059978	1470	5.221939(5.25)	1.579665	-9.12858***
	政府弱干预	Govinter<0.0059978	1470	5.779932(5.75)	1.731227	(-8.628)***
Conser	政府强干预	Govinter>0.0059978	1470	-0.07916(-0.07188)	0.062096	-19.686***
	政府弱干预	Govinter<0.0059978	1470	-0.03201(-0.03012)	0.067653	(-19.508)***
EA	政府强干预	Govinter>0.0059978	1470	-0.00043(0.005079)	0.080425	1.708368*
	政府弱干预	Govinter<0.0059978	1470	-0.00702(0.002391)	0.124044	(-1.137)
ES	政府强干预	Govinter>0.0059978	1470	-0.76792(-0.9726)	0.458349	-0.84744
	政府弱干预	Govinter<0.0059978	1470	-0.75322(-0.97699)	0.481939	(-0.199)
Feedback	政府强干预	Govinter>0.0059978	1470	0.385538(0.029017)	3.762674	-0.13362
	政府弱干预	Govinter<0.0059978	1470	0.40471(0.027664)	4.013324	(-0.647)
Panel C						
Variables	Group	Group Standard	N	Mean(Median)	STD	T(Z) Statistics
Trasnspa	强且国有	Govinter>0.0059978 且 State=1	1118	5.1630(5.25)	1.525222	-10.6517***
	弱且非国有	Govinter<0.0059978 且 State=0	489	6.1672(6)	1.824397	(-9.953)***
Conser	强且国有	Govinter>0.0059978 且 State=1	1118	-0.0877(-0.078)	0.062111	-17.9699***
	弱且非国有	Govinter<0.0059978 且 State=0	489	-0.0142(-0.013)	0.080553	(-20.099)***
EA	强且国有	Govinter>0.0059978 且 State=1	1118	-0.0012(0.0049)	0.074636	2.015457**
	弱且非国有	Govinter<0.0059978 且 State=0	489	-0.0177(0.0016)	0.174463	(-0.628)
ES	强且国有	Govinter>0.0059978 且 State=1	1118	-0.7693(-0.968)	0.452098	-2.84064***
	弱且非国有	Govinter<0.0059978 且 State=0	489	-0.6897(-0.967)	0.542324	(-1.628)
Feedback	强且国有	Govinter>0.0059978 且 State=1	1118	0.3991(0.0283)	4.197511	0.055417
	弱且非国有	Govinter<0.0059978 且 State=0	489	0.3908(0.0368)	1.809295	(-3.211)***

注：State 取值为 1 时，代表最终控股股东为国有性质，否则代表最终控股股东具有非国有性质；0.0059878 为 Govinter 的中位数；***、**、*分别表示在 1%、5%和 10%的显著性水平上显著（双尾检验）；均值为 T 检验，中位数为非参数 Mann-Whitney Z 检验。

（四）多元回归分析

表 15.5 列示的是政府干预、控股股东行为影响财务报告透明度的回归分析结果，回归分析控制了年度影响与行业影响（未在表中列示）。模型 1、2 和 3 中的 Behavior 分别为 Tunnel、Prop 和 Stunnel。

表 15.5 政府干预、最终控股股东掏空与财务报告透明度回归分析

Dependent	+/-	模型 1	模型 2	模型 3
Constant	?	8.647(30.47)***	19.335(30.91)***	19.155(30.64)***
Behavior	-	-0.332(-1.83)*	0.842(1.16)	-0.308(-1.86)*
Behavior *State	-	-1.324(-3.42)***	-1.233(-1.56)	-0.164(-0.60)
Behavior *govint	-	-14.979(-1.28)	18.802(2.25)**	-19.407(-2.73)***
Cr25	+	0.6959(2.90)***	0.679(2.82)***	0.666(2.77)***
own	-	-0.952(-1.78)*	-0.857(-1.60)	-0.884(-1.65)*
Own*own		1.681(2.42)**	1.588(2.27)**	1.570(2.25)**
ROA	-	-3.823(-18.38)***	-3.721(-17.79)***	-3.776(-18.20)***
LEV	+	0.051(1.71)*	0.093(2.90)***	0.061(2.13)**
LNASSET	-	-0.653(-22.68)***	-0.673(-23.34)***	-0.662(-22.91)***
Year		控制	控制	控制
Industry		控制	控制	控制
N		2940	2940	2940
F		41.81	40.82	41.29
R-squared		0.3083	0.3032	0.3056
Adj-Rsqua		0.3009	0.2958	0.2982

注：***、**、*分别表示在 1%、5%和 10%的显著性水平上显著。

回归结果显示，控股股东掏空行为与 Transpa 显著负相关，支持了假设 1a，说明掏空行为显著降低了财务报告透明度。Tunnel×State 的回归系数显著为负，说明最终控股股东的国有性质能够显著降低财务报告透明度，支持了假设 2a。

Tunnel×Govinter 的系数为负，但不显著，与前面的相关系数和单变量分析结合，可以认为政府干预能够对财务报告产生负向影响，部分支持了假设 2b。

控股股东扶持行为的回归系数不显著，说明扶持行为对财务报告透明度没有产生明显的影响。Prop×State 的回归系数虽然不显著，但在与财务报告透明度构成项目的回归模型中都是显著的，因此最终也会显著降低财务报告的透明度，部分支持了假设 1b。

Prop×Govinter 的系数显著为正，说明政府伸出的“援助之手”能够对财务报告产生正向影响。Behavior 为 Stunnel 时，回归结果与 Behavior 为 Tunnel 时的结果基本一致，没有发生重大变化。CR25 的回归系数显著为正，说明其他大股东的存在能够显著提高财务报告透明度，支持了假设条件。

OWN 的回归系数显著为负，OWN 的平方项显著为正，说明最终控股股东的所有权比例与财务报告透明度呈 U 型相关，支持了假设 3。

此外，ROA 与 Size 的系数均显著为负，说明上市公司出于对政治成本的担忧而对报告盈余进行操控，导致财务报告透明度下降。Lev 的回归系数显著为正，说明债务契约有助于约束上市公司控股股东操控财务报告的行为，从而提高了上市公司财务报告透明度。因变量为财务报告透明度构成项目的研究模型的回归结果也基本一致（未报告）。此外，分年度回归结果（未报告）与全样本回归结果基本一致，也未发现有重大变化。

本章采用 2004 年至 2006 年中国 A 股市场上的上市公司的数据，在存在控股股东代理问题的框架内，考察政府干预、控股股东行为对上市公司财务报告透明度的影响。研究发现，控股股东在掏空上市公司时，采用了提前确认收益和延迟确认损失等盈余平滑手段，使得上市公司财务报告中的盈余包含了更多的应计利润，使得报告使用人无法了解公司真实的状况，不能及时修正原已作出的预测，进而显著降低了财务报告的透明度。控股股东扶持行为也并不像人们想象的那样增加透明度，相反由于上市公司的过度宣传和“财务报告的迎合”，使得报告使用人无法通过过量的信息作出正确判断，换言之，扶持行为也很可能对财务报告透明度产生负向影响。从最终控股股东性质和政府干预程度来看，最终控股股东的国家性质使得上市公司获得更多的政府干预，承担更多的政治目标和社会目标，因此更有动机掏空上市公司和操控上市公司的财务报告，从而降低了财务报告透明度。从最终控制股东拥有的上市公司所有权角度看，与上市公司直接第一大股东的持股比例相同的是，最终控股股东所有权同样拥有壕沟防御效应和利益协同效应，使得最终控股股东所有权比例与上市公司财务报告透明度之间呈U型关系。研究还发现，规模大的上市公司有更低的财务报告透明度。债务契约有助于提高财务报告透明度。

当前我国上市公司普遍存在股权过于集中和国有股一股独大等明显的公司治理缺陷（Z. Sun, F. Liu and H. Wang, 2005），从而导致控股股东在公司治理结构中处于核心地位，使得控股股东对财务报告透明度也能够产生非常重要的影响。因此，本章对文献的贡献之一在于首次在控股股东与中小股东之间代理问题的框架内系统分析了政府干预、控股股东行为对财务报告透明度的影响，并建议监管机构应更多地关注控股股东行为对上市公司财务报告透明度的影响，只有对控股股东进行有效的监管，对控股股东的行为进行有效的监控，才能有助于从根本上解决上市公司财务报告透明度不高的现状。本章对文献的第二个贡献是，未采用资本市场上的数据，而仅仅采用财务报告中的数据，并以FASB的概念框架对财务报告透明度进行了实证度量，这有助于深入理解和研究弱势有效的资本市场上的财务报告透明度问题，也为研究非上市公司的财务报告透明度问题提供了有益的帮助。

第十六章　财务报告透明度与企业绩效

财务报告是公司向外部投资者传递信息的重要手段，投资者通过财务报告可以了解企业的财务状况、经营成果和未来发展。财务报告透明度提高将直接缓解投资人和经理之间的信息不对称，降低企业的代理成本和融资成本，完善公司治理结构，提高治理效率，进而提升公司的盈利能力。

研究上市公司财务报告透明度与公司绩效之间关系，对于揭示两者之间的内在关联，优化公司治理结构，提高公司经营绩效和长远发展，具有重要的理论价值和现实意义。

一、文献回顾

财务报告透明度是关乎证券市场有效运行、资源有效配置和投资者利益保护的重大问题。一直以来受到国内外学者的高度关注，相关研究也呈现方兴未艾之势。有关财务报告透明度[①]与企业绩效的研究，少数研究直接检验两者的关系，多数研究则通过间接视角来考察，即考察财务报告透明度与资本成本、股票流动性以及与市场风险之间的关系。

（一）国外相关研究

Diamond 和 Verrecchia（1991）提出，公司信息披露水平的提高可

① 基于不同的研究目的和研究设计，学者通常会使用财务报告质量、财务报告透明度、信息披露质量、信息透明度、会计透明度、公司透明度等不同称谓。虽然不同称谓的意义不完全相同，但本质上都是对信息质量的刻画，研究主旨是相似的，研究结论可以相互印证。在本章的后续论述中，不再对不同称谓做严格区分。

以降低知情投资者和不知情投资者之间的信息不对称。对于高披露水平的公司，不知情投资者因较少面临与知情者进行不公平交易的风险而减少风险补偿，增加公司股票的流动性，从而降低了权益资本成本和证券交易成本。Botosan（1997）发现公司透明度与资本成本之间存在显著的负相关关系，公司信息披露水平越高，越有助于提高公司股票的流动性，降低资本成本。Bushman（2001）从国家层面探讨了提高信息披露和公司透明度的重要性。他的研究指出，财务会计信息披露质量直接影响公司的现金流，继而通过三种不同渠道影响资本成本和经营绩效。第一个渠道是财务会计信息的披露有利于管理层和投资者判断潜在的投资机会；第二个渠道是财务会计信息对公司内部控制的制约，有利于约束管理者将公司有限的资源投向更好的项目；第三个渠道是财务会计信息的披露有利于降低投资者之间的信息不对称。会计信息一方面降低了投资者的估计风险，提高了证券的流动性，降低权益融资成本；另一方面约束了管理者的利益侵占行为，缓解代理问题。可以看出，无论通过哪种渠道，公司所承担的资本成本都会因信息不对称程度的降低而降低，这说明公司信息透明度与资本成本之间存在着负相关关系。Pater（2002）指出披露质量和市场风险之间具有直觉的负相关关系，低水平的披露将向市场传递较少的信息，从而增加市场风险，提高资本成本。Rahman（2002）基于不完全契约角度，研究了信息披露对公司治理及公司价值的影响。研究构建了内部治理、外部治理和信息披露的一个完整的分析框架，并发现信息披露越充分的公司，其公司价值及财务业绩就越高。公司治理通过信息披露，直接或间接的具有价值相关性，信息披露可以改进不完全契约下投资者无法获取完备知识的问题。Easley 和 O’hara（2004）采用多项资产的理性预期模型，发现不同的信息组成成分会影响资本成本的大小。他们指出，信息披露可以降低公司与投资者之间的信息不对称而提高投资者对公司价值的预测，如果预测风险不可分散，透明度的增加可以降低投资者因对公司价值的不确定性而增加的额外风险补偿，从而降低公司的资本成本。Jo 和 Kim（2007）检验了信息披露频率和盈余管理之间的关系，以及这种关系对上市公司增发后企业业绩的影响。他们发现，加强信息披露可以减少信息问题，降低上市公司盈余管理水平，提高增发后的业绩表现。但是，这种信息披露的积极作用体现为对可持续性信息的披露，而不是对暂时性、偶发性信息的披露。

尽管国外多数研究支持透明度的提高有利于降低资本成本，缓解信息不对称程度，进而提高企业绩效。但是，也有个别学者对此提出质疑。Hermalin 和 Weisbach（2007）的研究指出，从公司治理的角度来看，提高透明度既会带来成本也会带来收益；基于成本与收益的分析框架，透明度存在一个最优水平，当公司透明度超过这个最优水平，透明度的提高将会导致利润的降低。Gao（2008）基于经济学的理论分析视角，探讨了信息披露质量、资本成本及投资者福利的关系。研究指出，只有在满足一定条件的情况下，信息披露的提高才会降低资本成本，给原有投资者和新加入投资者带来福利；否则，披露质量的提高反而会提高资本成本。

（二）国内相关研究

在我国证券市场的大环境下，国内学者对上市公司信息披露质量和公司绩效的关系也进行了大量探索。汪炜、蒋高峰（2004）、曾颖、陆正飞（2006）分别采用不同的研究样本和研究方法，都发现在控制了公司规模和财务风险等变量之后，信息披露质量较高的样本公司边际权益资本成本较低。王华和张程睿（2005）以新发行 A 股并上市的公司为研究样本，证明了在中国证券市场上投资者与 IPO 公司之间的信息不对称程度分别与公司 IPO 直接成本、间接成本及总成本间存在显著正相关关系。研究结果表明，公司 IPO 前越不透明，将承担更高的筹资成本；反之，IPO 前提高公司透明度，增加主动披露，有利于降低公司的筹资成本，即信息透明度越高，融资成本越低。游家兴、李斌（2007）从会计信息系统和组织结构复杂性两个维度，建立了一套客观反映上市公司信息透明度水平的评价指标体系，并以此来考察信息透明度对总经理变更与公司业绩之间敏感程度的影响。实证结果表明，公司信息透明度越高，总经理因业绩下降而被更换的可能性越大。这表明，公司信息透明度的提高不仅有助于投资者甄别管理者经营水平的高低，而且可以强化董事会对总经理的监管机制，从而增进了公司治理制度安排的效率。张宗新等人（2007）以深交所对上市公司信息披露质量的评级作为信息披露质量代理变量，以 Jensen 指数、净资产收益率、总资产收益率及总资产周转率作为公司绩效代理指标，检验了 2002～2005 年深市上市公司信息披露质量对公司绩效的影响。研究发现，信息披露质量与公司绩效之间存在显著内在关联性，信息披露质量较高的公司，其市场表现和财务绩效也都较佳。因此，合理引导公司信息披露，对于提升上市公司绩效具有重要导向效应。林有志、张雅芬（2007）以 2003～2005 年中国台湾上市公司为样本，探讨信息透明度与公司经营绩效的关连性。信息透明度以证券暨期货市场发展基金会“信息披露评鉴系统”的评价结果为代理变量，经营绩效分别以会计绩效及市场绩效来衡量。实证结果发现，对于信息透明度较高的公司，会计绩效及市场绩效的表现均优于信息透明度较低的公司。王茜（2008）以我国深市上市公司为样本分析了信息披露质量状况及其与公司业绩之间的关系，研究发现：上市公司的信息披露质量呈上升的趋势，说明信息披露质量考评制度有利于提高上市公司的信息披露质量；上市公司信息披露质量越高，公司业绩越好，说明信息披露质量的提高对公司业绩有正面的影响，积极的披露行为能够得到市场的认可。朱启明、戴君（2008）建立了我国信息透明度对权益成本影响的理论分析框架，并指出，从经济后果来看，公司高水平、高透明度的信息披露可以降低资本市场的信息不对称程度，降低资本成本，从而提高资本市场的效率。张兵等人（2009）选用深交所信息披露考评结果作为信息透明度的代理变量，分析了透明度对公司绩效的影响，并发现财务绩效与信息透明度显著的正相关关系。刘文军、米莉（2010）同样采用 2004～2006 年深交所信息披露考评结果作为信息披露质量的替代变量，实证检验了信息披露质量与公司业绩的关系。研究发现，上市公司信息披露质量提高能显著改善公司绩效。信息透明度较高的公司，会计绩效及市场绩效的表现均优于信息透明度较低的公司。

与国外研究状况遥相呼应的是，我国也有学者发现了财务报告透明度与企业绩效可能存在的负相关关系。权小锋、吴世农（2010）的实证研究发现，信息披露质量的提高虽然对企业的经营业绩的正向作用不显著，但是对降低公司业绩的波动性，无论是横向的离散度还是纵向的波动性均具有明显的作用。此外，信息披露质量的提高对CEO强权所引起的公司业绩风险具有抑制作用。也就是说，信息披露的贡献主要体现在降低公司经营风险上，但风险的降低并不能直接导致企业经营业绩的提高。同时，研究还指出进一步完善信息披露机制对于当前国有企业改革具有重要意义。

二、理论分析与研究假设

上市公司通过对外披露财务报告信息，向财务报告使用者提供有关企业经营管理的所有信息，投资者依据信息作出投资决策。基于现有的大量研究文献，我们可以发现，财务报告透明度的提高能够提高股票流动性，降低融资成本和经营风险，从而提高公司收益，提升公司价值。这一结论已经被大多数学者所认同。但是，公司经营状况的好坏是否又会反作用于财务报告透明度的大小呢？理论上仍然值得剖析。

基于信号理论，不完全资本市场上普遍存在“柠檬现象”。高质量的公司为了与低质量的公司相区别，以便公司股票被正确定价，就会有动机去披露更多、更透明的财务信息，向投资者传达公司业绩好的信号，以吸引更多的投资者关注，提高外界投资者对公司未来经营状况的预期，从而提高企业价值。在该理论的支持下，为了防止“柠檬问题”的影响，经营业绩好的公司有动机提高财务报告透明度。另一方面，基于契约理论，由于企业所有权和经营权分离，经营状况良好的公司管理层也更有动机对外披露信息，以显示自己的经营才能，同时获取职场声誉和更多的薪酬补偿。在实证研究上，有学者对此进行了验证。Miller（2002）就发现了随着公司盈利水平的提高，公司信息披露水平也相应提高。公司会根据盈余增长情况而变动披露水平；当盈余增长表现强劲时，公司会增加各种类型的信息披露；同时，市场也会给予积极的反应，表现为市场短期回报显著为正。我国学者张程睿（2006）的研究也发现，上市公司财务状况对上市公司信息透明度具有显著影响。平均而言，公司信息透明度随着每股收益的增加而趋于增加。

财务报告透明度和公司绩效之间可能存在内生性问题。面对内生性问题，学者们积极采用各种统计学方法来克服其影响，并试图得到更加可靠的研究结论。张兵等人（2009）检验了信息透明度的内生性和工具变量的有效性问题。刘文军和米莉（2010）同样采取二阶段回归方法，将上一期信息披露作为本期信息披露的工具变量考察了信息披露质量和公司业绩的内生性问题。这些学者通过严谨的统计分析手段控制内生性问题后，研究结论通常还是稳健的。也就是说，大多数研究仍然支持"提高财务报告透明度有利于提升企业绩效"。

由于样本量的限制和研究方法上的制约，完全克服内生性问题是无法达到的。本章沿用多数学者的观点，不考虑内生性问题，从透明度对企业绩效产生影响的角度来分析问题。我们认为：首先，高透明有利于减少公司管理层与外部投资者之间的信息不对称，使投资者能"透过现象看本质"，较好地了解企业的真实状况，也使投资者有信心进行公开的股票交易，进而增强公司股票流动性。其次，信息披露水平较低时，投资者所面临的未来投资风险增大，在其他条件既定的情况下，投资者要求的回报率与预计的风险水平成正比，未来收益的不确定性越高，投资者要求的回报率就越高；公司通过增加和改进信息披露，可以减少与投资者之间的信息不对称，从而降低投资者预计的风险水平，并要求较低的投资回报率。因此，高透明度会降低信息风险，改善投资者的预期，进而使公司承担较低的资金成本。最后，从公司治理的角度来看，透明的财务报告也是公司治理机制的重要组成，基于代理理论和会计信息的契约理论，财务报告透明度的提高不仅降低信息不对称，也发挥着公司治理功能，是缓解代理问题的有效途径。公司治理水平的提高将有利于企业的经营与长远发展。

基于上述观点，本章尝试提出研究假设：

假设：上市公司财务报告透明度越高，绩效越好，即两者存在显著的正相关关系。

三、研究设计

（一）样本选取和数据来源

本章选择沪、深两市的机械、设备、仪表制造业（行业代码为 C7）上市公司 156 家，根据相关法规规定，我国上市公司自 2007 年起开始实施新的会计准则体系，为避免会计准则变更对研究的影响，故只选择 2007、2008 这两个年度作为样本的时间选择范围，每家公司均有两个年度的相应数据，共有 312 个观察值。评价透明度的原始数据来自样本公司的定期财务报告，经手工整理后得到。绩效指标和其他变量来自 CCER 和国泰安数据库。

（二）变量定义

1．财务报告透明度的度量

财务报告透明度的计量依托于第五章所设计的透明度评价指标体系。这一评价体系是围绕上市公司通过财务报告向投资者传递信息的 5 个主要环节来评价透明度水平，涵盖了财务报告的生成环境、内容结构、外部监督、及时性和传播效率 5 个方面，通过具体的项目对上述 5 个方面分别进行打分；最后，采用主成分分析法推得各样本公司的财务报告透明度指标（TF）。

2．企业绩效指标的选取

在目前已有的研究中，对企业绩效的度量分为单一指标和综合指标两类。单一指标又进一步分为会计类指标和市场类指标。大多数学者采用会计类指标，如 ROA、ROE、销售利润率、每股收益、主营业务利润率等（陈晓、江东，2000；刘国亮，王加胜，2000；陈小悦、徐晓东，2001；杨淑娥、苏坤，2009），也有部分学者采用市场类指标，如 Tobin Q、市净率、累积超常收益等（孙永祥和黄祖辉，1999；朱武祥和宋勇，2001）。用单一指标来衡量企业绩效虽然直观，却无法全面地评价上市公司的经营状况。因此，学者们通常在研究中会选取多个单一指标（张宗新等人，2007；林有志、张雅芬，2007；季华、魏明海、柳建华，2010；刘春、孙亮，2010），或通过构建指标评价体系，运用主成分分析法求得一个综合指标来替代企业绩效（徐莉萍、辛宇、陈工孟，2006；徐义群、石水平，2010）。鉴于以上研究，本章分别选取两类的单一指标，并参考徐义群、石水平（2010）的思路构建评价体系，得到一个综合指标 P。

3．企业绩效的度量

（1）单一会计类指标。本章选取资产收益率 ROA 作为度量，即净利润与平均总资产的比值。

（2）单一市场类指标。对于投资者而言，除了关心公司基本面的变化外，更关心的是公司股票在二级市场上的表现（张宗新等人，2007）。因此，本章选取经市场调整后的股票收益率作为度量，它是股票实际收益率与期望收益率的差值，用来表征股票在二级市场上获取超额收益的能力。

首先，根据 CAPM 模型推出β系数的估计值；然后，计算公司年度预期收益率 $E(R_i)$；最后，求得经市场调整后的股票收益率 RET。

$$R_{di} = R_{df} + \beta * (R_{dm} - R_{df}) + \varepsilon_{di}$$

$$E(R_i) = R_f + \beta * (R_m - R_f)$$

$$RET = R_i - E(R_i)$$

其中，R_{di} 和 R_i 分别是考虑现金红利再投资的日个股回报率和年个股回报率，R_{df} 和 R_f 分别是根据复利计算方法得到的日无风险利率和年无风险利率，R_{dm} 和 R_m 分别是基于等权平均法得到的考虑现金红利再投资的综合日市场回报率和综合年市场回报率。

（3）综合评价指标。借鉴财政部等四部委《关于深入开展企业效绩评价工作加强国有企业监督管理的通知》，选出 10 个财务指标构造了评价指标体系，然后采用主成分分析法提取四个主成分，四个主成分分别反应了上市公司的获利能力、营运能力、偿债能力和发展能力四个主要方面，以此综合来衡量企业的绩效水平。

首先对 10 个初始指标值进行检验，KMO 值为 0.654，半球形检验 P 值小于 1%，因此适合做主成分分析；然后，根据因子旋转后的解释总方差，提取 4 个主成分，累计方差贡献率为 82%，超过公认的最佳临界值 80%，主成分可以很好地反应初始指标；最后，整理得到企业绩效综合评价模型。

$$P = 0.278P_1 + 0.211P_2 + 0.199P_3 + 0.132P_4$$

其中，各主成分的表达式分别为：

$$P_1 = 0.541E_1 + 0.562E_2 + 0.545E_3 + 0.017M_1 + 0.040M_2 - 0.067D_1 - 0.067D_2 + 0.014G_1 + 0.159G_2 + 0.253G_3$$

$$P_2 = 0.031E_1 + 0.020E_2 - 0.01E_3 + 0.675M_1 + 0.636M_2 + 0.020D_1 + 0.063D_2 - 0.144G_1 - 0.257G_2 + 0.029G_3$$

$$P_3 = -0.102E_1 - 0.057E_2 - 0.014E_3 + 0.015M_1 + 0.113M_2 + 0.567D_1 + 0.566D_2 + 0.301G_1 + 0.336G_2 + 0.274G_3$$

$$P_4 = -0.203E_1 - 0.194E_2 - 0.131E_3 + 0.139M_1 + 0.202M_2 - 0.402D_1 - 0.399D_2 + 0.505G_1 + 0.451G_2 + 0.323G_3$$

各评价指标定义见表 16-1。

表 16.1　企业绩效评价指标定义

变量符号	名称	定义
P	企业绩效综合指标	参见综合指标评价模型
P_1	获利能力指标	参见各主成分的表达式
P_2	营运能力指标	
P_3	偿债能力指标	
P_4	发展能力指标	
E_1	净资产收益率	净利润/平均所有者权益×100%
E_2	净利润率	净利润/主营业务收入×100%
E_3	成本费用利润率	净利润/营业总成本×100%
M_1	存货周转率	销售成本/平均存货×100%
M_2	应收账款周转率	主营业务收入/平均应收账款×100%
D_1	流动比率	流动资产/流动负债×100%
D_2	速动比率	（流动资产-存货）/流动负债×100%

变量符号	名称	定义
G_1	营业收入增长率	营业收入变动额/上期营业收入×100%
G_2	总资产增长率	（期末总资产-期初总资产）/期初总资产×100%
G_3	每股收益	净利润/总股本

（三）模型与方法

本章以企业绩效作为因变量，透明度作为自变量建立模型。基本形式如下所示：

$$\text{perf}=\alpha_1+\alpha_2*TF+\varepsilon$$

其中，perf代表企业绩效，TF代表财务报告透明度，ε是误差项。本章运用SPSS13.0，通过分组检验的参数与非参数方法和回归分析法对财务报告透明度与企业绩效的相互关系进行考察。

三、实证结果与分析

（一）描述性统计

众所周知，2007年中期，我国股市上证综指从2675点起步，震荡向上，最高达到6124点。2007年可谓是我国资本市场发生重大转折的一年，市场的投资者结构、投资者人数以及股票基金等都发生重大变化，市场出现了前所未有的活跃与繁荣。而从2007年末股市却一路下行，其间从最高点跌到1664点，仅两百多个交易日股价跌幅达70%以上。2007年和2008年中观层面上证券市场截然不同的表现，在公司微观层面上，特别是绩效，也很可能表现出差异性。因此，本章将分年度来考察。

主要变量的描述性统计结果如表16.2所示：2008年上市公司财务报告透明度均值显著高于2007年，且2008年各样本公司之间透明度差异，即TF方差值，也略小于2007年。基于三种绩效度量方法下，2007年样本公司的经营绩效也都好于2008年。

表 16.2　透明度和业绩变量的描述性统计

年份	2007				2008			
变量	TF	ROA	RET	P	TF	ROA	RET	P
均值	-0.0419	0.0461	0.2634	3.1967	0.0419	0.0252	0.1966	3.1897
中值	-0.0878	0.0356	-0.17776	2.0050	0.0024	0.0243	0.1644	2.0900
标准差	0.5470	0.0877	1.1095	4.3248	0.5287	0.0552	0.1411	4.3534
极小值	-1.35	-0.31	-1.99	-0.08	-1.27	-0.16	-0.07	0.32
极大值	1.21	0.78	4.88	36.15	1.21	0.26	0.77	31.79

本章对可能影响企业绩效的公司治理变量和股权特征变量进行了描述性统计。如表 16.3 所示，在 2007 年和 2008 年，该行业几乎所有的样本公司都建立了审计委员会；只有一家上市公司独董比例未达到公司法规定的 1/3，且独董比例均值和中值都在 50%以上；cr_5 指数的均值在 0.5 左右，h_5 指数的均值为 0.18，小于 0.25，且样本中有 80%以上的公司 h_5 指数都小于 0.25。这说明样本公司持股分布均衡，股权相对分散，“一股独大”现象不明显；70%以上的样本公司为国有控股。从整体来看，机械、设备、仪表制造行业的上市公司在公司治理的主要方面不存在显著差异，股权分布特征也比较相似。基于绩效指标大小的分组统计也显示，高绩效组和低绩效组之间治理与股权特征也不存在显著行差异。鉴于财务报告透明度指标体系中也涵盖了部分相关变量。因此，在后续的回归分析中，不再对这些变量进行考察。

表 16.3　其他相关变量的描述性统计

年份	变量	审计委员会	董事会规模	独董比例	实际控制人性质	h_5 指数	cr_5 指数
2007	均值	0.9167	5.9551	0.5549	0.3032	0.1762	0.5163
	中值	1	6	0.5	0	0.1466	0.5137
	标准差	0.2772	1.4825	0.1289	0.4611	0.1144	0.1341
	极小值	0	2	0.17	0	0.02	0.2

	极大值	1	12	1	1	0.7	0.92
2008	均值	1	6.2179	0.5803	0.2885	0.1748	0.5048
	中值	1	6	0.5	0	0.1456	0.5060
	标准差	0	1.6898	0.1328	0.4545	0.1113	0.1341
	极小值	1	3	0.33	0	0.02	0.17
	极大值	1	13	1	1	0.63	0.85

注：h_5 指数是公司前 5 位大股东持股比例的平方和。该指标的效用在于对持股比例取平方后，会出现马太效应，用以突出股东持股比例之间的差距。该指数越接近 1，说明前 5 位股东的持股比例差距越大。该指数若大于 0.25 则说明前 5 位股东的持股比例分布不均衡。cr_5 指数是公司前 5 位大股东持股比例之和。

（二）分组检验

为了考察财务报告透明度不同的公司其绩效是否具有差异，本章按照 TF 的大小进行排序，以二分位数为基准，划分为低透明组和高透明组，对于两组样本公司绩效指标的均值及均值差异进行检验。从表 16.4 可以看出，基于独立样本的 T 检验，高透明组的企业绩效都高于低透明组。但是，这种绩效的差异只有在 2008 年才显著成立，而在 2007 年并不显著（ROA 和 P 差异都不显著），即 2007 年高透明组和低透明组的绩效表现很可能无差异。

由于样本总体分布不确定，采用参数检验方法可能会产生偏差。同时，为了消除极值的影响，本章进一步采用非参数检验方法（Mann-Whitney U）来考察。结果显示：2007 年高透明组和低透明组的绩效指标也都表现显著差异。分组检验的结果表明：财务报告透明度高的公司其资产收益率、综合绩效水平和股票收益率都要高于财务报告透明度低的公司，且这一结论在 2008 年更加明显。

表 16.4　分组样本的参数与非参数检验

年份	2007				2008			
	TF	ROA	RET	P	TF	ROA	RET	P
均值（低透明组）	-0.494	0.035	-0.008	2.856	-0.399	0.012	0.165	2.587
均值（高透明组）	0.4102	0.056	0.5245	3.537	0.483	0.038	0.226	3.792
均值差值	-0.904	-0.020	-0.5253	-0.681	-0.883	-0.025	-0.061	-1.204
t	-18.41	-1.485	-9.158	-0.984	-19.039	-2.943	-2.726	-1.739
sig.	0.000	0.140	0.000	0.327	0.000	.004	0.007	0.084
Z	-10.782	-2.929	-7.449	-2.032	-10.782	-3.202	-1.718	-1.862
渐近显著性（双侧）	0.000	0.003	0.000	0.042	0.000	0.001	0.007	0.063

单变量分析的结果初步支持了以往研究结论：公司较高的财务报告透明度有助于降低信息不对称，减少委托代理成本，进而有利于提高公司的治理水平和企业绩效。因而，公司会计盈利能力、资产运营能力、发展能力、偿债能力和市场表现都相应提高。接下来，本章通过回归分析，对这一结果作进一步验证。

（三）回归分析

基于现有研究文献，企业绩效的影响因素很多。许多研究都发现，规模和负债水平与绩效显著相关。因此，本章加入公司总资产的对数 ASSET 和资产负债率 LEV，模型回归结果如表 16.5 所示。

对回归结果进行分析，我们得到以下的认识：

首先，基于分年度的回归结果，我们发现，在 2007 年，样本公司财务报告透明度和企业绩效的三个替代变量都没有统计意义上的相关性，透明度变量 TF 的回归系数虽然为正，但都不显著。而在 2008 年，两者却都表现出相关性，TF 的系数分别在 1%和 5%的水平下均显著为正，分别为 0.026、0.065 和 0.511。这可能是因为 2007 年前所未有的“牛市效应”，使得上市公司普遍具有较高的增长速度、运营能力和盈利能力。在如此繁荣的经济背景下，财务报告的治理作用没有得到充分体现，不同透明度水平的公司都可能在股市整体带动下获得较高的回报率。因而导致财务报告透明度和绩效指标的相关关系不显著，研究结论部分支持假设。

表 16.5　模型回归结果

因变量		ROA	RET	P
2007年	常数项	0.161	-3.603***	-27.452*
		（0.973）	（-1.667）	（-3.648）
	TF	0.020	0.069	0.677
		（1.311）	（-0.343）	（-0.972）
	LEV	0.080***	0.242	-
		（1.731）	（0.391）	-
	ASSET	-0.007	0.162	1.431*
		（-0.907）	（1.531）	（4.080）
	R^2	0.045	0.027	0.106
2008年	常数项	-21.311*	0.510***	-22.591*
		（-3.554）	（1.960）	（-3.244）
	TF	0.026**	0.065*	0.511**
		（3.793）	（2.614）	（2,724）
	LEV	-0.093**	-0.006	-
		（-3.882）	（-0.581）	-
	ASSET	0.018*	-0.015	1.199*
		（4.219）	（-1.154）	（3.695）
	R^2	0.175	0.059	0.123
加入交易所控制变量				

注：（）内显示的是 t 统计量；*，**和***分别表示在 1%，5%和 10%的显著性水平下拒绝原假设；当因变量为 P 时，由于指标体系中含有偿债能力指标，因此，不再加入控制变量 LEV。

其次，当绩效以综合绩效指标 P 作为替代时，透明度的系数为0.511，并在 5%的显著性水平下成立，相关程度较高。这说明综合绩效指标能更全面地反应企业的不同层面，透明度的提高不仅仅带来盈利能力的提升，公司的资本运营能力、偿债能力和未来发展能力都得到了提高。

再次，资产负债率 LEV 和资产收益率 ROA 在 5%水平下显著为负，说明负债较高的公司往往盈利能力较差。公司规模 ASSET 和资产收益率 ROA、绩效综合指标 P 在 1%水平下显著为正，说明规模大的公司往往经营状况更好。但是，当因变量为股票收益率 RET 时，两个控制变量的系数都不显著，说明公司负债情况及规模大小对于股票在二级市场上的活跃程度和获利能力没有显著影响。

最后，从模型 R^2 的大小来看，当因变量为 ROA 或综合绩效指标 P 时，模型的解释能力都显著优于因变量为股价收益率 RET 的模型。这可能因为我国资本市场仍是弱式有效，股票价格的高度波动和高换手率会导致市场回报率等市场类指标存在潜在偏差，进而导致模型整体解释能力降低。

四、结论与研究局限

本章以 2007 年和 2008 年机械、设备、仪表制造业上市公司为样本，自建财务报告透明度评价指标体系，用以衡量财务报告透明度，以资产收益率、股票收益率和绩效综合指标来衡量企业绩效，检验财务报告透明度与企业绩效的之间的关系。

分组检验和回归分析的结果表明，财务报告透明度与样本公司的绩效指标具有显著的正相关关系，财务报告透明度高的公司，资产收益率、绩效综合指标和股票市场表现都高于透明度低的公司；同时，本章还发现，透明度与企业绩效之间的相关关系只体现在股市相对低迷的年份；在股市高涨的 2007 年，两者不存在显著相关性。也就是说，在证券市场整体运行不佳的情况下，财务报告透明度对于完善上市公司的治理结构、提高企业绩效具有显著的积极作用。

本章的研究仍然支持以往大多数的研究结论。我们认为：高透明度有利于减少公司管理层与外部投资者之间的信息不对称，使投资者能“透过现象看本质”，较好地了解企业的真实状况，从而降低投资者预计的风险水平，使公司承担较低的资金成本；同时，财务报告透明度的提高还发挥着公司治理功能，是缓解代理问题的有效途径，有利于提升企业的经营绩效。

本章采取多种绩效评价指标，来考察财务报告透明度与企业绩效之间的相关关系，得到了有益的结论，丰富了相关领域的实证研究。但是，本研究仅仅选取了2007和2008两年的信息，样本数据略显不足，在一定程度上限制了研究方法的选用；同时，由于数据搜集工作量较大，本章只针对机械、设备、仪表制造业进行考察，研究结论的适用性有待于进一步验证。

第十七章　财务报告透明度与审计质量

外部审计师独立于公司和投资者，对公司披露的年报信息发表客观公正的意见，增加了年报会计信息的可信度。在一些经济发达国家，外部审计师如果出具虚假或误导性的意见，可能会引起投资者的诉讼，损失巨额赔偿资金和大量声誉财产。正是由于外部审计师对法律责任和声誉问题的担心，保证了他们的独立性。

近年来，我国会计师事务所之间的竞争越来越激烈，使得各事务所越来越注重自己的声誉。出于规避风险和维持声誉的原因，审计师往往会对那些持续经营困难、会计信息质量不高及信息透明度低的公司出具非标准无保留意见。一些研究表明，审计意见能够在一定程度上揭示出上市公司的盈余管理行为。另一些研究表明，审计意见能反映一个公司信息披露的真实性与准确性，获得清洁审计意见的公司有更高的透明度。

一、问题的提出

不同会计事务所的审计质量并不相同。通常规模大的会计事务所独立性更高，因为它们更注重声誉资本积累，更能承受来自客户的压力。国外一些研究已经将“国际五大”会计事务所与更高的审计质量联系在一起，由于“国际五大”声誉损失的潜在成本更高，需要为犯错承担更大的法律责任，因而更可能消除公司财务报告的错误，确保公司信息披露的透明度。

我国学者的研究表明，“五大”的审计质量的市场认同度、抑制盈余管理的能力、会计信息的透明度以及自愿性信息披露水平都高于“非五大”。安然（Enron）、世通（Worldcom）、ST 国嘉、琼民源、东方锅炉等系列国外、国内公司财务舞弊案件的发生，引发全球投资者以及证券管理部门对公司财务透明度（Transparency）的高度关注。人们已经注意到，财务舞弊案件的发生，与公司财务报告的不透明有着紧密的关系，因而针对提高公司财务透明度的呼声渐高。与此同时，财务舞弊丑闻的传出，导致了投资者大量的投资损失，投资者以及相关管理部门除了对舞弊公司进行指责、控诉或者处罚之外，开始把矛头指向审计师，针对审计师的各种诉讼纷至沓来。虽然审计师的审计行为不是财务舞弊的罪魁祸首，但人们有理由相信，审计师提供的低质量审计报告对财务舞弊起到了支持性作用。因此，人们在反思财务舞弊教训的同时，针对提高审计质量的呼吁也愈发强烈。

对于投资者而言，财务报告透明度是评判公司价值的一种渠道（Healy and Palepu，1993）。提高公司财务报告透明度，能够降低公司与市场参与者之间、知情投资者与非知情投资者之间信息不对称程度，从而改善投资者进行相关决策的信息基础（Diamond and Verrecchia，1991；Easley and O'Hara，2004）。然而，通过提高公司财务信息透明度来达到缓解信息不对称的目的是有条件的。其条件是，要有高质量的审计予以保障。也就是说，即便公司认为自己已经透明化其财务信息，但是，要让投资者相信公司所提供的这些信息，势必需要经过第三方客观、公正地予以验证，因此，审计师的审计质量就显得格外重要。审计质量的高低影响到其对投资者保护的有效程度，进而影响到社会公众投资者的信心和一国资本市场发展的成熟程度（王莹婷，2008）。

从投资者保护的角度来看，提高公司财务报告透明度，以及提高审计师的审计质量都是必需的。那么，公司的财务报告透明度与审计师的审计质量之间是否存在一定的内在联系？换言之，那些提高财务报告透明度的公司，是否有意愿要求审计师提供高质量的审计验证，以证实其所提供的信息的质量，或者反之？

本章的研究结果表明，那些提供高透明度财务报告的公司，其审计质量也高，财务报告透明度与审计质量之间存在显著的正相关关系。

二、文献简述及研究假设

与公司财务报告透明度有关的研究文献很多，主要集中在透明度的影响因素、透明度的计量、透明度的经济后果等领域的研究。从透明度的经济后果来看，以往的文献大多指出，提高公司的财务报告透明度，可以减少公司与股东之间的信息不对称程度，进而降低公司的资本成本（Bloomfield and Wilks，2000;Botosan and Plumee，2002；汪炜、蒋高峰，2004；曾颖、陆正飞，2006），增进其股票流动性（Welker，1995; Healy，1999; Heflin，2003; Cheng 等，2005；张程睿 2006），可以提高分析师的预测准确性（Lang and Lundholm，1996;Hope，2003;方军雄，2007）。

尽管关于透明度的经济后果方面的研究文献已经很丰富，但是涉及透明度与审计质量方面的研究文献却很少，主要有以下几篇：

Titman 和 Trueman（1986）用信号传递理论来解释公司通过高质量的审计向投资人传递了公司的高价值的信息，以提高公司的股价；反之，那些风险较高的公司，则不倾向于聘请高质量的审计师进行审计，以免将自身的缺点暴露出来。

王艳艳、陈汉文（2006）分别以会计信息的稳健性、会计信息的及时性以及盈余激进度作为公司会计信息透明度的替代变量，分别以国际“四大”、国内“十大”以及具有专项复核资格的事务所作为高审计质量的替代变量，研究审计质量对公司会计信息透明度是否有影响，结果发现，目前在我国审计质量对会计信息透明度的影响存在差异化。具体表现在：“四大”审计的上市公司会计信息的透明度显著高于非“四大”审计的上市公司；而国内“十大”以及具有专项复核资格的事务所，其审计质量对会计信息透明度的影响证据比较微弱。

薛敏正等（2009）以中国台湾信息披露评鉴系统的评鉴结果作为会计信息透明度的替代变量，考察了中国台湾上市（柜）公司会计信息透明度与审计收费之间的关系。结果表明，审计收费与信息透明度之间呈正相关关系，即当公司的财务信息透明度较高时，会计师确实需付出更多努力及时间去核查。

按照信息不对称理论，如果在股票市场上，同时存在着优质公司和劣质公司，投资者在信息不对称比较严重的情况下，就无法区分优质公司与劣质公司的差异，因而不能对公司进行正确评价，只愿意以优质公司和劣质公司的平均价格购买公司的股票。这样，将导致优质公司的股票价格被低估。作为理性经济人，当优质公司觉得市场价格长期低于其真正价值时，就会选择从股市中退出，最终股市上剩下的都是一些劣质公司，即所谓的“劣币驱逐良币”的市场恶性效应。

为了消除信息不对称对股市的恶性影响，优质公司需要放出一些“信号”来证明自己是优质公司。依照信号传递理论，那些优质公司通过增强其信息透明度的方式，可以向市场传递其业绩优良的“信号”，使其与那些劣质的公司区别开来，进而吸引投资者进行买卖交易，以提升公司价值。然而，劣质公司同样也可以采取优质公司的策略，放出一些绩优的“假信号”来，把自己“伪装”成为优质公司，让投资者无法识别。在该情形下，优质公司制止劣质公司放烟雾弹的一个可行策略就是，提高劣质公司的“伪装”成本。当劣质公司的“伪装”成本高于其“伪装”带来的收益时，作为理性人，劣质公司自然就没有必要再去“伪装”自己了。而高质量的审计验证，无疑是增加劣质公司的“伪装”成本的一种有效手段，因为高质量的审计验证，将会把劣质公司的缺陷暴露出来，致使其不敢伪装。同时，如果证监部门对公司发布假消息的监管是有效的，也会提高劣质公司的“伪装”成本，迫使其放弃“伪装”策略。由此推理可知，优质公司为了增强其透明信息所传递“信号”的准确性及有效性，减少外部投资者的信息使用风险，当公司有动机提高其财务报告透明度的同时，就有动机去要求获得高质量的审计验证。因此，我们认为，是财务报告的高透明度导致了对高质量的审计需求，而不是相反。在这个问题上，王艳艳、陈汉文（2006）主要考察了审计师的审计质量是否会影响到公司的会计信息透明度；而本章研究的视角恰好相反，我们认为是会计信息透明度影响了审计质量。正如 Dun 和 Mayhew（2004）所指出的，公司在增加信息披露的同时，会聘请产业专家、会计师来协助其增强信息的披露质量。基于此，本章提出如下假设：

H：在其他条件不变的情况下，财务报告透明度越高，审计质量也越高。

三、研究设计

（一）财务报告透明度的计量

财务报告透明度的计量问题是展开透明度实证研究的基石。目前国内外评判公司财务透明度的指标来源主要有三种渠道，其一是直接采用相关权威部门的评价结果，其二是研究者自建综合评价指标，其三是选择个别指标替代。以下分别对这三种渠道进行简述。

相关权威部门评价财务报告透明度的指标主要有：普华永道（PWC）2001年提供的“不透明指数”、标准普尔公司（S&P）提供的透明度和披露评价体系（T&D）、国际财务分析和研究中心（CIFAR）提供的信息披露评价指数以及美国投资管理和研究协会（AIMR）提供的披露指数，我国台湾地区“证基会”设计的“信息披露评价系统”，以及我国深交所自2001年起提供的上市公司信息披露质量的考评结果等。

研究者自建的综合评价透明度指标主要有：Botosan（1997）把公司年报中的自愿性信息披露分为五类，观察样本公司在这些评价项目上是否进行定性披露以及定量披露，据此构建了自愿性信息披露指数。Bushman等（2003）从三个方面构建了自己的会计信息透明度指数：（1）公司报告的数量和质量，包括上市公司信息披露的真实、计量原则、及时性和可信性；（2）公司私有信息的生成和传递状况；（3）信息传递的质量，包括信息渗透度、私人渠道与国有渠道的相对比例。崔学刚（2004）根据41个企业自愿披露的信息条目，构建了信息披露指数，并利用该评价指数作为企业透明度的代理变量进行研究。

选择个别指标替代财务透明度主要有：Bhattacharya等（2003）以盈余激进度、损失规避度和盈余平滑度作为盈余不透明的衡量指标。

之后，杨之曙、彭倩（2004），王艳艳、陈汉文（2006）等人借鉴或改进 Bhattacharya 等（2003）盈余激进度的计量办法，并以此作为盈余透明度的衡量指标。杨忠海（2010）借鉴 Bhattacharya 等（2003）的方法，采用财务报告稳健性、盈余激进度、盈余平滑度以及反馈价值的十分位数来计量财务报告的透明度。也有学者把会计盈余的及时性和稳健性结合起来，用来衡量企业会计信息的透明度（Ball、Kothari&Robin，2000; Olsson&Schipper，2003; 王艳艳，陈汉文 2006）。

显然，上述三种渠道下的财务报告透明度指标在我国的具体运用中，都有不同程度的缺陷。如目前我国权威部门的披露指数也只有深交所提供的信息披露考评，该考评结果不涉及在沪市上市的公司。此外，深交所评级指标的建立并非是站在保护中小投资者的立场，而更多地是出于监管者的意愿，主要从法律和制度的遵循上对上市公司的信息披露进行评价（谢雅璐，2009）。采用个别指标来简单测度财务报告透明度，可能过于片面和缺乏说服力。鉴于此，我们认为，根据研究目的自行构建的透明度评价指标更为合理，因此，本章采用前文第五章建立的透明度评价指数进行研究。

（二）审计质量的计量

Copley（1994）的实证研究证明了，审计费用与审计产品的质量呈正相关关系，即注册会计师提供的审计产质量越好审计收费就越高。Elitzur 和 Falk（1996）的研究表明，在审计费用越高、注册会计师的工作效率越高、审计失败损失越大的情况下审计质量越高。Francis（2004）指出，较高的审计费用隐含着较高的审计质量。张立民（2004）也同样指出，审计收费与审计质量之间是正相关关系，是制约审计独立性的一个极其重要的因素。王兵、辛清泉（2010）考察了分所审计是否影响了审计质量和审计收费，结果发现，分所的审计质量和审计收费更低，并且，规模越小的分所，其审计质量和审计收费越低，审计费用与审计质量之间是一种同向变化的关系。

上述文献都不同程度说明了审计费用越高，审计质量往往越高。如同前面的分析一样，对于优质公司而言，他们更有动机去透明化其财务报告信息，以及寻求更高质量的审计验证，以向投资者证实其业绩的优良。当质优公司提高财务报告透明度时，其披露的信息量愈多，有待验证的信息量也很多，审计的固有风险也加大。因此，要保证高质量的审计结果，审计师需要核查的工作量也会加大，因而审计收费也会提高。基于此，本章选取审计费用作为审计质量的代理变量。

（三）样本选择与数据来源

我们选择 156 家沪深两市的机械、设备、仪表制造业公司为样本，构建这些公司 2007、2008 两个年度的透明度评价指数（TF）；①其余的变量指标来自国泰安数据库系统。本章删除了数据不全的一家公司（600988，ST*宝龙），最后纳入实证分析的数据共计 155 家，两年共有 310 个样本。

（四）实证模型及变量说明

1. 实证模型

为了考察上市公司财务报告透明度对审计质量的影响，我们参照已有的文献，设计出一个多元回归模型。该模型以审计质量作为被解释变量，以财务报告透明度作为解释变量，为了控制其他因素的可能影响，我们借鉴 Defond、Francis and Wong（2000），Ferguson、Francis 和 Stokes（2003），朱小平、于谦（2004），薛敏正等（2009），王兵、辛清泉（2010）等学者的研究，选取公司规模（Size）、应收账款及存货占总资产的比率（RecInv）、资产负债率（Lev）、速动比率（Quick）、权益报酬率（Roe）、营业损失（Loss）、事务所规模（Top10）等作为控制变量，对相关变量进行控制。具体模型如下：

$$AQ = \beta_0 + \beta_1 TF + \beta_2 Size + \beta_3 RecInv + \beta_4 Lev + \beta_5 Quick + \beta_6 Roe + \beta_7 Loss + \beta_8 Top10 \tag{17.1}$$

2. 变量说明

（1）被解释变量：审计质量（AQ），采用审计收费取自然对数作

---

① TF 指数的具体形成过程，请参考本书第五章的相关内容。

为其替代变量。

（2）解释变量：财务报告透明度（TF），直接采用作者自行构建的透明度指数。

（3）控制变量：公司规模（Size），用公司年底资产总额的自然对数来计量。应收账款及存货占总资产的比率（RecInv），以公司年底的应收账款与存货加总除以年底总资产来计量，即：

RecInv=（年末应收账款+年末存货）/年末总资产

以往的研究表明，公司规模越大，其受到投资者关注的可能性越大，因此审计师会更加小心，审计质量往往更高。另外，公司规模大，存货和应收账款占总资产的比重越大，需要进行审计验证的项目就会很多，其审计验证业务往往越繁杂，因而，要求的审计费用也越高，故本章预期以上两项与审计质量之间呈正相关关系。

公司年度的资产负债率（Lev）、速动比率（Quick）、权益报酬率（Roe）直接从国泰安数据库中取得。Gul 和 Tsui（1998）提出，[①]在自由现金流假说下，负债的多寡在经理人和股东间的代理问题中扮演了关键性的角色，举债程度较高的公司，由于必须负担固定的利息支出，导致公司的自由现金流降低，会降低经理人不当或过度投资的机会；反之，当经理人手上握有较高的现金流量，则较有利于从事不利于股东的行为，代理问题越严重，审计的固有风险也提高，因此，若要保证高质量的审计结果，审计人员势必花费较多的心力去核查，从而审计收费也增加。故本章预期，负债比率与审计收费（或审计质量）负相关。

营业损失（Loss）是一个哑变量，如果样本公司前三年中有经营亏损，则取 1，否则取 0。事务所规模（Top10）是一个哑变量，如果审计师事务所是国际“四大”，或者营业收入在 2004 年至 2006 年连续三年排名在前十名的国内“六大”事务所，[②]则取值为 1，否则取值为 0。以往的许多文献表明，事务所的规模能够影响到审计收费。故我们

---

① 薛敏正等. 信息透明度对审计收费之影响. 中国会计评论，2009（2）

② 具体包括国际“四大”（普华永道、安永华明、德勤以及毕马威）和国内“六大”（中瑞岳华、立信、信永中和、中审、万隆以及大信）

预期事务所规模越大的公司，其审计质量越高。

四、实证结果

（一）描述性统计

表 17.1 列示了 2007~2008 两年 310 个混合样本的相关变量的均值、最小值、最大值、中位数、众数以及标准差等方面的信息。

表 17.1　样本公司的描述性统计

变量名称	平均值	最小值	最大值	中位数	众数	标准差
AQ	13.1162	12.1	15.51	13.02	12.9	0.5655
TF	0.0066	-1.3493	1.2127	-0.0311	-0.8035	0.5341
Size	21.4617	17.9976	25.4041	21.3868	17.9976	1.0955
RecInv	0.3527	0.0316	0.7328	0.3523	0.0316	0.138
Lev	0.533	0.0091	0.9569	0.5485	0.6059	0.1688
Quick	1.058	0.1787	25.176	0.8049	0.1787	1.6117
Roe	0.085	-0.7846	1.0412	0.067	-0.7846	0.1601
Loss	0.2452	0	1	0	0	0.4309
top10	0.2581	0	1	0	0	0.4383

注：AQ 为审计费用的自然对数值；TF 为透明度指数；Size 为总资产的自然对数；RecInv=（年末应收账款+年末存货）/年末总资产；Lev 为资产负债率；Quick 为速动比率；Roe 为权益净利率；Loss 是哑变量，如果公司前三年有经营亏损，则取值为 1，否则为 0；Top10 是哑变量，如果审计师事务所是国际“四大”或者营业收入在 2004 年至 2006 年连续三年排在前十的国内“六大”事务所，则取值为 1，否则为 0。

由于本章研究重点关注的是审计质量与财务报告透明度的关系，因此为了更为直观地观察样本公司的审计质量以及财务透明度的分布情况，图 17.1、图 17.2 分别给出了 310 个样本公司的审计质量（AQ）以及财务报告透明度指数（TF）直方图。

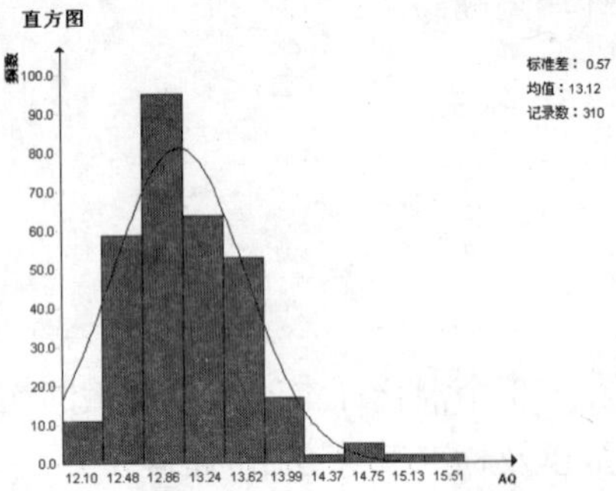

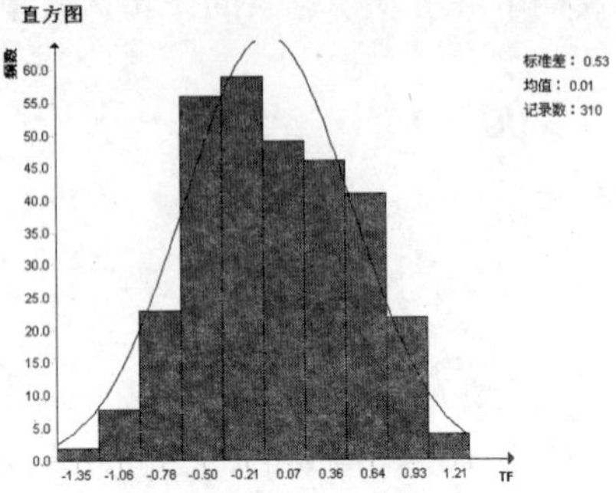

图 17.1 审计质量（AQ）的直方分布图　图 17.2 透明度指数（TF）的直方分布图

从图 17.1 种可以看出，审计质量（AQ）分布图呈右偏形状，样本公司 AQ 取值集中在 12.48~13.62 之间，说明大部分样本公司的审计收费（或审计质量）比较接近。有一小部分 AQ 的取值较大，说明有一小部分公司的审计费用（或审计质量）偏高。图 17.2 表明，样本公司透明度指数（TF）取值集中在-0.5~0.64 之间，说明了大部分样本公司的透明度水平处于中等水平，较高透明度和较低透明度的样本公司相对较少。

（二）相关分析

为了考察各个自变量之间的关联性，以及是否存在多重共线性问题，本研究考察了个变量间的 Pearson 相关系数，具体见表 17.2。

从表 17.2 中可以看出，公司财务报告透明度（TF）与审计质量（AQ）之间显著正相关，本章的假设得到了部分验证。公司规模（Size）也与审计质量（AQ）显著正相关，权益净利率（Roe）与审计质量（AQ）之间呈也显著正相关关系，营业损失（Loss）与审计质量（AQ）之间呈显著负相关关系，这些与我们的预期一致。而应收账款与存货占总资产的比重（RecInv）与审计质量（AQ）之间负相关，资产负债率（Lev）与审计质量（AQ）之间正相关，这与我们的预期恰好相反。

然而，公司规模（Size）与公司财务报告透明度（TF）之间的相关系数为 0.467，而且这种相关关系在 1%的水平上显著，说明这两个变量在回归过程中有可能产生严重的多重共线性问题。

表 17.2　各变量 Pearson 相关系数表

		AQ	TF	Size	Reclnv	Lev	Quick	Roe	Loss	top10
AQ	Pearson Correlation									
	Sig. (2-tailed)									
	N									
TF	Pearson Correlation	.272**								
	Sig. (2-tailed)	.000								
	N	310								
Size	Pearson Correlation	.662**	.467**							
	Sig. (2-tailed)	.000	.000							
	N	310	310							
Reclnv	Pearson Correlation	-.107	.070	.025						
	Sig. (2-tailed)	.059	.222	.656						
	N	310	310	310						
Lev	Pearson Correlation	.239**	-.004	.379**	.265**					
	Sig. (2-tailed)	.000	.948	.000	.000					
	N	310	310	310	310					
Quick	Pearson Correlation	-.071	-.090	-.174**	-.230**	-.459**				
	Sig. (2-tailed)	.212	.113	.002	.000	.000				
	N	310	310	310	310	310				
Roe	Pearson Correlation	.207**	.216**	.282**	.187**	.107	-.041			
	Sig. (2-tailed)	.000	.000	.000	.001	.059	.468			
	N	310	310	310	310	310	310			
Loss	Pearson Correlation	-.158**	-.305**	-.324**	-.181**	.043	.066	-.258**		
	Sig. (2-tailed)	.005	.000	.000	.001	.452	.244	.000		
	N	310	310	310	310	310	310	310		
top10	Pearson Correlation	.012	.032	.092	.008	-.058	.013	.052	-.011	
	Sig. (2-tailed)	.831	.573	.105	.895	.310	.821	.364	.854	
	N	310	310	310	310	310	310	310	310	

注：相关变量的定义请参考表 17.1。

（三）回归分析

本章运用了前述回归模型（17.1）采用最小二乘法进行了回归，结果（限于篇幅，本章不再报告）显示，自变量公司财务透明度（TF）与公司规模（Size）的方差膨胀因子（VIF）很大，说明自变量之间存在着严重的多重共线性问题。考虑到公司规模（Size）在模型（17.1）中的重要性，我们不能通过删去公司规模（Size）的办法来克服多重共线性问题，因此，我们在不删除公司规模（Size）的前提下，采用岭回归（Ridge Regression）的办法来解决多重共线性问题。岭回归的特点是，岭回归得到估计参数的是有偏的，但有效性得到加强。通过考察岭迹图（RidgeTrace），本章进行岭回归时，选择 k=0.4，我们得到的回归结果[①]见表 17.3。

表 17.3 模型（1）回归结果

自变量	预期符合	回归参数	t 值
常数项	?	9.4826***	35.2368
TF	+	0.06311***	2.4353
size	+	0.1684***	13.8252
RecInv	+	-0.348***	-3.4112
Lev	-	0.2498***	3.1337
Quick	+	0.0019	0.2215
Roe	+	0.2072**	2.34
Loss	-	-0.0278	-0.855
top10	+	-0.013	-0.3988

注：*表示显著水平为 10%，**表示显著水平为 5%，***表示显著水平为 1%。

表 17.3 表明，公司财务报告透明度（TF）与审计质量之间显著正相关，本章的假设得到了验证。这说明公司在提高其财务报告透明度的同时，公司有着更强的意愿获得高质量的审计验证，以证实其高透明度下的财务报告信息质量。反之，那些财务报告透明度较低的公司，可能源于害怕高质量审计可能会引致其不良信息的曝光，从而引发各种对公司的不良反应，因而低透明度的公司不愿意审计师执行高质量的审计。

表 17.3 的回归结果表明，公司规模（Size）也与审计质量（AQ）显著正相关。一方面，说明了公司规模越大，其受到投资者关注程度越高，因此审计师在审计过程中会倍加小心，审计质量往往更高。另一方面，这一结果与我们选取审计费用的自然对数作为审计质量（AQ）的替代变量有很大关系。公司规模大，需要进行审计验证的项目就会很多，其审计验证业务往往越繁杂，因而，审计师要求的审计费用也越高，变量 AQ 与 Size 之间就表现为显著正相关关系。

控制变量 RecInv（应收账款与存货占总资产的比重）、Lev（资产

① 本章岭回归过程是通过 SPSS 编程语句实现的，具体参考附录 1。

负债率）的符号与我们的预期相反，并且在 1%水平上显著，这可能与我们选择的样本有关。我们选择的是机械、设备、仪表制造业公司作为样本，这类公司的特点是，存货数量可能不多，但单位存货价值较大，且市场价值较活跃，审计验证的难度不大；同时这类公司的应收账款涉及的客户可能不多，但都是大客户，因此，审计验证的复杂程度不大，从而导致了应收账款与存货占总资产的比重（RecInv）与审计收费显著负相关。此外，机械、设备、仪表制造业公司的资产规模的大小，受到其负债水平高低的影响。

图 17.3 列示了样本公司的资产规模（Size）与其资产负债率水平（Lev）的散点图。

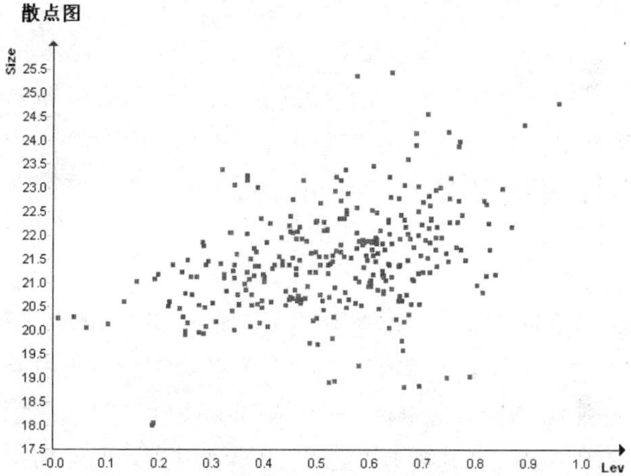

图 17.3　样本公司的资产规模与其负债水平的散点图

从图 17.3 中，我们可以看出，公司的规模与其资产负债率之间呈现出正相关关系，即公司规模越大，资产负债率越高；也就是说，机械、设备、仪表制造业公司资产规模的扩大，有相当大的部分来自负债。公司规模越大，则审计收费（审计质量）越高；同时，这类公司规模越大，其资产负债率越高，从而导致了资产负债率与审计收费之间存在显著正相关的关系。

样本公司的权益净利率（Roe）与审计质量（AQ）在 5%的水平

上显著正相关，这验证了公司权益净利率越高，即有好消息时，公司更愿意获得高质量的审计验证，以证实其好消息。相反，如果公司的权益净利率越低，即存在利空消息时，公司则不愿聘请高质量的审计。

需要说明的是，变量 Top10 的回归参数为负数（但不显著），说明规模大的事务并没有显示出更高的审计质量（审计收费）。

（四）稳健性检验

1. 检验变量及检验模型

为了检验本章的研究结论是否受到样本选择以及替代变量选择的影响，我们重新选取了相关的样本及替代变量进行稳健性检验。

在稳健性检验中，我们以深交所发布的上市公司的信息披露质量考评结果[①]（分为四个等级：优秀、良好、及格和不及格）作为公司财务报告透明度的替代变量。由于考评结果是按照等级划分的，不适合用连续型变量来刻画财务报告透明度，因此，我们运用哑变量 TRA_t 来具体划分财务报告透明度，当样本公司的信息披露质量为优秀或良好时，TRA_t 取值为 1，当样本公司的信息披露质量为及格或不及格时，TRA_t 的取值为 0。

在考察审计质量方面，本章参照了 Carey 和 Simnett（2006）、蔡春和鲜文铎（2007）、贾平和陈关亭（2010）等文献，采用异常营运资本（Abnormal Working Capital，AWC）作为审计质量的衡量指标。异常性营运资本（AWC）指标反映了会计师运用会计选择和判断对会计应计项目的操控性程度。由于财务报告最后需经注册会计师审计，因此经审计的操控性应计利润水平反映了审计师谨慎程度的大小，而高质量的审计应当容忍更低程度的操控性应计利润水平（蔡春、鲜文铎，2007）。所以，我们认为，异常营运资本的大小可以反映审计质量的高低。异常营运资本的计算如下：

$$AWC_t = (WC_t - WC_{t-1} * S_t / S_{t-1}) / A_{t-1}$$

其中，AWC_t 是样本公司的年度异常营运资本；WC_t=流动资产-

① 请查看深交所网站（http://www.szse.cn/main/disclosure/bulliten/cxda/xxplkp/）。

货币资金-交易性金融资产（或短期投资）-流动负债+短期借款；S_t 是样本公司的年度营业收入；A_{t-1} 表示上一年末的总资产；t 表示当年，t-1 表示上一年度。

由于营运资本的异常变化可能存在故意调高和调低的问题，故绝对值越大的异常营运资本反映了越低的审计质量。为了解释上的方便，在回归中我们采用 AWC 绝对值的相反数（IAWC）来计量审计质量，该值越大，审计质量越高。本章借鉴了蔡春、鲜文铎（2007）设计的模型，建立回归模型（17.2）：

$$IAWC = \beta_0 + \beta_1 TRA + \beta_2 Size + \beta_3 |TAC| + \beta_4 CFO + \beta_5 Lev + \beta_6 Loss$$
$$+\beta_7 Big4 + \beta_8 Top10 + \beta_9 year + \sum \alpha \text{行业变量}$$

模型（17.2）

其中，IAWC 是异常营运资本（AWC）绝对值的相反数；TRA 是透明度哑变量，若深交所信息披露考评结果为优秀或良好，则取值为 1，否则为 0；Size 是公司规模，用公司年末总资产的自然对数表示；∣TAC∣为应计利润总额的绝对值除以上年末总资产，应计利润总额=营业利润-经营活动现金流量净额；CFO 为经营活动现金流净额除以上年末总资产；Lev 为公司年末资产负债率；Loss 为公司亏损哑变量，若公司当年亏损，则取值为 1，否则为 0；Big4 为国际“四大”事务所哑变量，若审计事务所为国际“四大”，则取值为 1，否则为 0；Top10 为国际“四大”或国内“六大”事务所哑变量，若审计事务所为国际“四大”或国内“六大”，则取值为 1，否则为 0；Year 是年度哑变量，若年度为 2007，year 取值为 0，年度为 2008 年时，year 取值为 1；行业按照证监会的分类办法，把上市公司分为 13 个行业类别，去掉了金融保险类的样本后，还有 12 类，本章设立了 11 个哑变量将行业区分开来。

2．样本选择与数据来源

本章选取 2007 年和 2008 年在深交所上市的 A 股非金融保险类公司作为稳健性检验样本，剔除了数据不完整的样本以及 1%的离群值样本之后，2007 年的样本为 576 家，2008 年的样本为 655 家，两年合计1231个样本。模型（17.2）中的透明度变量（TRA）数据来源于深交所网站提供的信息披露质量考评结果的整理，其余变量来自国泰安数据库（CSMAR）系统。

3．回归分析

本章采用OLS方法对模型（17.2）进行，回归结果见表17.4。

表17.4 模型（17.2）回归结果

变量	回归系数	T值	显著性	方差膨胀因子
常数项	-0.1844	-1.8857	0.0596	
TRA	0.024	2.198	0.0281	1.1035
Size	0.0055	1.1986	0.2309	1.287
|TAC|	-0.7659	-15.9776	0.0000	1.1091
CFO	-0.1944	-6.1053	0.0000	1.0227
Lev	-0.0067	-7.4406	0.0000	1.1993
loss	0.0335	2.1655	0.0305	1.1326
Big4	-0.0007	-0.0248	0.9802	1.3025
Top10	0.0106	0.7807	0.4351	1.2405
year	0.0125	1.2263	0.2203	1.0402
已控制行业变量				
N	1231			
R^2	0.2878			
调整R^2	0.2826			
F值	54.83			

注：TRA是透明度哑变量，若深交所信息披露考评结果为优秀或良好，则取值为1，否则为0；Size是公司规模，用公司年末总资产的自然对数表示；|TAC|为应计利润总额的绝对值除以上年末总资产，应计利润总额=营业利润-经营活动现金流量净额；CFO为经营活动现金流净额除以上年末总资产；Lev为公司年末资产负债率；Loss为公司亏损哑变量，若公司当年亏损，则取值为1，否则为0；Big4为国际“四大”事务所哑变量，若审计事务所为国际“四大”，则取值为1，否则为0；Top10为国际四大或国内“六大”事务所哑变量，若审计事务所为国际“四大”或国内“六大”，则取值为1，否则为0；Year是年度哑变量，若年度为2007，year取值为0，年度为2008年时，year取值为1。

从表17.4中可以看出，财务报告透明度高的公司与透明度低的公司之间的审计质量在 5%的水平上差异显著，财务报告透明度越高的公司，其审计质量越高。这一结论与我们之前的结论是一致的。也就是说，尽管我们已经更换了统计样本和相关的替代变量，结论依然没变，因此，我们的结论是稳健的。

需要指出的是，当我们控制了行业因素以后，公司现金流（CFO）以及资产负债率（Lev）越高，公司的审计质量越低，与我们之前提及的自由现金流假说一致。这就说明了模型（17.1）回归结果之所以产生资产负债率与审计质量之间负相关的关系，确实受到了公司行业因素的影响。

五、结论与建议

基于信息不对称理论和信号传递理论的推导，优质公司通过增强其信息透明度的方式，可以向市场传递其业绩优良的“信号”，使其与那些劣质的公司区别开来；同时优质公司为了增加劣质公司“伪装”成优质公司的成本，就有动机要求高质量的审计验证。因此，当公司有动机提高其财务报告透明度的同时，就会有动机要求获得高质量的审计验证。因此，我们预期公司财务报告透明度与审计质量之间存在显著正相关关系，而本章的实证部分也检验出这种显著正相关关系的存在。

本章的研究表明，公司在提高其透明度的同时产生获得高质量的审计验证的需求。获得审计师的高质量审计验证是公司提升其财务报告透明度必要条件之一，因而，审计师的审计质量对于公司提升其信息透明度有着很重要的影响。此外，证监部门对于上市公司发布假消息的有效监管，对于提高劣质公司的“伪装”成本，遏制滥发假消息，从而有效保护优质公司发布的“真消息”至关重要。

因此，我们建议，立法者若提升我国上市公司的透明度水平，确保审计师的审计质量是一个重要前提；同时，证监会对于上市公司发布消息的有效监管，也是提升公司财务报告透明度的一个重要制度保障。

附录 1

本章的岭回归过程是采用 SPSS13.0 的编程过程来实现的。由于 SPSS13.0 不附带岭回归子程序（RidgeRegression.sps），因此在编程之前，需要找到有一个岭回归程序来具体运行。编程过程如下：

```
INCLUDE'e:\RidgeRegression.sps'
ridgeregenter=tfsizerecInvlevquickroelosstop10
/dep=AQ
/start=0
/stop=1
/inc=0.05
/k=0.4
```

第十八章　财务报告透明度与债务融资规模

随着我国资本市场规模的不断扩大，企业债务融资的规模也日趋扩大。债权人和债务人之间的信息不对称现象因此受到有关各界的关注。本书第十三章已经讨论过财务报告透明度与债务融资成本之间的关系。本章重点讨论债务融资规模对债务人财务报告透明度的影响。

债权人作为与股东性质不同的投资者，其面临的信息风险及风险防范能力与股东不同。债务人财务报告透明度是否会影响债权企业的资产质量和盈利质量，进而是否会影响金融行业的稳定健康发展，这是金融行业管理机构和监管部门高度重视的问题。对该问题的研究，有利于我们理解财务报告透明度在保护债权人利益方面的作用机制，尤其是在我国金融行业高速发展的情况下，研究债务企业财务报告透明度对债权企业的影响有重要的现实意义。

相对前面各章研究问题而言，本章的研究主题需要考虑以下两个制度环境因素：

首先，近年来，银行业、保险业、证券和金融信托行业得到了快速发展，金融业上市公司日益增多。在这种情况下，债务企业的财务报告透明度不仅与本企业的会计信息质量、公司治理效率等信息密切相关，而且对金融业授信决策和监管部门的监管工作也会产生重要的影响。但是在以往的研究中，缘于金融行业的经营活动与制造、服务和商业等行业存在很大的不同，它经常被排除在研究范围之外。但目前，投资者、债权人和监管部门对判断金融行业信息质量的需求不断扩大，使得针对金融行业财务报告风险的研究意义日益凸显。

其次，由于企业的财务报告必须根据现行会计准则的要求进行编制。会计准则的调整和变更也可能对企业财务报告透明度产生或正或负的影响。为了体现了与国际会计准则趋同的改革宗旨，2006 年我国颁发的《企业会计准则 2006》着力在计量方法和列报与披露方式上进行调整，其目的是使信息使用者能够对企业未来的经营状况作出正确的判断。相比以前的准则和制度规范，新准则在公允价值的使用、长期股权投资的会计处理和未实现损失与利得的列报方式等方面都进行了重大调整。这些调整是否有助于提高企业财务报告透明度，客观反映企业经营成果和财务状况，从而降低信息提供者和信息使用者之间的信息不对称，是准则制定者、执行者和监管机构都高度关注的问题，也是开展本章研究的前提。

本章将针对我国资本市场中的银行业、保险业、证券和金融信托行业，连同其他 17 个参照行业，研究在债务融资规模快速扩张的环境中，新旧会计准则对不同行业财务报告透明度所产生的影响，以及债务企业的财务报告透明度是否会对债权企业的财务报告透明度产生传导性影响。

一、文献综述和制度背景

（一）文献综述

对财务报告质量的研究由来已久，从关于会计信息质量特征的定义及其框架结构的研究开始，到后来财务报告透明度概念的产生，如何评价财务报告的质量一直是会计研究的核心问题。传统的相关研究基本可以划分为两个方面，一是以权责发生制为起点来展开的盈余管理和盈余持续性方面的研究；二是以会计信息披露的详细程度为主要内容的研究。会计在对资产期末价值的反映过程中，仍旧无法完全摆脱会计人员的主观判断，随着会计计量方法从单一的历史成本计量发展到历史成本和公允价值并存的状态，产生了许多未实现损失和利得，加之会计驱动交易的大量存在，使得信息使用者对会计信息质量的判断变得更加复杂。在信息使用者并不具备完美的理性和信息的不对称长期存在的情况下，为了便于信息使用者判断企业的真实状况，研究者开始关注会计信息与真实状况间的关系，即如何“透过现象看本质”。

“透明度”作为一种描述信息质量的新观念产生之后，如何对它进行定义及计量是一个始终困扰研究者的问题，一直以来，对会计报告本身的透明度存在着多种定义，且出现过多种不同的衡量方法。1996年美国证券交易委员会将透明度定义为由清晰和可理解两个要素所构成的一项会计信息质量特征，而1998年巴塞尔银行及我国的部分学者将透明度在广义上定义为传统会计信息质量特征的综合体，而在狭义上将之定义为充分披露的同义语，2005年美国证券交易委员会在其提交给美国总统的报告中将“透明的”财务报告描述为提供给投资者和其他财务报告使用者能够用以评估与安排相关的重要风险、报酬、权利和义务的适当信息的报告，同时该报告指出SEC的工作人员注意到更多信息的提供并不总是能够提高透明度。此外，大量利用透明度来展开的研究都面临着对透明度如何定量的问题，通常有关组织的评价结果、研究者自建的披露指数和某些反映披露水平的特殊披露是较常见的公司信息透明度的替代变量。

Bhattacharya 提出一个国家的盈余不透明程度是指企业报告盈余的分布与其真实的经济盈余间的差异程度，并以此为前提从盈余的激进度、盈余的平滑度和损失规避度三个方面评价了财务报告的“盈余不透明”程度，并用之来比较了不同国家财务报告在不透明程度方面的差别。我国学者借鉴 Bhattacharya 的方法，得出了 1994 年至 2002 年间，我国 A 股上市公司的收益透明度呈总体上升趋势的结论，在借鉴了激进度和平滑度的概念后，无论使用了与 Bhattacharya 相同的激进度计量方法，还是对其加以调整，都得出了信息披露质量较高的公司其边际股权融资较低的研究结论。

Bhattacharya 的方法基于财务报告中的数据，使用中位数、相关系数和两类公司数量之差等指标来评价盈余激进度、收益平滑度和损失规避度，是一种简化易行的体现收益不透明程度和资产信息不透明度的方法。但该方法并不具备普遍的适用性，而且只能用于评价不同样本集合整体的差异，而不能评价企业个体。该方法重在考虑会计政策的不同对应计成分的影响，而对由长期股权投资收益确认、公允价值计量所带来的影响考虑不足。一些早期的研究已经发现计量和列报的变化影响了财务报告的质量，如公允价值变动所带来的未实现损失和利得加大了收益的波动性，发现单独披露当期损益中的已实现和未实现的损失与利得对投资决策存在重要影响。许多研究成果都得到了不直接取自市场的公允价值可靠性低的结论。

许多关于盈余持续性方面的研究从另一个角度评价了会计盈余信息的质量，这些研究通过应计盈余与未来盈余间的相关性来评价管理层对盈余的操控程度，其共同的结论是现金盈余对未来盈余的预测能力强于应计盈余的预测能力，这种结论从一个侧面说明了操控性的应计使得财务报告透明度下降。

（二）制度背景分析

在近十年中，随着我国资本市场的不断发展，企业投资活动的规模也日趋扩大，我们依照 GSTMAR 数据库中 2002 年至 2009 年我国 A 股上市公司的年度财务报告，对部分行业各年投资总额平均值作出不完全统计，表 18.1 反映了 2003 年至 2009 年相对 2002 年的投资规模变化幅度。从中可见，从 2006 年开始，许多行业资产总额中投资所占的比例有了大幅的上升，对投资活动的反映已经成为企业财务信息中的重要组成部分。

表 18.1　我国部分行业 2003 年至 2009 年资产总额中投资所占的比例相对 2002 年变化幅度的行业均值

行业代码	行业名称	年份							
		2002	2003	2004	2005	2006	2007	2008	2009
C11	纺织业	100%	100%	90%	77%	88%	798%	707%	662%
C43	化学原料及化学制品制造业	100%	93%	86%	80%	92%	1211%	1394%	1491%
C61	非金属矿物制品业	100%	98%	116%	96%	100%	1550%	1773%	2297%
C65	黑色金属冶炼及压延加工业	100%	98%	157%	171%	150%	8126%	7710%	7726%
C67	有色金属冶炼及压延加工业	100%	114%	96%	85%	200%	6660%	6759%	8630%
C71	普通机械制造业	100%	111%	101%	108%	102%	930%	968%	1229%
C73	专用设备制造业	100%	121%	107%	94%	107%	2867%	3786%	4470%

行业代码	行业名称	年份							
		2002	2003	2004	2005	2006	2007	2008	2009
C75	交通运输设备制造业	100%	114%	113%	110%	143%	1309%	1591%	2735%
C76	电器机械及器材制造业	100%	95%	95%	93%	90%	1508%	2221%	2475%
C81	医药制造业	100%	106%	103%	106%	111%	882%	883%	1009%
D01	电力、蒸汽热水生产和供应业	100%	131%	175%	201%	233%	834%	822%	773%
F11	交通运输辅助业	100%	100%	103%	110%	121%	302%	324%	476%
G81	通信及相关设备制造业	100%	95%	107%	108%	88%	1053%	1185%	1950%
G87	计算机应用服务业	100%	71%	103%	118%	71%	735%	865%	916%
H11	零售业	100%	113%	129%	120%	154%	1512%	1656%	2476%
I01	银行业	100%	145%	182%	219%	932%	671%	787%	1149%
I21	证券、期货业	100%	125%	103%	87%	64%	7709%	5729%	5915%
I31	金融信托业	100%	74%	67%	39%	41%	102%	94%	110%
J01	房地产开发与经营业	100%	115%	105%	107%	152%	3777%	4898%	7859%

注：本章选择非金融行业的依据是在2009年该行业包含的A股上市公司的数量在50个以上。

随着我国会计准则与国际会计准则的接轨与趋同，会计准则在金融工具的确认、计量和列报等方面发生了比较大的变化。尤其是在决策有用观念影响之下，公允价值提高了会计信息的决策相关性，资产负债表的地位得到了提高。

由于我国债券市场并不发达，通过企业并购形成的长期股权投资成为了我国上市公司投资总额中的主要部分。而会计准则中关于长期股权投资核算的有关规定具有一定的操作空间，使得企业会计人员有可能通过选择投资收益的核算方法而达到操纵利润的目的。例如，“权益法”在使用范围的判断、长期股权投资期末计价方法和计量属性的选择，对资产负债表中的资产总值和资产结构都会产生直接影响，同时也影响了利润表中资产减值、公允价值变动和投资收益等栏目，使资产中包含了大量的应计盈余、未实现损失和利得。因此，有学者认为，这可能是引发表18.1所呈现的趋势的一项诱因。也就是说，投资规模的迅速扩大有可能是企业正常经营活动的结果，但是也可能包含了会计驱动交易的结果。

上述问题会对以下各方面的工作产生影响：资本市场中的投资人如何比较企业的财务报告；商业银行在向企业提供融资的过程中，如何通过企业财务报告来判断风险；国家监管部门出于监管目的如何评价金融企业的财务报告。上述三个方面的问题之间存在一定的联系，在信息不对称的情况下，可以发生连带反应。

二、研究问题和假设

（一）研究问题的逻辑分析

随着我国上市公司数量的增加，市场资源的划分与竞争也日趋激烈，近几年企业进行的大量投资活动，使企业更加注重融资问题。来自人民银行 2005 年发布的中国金融市场发展报告的统计数据说明，从 1998 年到 2005 年我国企业债券和股票直接融资占社会融资总量的比重一直在 10%以下徘徊，其余 90%的融资来源于银行贷款，商业银行是我国企业获取债务融资的主要来源。而企业财务报告会对企业的融资活动产生直接影响；它不仅影响企业是否能够获得在资本市场上扩大股权融资的资格，而且对企业是否能够获得债务融资及是否能够满足之前债务融资必须履行的约束条款，都会产生直接的影响。

在企业快速发展时期，由于面临发展所导致的资金短缺、盈利下降等问题，企业的经营成果和财务状况不能满足债务契约的约束性条款。由此会诱发银行缩减贷款规模和授信额度，这对于本来就资金短缺的企业来说无异于雪上加霜。企业扩张速度越快，资金短缺的现象越严重，上述问题就越突出。企业为了解决发展中所导致的资金不足问题，必然要采取各种手段使其各方面的财务指标符合债务契约的约束性条款，从而保证扩张项目的顺利实施。

在这种情况下，长期股权投资会计处理规则中包含的操作空间和弹性，为企业提供了一个利用确认投资收益和资产减值等会计手段在财务报告中操控经营成果和财务报告的机会，也就为企业利用会计方法满足债务契约条款，争取和扩大贷款额度提供了支持。由此导致的后果是，债务企业会计报表中的资产和收益数额中，可能有相当比例是利用会计准则包含的操作空间作出来的。这样确认的资产和收益由于缺乏现金流量支持和不具备持续性而有悖于会计信息可靠性质量要求，因而被认为是低质量的会计信息。而企业财务报告的透明度会因为包含低质量会计信息而降低。

与此相关的问题是，债权企业恰恰要根据这些低质量的会计信息、低透明度的财务报告来分析和判断申请贷款企业的盈利水平和偿债能力，进而作出是否发放贷款或是否增加授信额度的决策。也就是说，当企业提供的会计信息质量较低的时候，将使得投资者和债权人的决策面临较大的风险。因此，债权企业能否在授信过程中识别和降低由于申请贷款企业财务报告不透明造成的信息风险，而债权企业是否会为了掩盖因为向经营不善的企业贷款而承担的信息风险，从而降低自身财务报告的透明度？这些问题就成为监管部门能否准确控制金融行业的投资风险和资本市场的能否健康发展的重要问题。

（二）研究假设的建立

根据上述分析我们认为，经营活动对债务融资依赖程度较高的行业，出于进行债务融资的目的，其操控财务报告的动机比较大，导致该行业财务报告透明度下降，因此提出假设 1。

假设 1：行业财务报告的不透明度与行业对债务融资依赖程度正相关。

企业能够对财务报告进行操控，与会计准则本身存在一些可利用空间有着必然的联系，2006 年新会计准则的变化主要体现在：公允价值和历史成本两种计量方式并存。公允价值计价增强了财务报告的决策有用性，但目前对公允价值的确认方法还存在一些不足，从附表的数据可见除银行业外，各行业中交易性房地产和长期股权投资的比例都大大高于交易性金融资产和可供出售的金融资产的比例，而交易性房地产和可供出售的金融资产的公允价值并不总是来自活跃的市场，因此企业可以通过操控对公允价值的估计来调控财务报告。放宽了对长期股权收益确认使用权益法的条件；2006 年新会计准则规定当投资企业对被投资企业存在共同控制和重大影响时，即可以使用权益法对投资收益进行核算。若对被投资企业的经营业绩缺乏严格的审计，那么便为投资企业留下了操控空间，对会计盈余和长期投资的账面价值的真实性都产生不利影响。

基于以上分析和我国企业目前投资水平的发展状况，提出假设 2。

假设 2：在长期股权投资在总资产中所占比重快速增大的形势下，资产总值中长期股权投资具备较大比重的行业，其财务报告的透明度较差。

在目前的利润表中，对未实现损失和利得的反映变得更为细化，公允价值变动损益和资产减值损失被设立为独立的栏目，并被作为营业利润的组成部分，而其他利得和损失仍旧通过营业外收支予以反映，这种变化降低了以往营业外收支的数额，使得信息使用者更容易发现企业利用未实现利得和损失来操控利润的行为，因此在信息使用者能够理解该栏目含义的前提下增强了报告的透明度。不足之处在于，对于金融工具而言公允价值变动损益是未实现的损失和利得，而对于债务重组、非货币性交换等业务而言，公允价值变动损益是已实现的损失和利得，目前的列报方式还未能准确反映出未实现的损失和利得。本章提出假设 3。

假设 3：单独列报企业盈余中的未实现损失和利得，有利于提高财务报告的透明度。

由于银行业在我国扮演了重要的债权人的角色，在企业融资的需求不断扩大的情况下，受到融资企业财务报告透明度下降的影响，银行的信贷活动面临着日益巨大的风险。同时，银行作为资本市场中的一员，同样存在着更多地获取市场资源的需求，商业银行为了维护自己在资本市场中的形象，对自身在投资活动中发生的损益必须进行调控，因此银行业的财务报告透明度也将受到融资企业财务报告透明度下降的影响，给投资人和监管者带来更大的决策风险。因此本章提出假设 4。

假设 4：我国银行业财务报告的透明度，受其他行业融资企业财务报告透明度下降的影响，呈不断下降的趋势。

（三）研究路径

为验证上述假设，本章采用以下的实证研究路径：

1. 按照前述的两种方法分别计算出 2006 年新会计准则实施的前 3 年和后 3 年各行业的财务报告综合不透明度。

2. 对各行业财务报告不透明度的相对水平变化作出分析。

3. 使用除银行业之外的其他 18 个行业在 2006 年新会计准则实施前后的 2 个阶段的数据构成样本组，利用本章设计的模型对假设 1、假设 2 和假设 3 进行回归分析。

4. 通过相关性检验来验证假设 4。

三、研究方法设计

由于金融行业的业务内容与制造业、商业及服务业等行业存在较大的差别，它在资产结构和利润构成方面与其他行业存在明显的不同，因此在以往的研究成果中，针对金融行业的成果较少。许多研究文献甚至将剔除金融行业的样本作为研究样本。但是本章的研究目的是探讨债务企业财务报告透明度是否会影响债权企业的决策，金额是否会影响债权企业的财务报告质量。显然，剔除金融行业的样本的做法是不可取的。因此，我们首先要解决的问题是如何构建一种对不同行业都具备适用性的财务报告不透明度评价方法，之后再利用这种方法来研究会计准则变化对金融行业报告不透明度反映能力的影响。

（一）行业财务报告不透明度的指标构成

依照 CSRC 行业分类规则，我国资本市场将金融保险行业具体划分为银行业（I01）、保险业（I11）、证券和期货业（I21）、金融信托业（I31）及基金业（I41）这几个子类，由于可获得的样本数量的原因，本章选取银行业（I01）、证券和期货业（I21）、金融信托业（I31）作为研究对象，并将表 18.1 中的 16 个非金融行业作为参照对象，对各行业在 2006 年新会计准则实施之后所呈现的一些财务特征进行了分析，附表汇总了金融业与参照行业差异较大的一些财务特征，可以总结为：

1. 交易性金融资产和可供出售的投资在银行业和金融信托业的总资产中占有较大的比重。

2. 银行业资产中长期股权投资的比例明显小于其他金融行业和参照行业，投资收益对营业利润的影响在银行业中明显小于其他行业，我国的商业银行更多地扮演了市场中债权人的角色。

3. 无形资产摊销对金融行业会计盈余的影响明显小于对参照行业会计盈余的影响。

4. 银行业对预计负债的确认数额明显高于其他行业；不同行业资产减值损失的会计估计存在较大的差异；不同年度损失和利得对净利润的影响呈现出比较大的波动，金融行业利润总额受利得的影响程度相对于其他行业较为严重。

借鉴 Bhattacharya（2003）的论述，激进程度较高和人为控制较强的会计信息，对盈余及资产的期末价值的反应都不够客观，与企业经营成果的真实状况存在较大的差别，增加了财务报告的不透明度，使得信息使用人的决策风险增加，结合本章对当前我国 A 股上市公司财务特征的分析，本章对激进度的计算方法进行了调整，同时考虑到在同一个资本市场中，损失规避程度在行业间不存在区别，因此本章没有将损失规避度作为不透明度的评价指标，而是依据盈余持续性的研究成果，将盈余的不可持续性作为一个不透明度的评价指标。本章用 k 表示企业，用 t 表示会计年度，各指标及行业财务报告不透明度的综合评价方法如下：

1. 盈余的激进度

行业 i 在年度 t 的激进度=MEDIAN（行业 i 所有样本的 ACC_{kt}）

$$ACC_{kt} = (\triangle CA_{kt} - \triangle CL_{kt} - \triangle CASH_{kt} + \triangle STD_{kt} - DEP_{kt} + \triangle TP_{kt} - LAI_{kt} + ACI_{kt} + \triangle FV_{kt} - \triangle PL_{kt}) / TA_{kt-1}$$

其中，△CA 为流动资产的变化额；△CL 为流动负债的变化额；△CASH 为货币的变化额；△STD 为一年内到期的长期负债的变化额；DEP 为累计折旧的发生额；TP 为递延的所得税资产（负债）的变化额；LAI 为资产减值损失的发生额；ACI 为投资收益 - 投资收益获取的现金流；△FV 为公允价值变动收益的发生额；△PL 为预计负债的增加额；TA_{kt-1} 为年初的资产总值。

2. 盈余的平滑度

行业 i 在年度 t 的平滑度=Correl（行业 i 所有样本的$\triangle AC_{kt}$，行业 i 所有样本的$\triangle CF_{kt}$）

其中，$\triangle AC_{kt}$ 为年度应计项目的增加额；△CFkt 为经营活动现金流量增加额与投资收益获取的现金流量增加额之和。

3. 盈余的不可持续性

以往的研究成果是通过前后年度会计盈余的相关性来判断盈余的可持续性，而本章使用损失和利得对营业利润的影响程度来判断盈余的不可持续性，即：

行业 i 在年度 t 的盈余的不可持续性=MEDIAN（该行业所有样本的 $L\&G_{kt}$）

其中，$L\&G_{kt}$ 为 ABS（$Gain_{kt}$-$Loss_{kt}$）/OP_{kt}；$Gain_{kt}$ 为营业外收入；$Loss_{kt}$ 为营业外支出；OP_{kt} 为营业利润。

本章的实证结果显示这种计算方法得到的行业盈余的不可持续性与通过计算行业前后年度会计盈余的相关系数呈显著的负相关关系，2004 年至 2009 年样本得到的二者的皮尔逊相关系数为-0.3。

（二）行业财务报告不透明度的综合衡量

可以采用两种方法衡量行业财务报告的不透明度。

第一种方法是计算出 2004 年至 2009 年 6 个年度各行业激进度、收益平滑度和盈余不可持续性，将每个指标分别使用极值法转化为[0，1]区间中的对应数值，计算各行业每项指标前 3 个年度和后 3 个年度的均值，分别作为 2006 年新会计准则实施前后两个阶段的行业平均水平，最后使用以下公式计算各评价指标权重，通过加权平均计算得到行业的综合报告不透明度。

$$评价指标i的权重=\frac{\sum_{j=1}^{3}18个行业评价指标j的最大值}{18个行业评价指标i的最大值}\times\frac{1}{3}$$

第二种方法是将研究样本划分为2004～2006和2007～2009两个子集，在每个子集中将上述方法计算得到的行业激进度、收益的平滑度和盈余的不可持续性分别使用极值法转化为[0，1]区间中的对应数值，依据转化后的结果得出每个年度各行业在各评价指标上的排名，排名越靠前则质量越差，计算3年的名次的均值则得到子集中各行业在不同评价指标上的总体评价结果，若将不同评价指标上的总体评价结果求和则得到两个子集各行业的综合报告不透明度。

四、实证检验和研究结果

本章的数据来自国泰安数据库和万德数据库，剔除ST的公司和存在数据缺失的公司的数据后，共得到本章选定的19个行业A股上市公司在2002年至2009年的财务报告4766份。

（一）行业财务报告不透明度的描述性统计

本章分别使用了前面叙述的两种方法计算了各行业在2006年新会计准则实施前后财务报告的综合不透明度，依据方法二得到的结果见表18.2，其中名次靠前者财务报告透明程度最差。

表18.2 2006准则实施前后行业财务不透明度相对排名

行业	2004年-2006年				2007年-2009年			
代码	不可持续性	激进度	平滑度	综合	不持续复性	激进度	平滑度	综合
C11	3	4.7	1.7	3.1	3.7	5	4	4.2
C43	3	5.3	3.7	4	2.7	5.3	3.7	3.9
C61	1	5	2.7	2.9	3	5.3	3	3.8
C65	5.3	5.7	4.7	5.2	2	6	4	4
C67	5.3	3.3	3.3	4	4.7	4	2.7	3.8
C71	3	3.7	2.7	3.1	3.3	3.7	5.7	4.2

行业	2004 年-2006 年				2007 年-2009 年			
代码	不可持续性	激进度	平滑度	综合	不持续复性	激进度	平滑度	综合
C73	4.3	2.7	4.7	3.9	3	2.3	5.3	3.5
C75	2.7	4	5	3.9	3.3	4.3	2	3.2
C76	3.7	2.3	5.3	3.8	3.3	2.7	4	3.3
C81	2.7	2.3	1.3	***2.1***	1.7	2.3	2.7	***2.2***
F11	5.3	4.3	3.3	4.3	2	3.7	3	2.9
G81	1.7	1	2	***1.6***	4	1.7	4.7	3.5
G87	0.7	1	3.3	***1.7***	2.3	1.3	1.3	***1.6***
H11	1.7	3	2.7	***2.5***	3.7	3	3.7	3.5
I01	6	3	4.7	4.6	4	4	1	***3***
I21	3	6	3.7	4.2	3.7	2.7	3	3.1
I31	3	1	1	***1.7***	5.7	0.7	2.7	***3***
J01	3.3	0.7	4	2.7	3	1	3	***2.3***

注：表中的粗体字表示排在前 5 位的行业。

对比 2006 年新会计准则实施前后行业财务报告不透明相对水平前 5 位的行业，可以看到医药制造业（C81）、计算机应用服务业（G87）和金融信托业（I31）的财务财务报告不透明相对水平始终较高。在新准则实施之后，金融行业相比参照行业而言，财务报告不透明的相对水平出现了大幅度的提高，证券期货业（I21）由之前的第 15 位上升到第 6 位，银行业（I01）由之前的第 17 位上升到第 4 位，从具体指标的相对水平变化可见，平滑度的大幅提升是促使银行业（I01）的财务财务报告不透明度上升的主要原因。

（二）模型和变量设计

为了检验本章的假设 1 和假设 2，设计了如下的模型：

$$RAR=\beta_1\times GE+\beta_2\times LB/A+\beta_3\times IV/A+\beta_4\times FV/A+C$$

模型中各变量的说明见表 18.3，本研究的数据跨越了 2006 年新会计准则实施前后的两个阶段，因此实证数据被分为两个阶段进行整理，除变量 GE 外的各解释变量都是取自各行业在两个阶段的均值。模型中的GE表示2006年新会计准则在对使用权益法确定长期股权收益的适用条件上出现的变化，由于在重大影响下和共同控制下都可以使用权益法，而不是必须在持股比例超过某一水平时才可以使用，因此本章使用一个离散型变量来描述这种变化。

表 18.3 变量说明

变量名称	变量说明	预测符号
RAR	依据前文第一种方法计算得到的行业财务报告不透明度的评价结果	
GE	对长期股权投资收益使用权益法核算的限定尺度，2006 年新会计准则实施前取 1，之后取 2	+
LB/A	企业长期借款与短期借款之和占资产总额的比例的行业均值	+
IV/A	企业长期股权投资占资产总额的比例的行业均值	+
FV/A	单独列报的公允价值变动损益与资产总额之比的行业均值，2006 年新会计准则实施前取 0	-

（三）回归分析结果

经过数据整理，本章共获得了表 18.1 中 18 个行业在 2006 年新会计准则实施前后的两个阶段的数据，共计 36 条数据样本，相关性分析的结果见表 18.4，解释变量之间不存在明显的多重共线性问题。

表 18.4 相关性分析得到的部分 PERSON 相关系数

	GE	LB/A	IV/A	FV/A	不可持续性	激进度	平滑度	综合
GE	1.00	-0.49	-0.46	-0.14	0.29	0.17	-0.01	0.30
LB/A		1.00	0.03	0.40	-0.20	0.12	0.20	0.01
IV/A			1.00	0.25	-0.17	0.08	0.36	0.07
FV/A				1.00	-0.56	-0.02	0.63	-0.16

本章分别将不可持续性、激进度、平滑度和综合不透明度作为模型的被解释变量，对本章设计的模型进行了回归分析，鉴于银行业的

特殊角色，本章将它排除在回归分析的样本之外，回归分析的统计检验结果见表 18.5。

表 18.5　回归分析的统计检验结果

	不可持续性	激进度	平滑度	综合
Adjusted R^2	0.313	0.18	0.414	0.236
F	4.639***	2.759**	6.662***	3.475**
N	34	34	34	34
Constant	-0.113 （-0.373）	-0.315 （-0.641）	1.226 （3.168***）	0.414 （0.535）
GE	0.135 （1.669*）	0.297 （2.261**）	0.168 （1.617）	0.639 （3.078***）
LB/A	0.701 （0.994）	3.460 （3.023**）	0.578 （0.614）	4.862 （2.689**）
IV/A	1.270 （0.885）	6.540 （2.806***）	3.612 （1.965*）	10.952 （2.974***）
FV/A	-103.749 （-3.403***）	-111.438 （-2.251**）	106.261 （2.722**）	-210.131 （-2.687**）

注：表中***、**和*分别表示通过 1%、5%和 10%的显著水平。

由回归分析的结果可见，分别使用不可持续性、激进度、平滑度和综合指标进行的回归分析都取得了较好的统计检验结果，方程都能在 1%和 5%的水平取得显著性，各解释变量都取得了预期的符号。企业长期借款与短期借款之和占资产总额的比例的行业均值、企业长期股权投资占资产总额的比例的行业均值，对盈余的激进度和报告的综合不透明度具备了显著的影响。GE 对激进度和综合不透明度呈显著正相关关系，说明放宽权益法在长期股权投资收益核算问题中的使用范围，不利于降低财务报告的不透明度，给上市公司提供了进行会计驱动交易的空间。而对未实现损失和利得的单独列报总体上起到了降低财务报告的不透明度的效果，这与以往的研究成果一致，但从其对不同评价指标的影响能力来看，公允价值的使用并不利于降低盈余的平滑度。综上所述，可以证明假设 1、假设 2 和假设 3 成立。

本章针对 2006 年至 2009 年上述的 18 个行业各年度的财务报告的不透明度，分析了各行业在 2006 年新会计准则实施前后财务报告的不透明度的变化，发现 C11、C61、C71、G81 和 I31 这 5 个行业在 2006 年新会计准则实施后略有下降，而 H11 的变化不大，其余 11 个行业的财务报告的不透明度都有所上升，具体的数据见表 18.6，而其中的 11 个财务报告的不透明度上升的行业，其财务报告的不透明度都与银行业财务报告的不透明度存在着较为明显的正相关关系。在 2004 年至 2009 年间的 6 个年度中，银行业财务报告的综合不透明度程度与同年本章选取的其他 18 个行业财务报告的不透明度程度均值的相关系数为 0.44。因此可以证明假设 4 成立。

表 18.6 银行业与其他行业在财务报告的不透明度方面的相关性

行业代码	不透明度		与银行业不透明度的相关系数
	2004～2006 均值	2007～2009 均值	
C11	1.15	1.10	-0.48
C43	1.00	1.10	***0.48***
C61	1.34	1.20	-0.68
C65	0.80	1.15	***0.54***
C67	0.98	1.14	***0.85***
C71	1.10	0.99	-0.45
C73	0.93	0.99	***0.19***
C75	0.92	1.20	***0.77***
C76	0.92	1.12	***0.54***
C81	1.22	1.27	***0.17***
F11	0.95	1.22	***0.89***
G81	1.26	1.02	-0.55
G87	1.36	1.48	***0.56***
H11	1.17	1.19	-0.32
I21	0.96	1.49	***0.80***
I31	1.50	1.42	-0.52
J01	1.15	1.31	***0.47***

五、政策建议和研究不足

在市场化的环境下，强制约束企业并购等投资行为是不可行的，而针对本章所发现的问题，我们可以通过调整对长期股权收益确认的会计处理方法、对上市公司投资对象进行强制性审计和进一步改善财务报告的列报披露方式等途径，减少当前会计准则中可被操控行为所利用的空隙，提高企业财务报告的透明度。金融行业的风险，尤其是我国银行业面临的风险，与其决策中所面对其他行业的投资对象和授信对象提供信息的质量密不可分，通过修改会计准则和加强强制性审计的范围，是解决非金融行业企业的会计驱动交易程度、减少报表外安排活动的程度及防范我国金融风险的重要环节。同时，对公允价值计量方法仍需要不断地进行完善。

本章存在两方面的不足，一是对财务报告透明度的衡量标准及量化方法仍存在局限性；二是我国上市公司当中金融行业的企业数量还不够充足，可获取数据的年份也不够多。这两方面的不足都制约了本章的研究方法和研究结论的说服力。

附表

行业代码	交易性金融资产/总资产			可供出售金融资产净额/总资产			长期股权投资净额/总资产			投资性房地产净额/总资产			无形资产净额/总资产			预计负债/非流动负债总额		
	2007年	2008年	2009年	2007年	2008年	2009年	2007年	2008年	2009年	2007年	2008年	2009年	2007年	2008年	2009年	2007年	2008年	2009年
C11	0.26%	0.14%	0.29%	2.54%	1.14%	1.05%	4.07%	3.38%	6.39%	2.22%	3.60%	2.04%	4.80%	5.31%	5.29%	0.00%	0.00%	0.00%
C43	0.06%	0.06%	0.07%	0.12%	0.04%	0.03%	3.16%	3.27%	1.72%	0.39%	0.20%	0.26%	4.48%	5.49%	4.19%	0.00%	0.00%	0.00%
C61	0.05%	0.09%	0.21%	2.64%	1.34%	1.53%	2.09%	2.73%	2.76%	0.40%	1.19%	1.14%	6.74%	7.04%	6.19%	0.00%	0.00%	0.00%
C65	0.04%	0.04%	0.03%	0.11%	0.03%	0.04%	2.33%	2.70%	1.30%	0.11%	0.12%	0.09%	1.40%	1.90%	2.24%	0.00%	0.00%	0.00%
C67	0.05%	0.09%	0.02%	0.72%	0.14%	0.32%	2.64%	2.68%	1.70%	1.67%	0.47%	0.44%	3.14%	3.77%	3.25%	0.00%	0.00%	0.00%
C71	0.61%	0.12%	0.16%	1.50%	0.67%	1.26%	6.65%	6.32%	3.17%	1.71%	1.54%	1.70%	5.59%	6.05%	6.63%	0.00%	0.00%	0.00%
C73	0.15%	0.06%	0.24%	1.76%	0.68%	0.33%	3.14%	2.56%	2.65%	1.37%	0.56%	0.73%	3.87%	5.09%	4.73%	0.00%	0.00%	0.00%
C75	0.12%	0.08%	0.57%	2.09%	0.77%	0.82%	7.41%	7.17%	5.08%	1.23%	1.87%	0.47%	3.86%	4.20%	4.52%	0.00%	0.00%	0.00%
C76	0.69%	0.10%	0.17%	1.42%	0.86%	0.60%	4.37%	4.03%	3.83%	0.59%	0.61%	0.97%	4.19%	4.20%	4.13%	0.00%	0.00%	0.00%
C81	1.02%	0.50%	0.29%	1.73%	0.59%	0.67%	4.56%	4.76%	4.61%	1.15%	1.14%	0.93%	6.41%	6.92%	6.45%	0.00%	0.00%	0.00%
D01	0.07%	0.05%	0.02%	2.90%	1.09%	1.95%	8.77%	8.29%	10.63%	0.09%	0.11%	0.35%	2.77%	3.05%	3.18%	0.00%	0.00%	0.00%
F11	0.11%	0.12%	0.15%	1.23%	0.96%	1.77%	8.33%	8.39%	5.13%	0.50%	0.59%	0.61%	9.18%	15.46%	17.92%	0.00%	0.00%	0.00%
G81	0.31%	0.14%	0.36%	0.40%	0.16%	0.64%	10.20%	9.14%	7.38%	1.55%	2.06%	2.93%	2.23%	4.21%	5.72%	0.00%	0.00%	0.00%
G87	0.86%	0.91%	0.23%	1.24%	0.45%	0.23%	4.21%	4.98%	4.61%	3.95%	3.79%	6.55%	1.74%	2.41%	3.17%	0.00%	0.00%	0.00%
H11	0.19%	0.42%	0.06%	2.13%	0.63%	1.09%	5.32%	4.60%	3.93%	5.77%	5.57%	5.94%	5.79%	5.90%	6.19%	0.00%	0.00%	0.00%
I01	**1.32%**	**1.46%**	**0.81%**	**7.81%**	**7.83%**	**5.63%**	**0.05%**	**0.08%**	**0.12%**	**0.04%**	**0.05%**	**0.06%**	**0.04%**	**0.05%**	**0.04%**	**2.90%**	**2.62%**	**0.64%**
I21																		
I31	**0.04%**	**0.37%**	**1.10%**	**9.36%**	**2.80%**	**6.14%**	**6.14%**	**8.58%**	**18.68%**	**15.47%**	**15.20%**	**2.18%**	**0.24%**	**0.30%**	**0.71%**	**0.00%**	**0.00%**	**0.00%**
J01	0.14%	0.04%	0.02%	2.37%	0.98%	2.02%	4.43%	3.73%	4.28%	7.22%	7.27%	6.23%	1.02%	0.78%	0.32%	0.00%	0.00%	0.00%

行业代码	资产减值损失/营业利润			公允价值变动收益/营业利润			投资收益/营业利润			营业外收入/净利润			营业外支出/净利润		
	2007年	2008年	2009年	2007年	2008年	2009年	2007年	2008年	2009年	2007年	2008年	2009年	2007年	2008年	2009年
C11	285.02%	28.59%	27.62%	1.11%	-0.55%	4.12%	45.65%	30.28%	72.63%	93.13%	60.19%	95.05%	7.44%	18.69%	18.37%
C43	3.02%	-56.28%	-8.02%	0.20%	1.98%	0.33%	10.18%	17.49%	1.17%	33.52%	32.06%	53.93%	12.77%	6.46%	6.76%
C61	36.48%	21.20%	8.10%	0.17%	-0.41%	-1.53%	28.64%	-17.84%	0.55%	100.82%	70.33%	43.51%	8.88%	12.56%	1.65%
C65	18.99%	116.82%	10.27%	-0.03%	-6.75%	10.60%	9.98%	9.99%	13.37%	45.41%	8.21%	24.72%	4.44%	7.24%	11.59%
C67	8.19%	63.77%	13.00%	0.76%	3.08%	-2.35%	7.08%	27.06%	-37.45%	6.09%	29.71%	52.98%	2.22%	15.62%	5.69%
C71	-13.01%	14.50%	17.43%	2.71%	-0.24%	4.15%	-47.79%	-19.80%	-12.45%	45.26%	61.38%	37.04%	6.84%	5.14%	4.86%
C73	16.14%	9.91%	1.57%	0.32%	0.54%	0.52%	18.40%	-11.70%	13.71%	43.63%	59.39%	93.23%	2.57%	8.07%	7.17%
C75	12.28%	15.09%	18.99%	0.35%	-2.59%	0.12%	42.20%	77.22%	30.66%	36.82%	70.08%	24.53%	8.38%	8.75%	7.10%
C76	-480.77%	16.15%	23.43%	0.39%	-3.40%	-0.90%	33.73%	-4.86%	-37.82%	65.69%	32.82%	34.50%	2.43%	21.67%	15.70%
C81	1.68%	-19.63%	7.39%	1.94%	293.53%	1.52%	23.35%	-86.78%	11.08%	29.46%	33.08%	30.22%	6.02%	8.70%	7.41%
D01	2.62%	-120.96%	29.14%	0.38%	-1.63%	0.55%	38.06%	-1306.51%	52.28%	54.93%	243.36%	22.14%	7.55%	1.69%	4.50%
F11	60.21%	7.16%	-2.76%	0.55%	-0.92%	0.49%	166.46%	21.70%	17.89%	60.44%	10.87%	2.36%	2.94%	10.62%	3.66%
G81	-16.18%	6.48%	-26.38%	4.07%	3.48%	2.21%	36.42%	66.52%	-92.05%	89.15%	75.90%	66.59%	43.67%	23.18%	14.35%
G87	-181.18%	11.22%	7.41%	6.67%	-1.62%	0.81%	-43.58%	21.20%	20.11%	44.96%	84.17%	19.19%	-0.57%	-8.10%	2.18%
H11	11.45%	17.90%	-0.01%	2.21%	-0.86%	0.27%	18.13%	-2.86%	11.53%	83.10%	61.71%	27.71%	14.59%	14.04%	4.22%
I01	***27.93%***	***102.90%***	***24.05%***	***-1.21%***	***3.07%***	***-1.42%***	***3.97%***	***13.33%***	***7.15%***	***1.96%***	***1.90%***	***1.37%***	***1.18%***	***1.57%***	***0.98%***
I21															
I31	***6.69%***	***38.10%***	***-7.07%***	***0.13%***	***-12.78%***	***27.38%***	***75.36%***	***97.29%***	***159.27%***	***18.78%***	***33.30%***	***8.46%***	***36.42%***	***-11.14%***	***2.50%***
J01	-33.96%	43.85%	0.54%	1.95%	59.45%	2.13%	-17.63%	-304.06%	16.74%	225.19%	133.00%	14.94%	4.62%	7.28%	2.36%

参考文献

1. Douglas W. Diamond, Robert E. Verrecchia. Disclosure, Liquidity and the Cost of Capital[J]. *The Joumal of Finance*, 1991 (66): 1325-1355

2. Christine A. Botosan. Disclosure Level and the Cost of Equity Capital[J]. *The Accounting Review*, 1997 (72): 323-349

3. Robert M. Bushman, Abbie J. Smith. Transparency, Financial Accounting Information and Corporate Governance[J]. *Journal of Accounting and Economics*, 2001 (32): 237-333

4. Sandeep A. Patel, George Dallas. Transparency and Disclosure: Overview of Methodology and Study Results—United States. Standard & Poor' s. Working paper, 2002

5. Asheq Razaur Rahman. Incomplete Financial Contracting, Disclosure, Corporate Governance and Firm Value—with Evidence from a Moderate Market for Corporate Control Environment [J]. Working paper, 2002

6. David Easley, Maureen O'hara. Information and the Cost of Capital[J]. *The Joumal of Finance*, 2004 (59): 1553-1583

7. Hoje Jo, Yongtae Kim. Dsclosure Frequency and Earnings Management[J]. *Journal of Financial Economics*, 2007 (84): 561-590

8. Benjamin E. Hermalin, Michael S. Weisbach. Transparency and Corporate Governance[J]. Working paper, 2007

9. Pingyang Gao. Disclosure Quality, Cost of Capital, and Investors' Welfare[J]. Working paper, 2008

10. Gregory S. Miller. Earnings Performance and Discretionary Disclosure[J]. *Journal of Accounting Research*，2002 (40): 173-204

11. Easley，D. and O'Hara，M. Information and the cost of capital[J]. *Journal of Finance*，2004, Vol. 59 (4): 1553-1583

12. Botosan，C. Disclosure level and cost of equity capital[J]. *The Accounting Review*, 2000, Vol. 72，No. 3：323-349

13. Botosan，C., Plumlee，M. and Xie Yuan. The role of information precision in determining the cost of equity capital[J]. *Review of Accounting Studies*，2004, Vol. 9: 233-259

14. Bhattacharya, U., Daouk, H., Welker, M. The world price of earnings opacity[J]. *The Accounting Review*, 2003, Vol. 78: 641-678

15. Graham，J.，S. Li and J. Qiu. Corporate misreporting and bank loan contracting[J]. *Journal of Financial Economics*，2008: 44-61

16. Bharath，S.，J. Sunder and V. Sunder. Accounting quality and debt contracting[J]. *The Accounting Review*，2008, 83 (1): 1-28

17. Sengupta，P. Corporate disclosure quality and the cost of debt[J]. *The Accounting Review*，1998, Vol. 73，No. 4：459-474

18. Ahmed，A.，Billings，K.，and Morton，M. The role of accounting conservatism in mitigating bondholder-shareholder conflicts over dividend policy and in reducing debt costs[J]. *The Accounting Review*，2002, 77 (4): 876-891

19. Anderson，Sattar and Reed. 2002. Founding family ownership and the agency cost of debt[J]. http://papers.ssrn.com

20. Anderson，Mensi and Reed. 2003. Board characteristics，accounting report integrity and the cost of debt[J]. http://papers.ssrn.com

21. Pittman，A. and S. Fortin. Auditor choice and the cost of debt capital for newly public firm[J]. *Journal of Accounting Economics*，2004, Vol. 37: 113-136

22. Ball, R. and Shivakumar, L. Earnings quality in UK private firms: comparative loss recognition timeliness[J]. *Journal of Accounting and Economics*, 2005, 39(1): 83-128

23. Ball, R. Robbin A. Joanna and Wu, Shuang. Incentives Versus Standards: Properties of Accounting Income in Four East Asian Countries[J]. *Journal of Accounting and Economics*, 2003 (36): 235-270

24. Basu, S. The Conservatism Principle and the Asymmetric Timeliness of Earnings[J]. *Journal of Accounting and Economics*, 1997 (24): 3-37

25. FASB. Statement of Financial Accounting Concepts No. 2: Qualitative Characteristics of Accounting Information, Financial Accounting Standards Board, Connecticut 06856, 1980

26. FASB. Preliminary views: Conceptual Framework for Financial Reporting: Objective of Financial Reporting and Qualitative Characteristics of Decision—Useful Financial Reporting Information. July 2006. QC7

27. Frye, T. and Shleifer, A. The invisible hand and the grabbing hand[J]. *The American Economic Review*, 1997, 87(2): 354-358

28. Gassen, J., Fülbier, R. U., and Sellhorn, T. International Differences in Conditional Conservatism and Income Smoothing[J]. *European Accounting Review*, 2006, 15(4): 527-564

29. Khan, Mozaffar and Watts, Ross L., 2009. Estimation and Empirical Properties of a Firm-Year Measure of Accounting Conservatism (August 17). MIT Sloan Research Paper No. 4640. Available at SSRN: http://ssrn.com/abstract=967348

30. Guay, W., and Verreeehia, R. Discussion of an economic framework for conservative accounting and Bushman and Piotroski (2006) [J]. *Journal of Accounting and Economies*, 2006, 42(1-2):149-165

31. Yi, Cheong H. and Kim, Jeong-Bon. Ownership Structure, Business Group Affiliation, Listing Status, and Earnings Management: Evidence from Korea (January 2005). Available at SSRN: http://ssrn.com/abstract=667141

32. Pagano, M. and Roell, A. The Choice of Stock Ownership Structure: Agency Cost, Monitoring, and the Decision to Go Public[J]. *The Quarterly Journal of Economics*, 1998:188-225

33. Velury, Uma. *The Effect of Institutional Ownership on the*

Quality of Earnings. University of South Carolina, 1999

34. Wolk, Harry I., James L. Dodd and Michael G. Tearney. *Accounting Theory: Conceptual Issues in a Political and Economics Environment*. 6th edition, South-Western, 2004: 203-204

35. Healy, P. and K. Palepu. The effect of firms' financial disclosure strategies on stock prices[J]. *Accounting Horizons*, 1993

36. Diamond, D. and R.Verrecchia. Disclosure liquidity and cost of capital[J]. *The Journal of Finance*, 1991

37. Easley, D. and M. O'Hara. Information and the cost of capital[J]. *Journal of Finance*, 2004

38. Bloomfield R. J., and T. J. Wilks. Disclosure effects in the laboratory: liquidity, depth, and the cost of capital[J]. *The Accounting Review*, 2000

39. Botosan, C. A. and M. A. Plumee. A re-examination of disclosure level and the expected cost of equity capital[J]. *Journal of Accounting Research*, 2002

40. Welker, Michael. Disclosure policy, information asymmetry, and liquidity in equity market[J]. *Contemporary Accounting Research*, 1995

41. Healy, Paul M. Huntton, Asm, P. Palepu, Krishna, G. Stock performance and intermediation changes surrounding sustained increases in disclosure[J]. *Contemporary Accounting Research*, 1999

42. Cheng E. C. M., Courtenay S. M., Krishnamurthic C. The impact of increased voluntary disclosure on market information asymmetry. informed and uninformed trading[J]. *Journal of Contemporary Accounting and Economics*, 2006

43. Lang Mark H., Lundholm Russel J. Corporate disclosure policy and analyst behavior[J]. *Accounting Review*, 1996

44. Hope O. K., Firm-level disclosures and the relative roles of culture and legal origin[J]. *Journal of International Financial Management and Accounting*, 2003

45. Titman S.， Trueman C. Information quality and the valuation of new shares[J]. *Journal of Accounting and Economics*, 1986

46. Dunn, K. A. and B. W. Mayhew. Audit firm industry specialization and client disclosure quality[J]. *Review of Accounting Studies*, 2004

47. Botosan Christine A. Disclosure level and the cost of equity capital[J]. *The Accounting Review*, 1997

48. Bushman R. M., Piotorski J. D., Smith A. J. What determines corporate transparency?[J]. *Journal of Accounting Research*, 2004

49. Bhattacharya U., Daouk H., Welker M. The world pricing of earnings opacity[J]. *The Accounting Review*, 2003

50. Bal, R., S. P. Kohtar, and A. Robin. The effect of international institutional factors on properties of accounting earnings[J]. *Journal of Accounting and Economics*, 2000

51. Copley and Doucet. The large audit firm fee premium：A case of selectivity bias[J]. *Journal of Accounting, Auditing and Finance*, 1993

52. Elitzur, R. R., Falk, H. Auctions for audit services and low-balling[J]. *Auditing: A Journal of Practice & Theory*， 1996

53. Francis, J. R. The Effect of Audit Firm Size on Audit Prices: A Study of the Australian Market[J]. *Journal of Accounting and Economics*, 1984

54. Defond, M. L., J. R. Francis and T. J. Wong. Auditor industry specialization and market segmentation: Evidence from Hong Kong[J]. *Auditing: A Journal of Practice & Theory*, 2000

55. Ferguson, A. J. R. Francis and D. J. Stokes. The Effects of Firm-Wide and Office-Level Industry Expertise on Audit Pricing[J]. *The Accounting Review*, 2003

56. Francis, J., and Michael D. Yu. Big 4 office and audit quality[J]. *The Accounting Review*, 2009

57. Carrey P. and R. Simnett. Auditor partner tenure and audit

quality[J]. *The Accounting Review*, 2006

58. Bhattacharya, U., Daouk, Hand Welker, M. The World Price of Earnings Opacity[J]. *The Accounting Review*, 2003, 78 (3): 641-678

59. Mary E. Barth. Fair Value Accounting: Evidence from Investment Securities and the Market Valuation of Banks[J]. *The Accounting Review*, 1994, 69 (1): 1-25

60. Terry D. Warfield, John J. Wild. Accounting Recognition and the Relevance of Earnings as an Explanatory Variable for Returns[J]. *The Accounting Review*, 1994

61. Sloan R. Do Stock prices fully reflect information in accruals and cash flows about future earnings?[J]. *The Accounting Review*, 1996, 71 (3): 289-315

62. Dechow P., Ge W. The persistence of earnings and cash flows and the role of special items: Implications for the accrual anomaly[J]. *Review of Accounting Studies*, 2006 (11): 253-296

63. Xie H. The Mispricing of Abnormal Accruals[J]. *The Accounting Review*, 2001, 76 (3): 357-373

64. 汪炜，蒋高峰.信息披露、透明度与资本成本[J].经济研究，2004（7）：107～114

65. 曾颖，陆正飞.信息披露质量与股权融资成本[J].经济研究，2006（2）：69～79

66. 王华，张程睿.信息不对称与IPO筹资成本——来自中国一级市场的检验数据[J].经济管理，2005（3）：13～20

67. 游家兴，李斌.信息透明度与公司治理效率——来自中国上市公司总经理变更的经验证据[J].南开管理评论，2007（4）：73～79

68. 张宗新，杨飞，袁庆海.上市公司信息披露质量提升能否改进公司绩效[J].会计研究，2007（10）：16～23

69. 林有志，张雅芬.信息透明度与企业经营绩效的关系[J].会计研究，2007（9）：26～34

70. 王茜.信息披露质量与公司业绩的关系研究[J].财经理论与实

践，2008（9）：66～70

71. 朱启明，戴君.我国公司信息透明度对权益成本影响的理论分析[J].经济研究导刊，2008（18）：100～102

72. 张兵，范致镇，潘军昌.信息透明度与公司绩效——基于内生性视角的研究[J].金融研究，2009（2）：169～184

73. 刘文军，米莉.信息披露质量、公司业绩及其内生性[J].山东工商学院学报，2010（8）：67～73

74. 权小锋，吴世农.CEO 权力强度、信息披露质量与公司业绩的波动性——基于深交所上市公司的实证研究[J].南开管理评论，2010（2）：142～153

75. 张程睿.中国上市公司信息透明度研究——基于信息不对称的理论与实证[D].暨南大学博士论文，2006

76. 陈晓，江东.股权多元化、公司业绩与行业竞争性[J].经济研究，2000（8）：28～35

77. 刘国亮，王加胜.上市公司股权结构、激励制度及绩效的实证研究[J].经济理论与经济管理，2000（5）：40～45

78. 陈小悦，徐晓东.股权结构、企业绩效与投资者利益保护[J].经济研究，2001（11）：3～11.

79. 杨淑娥，苏坤.终极控制、自由现金流约束与公司绩效[J].会计研究，2009（4）：78～86

80. 孙永祥，黄祖辉.上市公司的股权结构与绩效[J].经济研究，1999（12）：23～30

81. 朱武祥，宋勇.股权结构与企业价值[J].经济研究，2001（12）：66～72

82. 季华，魏明海，柳建华.资产注入、证券市场监管与绩效[J].会计研究，2010（2）：47～56

83. 刘春，孙亮.薪酬差距与企业绩效：来自国企上市公司的经验证据[J].南开管理评论，2010（2）：30～39

84. 徐莉萍，辛宇，陈工孟.股权集中度和股权制衡及其对公司经营绩效的影响[J].经济研究，2006（1）：90～99

85. 徐义群，石水平.股权激励真的改善了企业绩效吗——来自我国上市公司的经验证据[J].上海财经大学学报，2010（4）：53～59

86. 张程睿，王华. 公司信息透明度：经验研究与未来展望[J]. 会计研究，2006（12）

87. 饶艳超，胡奕明. 银行信贷中会计信息的使用情况调查与分析[J]. 会计研究，2005（4）

88. 廖秀梅. 会计信息的信贷决策有用性：基于所有权制度制约的研究[J]. 会计研究，2007（5）

89. 叶志峰. 企业业绩操纵与银行债权保护研究[D]. 暨南大学，2009

90. 陆正飞，祝继高，孙便霞. 盈余管理、会计信息与银行债务契约[J]. 管理世界，2008（3）

91. 陶晓慧，柳建华. 会计稳健性、债务期限结构与债权人保护[J]. 山西财经大学学报，2010，32（4）

92. 于富生，张敏. 信息披露质量与债务成本——来自中国证券市场的经验证据[J]. 审计与经济研究，2007，22（5）

93. 卢闯. 盈余质量与债务代理成本——兼论会计信息的公司治理作用. 中央财经大学，（working paper）2008

94. 蒋琰. 权益成本、债务成本与公司治理：影响差异性研究[J]. 管理世界，2009（9）

95. 姜付秀，陆正飞. 多元化与资本成本的关系[J]. 会计研究，2006（6）

96. 李广子，刘力. 债务融资成本与民营信贷歧视[J]. 金融研究，2009（12）

97. 葛家澍. 建立中国财务会计概念框架的总体设想[J]. 会计研究, 2004（01）：9-19

98. 李源. 股权结构、利益相关者行为与代理成本——基于中国上市公司的研究. 博士学位论文. 暨南大学，2006

99. 李增泉，孙铮，王志伟. “掏空”与所有权安排——来自我国上市公司大股东资金占用的经验证据[J]. 会计研究，2004（12）：

3～14

100. 姜国华，岳衡. 大股东占用上市公司资金与上市公司股票回报率关系的研究[J]. 管理世界，2005（9）：120～123

101. 王跃堂，朱林，陈世敏. 董事会独立性、股权制衡与财务信息质量[J]. 会计研究，2008（1）：55～62

102. 薛云奎，程敏. 盈余管理、公司治理与国有企业改革——来自中国上市公司国有股权变更的经验证据[J]. 中国会计与财务研究，2007, 9（1）：110～134

103. 周晓苏，张继袖，唐洋. 控股股东所有权、双向资金占用与盈余质量[J]. 财经研究，2008（2）：109～120

104. 朱松，陈运森. 政府补贴决策、盈余管理动机与上市公司扭亏[J]. 中国会计与财务研究. 2009, 11（3）：92～114

105. 王莹婷. 审计质量影响因素的文献综述. 财经政法资讯，2008（3）

106. 李进营. 财务报告透明度与投资者保护. 南开大学博士学位论文，2010

107. 方军雄. 我国上市公司信息披露透明度与证券分析师预测. 金融研究，2007（6）

108. 王艳艳，陈汉文. 审计质量与会计信息透明度———来自中国上市公司的经验数据. 会计研究，2006（4）

109. 薛敏正，郭振雄，刘沂佩. 信息透明度对审计收费之影响. 中国会计评论，2009（2）

110. 崔学刚. 公司治理机制对公司透明度的影响. 会计研究，2004（8）

111. 李进营，周晓苏. 上市公司财务报告透明度的形成和评价研究. 山西财经大学学报，2010（2）

112. 杨忠海. 控股股东行为对财务报告透明度的影响研究. 南开大学博士学位论文，2010

113. 谢雅璐. 我国上市公司会计信息透明度的度量及其影响因素研究. 厦门大学硕士学位论文，2009

114. 张立民. 深化审计收费研究，促进审计质量提高. 财会月刊，2004（3）

115. 王兵，辛清泉. 分所审计是否影响审计质量和审计收费. 审计研究，2010（2）

116. 朱小平，于谦. 我国审计收费影响因素之实证分析. 中国会计评论，2004（2）

117. 蔡春，鲜文铎. 会计师事务所行业专长与审计质量相关性的检验——来自中国上市公司审计市场的经验证据. 会计研究，2007（6）

118. 贾平，陈关亭. 公允价值计量下审计质量的作用研究. 审计研究，2010（3）

119. 美国证券交易委员会. 关于 IASC“核心准则”的声明, 1996

120. 巴塞尔银行监管委员会. “增强银行透明度”研究报告, 1998

121. 葛家澍. 关于高质量会计准则的几个问题.会计研究，2002（11），16～23

122. 美国证券交易委员会. 关于具有资产负债表外影响的安排、特殊目的主体以及发行人, 2005

123. 杨之曙, 彭倩. 中国上市公司收益透明度实证研究. 会计研究, 2004（11）：62～70

124. 黄娟娟, 肖珉. 信息披露、收益不透明度与权益资本成本. 中国会计评论, 2006, 4（1）：70～81

125. 刘云中. 中国股票市场对会计盈余和会计应计量信息的反映. 中国软科学, 2003（11）：40～45

126. 林翔, 陈汉文. 增长、盈余管理和应计持续性. 中国会计评论, 2005（3）：117～140

127. 李远鹏, 牛建军. 退市监管与应计异象. 管理世界, 2007（5）：125～132

结 语

我们针对财务报告透明度的成因、作用、制约因素、经济后果等问题进行了系统和深入的研究。在研究中，我们结合中国上市公司实际背景，基于投资者的视角，首先界定了财务报告透明度的概念，并对我国上市公司财务报告传播过程的具体分析建立了财务报告透明度的评价指标体系，进而探讨了财务报告透明度对投资者利益保护所产生的影响，包括影响路径和影响程度；考虑到在现实生活中财务报告透明度与某些因素之间的关系有可能产生互动作用，而不是单向作用，还分别探讨了财务报告透明度与公司业绩、财务报告透明度与审计质量之间的互动关系，贷款企业财务报告透明度与银行企业财务报告透明之间的传导关系。最后根据上述研究结果，对提高财务报告透明度、改进投资者保护程度提出了相应的认识和政策性建议。

在本研究所构建的财务报告透明度评价体系中，大多数评价项目不能由现有数据库提供，因此必须由作者经过对样本公司各项信息披露文件和网站进行手工收集与整理，需要大量的精力与人力，客观上限制了研究所能包括的样本数量，同时，为控制行业因素对相关研究结论所带来的影响，本研究在第二篇、第三篇的实证检验中只选择了沪深两市的机械、设备、仪表制造业的上市公司作为样本选择范围；由此而得出的研究结论，是否在其他不同行业仍然成立，还需要后续研究来加以证实。

在财务报告透明度的经济后果的研究中，主要着眼于财务报告信息的直接使用者，在研究中的控制变量多是考虑明示环境条件和利益相关者因素而确定，对潜在的利益相关者的影响及其对财务报透明的互动作用则没有充分考虑，由此可能导致模型缺陷和控制变量的疏漏。这也需要在后续研究中加以完善。

从目前情况来看，中国的资本市场不断完善和发展，信息披露制度不断调整和规范，上市公司的信息披露手段和实践也在不断发展，这就决定了对财务报告透明度的评价不可能是固定不变的。为了保证评价体系的有效性，我们计划在后续研究中，及时根据监管法规与上市公司信息披露实践的不断变化，动态地调整透明度评价体系的项目组成，把那些能够区分不同上市公司信息披露行为，同时又对投资者接受财务信息产生真正影响的因素调整进来，从而为资本市场信息披露规范化继续作出我们的贡献。